Hypertextes, hypermédias et internet

H²PTM'99

HERMES Science Publications
8, quai du Marché-Neuf
75004 Paris

Serveur web : http://www.hermes-science.com

ISBN 2-7462-0061-9

Catalogage Electre-Bibliographie
Hypertextes, hypermédias et internet : réalisations, outils et méthodes :
5e conférence internationale, Université Paris VIII, 23-24 septembre 1999
dir. Balpe, Jean-Pierre * Natkin Stéphane * Lelu, Alain * Saleh, Imad
Paris : Hermès Science Publications, 1999
ISBN 2-7462-0061-9

RAMEAU :	hypertextes : congrès hypermédias : congrès Internet : congrès
DEWEY :	004.8 : Informatique. Traitement des données. Interfaces et communications. Réseaux
Public concerné :	1er et 2e cycles

H2PTM'99

Hypertextes, hypermédias et internet

réalisations, outils et méthodes

coordonnateurs

Jean-Pierre Balpe

Alain Lelu

Stéphane Natkin

Imad Saleh

Hermes Science publications

5e conférence internationale

H2PTM'99

réalisations, outils et méthodes

Université Paris VIII, Laboratoire Paragraphe
Laboratoire CIREN et Laboratoire CEDRIC du CNAM

23-24 septembre 1999

Table des matières

Présentation

Ce volume présente l'ensemble des interventions faites à la cinquième conférence H^2PTM'99 organisée par le laboratoire Paragraphe de l'université Paris VIII : hypertextes et hypermédias : réalisations, outils et méthodes (en anglais *Hypertexts & Hypermedia: Products, Tools & Methods*), organisée en collaboration avec les laboratoires CIREN de l'université Paris VIII et MIHM du CEDRIC-CNAM.

Cette cinquième conférence est la suite de la série des journées de l'université Paris VIII sur les hypertextes, hypermédias et internet. Elle se situe dans leurs lignées, conciliant la continuité et l'innovation nécessaires pour faire corps avec un domaine en constante transformation. Nous avons souhaité présenter ici un panorama de la recherche actuelle dans ce vaste domaine et refléter son dynamisme actuel. C'est pour cela que cette conférence est largement ouverte aux multiples facettes qui rendent à la fois si complexe et si passionnant le domaine des hyperdocuments.

Nous tenons à remercier tous ceux qui ont rendu possible la tenue de cette conférence, tout spécialement les membres du comité scientifique, particulièrement nos collègues étrangers, ainsi que ceux du comité d'organisation, les présidents de sessions, les auteurs, et tous ceux qui ont soumis des communications qui n'ont pas pu être retenues.

Presentation

It is our pleasure to welcome you to this 5th conference on hypertexts & hypermedia: Products, Tools & Methods. H2PTM is a follow up of the Journées de l'université Paris VIII series about Hypertext, hypermedia & internet which were held in Paris since 1989.

We have chosen to present here a view as wide as possible of the current state of research done in this domain. Thus, the conference topics widely range over the various aspects which make this research field so complex and so fascinating.

We would like to thank all the people without whom we would never had this conference. We own a major debt of gratitude to the international program committee who did review of submitted papers. Thanks also to the conference committee, to session chairs, to the authors and to all of those who did submit papers that have not been selected.

PREMIERE SESSION

Recherche d'informations sur le Web

Une approche fondée sur le raisonnement à partir de cas pour l'aide à la navigation sur le Web

Brigitte Trousse — Michel Jaczynski[1] — Rushed Kanawati

INRIA Sophia Antipolis, Action AID
2004, route des Lucioles BP938
06902 Sophia Antipolis
trousse@sophia.inria.fr

RESUME. *Après une introduction à la recherche d'informations sur le Web et une classification des assistants d'aide à la navigation sur le Web, cet article décrit une nouvelle approche pour l'aide à la navigation sur le Web centrée fouille de données nommée Broadway. L'approche Broadway repose sur l'utilisation des techniques de raisonnement à partir de cas (RàPC) afin de recommander à un utilisateur des pages qui ont satisfait des utilisateurs ayant navigué d'une manière similaire. Un exemple de l'implantation de l'approche Broadway est décrit. Enfin, avant de conclure, une comparaison avec d'autres approches est donnée.*

ABSTRACT. *After an introduction on web information retrieval approaches and a classification of browsing assistants on the Web, this article describes a new data mining oriented approach, called Broadway, for supporting hypermedia browsing. The Broadway approach relies on using case-based reasoning techniques (CBR) in order to recommend to a user pages that have satisfied users having a similar behaviour. An example of how implementing the Broadway approach is given. Then, before concluding, a comparison with others approaches is given.*

MOTS-CLES : *Recherche d'information, Web, Aide à la navigation, Comportement utilisateur, Raisonnement à partir de cas.*
KEY WORDS: *Information retrieval, Web, Browsing support, User behaviour, Case-based reasoning.*

1. M. Jaczynski est actuellement consultant chez Ilog SA, Gentilly.

1. Introduction : recherche d'information sur le Web

Le World Wide Web (ou le Web) est un gigantesque hypermédia sans cesse croissant. La fraîcheur d'informations disponibles sur le Web et la disponibilité d'outils conviviaux d'accès à ces informations (*i.e.* NetScape, Internet Explorer) font que de plus en plus d'utilisateurs considèrent le Web comme la première source d'information. Une variété d'approches de recherche et de localisation d'information sur le Web est proposée dans la littérature. Nous proposons les quatre critères suivants pour classer les systèmes de recherche d'information (RI) sur le Web :

– *La nature de la tâche prise en compte.* Selon le degré de la précision du but poursuivi et des connaissances de l'utilisateur sur les informations disponibles dans l'espace qui répondent à ce but, on peut identifier les classes de tâches suivantes : la localisation, la recherche, l'exploration, et la veille [TRI 97].

– *La métaphore de recherche.* Ceci réfère au type des formats d'entrées qu'un système de RI accepte de l'utilisateur dans le but de trouver l'information recherchée. Quatre métaphores de recherche sont identifiées : la navigation, la consultation d'un répertoire thématique (ex. Yahoo[2]), la formulation de requêtes et la recherche grâce à l'adhésion à une communauté d'intérêts.

– *Le mécanisme de recherche.* Ceci réfère à la procédure sous-jacente utilisée par le système de RI correspondant à une métaphore de recherche adoptée par le système. Quatre principaux mécanismes de recherche d'information sont identifiés :

- *l'interrogation* : il s'agit de chercher les documents dans une base documentaire (*i.e.* suivant un index),

- *la navigation* : il s'agit d'envoyer des robots sur Internet pour retrouver des documents qui correspondent à la requête,

- *la recherche sociale* : il s'agit de localiser des personnes qui savent où trouver l'information sur les documents pertinents à la requête,

- *l'approche hybride* : il s'agit de déléguer la tâche de RI à un ou plusieurs systèmes de recherche qui peuvent utiliser des mécanismes différents. Les résultats sont agrégés avant de les retourner à l'utilisateur.

– Un quatrième critère de classification des systèmes RI est l'approche utilisée pour améliorer *l'efficacité de la recherche* (« *effectivness* » en anglais) employée par le système. Il ne s'agit pas ici d'efficacité au sens rapidité de la recherche. Différentes mesures de l'efficacité sont proposées, dont les plus utilisées sont principalement les critères de *précision* et de *rappel (recall)* [KOR 97].

Dans cet article, nous nous intéressons aux systèmes fondés sur le mécanisme de navigation. Le mécanisme de recherche d'information par navigation consiste à se déplacer d'une page Web à une autre, par décision à chaque étape du lien à suivre parmi un ensemble de liens possibles. Deux grandes approches complémentaires

---

2. http://www.yahoo.com.

sont proposées dans la littérature pour construire des systèmes d'aide au choix de liens et plus généralement pour le calcul de recommandation [RES 97] : 1) l'approche fondée sur l'utilisation de *profils utilisateurs* et 2) l'approche fondée sur des techniques de *fouille de données*. Le profil utilisateur est une structure de données qui décrit les centres d'intérêts de l'utilisateur. Une fois une telle structure construite, on peut l'utiliser soit pour filtrer les liens disponibles (on parle alors de filtrage basé sur le contenu) [SCE 97 ; LIE 95], soit pour recommander à l'utilisateur ce qui a satisfait d'autres utilisateurs ayant un profil similaire (on parle alors de filtrage collaboratif). Les approches centrées fouille de données reposent sur l'analyse des activités de navigation sur le Web d'un utilisateur ou d'un groupe d'utilisateurs afin d'extraire de *recommandations* pour l'aide à la navigation sur le Web [LIE 95 ; YAN 96 ; WEX 97]. Une approche hybride peut reposer sur l'utilisation des techniques de fouille de données pour la construction d'un profil utilisateur [MLA 96].

Dans cet article, nous présentons une nouvelle approche pour l'aide à la navigation sur le Web centrée fouille de données nommée Broadway. L'approche Broadway repose sur l'utilisation de techniques de raisonnement à partir de cas (RàPC) afin de recommander à un utilisateur des pages qui ont satisfait des utilisateurs ayant navigué d'une manière similaire. A la différence de la plupart des autres approches centrées fouille de données, l'approche Broadway prend en compte *l'ordre des actions* des utilisateurs comme un élément central dans la calcul de recommandations.

Le reste de l'article est organisé comme suit. Dans la section 2, nous proposons une classification fonctionnelle des différentes approches d'aide à la navigation proposées dans la littérature. Ensuite, dans la section 3, nous présentons l'approche Broadway. Un exemple d'implantation de l'approche Broadway dans un système destiné à aider un groupe d'utilisateurs à partager leurs expériences de navigation sur le Web [JAC 98a] est présenté dans la section 4. Une étude comparative de notre approche avec les approches existantes est faite dans la section 5.

2. Les assistants à la navigation sur le Web

Un nombre croissant de systèmes d'aide à la navigation dans des hypermédia (ex. le Web) sont proposés dans la littérature. Nous citons pour exemples : Alexa (http://www.alexa.com), BroadwayV1 [JAC 98a], FootPrints [WEX 97], Hospitext [ELK 97], Hypercase [MIC 96], Letizia [LIE 95], Personal WebWatcher (PWW) [MLA 96], WBI [BAR 97], WebWatcher [ARM 97], et le système de Yan *et al.* [YAN 96]. Ces assistants offrent différents types d'aide à la navigation et utilisent différents mécanismes de calcul de recommandations. Pour faciliter la comparaison entre les différents assistants à la navigation nous proposons dans la suite une classification fonctionnelle qui s'appuient sur les critères suivants :

– *La nature de l'assistance fournie.* Différents types d'aide peuvent être proposés par les assistants à la navigation [BRU 97; PER 97] notamment les types suivants : 1) cacher des liens existants, 2) trier les liens en fonction de leur pertinence au contexte de navigation courant, 3) proposer des raccourcis et 4) annoter les liens.

– *La personnalisation.* Il s'agit de la capacité du système à personnaliser l'aide à fournir en fonction des besoins individuels de chacun de ces utilisateurs.

– *L'adaptabilité.* Il s'agit de la capacité du système à apprendre à partir des interactions de ses utilisateurs.

Le tableau 1 montre les caractéristiques de quelques assistants à la navigation. Dans la colonne décrivant la nature de l'aide apportée, nous utilisons les abréviations suivantes : C pour cacher des liens, T pour trier des liens, R pour offrir des raccourcis et A pour utiliser des annotations.

Assistants de navigation	AIDE (C,T,R,A)	Personnalisation	Adaptabilité
Alexa	(-,-,R,-)	-	✓
BroadwayV1	(-,-,R,-)	✓	✓
Footprints	(C,-,R,A)	-	✓
Hospitext	(C,-,-,-)	✓	-
Hypercase	(C,-,-,-)	-	✓
Letizia	(-,-,R,-)	✓	✓
PWW	(-,-,R,-)	✓	✓
Walden Path	(C,-,-,-)	-	-
WBI	(-,-,R,A)	✓	✓
WebWatcher	(-,T,R,-)	✓	✓
Yan *et al.*	(-,-,R,-)	✓	✓

Tableau 1. *Caractérisation des principaux assistants à la navigation*

3. L'approche Broadway

Cette section vise à décrire tout d'abord notre approche de calcul de recommandations basé sur les techniques de raisonnement à partir de cas puis à illustrer l'application de notre approche pour l'aide à la navigation sur le Web via le système Broadway V1 [JAC 98a].

3.1. *Description générale*

L'approche Broadway de calcul de recommandations s'appuie sur un filtrage basé sur la réutilisation de comportements de l'utilisateur et/ou d'un groupe d'utilisateurs. Ce filtrage peut être classé comme un type particulier de « filtrage collaboratif » [RES 97]. En effet les assistants basés sur l'approche Broadway permettent une recherche d'information où l'expérience d'un groupe de personnes est mise à profit. La prise en compte du *comportement des utilisateurs*, constitué notamment de la *séquence des pages visitées* et de leur contenu, doit également permettre de mieux cerner l'intérêt de l'utilisateur pour affiner les recommandations.

3.1.1. *Raisonnement à partir de cas*

De manière générale, la réutilisation de comportements utilisateur s'appuie sur le raisonnement à partir de cas qui est une approche de résolution de problèmes basée sur la réutilisation par analogie d'expériences passées appelées *cas* au cours d'un cycle de raisonnement [KOL 96]. Un cas est composé de deux parties décrivant un *problème* et la *solution* qui lui a été appliquée. Un cas est une expérience passée permettant au système de résoudre des problèmes plus efficacement ou d'éviter les échecs passés : un cas doit donc être *utile* pour le raisonnement. Dans ce but, un ensemble de caractéristiques est extrait ou sélectionné dans la représentation de chaque cas. Ces caractéristiques, appelées *indices*, déterminent dans quelle *situation* un cas est applicable et utile. Les indices doivent tout d'abord être prédictifs, c'est-à-dire qu'ils doivent être responsables de l'élaboration de la solution mise en œuvre dans le cas et permettent ainsi de déterminer dans quelle mesure une solution est applicable pour un autre problème. Les indices doivent également être suffisamment abstraits pour permettre la réutilisation des enseignements du cas pour différents problèmes, tout en restant suffisamment concrets pour être facilement identifiables dans un nouveau problème.

Lorsqu'un *nouveau problème* est à résoudre, un *cas cible* est construit avec la partie solution inconnue, celle-ci devant être apportée par le raisonnement. Les *cas sources* représentent des expériences passées qui sont stockées dans une *mémoire*. Les cas sources et le cas cible partagent le même formalisme de représentation. L'objectif du raisonnement est de transférer des enseignements pertinents des cas sources pour élaborer la solution du cas cible. Ce raisonnement se décompose habituellement en quatre phases principales [AAM 94] qui peuvent être totalement ou partiellement automatisées (cf. figure 1).

3.1.2. *Utilisation du RàPC pour le calcul de recommandations*

L'approche Broadway repose principalement sur la réalisation d'un serveur de recommandations qui réutilise des cas principalement composés 1) de la description du comportement d'un utilisateur à un instant de référence dans sa navigation et 2) d'une liste de pages recommandées pour ce comportement. Alors que les sessions de navigation représentent les données brutes d'observation, les cas permettent de manipuler des associations pertinentes issues des navigations entre un comportement à un instant de référence et des pages évaluées :

Cas = (comportement utilisateur issu d'une navigation à un instant de référence, liste de pages évaluées et recommandées).

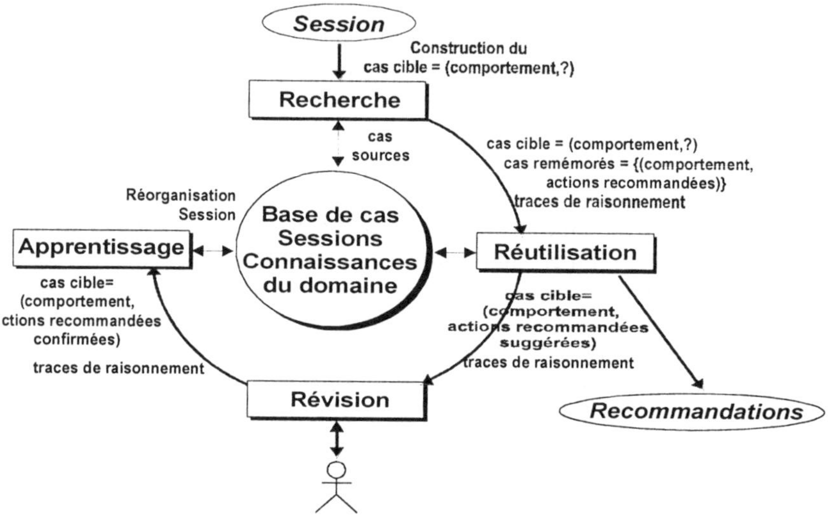

Figure 1. *Cycle du raisonnement*

Le calcul des recommandations est alors effectué durant un raisonnement en quatre phases, étant donné la navigation courante d'un utilisateur :

– *Recherche.* La base de cas est parcourue pour identifier les cas dont la partie comportement peut être mis en correspondance avec la navigation courante. Les meilleurs cas sont alors retournés.

– *Réutilisation.* Chaque cas retrouvé propose une liste de pages recommandées, et la phase de réutilisation opère la fusion de ces pages puis ordonnance à l'aide de divers critères les pages recommandées pour constituer la liste des *pages recommandées suggérée* à présenter à l'utilisateur courant.

– *Révision.* La phase de révision est effectuée par l'utilisateur lorsqu'il continue sa navigation et qu'il évalue les pages visitées s'il le désire. La révision se poursuit jusqu'à la fermeture de la navigation courante et met en attente tous les raisonnements effectués pour une navigation (pages recommandées confirmées).

– *Apprentissage et maintenance de la mémoire.* L'apprentissage prend en compte la navigation courante et l'ensemble des raisonnements associés pour en faire leur synthèse. La mémoire est alors mise à jour par la création de nouveaux cas, par la mise à jour des cas et par l'ajout de la navigation courante. A côté de ce processus de raisonnement, les cas et les navigations devenus obsolètes sont régulièrement effacés de la mémoire.

3.2. *Mise en œuvre de l'approche Broadway*

La mise en œuvre de l'approche Broadway nécessite la manipulation des cas dont les indices sont constitués de *séquences d'événements*. Pour cela, nous nous appuyons pour l'implantation de cette approche sur *le « modèle d'indexation par situations comportementales »* [JAC 98a] qui est conçue spécialement pour permettre la manipulation de ce type de cas. Le modèle est implanté dans une plate-forme objet nommé CBR*Tools [JAC 99] (conçue avec l'atelier Rose de Rational et implantée en Java) afin de faciliter le développement des systèmes implantant l'approche Broadway. Pour l'utilisation de ce modèle, nous avons identifié quatre étapes importantes :

1. Identification des variables d'observation.

2. Détermination de la sémantique d'un enregistrement (navigation) et de son contexte.

3. Définition de la représentation des cas et des situations comportementales (éléments issus d'une navigation pour caractériser un cas).

4. Conception des phases de raisonnement.

Le modèle d'indexation proposé repose sur l'utilisation de deux types de cas : *concrets* et *potentiels*. Un cas concret référence un instant précis dans une navigation et se compose principalement d'un couple (*problème*, *solution*). Le problème donne notamment la situation comportementale et la solution représente une liste de pages évaluées relativement à cette situation. De plus, des informations de gestion sont également ajoutées (date de création, nom de l'utilisateur). Les cas concrets sont issus de l'instanciation d'un patron de cas potentiels. Ce patron repose sur des règles de construction d'une situation comportementale et d'une liste de page évaluées pour un instant donné à l'intérieur d'une navigation : selon ces règles, la situation comportementale est alors composée d'une partie instantanée contenant le contexte de la navigation (par exemple, noms des sites et mots-clefs) et d'une partie comportementale référençant un instant précis dans la navigation. Cette dernière permet de sélectionner les indices comportementaux d'un cas par rapport à l'instant de référence et peut comprendre :

– les *p* dernières pages sur les variables de l'adresse et du contenu pour identifier le contexte immédiat de réutilisation d'un cas dans une navigation (notion de restriction),

– un ensemble de pages passées qui sont sélectionnées pour leur pertinence : soit pour une évaluation élément d'une liste e_p, soit pour un ratio d'affichage dépassant le seuil a_p,

– et un ensemble de contraintes temporelles permettant d'ordonner les pages sélectionnées.

Ainsi, les conditions de réutilisation d'un cas sont manipulées plus facilement à travers la restriction (structure figée) et peuvent être précisées avec la liste des pages passées sélectionnées et ordonnées. La partie solution du cas qui donne une liste de pages évaluées est également construite en sélectionnant les pages pertinentes futures par rapport à l'instant de référence de manière similaire à la sélection des pages passées (évaluations éléments de e_f et seuil a_f).

4. Exemple d'utilisation

Deux principaux assistants d'aide à la navigation basés sur l'approche Broadway ont été réalisés : Broadway V1 pour l'aide à la navigation sur le Web et Broadway V2 dans le cadre d'un contrat CTI-CNET pour l'aide à la navigation dans un site Web donnée. Nous illustrerons ici l'approche Broadway par le système Broadway V1 et qui a donné lieu à une validation expérimentale menée par des étudiants en Psychologie & Ergonomie Cognitive [HEB 98]. Nous invitons ceux qui souhaiteraient avoir plus de détails sur l'application de notre approche pour le système Broadway V1 à lire l'article [JAC 98b] et le chapitre 5 du document de thèse [JAC 98a]. L'approche proposée s'appuie sur l'application de notre modèle d'indexation par situation comportementale qui s'appuie sur les quatre étapes suivantes.

4.1. *Identification des variables d'observation*

L'observation du comportement des utilisateurs est fondée sur l'utilisation de quatre variables représentant l'adresse, le contenu, l'évaluation et le ratio d'affichage des pages Web visitées. Ces variables qui sont notées respectivement :Adresse, Contenu, Evaluation et Affichage, prennent des valeurs successives au cours du processus de recherche d'information pour chaque utilisateur.

4.2. *Navigation et contexte*

La figure 2 donne l'exemple d'une navigation enregistrée par BroadwayV1 dans laquelle un utilisateur désire retrouver des informations concernant Broadway lui-même. Il commence alors sa navigation sur la page d'accueil de l'INRIA, passe par les pages de l'équipe de recherche AID et finalement trouve la page relatant les développements de logiciels et notamment ceux de Broadway.

Navigation #16 from mjaczyn

start date: Wed Nov 26 19:28:20 GMT+03:30 1997

end date: Wed Nov 26 19:30:51 GMT+03:30 1997

keywords (stems): PEOPLE, REPORT, INRIA, PUBLIC, CONFER, ACTIV, STAGE, MICHEL, THEME, SITE, SOFTWAR, DEADLIN, JACZYNSKI, ACTION, RESEARCH, PREFER

hosts: www.inria.fr

#	Page address	Content (stems)	Display	Evaluation
0	http://www.inria.fr/Recherche/activites-eng.html	INRIA, ACTIV, RESEARCH	1.0	0
1	http://www.inria.fr/Themes/Theme3-eng.html	INRIA, THEME	1.0	0
2	http://www.inria.fr/Equipes/AID-eng.html	ACTION	3.0	0
3	http://www.inria.fr/aid/aid-eng.html	ACTION	6.0	☺
4	http://www.inria.fr/aid/people.html	PEOPLE, ACTION	8.0	0
5	http://www.inria.fr/aid/personnel/Michel.Jaczynski/michel-eng.html	MICHEL, SITE, JACZYNSKI, PREFER	38.0	0
6	http://www.inria.fr/aid/personnel/Michel.Jaczynski/pub-eng.html	REPORT, PUBLIC, MICHEL, JACZYNSKI	10.0	0
7	http://www.inria.fr/aid/personnel/Michel.Jaczynski/michel-eng.html	MICHEL, SITE, JACZYNSKI, PREFER	1.0	0
8	http://www.inria.fr/aid/people.html	PEOPLE, ACTION	4.0	0
9	http://www.inria.fr/aid/aid-eng.html	ACTION	8.0	0
10	http://www.inria.fr/aid/confs.html	CONFER, DEADLIN, ACTION	0.0	0
11	http://www.inria.fr/aid/aid-eng.html	ACTION	2.0	0
12	http://www.inria.fr/aid/training.html	STAGE, ACTION	1.0	0
13	http://www.inria.fr/aid/software.html	SOFTWAR, ACTION	2.0	☺

Figure 2. *Extrait d'une navigation*

4.3. *Représentation des cas*

La figure 3 donne l'exemple d'un cas concret créé à partir de l'instanciation d'un patron de cas potentiel dans la navigation de la figure précédente (cf. figure 1) pour un instant correspondant à la page #9. La restriction (*i.e.* l'ensemble d'indices utilise dans un premier filtrage des navigations) permet de sélectionner les trois dernières pages ($p=3$) ainsi que la page #3 pour son évaluation ($e_p=\{2\}$) et la page #5 pour le ratio d'affichage ($a_p=20$). A cette situation comportementale, la page #13 est associée ($e_f=\{2\}$) et représente la seule recommandation de ce cas.

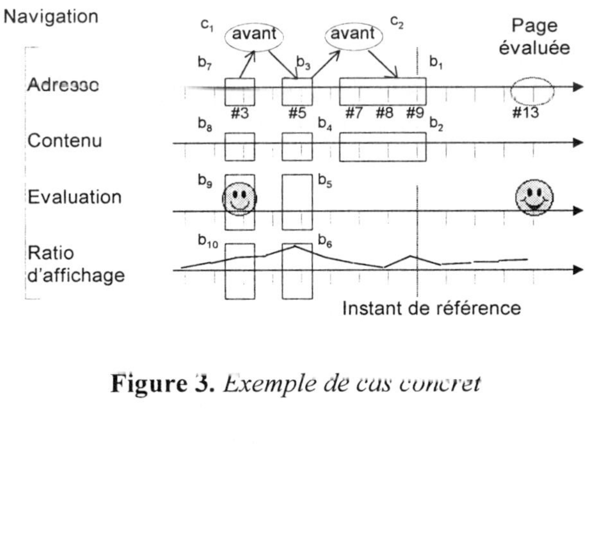

Figure 3. *Exemple de cas concret*

4.4. *Conception des phases de raisonnement*

Il s'agit ici de la spécification des quatre phases du RàPC. Nous invitons le lecteur intéressé à lire les deux références suivantes [JAC 98a ; JAC 98b].

5. Comparaison avec d'autres approches d'aide à la navigation

Nous comparons, dans cette section, l'approche Broadway avec les autres approches d'aide à la navigation fondées sur le fouille de données. Pour cela, nous nous comparons aux principaux systèmes existants décrits complètement dans la littérature et structurons notre étude comparative selon les axes suivants.

5.1. *Le type de la situation de recommandation*

Nous appelons *situation de recommandation* l'ensemble d'informations relatif à la navigation d'un agent qui sont exploitées par l'assistant afin de fournir des recommandations. Trois types de situation de recommandation construite sont identifiés :

– *Situation locale* : où seuls des informations relatives à la page courante de l'agent sont prises en compte. C'est le cas par exemple de FootPrints qui affiche l'ensemble des pages les plus visitées à partir d'une page donnée [WEX 97].

– *Situation résumée* : où un résumé de la navigation de l'utilisateur est calculé et utilisé par le système pour calculer ses recommandations. C'est le cas par exemple de Letizia [LIE 95] où le système identifie les centres d'intérêts de l'utilisateur à partir des pages qui sont déjà visitées dans la navigation courante et envoie des agents pour filtrer les pages reliées.

– *Situation comportementale* : l'ordre des pages visitées est pris en compte. C'est le cas de Hypercase mais aussi de Broadway V1 [JAC 98a] où plus généralement l'ordre des valeurs de toutes les variables observées/calculées de la composante comportementale est pris en compte. Notons que la spécification du système Radix [COR 98], propose une mesure de similarité de type événementielle entre sessions de recherche d'information.

5.2. *La technique de fouille de données*

Différents techniques sont utilisées pour l'extraction des connaissances nécessaires au calcul de recommandation. La plupart des approches sont fondées sur des techniques de statistique (FootPrints, Alexa, Letizia). L'approche de Yan *et al.* [YAN 97] consiste à appliquer une technique de catégorisation (*clustering*) de navigations passées ; une catégorie est assimilée à une navigation type. Une fonction d'appariement est appliquée à une navigation courante afin de déterminer la catégorie la plus proche et le système recommande les pages citées dans la catégorie identifiée et qui ne sont pas encore visitées dans la navigation courante. Une dernière technique est le raisonnement à partir de cas comme c'est le cas des systèmes Broadway V1, mais aussi de Hypercase [MIC 96].

5.3. *La stratégie d'apprentissage*

Trois types d'apprentissage existent : le cas limite où il n'y a *pas d'apprentissage*, l'apprentissage centré sur un *unique utilisateur* et l'apprentissage à partir d'un *groupe* d'utilisateurs. Hypercase est un exemple d'assistant du premier type. Il ne peut pas apprendre ni s'enrichir à partir des expériences des utilisateurs, puisqu'il utilise uniquement un ensemble de cas prédéfinis construits par des experts. Letizia, et WBI sont des exemples d'assistant mono-utilisateur tandis que WebWatcher, Radix, Footprints et Broadway V1 sont des assistants qui apprennent d'un groupe d'utilisateurs.

5.4. *Autres critères et synthèse*

Nous ajoutons aux trois critères cités ci-dessus les deux critères de l'adaptabilité et de la personnalisation de l'aide fournie par l'approche comme nous les avons définis dans la section 2. Le tableau suivant résume les caractéristiques des principales approches d'aide à la navigation sur le Web.

Assistant de navigation	**Situation de recommandation**	**Technique de fouille de données**	**Personna-lisation**	**Adapta-bilité**	**ApprentissageOrigine des navigations**
Alexa	Locale	Statistique	-	✓	Groupe
Broadway V1	Comportementale	RàPC	✓	✓	Groupe
FootPrints	Locale	Statistique	-	✓	Groupe
Hypercase	Comportementale	RàPC	✓	-	-
Hospitext	Locale	RàPC	-	.	-
Letizia	Résumée	Statistique	✓	✓	Mono-utilisateur
WBI	Locale	Statistique	✓	✓	Mono-utilisateur
WebWeatcher	Locale	Statistique	✓	✓	Groupe
Yan *et. al.*	Résumée	Catégorisation	✓	✓	Groupe

Tableau 2. *Quelques approches d'assistance à la navigation*

6. Conclusion et travaux futurs

Nous avons présenté dans cet article l'approche Broadway pour l'aide à la navigation dans un hypermédia. Cette approche est basée sur la réutilisation de comportements observés *au niveau variable* s'appuyant sur des techniques de « raisonnement à partir de cas » et ou l'ordre des actions utilisateurs est pris en compte. Les travaux en cours et futurs portent d'une part sur des validations expérimentales relatives à nos deux assistants à la navigation basés sur l'approche Broadway et d'autre part sur de nouvelles propositions au niveau des techniques de fouille de données à partir des logs et de la mémoire de sessions utilisateurs dans le but d'améliorer l'indexation et la maintenance de la mémoire (navigations, cas). Notons d'autre part que l'approche Broadway [TRO 99] est plus générale que l'aide à la navigation dans un hypermédia décrite dans cet article ; en effet cette approche adresse tout système de recommandation réutilisant les comportements utilisateurs *observés au niveau variable,* que ce soit pour l'aide à la navigation mais aussi par exemple pour l'aide a la recherche d'informations sur le Web [KAN 99].

7. Bibliographie

[AAM 94] A. AAMODT et E. PLAZA, « Case-Based Reasoning: Foundational Issues, Methodological Variations and Systems », *AI Communications*, vol. 7, n°1, pp. 36-59, 1994.

[ARM 97] R. ARMSTRONG, T. JOACHIMS et T. MITCHELL, « WebWatcher : A Tour Guide for the World Wide Web », *Proceedings of the International Joint Conference on Artificial Intelligence (IJCAI'97)*, pp. 770-775, Morgan Kaufmann, 1997.

[BAR 97] R. BARRETT, P. P. MAGLIO et D. C. KELLEM, « How to Personalize the Web », *Proceedings of the Conference on Human-computer Interaction (CHI'97)*, pp. 75-82, Addison-Wesley, 1997.

[BRU 97] P. BRUSILOVSKY, « Efficient techniques for adaptive Hypermedia », In *Intelligent Hypertext, advanced techniques for the world wide Web*, C. NICHOLAS, J. MAYFIELD (Eds), Springer-Verlag LNCS, n°1326, pp. 12-31, 1997.

[CAT 95] L.D. CATLEDGE et J.E. PIKOW, « Characterizing browsing startegies in the World Wide Web », *Proceedings of the 3rd International Conference on the World Wide Web*, Darmstadt, Germany, 1995.

[CHE 88] M-S. CHEN et J. S. PARK, « Efficient Data Mining for Path Traversal Patterns ». *IEEE Transactions on Knowledge and Data Engineering*, vol. 10, n°2, pp. 209-221, 1988.

[CHE 98] L. CHEN et K. SYCARA, « WebMate : A Personal Agent for Browsing and Searching », *In Proceedings of the 2nd Int Conference on Autonomous Agents*, pp. 132-139, ACM press, 1998.

[CHO 97] J. CHO, H. GARCIA-MOLINA et L. PAGE, « Efficient Crawling Through URL Ordering », *7th International Conference on the World Wide Web (WWW'7)*, Brisbone, Australia, 1997.

[COR 98] F. CORVAISIER, A. MILLE et J.M. PINON, « Recherche Assistée de documents Indexés sur l'Expérience (RADIX) : mesures de similarités des épisodes de recherche sur le Web », *In Actes d'Ingénierie des Connaissances (IC'98)*, pp. 153-163, INRIA, 1998.

[ELK 97] S. ELKASSAR et J. CHARLET, « Représentation de connaissances et aide à la navigation hypertextuelle à partir de cas : application au dossier médical », *In Actes de la journée Ingénierie des Connaissances et Apprentissage Automatique (JICAA'97)*, pp. 387-401, INRIA, 1997.

[HEB 98] C. HÉBRAUD, M. RECH et A. THÉBAULT, « Test de l'utilité de l'outil d'aide à la navigation Broadway », rapport interne, Université de Provence, UFR de psychologie, Aix en Provence, et INRIA Sophia Antipolis, Action AID, 1998.

[JAC 98a] M. JACZYNSKI, « Modèle et plate-forme à objets pour l'indexation des cas par situations comportementales : application à l'assistance à la navigation sur le Web », Thèse de doctorat, Université de Nice, URL http://aid.inria.fr/papers/thesemj/, 1998.

[JAC 98b] M. JACZYNSKI et B. TROUSSE, « WWW Assisted Browsing by Reusing Past Navigations from a Group of Users », *In Proceedings of 4th European Workshop on Case-Based Reasoning (EWCBR'98)*, vol. 1488 de Lecture Notes, in *Artificial Intelligence*, pp. 160-171, Springer, http://aid.inria.fr/papers/, 1998.

[JAC 99] M. JACZYNSKI et B. TROUSSE, « Patrons de conception dans la modélisation d'une plate-forme à objets pour le raisonnement à partir de cas », *L'objet*, numéro spécial « Les patrons orientés objet », vol. 5, n°2, Editions Hermès, 1999.

[KAN 99] R. KANAWATI, M. JACZYNSKI, B. TROUSSE et J.M. ANDREOLI, « Applying the Braodway Recommendation Computation Approach for implementing a query refinement service in the context of the CBKB meta serach engine », *Plate-forme AFIA'99, Conférence de raisonnement à partir de cas (RàPC'99)*, Palaiseau, TROUSSE & MILLE (Eds), pp. 17-26, juin 1999.

[KOL 96] J. L. KOLODNER et D. B. LEAKE, « A Tutorial Introduction to Case-Based Reasoning: Experiences, Lessons & Future Directions », *AAAI press*, MIT press, pp. 31-65, 1996.

[KOR 97] R. R KORFHAGE, *Information Storage and Retrieval*, Wiley & Sons, 1997.

[LIE 95] H. LIEBERMAN, « Letizia : An Agent that Assists Web Browsing », *In Proceedings of International Joint Conference on Artificial Intelligence (IJCAI'95)*, pp. 924-929, Morgan Kaufmann, 1995.

[MIC 96] A. MICARELLI et F. SCIARRONE, « A Case-Based System for Adaptive Hypermedia Navigation », *In Advances in Case-Based Reasoning, Proceedings of the 3rd European Workshop on Case-Based Reasoning (EWCBR'96)*, vol. 1168 de LNAI, pp. 266-279, Springer, 1996.

[MLA 96] D. MLADENIC, « Personal WebWatcher : Design and Implementation », rapport technique IJS-DP-7472, School of Computer Science, Carnegie Mellon University, 1996.

[RES 97] P. RESNICK et H. R. VARIAN, « Recommender systems », *Communications of the ACM*, vol. 40, n°3, pp. 56-58, 1997.

[TRI 97] A. TRICOT et J.F. ROUET, « Chercher des informations dans un hypertexte : vers un modèle des processus cognitifs », *Hypertextes et Hypermedia*, 1(3), 1997.

[TRO 99] B. TROUSSE, M. JACZYNSKI, R. KANAWATI, « Using User behavior Similarity for Recommandation Computation : the Broadway Approach », *In Proceedings of the 8th International Conference on human computer interaction (HCI'99)*, Munich, août 1999.

[WEX 97] A. WEXELBLAT et P. MAES, « Footprints : Visualizing Histories for Web Browsing », *In Actes de la 5ème conférence sur la Recherche d'Information Assistée par Ordinateur sur Internet (RIAO'97)*, Centre des Hautes Etudes Internationales d'Informatique, Montréal, pp. 75-84, 1997.

[YAN 96] T.W. YAN, M. JACOBSEN, H.GARCIA-MOLINA et U. DAYAL, « From User Access Patterns to Dynamic Hypertext Linking », *In Proceedings of the 5th International World Wide Web Conference*, vol. 28 de *Computer Network and ISDN Systems*, p. 1007-1014, Elsevier, 1996.

BeFor (Beyond Forms)

Un modèle de représentation du Web invisible

Jérôme Charron — Christian Fluhr

Commissariat à l'Energie Atomique
CEA/DIST/SIIA
F-91191 Gif-sur-Yvette Cedex

{charron, fluhr}@cartier.cea.fr

RÉSUMÉ. *La quantité d'information disponible sur le World Wide Web ne cesse de croître chaque jour un peu plus. Aujourd'hui, un nombre de plus en plus grand de ces informations est stocké dans des bases de données accessibles à partir de formulaires d'interrogation. Les réponses fournies par de tels systèmes sont des documents générés « à la volée » qui n'ont aucune réelle existence physique sur le serveur. Ils forment ce que nous appelons le « Web invisible ». Dans cet article, nous présentons une modélisation du processus de recherche d'information à travers de telles bases de données. Nous implémentons ce modèle grâce à un ensemble de descriptions XML du processus de recherche. Associé à une notre application BeFor, ce modèle permet d'explorer le « Web invisible » et de construire automatiquement des bases de données thématiques à partir de différents profils de recherche.*

ABSTRACT. *Access to on-line information via the Web is currently exploding. More and more of this information is stored in server's databases and is accessible via on-line forms. The whole set of this "on the fly" documents which doesn't have any physical existence on the server, forms the now well-known "Invisible Web". In this paper, we focus on HTML-based search and results presentations. We discuss the problem of automatically extracting information from on-line Web databases. We present a model and software architecture to describe and then easily exploit Web databases. We present also our researches on how to automatically extract knowledge about the so heterogeneous search engine querying, working and results presentation.*

MOTS-CLÉS : *World Wide Web, Internet, moteur de recherche, base de donnée, XML, interrogation automatique, extraction d'information, identification de la langue.*

KEY WORDS: *World Wide Web, Internet, search engine, on-line database, XML, automatic querying, information extraction, language identification.*

1. Introduction

L'augmentation continue du nombre de documents disponibles sur Internet, et plus particulièrement sur le World Wide Web nécessite la mise au point de nouveaux outils et de nouvelles technologies permettant d'exploiter une telle quantité d'informations.

L'un des phénomènes aujourd'hui importants du développement du Web réside dans la simplicité à interfacer n'importe quelle base de données sur le réseau. Ainsi, n'importe quelle organisation ou société peut très facilement faire migrer son existant sur Internet et ainsi mettre en ligne d'énormes bases de données. De ce fait, un nombre de plus en plus importants[1] des documents disponibles sur le World Wide Web sont des documents dynamiques[2] (générés à la volée par un programme). Cet ensemble de documents qui n'a aucune réelle existence physique sur le serveur Web forme ce qui est communément appelé le *« Web invisible »*. Cette dénomination vient du fait que de tels documents ne sont pas indexés par les moteurs de recherche, et qu'ils sont donc totalement inexistants pour un utilisateur utilisant un moteur de recherche.

Cet article présente un modèle de description des systèmes de recherche d'information sur le World Wide Web, ainsi qu'une application nommée BeFor utilisant ce modèle pour explorer le « Web invisible ».

L'article est organisé de la façon suivante. La partie 2 décrit le problème de la recherche d'information dans les bases de données en ligne sur le World Wide Web. Puis, dans la partie 3, nous décrivons le fonctionnement global d'un système de recherche d'information sur Internet à partir duquel nous proposons un modèle de description. La partie 4 présente l'application BeFor basée sur le modèle précédemment décrit. Comme nous le verrons, BeFor permet d'interroger n'importe quelle base de données en ligne à partir d'un ou de plusieurs profils de recherche déterminés. Ensuite, dans la partie 5, nous évoquerons les travaux en cours et les évolutions futures de ce système. Finalement, nous conclurons en montrant les différentes applications déjà réalisées, mais aussi les applications potentielles d'un tel système.

2. Les systèmes de recherche d'informations

Les principaux problèmes soulevés par l'exploration automatique du « Web invisible » consistent en l'analyse des systèmes d'interrogation de bases de données en ligne, la représentation des connaissances issues de cette analyse, et enfin, la maintenance de cette base de connaissances.

---

1. Comme ces documents n'ont aucune réelle existence, il n'est pas facile d'en évaluer le nombre.
2. L'expression « document dynamique » est à opposer à l'expression « document statique » qui lui représente une page HTML classique.

2.1. *L'analyse des systèmes d'interrogation*

L'analyse des systèmes de recherche d'information sur Internet comporte plusieurs aspects.

– L'identification automatique des pages de recherche. Ce point ne sera pas développé dans la suite de cet article, car nous travaillons actuellement sur ce sujet. Nous tenons cependant à préciser que l'idée consistant à considérer qu'une page contenant un formulaire est une page d'interrogation d'une base de données n'est pas suffisante. La nature des formulaires disponibles sur Internet est très variée. Cela va de l'envoi de mail à l'inscription à une liste de diffusion en passant par la recherche d'information. Il est donc nécessaire d'analyser les différents formulaires que nous rencontrons sur le Web afin de déterminer leurs fonctionnalités. Nous basons notre réflexion sur le calcul d'une mesure que nous appelons *Apport Informationnel*. Cette mesure se base sur la quantité d'information fournie par l'utilisateur au système, et la quantité d'information que le système retourne à l'utilisateur. Ainsi, plus l'*Apport Informationnel* est élevé, plus la probabilité que le système étudié corresponde à un système de recherche d'information est élevée.

– L'identification des différents éléments de l'interface de recherche. Il s'agit en fait de d'analyser un formulaire, afin d'en extraire les différents éléments (URL, méthode, champs textuels, boutons radio, listes déroulantes) et d'essayer de déterminer leur rôle dans le processus d'interrogation.

– L'analyse de la page de résultats retournés par le système. Chaque système présente les résultats de sa recherche selon un format particulier qu'il est nécessaire que nous connaissions afin de pouvoir extraire les informations pertinentes pour la recherche effectuée.

2.2. *Description et codage des connaissances*

Plusieurs approches peuvent être utilisées pour représenter les connaissances relatives aux outils de recherche sur Internet.

La première est une approche relativement naïve consistant à inclure directement l'ensemble des connaissances au sein même du code du programme. C'est à dire, que certaines instructions du code vont correspondre au fonctionnement d'un outil particulier. Comme le précise [CHID97], les principaux inconvénients d'une telle approche sont multiples. Tout d'abord, plus le nombre d'interfaces de recherches considérées est important, plus le code du programme est important et donc complexe. De plus les connaissances relatives à chaque outil sont disséminées à travers le code, ce qui rend ces dernières difficiles à maintenir, à faire évoluer, à maîtriser et à réutiliser.

La seconde approche consiste à externaliser cette connaissance et à la stocker dans des fichiers utilisant un format propriétaire. Ainsi, les différentes informations relatives au fonctionnement de chaque interface de recherche sont clairement identifiées et facilement repérables. Mais généralement, ce genre d'approche ne suit aucun formalisme précis pour la description des interfaces d'interrogation. De plus, l'utilisation d'un format propriétaire et donc fermé freine toute possibilité d'évolution ou de réutilisation.

La troisième approche que nous développerons dans cet article consiste à représenter l'ensemble des connaissances relatives à la description des interfaces d'interrogation en utilisant un format de fichier standardisé et ouvert. Nous avons donc opté pour le format XML *(eXtensible Markup Language)* [BRAY98]. En effet, comme le souligne [BOSA97], XML est un langage parfaitement adapté pour l'échange de données ou de métadonnées à travers le World Wide Web. Un autre projet, se rapprochant de celui que nous présentons ici utilise la technologie XML pour décrire les systèmes de recherche d'information sur Internet. Ce projet nommé WIDL *(Web Interface Definition Language)* et présenté dans [ALLE97] propose une classe de documents XML permettant de décrire les ressources présentes sur le World Wide Web.

2.3. *La maintenance de la base de connaissances*

Les informations se développent, se renouvellent et disparaissent constamment sur le Web. Il en va de même pour les systèmes de recherche d'informations sur Internet. Leurs interfaces évoluent, leurs fonctionnalités s'étoffent. Il est capital d'étudier le problème de la maintenance de notre base de connaissance concernant la description de ces systèmes de recherche. Une solution idéale consisterait en une solution totalement automatisée, s'adaptant aux évolutions des interfaces et des fonctionnalités des systèmes de recherche d'informations. Nous présenterons dans la suite de cet article quelques expériences issues de nos premiers travaux sur ce sujet permettant d'aider à la maintenance de notre base de connaissance grâce à un système semi-automatisé.

3. La description des systèmes de recherche d'informations

3.1. *Les éléments à décrire*

Afin de déterminer ce qu'il est nécessaire de modéliser et de décrire dans un processus de recherche d'information sur Internet, nous devons étudier l'architecture et le fonctionnement d'un tel système.

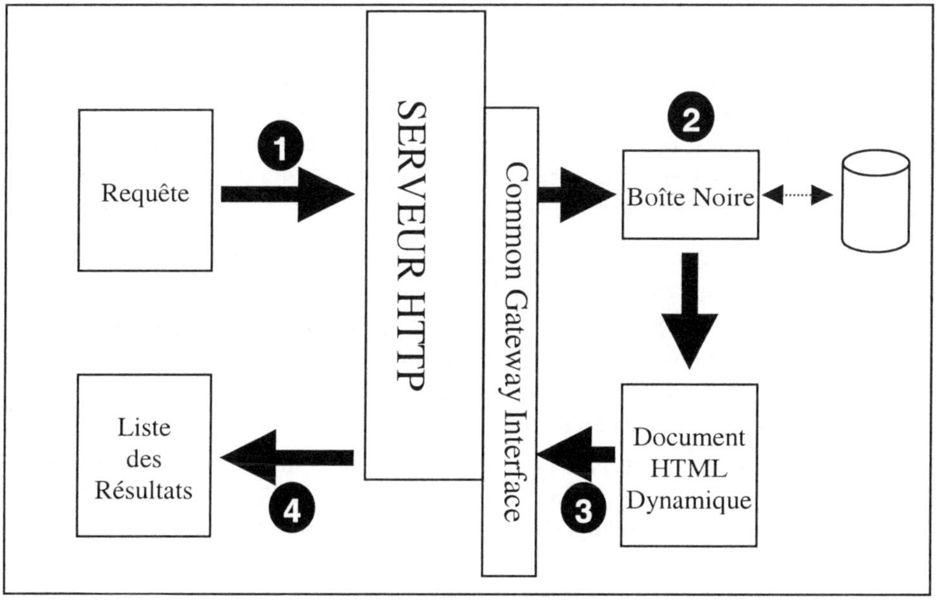

Figure 1. *Architecture générale d'un système de recherche d'informations sur Internet*

La figure 1 nous montre l'architecture générale d'un système de recherche d'informations sur Internet. A partir de cette figure, nous pouvons identifier quatre étapes essentielles d'un tel système :

– l'**envoi de la requête** (envoyée par l'utilisateur par le biais d'un formulaire HTML) au serveur HTTP via une interface CGI (Common Gateway Interface) ;

– le **traitement de la requête** par le serveur. Le serveur HTTP lance le programme spécifié dans la page HTML d'interrogation en lui passant en paramètre les différentes informations spécifiées par l'utilisateur. A ce stade, le programme en question peut, et c'est généralement le cas, utiliser une base de données qui lui permettra de retourner un résultat à l'utilisateur en fonction des informations spécifiées dans le formulaire. Le résultat retourné par le programme est une page HTML. C'est ce qu'on appelle une page HTML dynamique, ou page générée à la volée. Elle n'a pas d'existence physique sur le serveur. Elle répond à une requête précise d'un utilisateur, et sa durée de vie correspond au temps que l'utilisateur passe à la consulter ;

– la **récupération de la page de résultats** par le serveur HTTP. Dans cette étape, le serveur HTTP reçoit la page de résultats via l'interface CGI ;

– l'**envoi de la page de résultats** à l'utilisateur. Le serveur HTTP envoie le document à l'utilisateur comme s'il s'agissait d'un document statique tout à fait classique.

Dans le cadre de notre problématique consistant à automatiquement interroger les systèmes de recherche d'information sur Internet, et à récupérer les résultats qui en sont issus, nous n'avons bien sûr pas accès aux différentes étapes situées à droite du serveur HTTP sur la Figure 1 (c'est-à-dire les étapes 2 et 3) : ces étapes font partie de l'architecture interne du serveur Web. Nous devons donc concentrer nos efforts sur les étapes 1 et 4 qui correspondent en fait au point de vue de l'utilisateur lorsqu'il utilise un système de recherche d'information.

A partir de ces deux étapes du processus de recherche d'informations, nous pouvons identifier trois éléments à prendre en compte :

– **la requête de l'utilisateur**, qui bien souvent sera une requête composée de différentes informations, chacune correspondant à un élément particulier du formulaire, et ayant une sémantique particulière (le nom d'un auteur, la date de parution d'un ouvrage, un champ de recherche libre, etc.) ;

– **les paramètres** à utiliser pour interroger le système de recherche. Ces différentes informations sont des informations factuelles facilement identifiables : le nom des champs du formulaire, l'URL d'interrogation, la méthode CGI à utiliser (GET ou POST), etc. ;

– **la page de résultats** retournée par le système. C'est à dire, comment est formatée la page de résultats, à quel endroit sont situées les informations pertinentes, et comment les extraire.

En nous basant sur ces quelques éléments, nous allons donc présenter en détail comment nous représentons en XML ces différentes connaissances.

3.2. *La représentation des requêtes*

Nous utilisons un format simple et évolutif basé sur XML pour représenter les requêtes. Ainsi, nous représentons une requête comme étant un ensemble de sous-requêtes. Chacune de ces sous-requêtes est associée à un *« type sémantique »* défini par l'utilisateur de notre système. La figure 2 donne un exemple de représentation de deux requêtes issues des questions anglaises 26 et 27 de TREC 7.

```
<?XML VERSION="1.0"?>
<!DOCTYPE QUERIES SYSTEM "http://.../queries.dtd">
   <QUERIES>
     <QUERY>
      <NUMBER>26</NUMBER>
      <TYPE>query</TYPE>
      <VALUE>Why does the Bernese Alpine Railroad Company no
```

```
            longer communicate data concerning the frequency of
            traffic through the Lötschberg?
      </VALUE>
   </QUERY>
   <QUERY>
      <NUMBER>27</NUMBER>
      <TYPE>query</TYPE>
      <VALUE>Worldwide Oil Pipelines -- Other than the United
            States oil pipe lines, are there other countries that
            employ this method of delivering oil from point of
            origin to the shipping points or refineries? How safe
            are these pipelines to the environment and economy?
      </VALUE>
   </QUERY>
</QUERIES>
```


Figure 2. *Exemple de fichier XML de description de requête*

Le type *query* utilisé ici est un type que nous avons librement définit pour identifier les questions en langage naturel. L'utilisateur du système est totalement libre de définir ses propres types. La seule contrainte est de respecter ce typage dans la description de l'interface de recherche que nous présentons dans la partie suivante.

3.3. *La représentation de l'interface d'interrogation*

La grande majorité des interfaces d'interrogation de bases de données sur le Web utilisent les formulaires HTML standards. C'est pourquoi, à ce jour nous n'avons pas prit en considération d'autres types d'interfaces de recherche telles que les interfaces utilisant Java. Les formulaires HTML peuvent se composer de différents éléments, tels que des champs textuels *(textarea)*, des boutons radio *(radio bouton)*, des listes déroulantes *(popup lists)*, des champs cachés *(hidden fields)*, etc.

Nous allons donc extraire l'ensemble de ces éléments du formulaire de la page HTML d'interrogation de chaque interface de recherche que nous souhaitons prendre en compte, et les représenter sous un formalisme XML. Pour cela, nous utilisons une DTD *(Document Type Definition)* XML particulière qui nous permet de représenter de manière standard et uniforme un certain nombre d'informations concernant l'interface de recherche :

– un ensemble d'informations relatives au serveur, telles que son nom, le protocole qu'il utilise (HTTP, WAIS, GOPHER, ...), son adresse, etc. ;

– un ensemble d'informations concernant la page de recherche :

- l'URL de la page HTML de recherche,
- la méthode d'accès utilisée par le script CGI ("GET" ou "POST"),
- l'adresse de cette page sur le serveur,

– l'ensemble des paramètres nécessaires au script CGI pour effectuer la recherche. Ces paramètres se décomposent en trois éléments :

- le nom du paramètre,
- la valeur du paramètre. Ce champ est utilisé uniquement dans le cas d'éléments dont la valeur est fixée par défaut, et ne dépend pas de la recherche. Typiquement, il est systématiquement utilisé pour les champs cachés,
- enfin, un champ textuel libre (nommé "TYPE") qui permet de coder le type sémantique de l'élément du formulaire (tel que l'auteur, une question en langage naturel, une date, etc.).

Ainsi, la figure 3 utilise cette DTD pour représenter l'interface de recherche du moteur de recherche AltaVista.

```
<?XML VERSION = "1.0" ?>
<!DOCTYPE SEARCH_PROFILES SYSTEM "http://.../search_profiles.dtd">
<SEARCH_PROFILES>
    <SEARCH_ENGINE>
        <ENGINE_NAME>Alta Vista</ENGINE_NAME>
        <URL METHOD="GET">
            <PROTOCOL>http</PROTOCOL>
            <SERVER>www.altavista.com</SERVER>
            <PORT>80</PORT>
            <FILE>/cgi-bin/query</FILE>
            <PARAMETER>
                <NAME>pg</NAME>
                <TYPE>q</TYPE>
            </PARAMETER><PARAMETER>
                <NAME>kl</NAME>
                <VALUE>XX</VALUE>
            </PARAMETER><PARAMETER>
                <NAME>q</NAME>
```

```
                    <TYPE>query</TYPE>
                </PARAMETER>
            </URL>
        </SEARCH_ENGINE>
    </SEARCH_PROFILES>
```

Figure 3. *Exemple de fichier XML de description d'une interface de recherche*

3.4. *La description des résultats*

La page de résultats des différents systèmes de recherche d'information sur Internet est totalement différente d'un système à l'autre. Nous pouvons cependant faire une hypothèse importante : comme nous travaillons avec des systèmes automatiques de recherche d'information, pour un système donné, la présentation des résultats est toujours la même quelle que soit la requête de l'utilisateur.

Pour décrire la page de résultats, nous allons donc nous baser sur la structure des balises HTML de cette page. Dans cette première approche notre système est essentiellement basé sur l'exploitation automatique des moteurs de recherche. Nous concentrons donc nos efforts à la description des résultats permettant d'extraire les URL des documents-réponses retournées par la page de résultats. Nous allons donc nous borner ici à retrouver les URLs pertinents contenus dans la page de résultats. Cette tâche n'est pas si triviale qu'elle peut paraître au premier abord. En effet, les systèmes de recherche proposent de nombreux URLs dans leurs pages de réponses. Nous trouvons tout d'abord, des URLs correspondant aux documents-réponses, mais aussi des URLs correspondant à des publicités, des URLs internes au système de recherche permettant de naviguer sur le site, ou bien des URLs donnant accès aux pages de résultats suivants de la recherche.

Ainsi, pour construire la description de la page de résultats fournie par le système de recherche, nous utilisons un outil semi-automatique que nous présenterons plus en détail dans la suite de l'article. La description des résultats, consiste à décrire la séquence de balises HTML qui entoure l'information que nous souhaitons extraire (dans notre cas, les URLs des documents réponses, ainsi que l'URL permettant d'accéder à la page des réponses suivantes).

Voici un exemple de description permettant d'extraire les URLs pertinentes d'une page de résultats (section <RESULTS>…</RESULTS>), ainsi que d'isoler le lien vers les résultats suivants (section <NEXT_RESULT>…</NEXT_RESULT>).

```
<?XML VERSION="1.0" ?>
<!DOCTYPE RESULTS_FORMAT SYSTEM "http://.../results_format.dtd">
<RESULTS_FORMAT>
   <RESULTS>
      <MARK>dl</MARK><MARK>dt</MARK><MARK>b</MARK><TEXT/>
     <MARK>/b</MARK><MARK>a HREF="<URL/>"</MARK>
         <MARK>b</MARK><TEXT/><MARK>/b</MARK><MARK>/a</MARK>
      <MARK>dd</MARK><TEXT/><MARK>br</MARK><MARK>b</MARK>
      <TEXT/><MARK>/b</MARK><MARK>font</MARK><TEXT/>
      <MARK>br</MARK><TEXT/><MARK>/font</MARK><MARK>a</MARK>
      <TEXT/><MARK>/a</MARK><TEXT/><MARK>/dl</MARK>
   </RESULTS>
      <NEXT_RESULTS>
         <MARK>a</MARK><TEXT/><MARK>/a</MARK>
         <MARK>a href="<URL/>"</MARK><TEXT/><MARK>b</MARK><TEXT/>
      <MARK>/b</MARK><TEXT/><MARK>/a</MARK><MARK>br</MARK>
      </NEXT_RESULTS>
</RESULTS_FORMAT>
```

Figure 4. *Exemple de fichier XML de description des résultats*

4. L'interrogation automatique

A partir du modèle de description présenté dans la partie précédente, nous avons développé un système s'appuyant sur ces différents fichiers XML de description afin d'interroger automatiquement différents systèmes de recherche d'information sur Internet. Cette application, développée en Java, est très largement *multi-threading*. Elle est construite sur une architecture basée autour de trois serveurs autonomes lançant diverses tâches en parallèle.

Les trois serveurs fonctionnant en parallèle se nomment *QueryLoaderServer*, *URLExtractorServer* et *DocumentLoaderServer* (cf. figure 5). Chacun d'eux est en fait en attente de requête pour lancer des tâches élémentaires telles que *"envoyer une requête au serveur"*, *"analyser un document HTML"*, ou bien *"charger une page HTML"*.

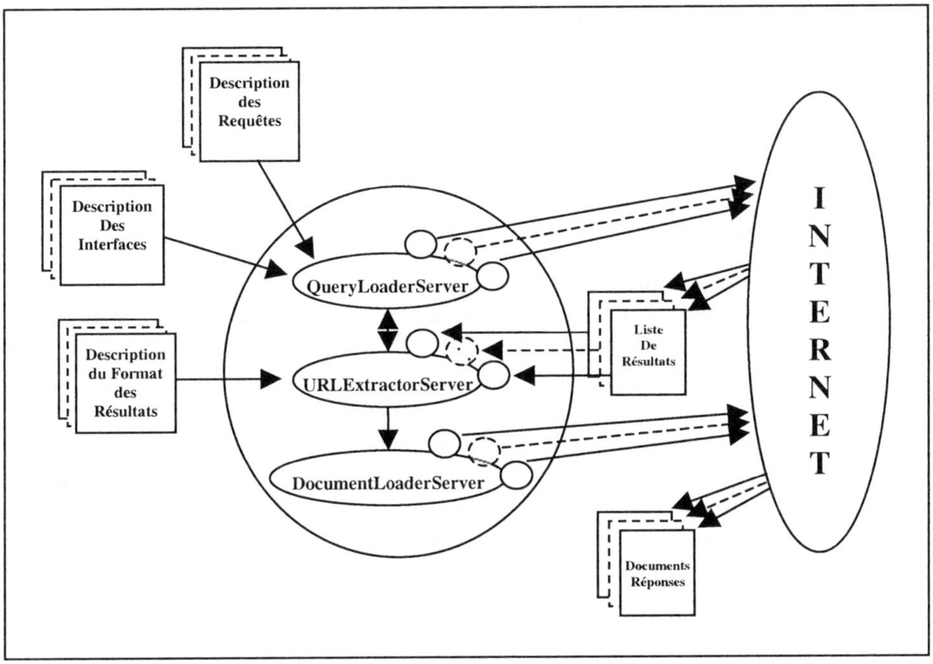

Figure 5. *Architecture générale du système BeFor*

4.1. *Le serveur* QueryLoaderServer

Le rôle du serveur *QueryLoaderServer* consiste à lire les fichiers XML de description des requêtes, ainsi que les fichiers XML de descriptions des interfaces de recherche et à construire à partir de ces éléments une requête HTTP. A partir de chacune de ces requêtes, le serveur va lancer en parallèle plusieurs tâches consistant à envoyer la requête au serveur, récupérer la réponse, et passer cette dernière au serveur *URLExtractorServer*.

4.2. *Le serveur* URLExtractorServer

Le serveur *URLExtractorServer* se charge d'analyser les fichiers HTML de résultats retournés par les systèmes de recherche. Comme nous l'avons déjà mentionné, le serveur *URLExtractorServer* utilise une méthode de *pattern-matching* afin de localiser les séquences de balises HTML permettant d'extraire les URLs pertinents. Il va ainsi identifier les URLs des documents-réponses, et les passer au serveur *DocumentLoaderServer*. Mais il va également identifier l'URL permettant de récupérer la page contenant la suite de la liste des documents-réponses, qu'il va renvoyer au serveur *QueryLoaderServer*.

4.3. *Le serveur* DocumentLoaderServer

Ce serveur ressemble typiquement à ce qui est communément appelé un robot. Il est chargé de récupérer les documents HTML à partir des URLs qui lui sont fournis par le serveur *URLExtractorServer*.

5. Vers une génération automatique des connaissances

L'utilisation du système BeFor dans des projets de grande envergure a montré les limites quant à la création et la maintenance des connaissances dont nous avons besoin et qui sont représentées par l'ensemble des fichiers XML de description (description des profils de recherche, description de l'interface de recherche, description du format des résultats). Il est relativement complexe de parvenir à extraire automatiquement l'ensemble des connaissances dont nous avons besoin concernant les systèmes de recherche d'information. Le point le plus problématique est celui consistant à attribuer une valeur sémantique aux différents éléments du formulaire d'interrogation. C'est pourquoi, dans cette première approche, nous avons développé un outil d'assistance à la création des fichiers de description de l'interface de recherche, et non pas un outil entièrement automatique. Cet outil permet ainsi de générer automatiquement, à partir de l'URL d'un formulaire de recherche un fichier de description de l'interface conforme à notre DTD. Le seul point qui doit être contrôlé humainement est l'étiquetage sémantique des éléments du formulaire. Certaines heuristiques nous permettent cependant d'étiqueter correctement les champs de recherche en texte libre.

D'un autre côté, nous rencontrons le même problème de création et de maintenance des différentes connaissances nécessaires pour l'extraction des résultats. Nous parvenons cependant dans ce cas, à totalement automatiser le processus en utilisant l'algorithme général suivant :

1. Nous lançons une requête ayant une très forte probabilité de retourner un résultat. Dans le cas de l'interrogation de moteurs de recherche, l'utilisation de termes très génériques fonctionne très bien. En revanche, dans le cas de bases de données thématiques, il faut utiliser le vocabulaire de la base.

2. Nous lançons au même système de recherche d'information une requête ayant une très faible probabilité de retourner des résultats. Expérimentalement, une question composée de l'ensemble des 26 lettres de l'alphabet dans un ordre aléatoire donne de bons résultats.

3. Nous effectuons alors un processus différentiel entre les deux pages de résultats obtenus précédemment. En effet, comme le système de recherche est un système automatique, lorsqu'il retourne une page sans résultat, cette dernière conserve tout même la structure d'une page comportant des résultats. Ainsi, en effectuant une comparaison de la structure HTML des deux fichiers, nous parvenons

à identifier les séquences de balises HTML entourant les URLs de résultats. Le système compare alors la structure des balises HTML entourant chaque URL de résultats et retient la séquence de balise commune à tous les résultats. Enfin, à partir de ces informations, nous générons un fichier XML de description de la page de résultats comparable à celui présenté sur la figure 4.

6. Conclusion

Nous avons présenté dans cet article un modèle de description des systèmes de recherche d'information sur Internet. La création et la maintenance de l'ensemble des descriptions de chaque outil de recherche d'informations ont également été présenté, ainsi que l'application BeFor tirant parti de ce modèle. Mais le système BeFor s'intègre dans une problématique beaucoup plus large dépassant le cadre de cet article. L'architecture générale du système complet est présentée sur la figure 6. Ce système que nous présentons doit permettre de créer automatiquement des bases de données thématiques multilingues qui seront ensuite exploitées par le système de gestion documentaire SPIRIT[3].

Ainsi, comme nous le constatons sur la figure 6, une telle architecture fait apparaître de nouvelles problématiques. Ces problématiques sont les suivantes :

– adapter la requête de manière encore plus fine en fonction de chaque outil de recherche concerné. Nous envisageons pour cela d'étendre la DTD du fichier de description de l'interface afin de décrire pour chaque élément du formulaire les opérateurs logiques utilisés par l'outil de recherche. Nous pourrons alors formuler les requêtes en utilisant judicieusement les différents opérateurs ;

– la plupart des systèmes de recherche utilisent très peu de traitements linguistiques. Nous envisageons donc d'employer les fonctionnalités de reformulation mono et multilingues du système SPIRIT ;

– nous avons déjà développé un module d'identification automatique de la langue des documents. Plusieurs approchent existent à ce sujet. Les deux principales consistent soit à utiliser des séquences de Ngrams ([DAMA95]), soit à détecter la présence de mots-outils de la langue ([DUNN94]). Plusieurs études, telles que [GREF95] et [MACN98] ayant démontré la fiabilité, la rapidité et la robustesse des Ngrams pour l'identification automatique de la langue, nous avons donc développé un module basé sur cette technique ;

– enfin, nous prévoyons également de développer un module de filtrage et d'enrichissement des requêtes en utilisant les documents récupérés lors des recherches précédentes sur le thème de cette requête.

3. SPIRIT *(Syntactic and Probabilistic Indexing and Retrieval of Information in Texts)* est un produit de T.GID. Les recherches sur SPIRIT sont menées au travers d'un accord avec la Direction de l'Information Scientifique et Technique (DIST) du Commissariat à l'Energie Atomique (CEA) – http://www-dist.cea.fr/.

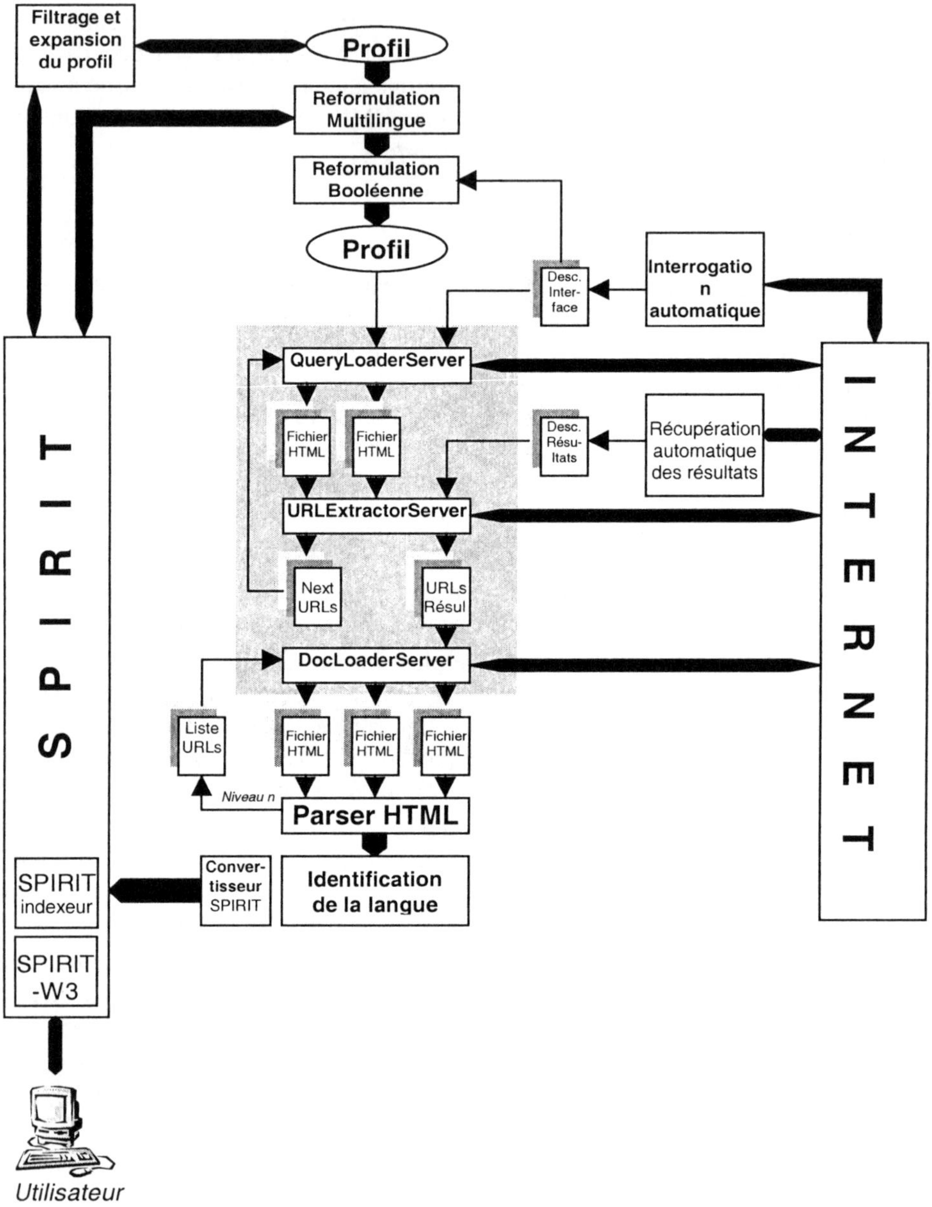

Figure 6. *Architecture générale du système BeFor*

7. Références

[ALLE97] C. ALLEN, WIDL: « Automating the Web with WIDL », *Technical white paper*, webMethods, 1997, http://www.webmethods.com/xml/widl_wp.html

[BOSA97] J. BOSAK, XML, « Java, and the future of the Web », *Sun Microsystems*, Mars 1997, ftp://sunsite.unc.edu/pub/sun-info/standards/xml/why/xmlapps.html

[BOYE98] J. BOYER, T. BRAY AND M. GORDON, « Extensible Forms Description Language (XFDL) 4.0 - W3C Note », *World-Wide-Web Consortium*, Septembre 1998, http://www.w3.org/TR/NOTE-XFDL

[BRAY98] T. BRAY, J. PAOLI AND C. M. SPERBERG-MCQUEEN, « Extensible Markup Language (XML) 1.0 - W3C Recommandation », *World-Wide-Web Consortium*, Février 1998, http://www.w3.org/TR/REC-xml

[CAVN94] W. CAVNAR AND J. TRENKLE, « N-gram based text categorization ». *In SDAIR94*, pp. 161-176, 1994.

[CHID97] B. CHIDLOWSKII, U. M. BORGHOFF AND P.-Y. CHEVALIER, « Towards sophisticated Wrapping of web-based information repositories », *RIAO 97*, pp. 123-135, 1997.

[DAMA95] M. DAMASHEK, « Gauging similarity with n-grams: Language-independent categorization of text ». *Science*, Vol. 267 (N° 10).

[DUNN94] T. DUNNING, Statistical identification of language, Technical report, CLR MCCS-94-273, Mars 1994.

[ELKA97] F. ELKATEB, Etude des performances et amélioration des stratégies de reformulation du système documentaire multilingue EMIR, Thèse de doctorat, 1997.

[FLUH97] C. FLUHR, D. SCHMIT, P. ORTET, F. ELKATEB AND K. GURTNER, « SPIRIT-W3: a distributed crosslingual indexing and search engine ». *INET 97, 'the Internet, the Global Frontier'. 7th Annual Conference of the Internet Society*. Juin 1997.

[GREF95] G. GREFENSTETTE, « Comparing two language identification schemes ». *JADT 95*. pp. 263-268, 1996.

[KIKU96] G. KIKUI, Y. HAYASHI AND S. SUZAKI, « Cross-lingual Information Retrieval on the WWW ». *MULSAIC 96*, 1996.

[MACN98] S. MACNAMARA, P. CUNNINGHAM AND J. BYRNE, « Neural networks for language identification: a comparative study ». *Information Processing & Management*, Vol. 34, N° 4, pp. 395-403, 1998.

[MICH99] C. MICHEL, Evaluation de systèmes de recherche d'information, comportant une fonctionnalité de filtrage, par des mesures endogènes, Thèse de doctorat, 1999.

[SIMO97] J. L. SIMONI, C. FLUHR, « Accès à l'information à travers les graphes de termes », *ISKO*, Octobre 1997.

[SOUT94] C. SOUTER, G. CHURCHER, J. HAYES, J. HUGHES AND S. JOHNSON, « Natural language identification using corpus-based models ». *Hermes Journal of Linguistics*, Vol. 13, pp. 183-203, 1994.

Projet NeuroWeb : un moteur de recherche multilingue et cartographique

A. Lelu — M. Hallab* — H. Rhissassi* — F. Papy**
S. Bouyahi* — N. Bouhaï* — H. He* — C. Qi**** — I. Saleh***

* *Université Paris 8 / Département Hypermédias*
** *Université Paris 8 / Département Documentation*
*** *Central China Normal University – Wu Han, République Populaire de Chine*
**** *Université Paris 7 / Langues et civilisations orientales*

RESUME. *Le laboratoire Paragraphe a développé des méthodes d'exploration de corpus à partir de cartographies textuelles, qu'il a étendues à des langues et écritures différentes par la technique des n-grammes. Un prototype de moteur de recherche couplant approche multilingue par les n-grammes et approche linguistique est présenté, qui permet à la fois des requêtes fines utilisant une analyse linguistique, et des vues d'ensemble à la demande au moyen de cartographies.*

ABSTRACT. *The Paragraph lab of University Paris 8 has developed browsers for text databases based upon automatic information mapping, recently extended to languages other than French , and writings other than roman characters by means of a N-gram technique. We present here a prototype Web search engine grounded on these developments, which enables both precise queries, by means of a linguistic processing of the texts, and overviews of the contents by means of interactive information maps.*

MOTS-CLES : *moteur Web, cartographie de l'information, navigation hypertextuelle, indexation sémantique, multilinguisme.*

KEY WORDS: *information retrieval, Web browser, information mapping, semantic indexing, multilingual retrieval.*

1. Origine du projet et état de l'art

Les moteurs de recherche d'informations sur le Web présentent des limites que nous analysons comme suit :

1) Ils sont basés sur la notion de chaîne de caractères ; une chaîne représente en première approximation un mot, unité élémentaire de sens délimitée par des séparateurs tri*via*ux, comme l'espace ou les signes de ponctuation.

2) L'absence d'analyse morpho-syntaxique qu'on y constate crée beaucoup de bruit :

– confusions entre mêmes formes graphiques de mots différents au sein d'une même langue,

– formes graphiques identiques au sein de langues ou écritures différentes (ex : EAU en français et en coréen, etc.) (ceci sans compter les aspects techniques : volumes énormes de fichiers inverses pour accéder à l'ensemble des formes graphiques répertoriées, problème qui deviendra de plus en plus crucial quand le Web passera des 200 millions de pages actuelles à un milliard, etc.).

3) L'approximation de la notion de mot par une chaîne de caractères, déjà problématique pour l'anglais, les langues latines et l'arabe, où en plus des conjugaisons et déclinaisons les fautes d'orthographe et variantes non stabilisées sont monnaie courante, est franchement inadaptée pour :

– les langues agglutinantes (allemand, russe, turc etc.) où les unités de sens élémentaires sont accolées pour former des mots composés parfois très longs,

– les écritures asiatiques (chinois, japonais, coréen, etc.) où les mots sont accolés sans séparateurs, et décodés en fonction du contexte, comme on le fait dans nos pays pour lire les inscriptions latines. Le problème est compliqué par l'existence des deux systèmes de codages des caractères chinois (Big 5 et GB, l'Unicode restant pratiquement inutilisé), et leur mélange avec les caractères occidentaux.

1.1. *La recherche d'informations sur le Web se fait selon deux modes principaux, mal et inégalement satisfaits à l'heure actuelle*

1) *Un mode de recherche fine* d'une information précise, ciblée sur un objectif bien cerné : il s'opère à l'heure actuelle en la décrivant par un ou plusieurs mots dont on laisse au sort le soin de déterminer s'ils correspondent à une graphie recouvrant ce seul mot dans notre seule langue, ou bien s'il nous rapporte bien d'autres choses etc.

2) *Une démarche exploratoire*, où l'on cherche à « se faire une idée » de ce que le Web recèle sur un certain sujet d'intérêt : seuls AltaVista/Refine et Semiomap offrent à l'heure actuelle un début de réponse à ce besoin.

L'objectif général de notre projet est de fournir des réponses améliorées, cohérentes et complémentaires à chacun de ces besoins, validées par la mise en place d'un prototype de moteur de recherche donnant accès à quelques dizaines de milliers de pages Web en français et chinois, totalisant quelques centaines de mégaoctets de textes.

2. Nos acquis

Le laboratoire Paragraphe travaille depuis de nombreuses années dans le domaine de la réalisation d'hypertextes et hypermédias avancés, de l'automatisation de la création de liens hypertextuels, de la génération automatique de textes, et des bases de données multimédias. Il a organisé plusieurs conférences internationales sur ce sujet, et est à l'origine de la revue *Hypertextes et hypermédias*, ainsi que de plusieurs ouvrages de référence. Voici quelques-unes de ces réalisations sur lesquelles s'appuie notre projet :

1) HYPERMAP, environnement d'assistance à l'indexation de corpus volumineux encapsulant un module de lemmatisation, et réalisant entre autres les fonctions de :

– détection statistique des mots composés,

– filtrage statistique des lemmes trop rares, ou trop fréquents quand ils sont uniformément répartis (critère du « khi-deux+ », cf. [RHI 97]),

– mise à jour incrémentale de l'indexation et de la base de documents.

2) NEURONAV+, interface convi*via*l de navigation cartographique dans une base textuelle indexée manuellement ou par Hypermap, et de mise à jour dynamique de l'indexation et du corpus [LEL 97].

3) ENGRAMMES, logiciel de cartographie de corpus textuels, indépendant de la langue et de l'écriture, à partir du codage des documents sous forme de profils de fréquences de n-grammes, et de visualisation des résultats [HAL 97 ; LEL 98].

4) PROXILEX, logiciel de recherche rapide des mots, simples et composés, les plus proches lexicalement d'une chaîne de caractères fournie en entrée, ou incluant cette chaîne [HAL 99].

3. Nos objectifs

En réponse à nos critiques adressées aux systèmes de recherche existants, nos objectifs sont les suivants :

– concernant le besoin de recherche fine : compléter la recherche sur chaîne de caractères par la recherche sur lemmes et expressions composées lemmatisées, ainsi que par champ sémantique de ces lemmes et expressions (obtenu par « expansion statistique »), pour la langue française. Il est clair que cette approche ne convient pas à une démarche d'exploration « pour voir », ou de demande de synthèse sur un sujet étendu donné ;

– satisfaire la demande exploratoire à partir de deux outils :

- la *cartographie de base de l'ensemble des pages Web* explorées par le moteur, offre des regroupements thématiques de ces pages pour les langues et écritures représentées dans le corpus de test, spécialement le français et le chinois, et permet de satisfaire les requêtes de proximité par rapport à une question détaillée en langage naturel ou une page Web spécifiée en tant que requête. Il est clair que, si cette cartographie peut donner un point de vue d'ensemble sur les thèmes traités dans les pages répertoriées par le moteur, elle ne saurait fournir la réponse précise à un sujet exprimé par un mot précis,

- la *cartographie à la demande* déclenchée à partir des résultats d'une requête telle que décrite ci-dessus, donc indépendante de la langue, ou d'une requête sur des lemmes pour le français. Un environnement graphique de navigation « triangulaire » (carte des thèmes, mots, documents) est alors téléchargé par l'utilisateur, qui peut l'explorer à loisir sur son ordinateur personnel.

4. Architecture d'ensemble

Elle s'établit autour de deux applications : l'application « Administration des données » créée et met à jour la bases de données et les fichiers nécessaires aux divers modules de l'application interactive ; ceux-ci sont chargés sur le serveur, et se trouvent en interaction avec les usagers finaux, à travers le navigateur de ces derniers, ainsi que *via* les scripts CGI et l'applet Java spécifiques de notre moteur de recherche.

Selon la langue et le corpus choisis (français ou chinois), les expansions statistiques de requête (sur un lemme ou sur un document) et les cartographies sont réalisées à partir des comparaisons de vecteurs de fréquences de lemmes, dans le cas du français, ou de vecteurs de fréquences de bigrammes, dans le cas du chinois. Nous avons testé actuellement, dans le cadre du projet Amaryllis d'évaluation de systèmes de recherche d'informations francophones, la comparaison des images de ces vecteurs dans un espace à nombre réduit de dimensions, défini par l'extraction de thèmes sur l'ensemble des pages par notre module Neuronad [LEL 94]. Cette réduction de l'information à l'« essentiel » rend ainsi proches des documents sans mots communs, mais traitant d'un même sujet – pour peu que ce sujet ressorte de la cartographie –, à l'instar de ce que réalise, d'une façon plus lourde informatiquement, et « en aveugle », sans possibilité d'interpréter le sens des composantes élémentaires latentes, la procédure Latent Semantic Indexing [DUM 94]. Notre approche revient donc à constituer une indexation sémantique *patente*.

4.1. *Application « administration des données »*

4.1.1. *Programme principal*

Il réalise les fonctions de collationnement initial et incrémental des pages Web, au fur et à mesure des campagnes de collecte, et d'appel des modules créant les fichiers à charger, sans oublier les vérifications de cohérence.

4.1.2. *Module Agent Web de collationnement et de filtrage des pages*

Ce module explore et rapatrie les pages d'une liste de sites donnée, avec une profondeur d'exploration paramétrable, et dans le respect de la déontologie définie sur le Web. Chaque page est alors débarrassée de ses balises HTML, puis filtrée et pré-traitée en vue de la suite des opérations (par ex. : les écritures asiatiques mélangent les codes-caractères sur un octet et sur deux octets, etc.). Des statistiques sont recueillies sur chaque page : nombre de caractères hors-balises, nombre de liens externes, internes, etc.

4.1.3. *Module TypoWeb de catégorisation automatique des pages Web*

Il est d'observation courante que beaucoup de pages Web ne sont pas justiciables d'un traitement d'analyse de contenu : annuaires, listes de sites, pages « carrefour », listages de programmes informatiques, etc. Il est donc essentiel d'établir une typologie des pages Web, afin 1) d'informer l'utilisateur à l'avance du type des pages auxquelles aboutit sa requête, 2) d'éliminer de la cartographie les pages non-textuelles à proprement parler. Alors que [BOR 98] propose des critères issus d'une étude manuelle d'un nombre de pages limité, nous utilisons pour identifier de façon adaptative les « pages textuelles » notre module Neuronad, qui s'est révélé aussi efficace pour traiter des vecteurs quantitatifs à peu de dimensions qu'avec des données textuelles très multidimensionnelles. A partir d'indicateurs quantitatifs recueillis par l'agent Web (nombre de caractères après débalisage, nombre de liens (internes à la page, internes au site, externes) nombre de tableaux, nombre d'images, nombre de formulaires, nombre de balises « mail to »), cinq types de pages ont été ainsi distingués automatiquement, et leur degré de « typicité » visualisé par une échelle à trois degrés (*, **, ***) – en effet, ces cinq catégories constituent des pôles flous, plus que des classes bien distinctes :

– page informative textuelle (20 % des pages d'un échantillon représentatif du Web francophone),

– page informative avec texte illustré (27 %),

– page carrefour interne au site (46 %),

– page carrefour externe au site (8 %),

– page interface de saisie.

4.1.4. *Module Hypermap-Web d'indexation lemmatisée par mots simples et composés*

Ce module fait d'abord appel à un lemmatiseur externe : nous avons choisi Nomino [PLA 91], qui propose 1) des candidats lemmes et termes composés de bonne qualité, 2) et ce sur une base à la fois linguistique et ouverte, mieux adaptée au caractère incrémental indispensable de tout stockage de pages Web, 3) la reconnaissance automatique des pages principalement en langue anglaise, qui parsèment bon nombre de sites francophones, et leur traitement. Notre module permet ensuite de réaliser des élimination de lemmes et termes composés par masses, à partir de leur nature grammaticale (mots grammaticaux, verbes, adjectifs, etc.), ou de critères statistiques (fréquence, uniformité de répartition, etc.).

4.1.5. *Module Engrammes-Web multilingue et multi-écritures*

Dans le cadre de notre expérience sur les sites chinois, chaque page Web, après avoir été récupérée par le robot de collecte, et filtrée (codes HTML, etc.), est transformée en un profil d'occurrences de n-grammes hash-codés. Celui-ci est alors soumis à notre algorithme de classification. Les paramètres du filtrage, du hachage et de l'algorithme de classification sont cruciaux pour la qualité de la « quantification vectorielle du Web » obtenue, et font l'objet d'une mise au point soigneuse en interaction avec le travail d'évaluation.

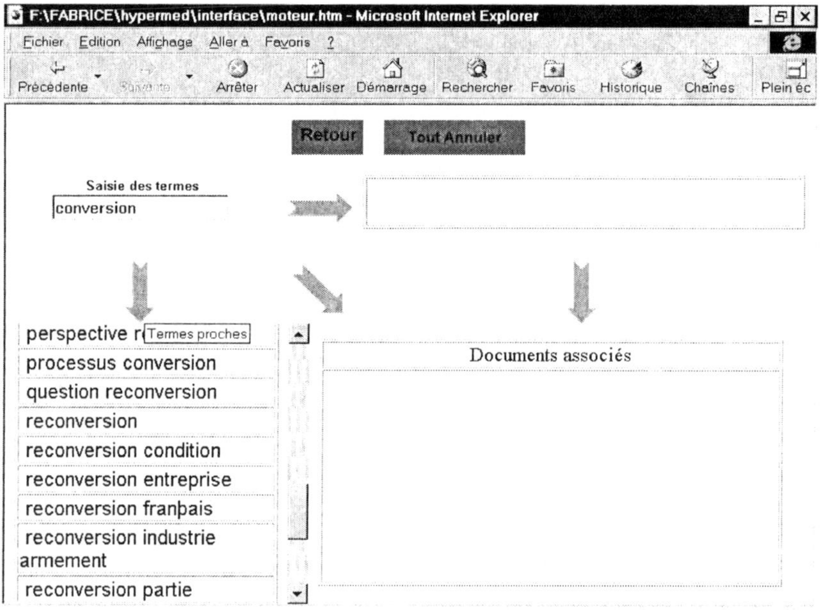

Figure 1. *Requête de proximité lexicale dans le moteur NeuroWeb*

Afin de donner une idée plus concrète de notre démarche, citons un exemple de résultats obtenus sur un corpus d'un millier de textes chinois courts, tirés de l'épopée mythologique et satirique du 16e siècle « Le pèlerinage vers l'Ouest ». Notre logiciel Engrammes en a extrait une vingtaine de thèmes, qu'on peut interpréter comme autant de schèmes récurrents, de « motifs » [THO 55] élémentaires qui reviennent souvent dans ce récit, sous des formes et dans des contextes variables : le moine-héros Tripitaka et ses trois disciples arrivent dans un temple pour s'y reposer, le Roi-Singe s'arrache un poil qu'il transforme en un petit monstre, le Roi-Singe se bat contre un monstre et bondit dans les airs, etc. Une liste de bigrammes chinois caractérise chacun de ces thèmes ; certains de ces bigrammes combinés forment des mots de trois ou quatre caractères, ou des morceaux de phrases, qui constituent ainsi une pré-indexation automatique de ces textes, pas toujours correcte syntaxiquement, mais suffisante pour accéder au contenu [HAL 99b].

4.2. *Application interactive*

4.2.1. *Programme client Web : interface utilisateur*

Compte tenu de la grande diversité des requêtes possibles sur notre moteur, nous nous appliquons à respecter au plus près le principe ergonomique consistant à ne présenter à l'utilisateur que les seules possibilités d'action qui ont un sens à l'instant *t*, munies de libellés les plus explicites possibles. Ce qui se traduit techniquement par la définition d'un automate de dialogue, décrivant à chaque instant l'état de l'écran, les actions possibles avec les transitions correspondantes vers d'autres états. Par exemple, la figure 1 montre l'écran à un moment du dialogue. A d'autres moments, le sens d'une flèche active aura pu changer, d'autres zones, libellés ou boutons auront pu apparaître ou disparaître.

Après une sollicitation, ici après la recherche des termes lexicalement proches du terme *conversion*, on obtient l'écran montré figure 1 ci-dessus.

4.2.2. *Liste des requêtes*

– *Requête de proximité lexicale* : l'utilisateur tape dans la zone « saisie » une chaîne de caractères, envoyée au module Proxilex [HAL 99] qui renvoie la liste des lemmes simples ou composés reconnus du système, les plus proches lexicalement de la chaîne en requête (cf. fig. 1).

– *Requête mot vers pages* : pour un lemme sélectionné et mis dans la zone « requête », le système renvoie les url qui contiennent une des formes de ce lemme.

– *Requête page vers mots* : pour une url sélectionnée et mise dans la zone « requête », le système renvoie les lemmes qui caractérisent cette url.

– *Requête d'expansion d'un mot* : pour un lemme sélectionné et mis dans la zone « requête », le module Expansion renvoie les lemmes simples ou composés les plus proches sémantiquement de ce lemme (ici : les plus souvent associés statistiquement). La figure 2 montre un exemple d'une telle expansion.

– *Requête d'expansion d'une page* : pour une url sélectionnée et mise dans la zone « requête », le module Expansion renvoie les url les plus proches sémantiquement de cette url, c'est-à-dire partageant un maximum de lemmes ou termes composés avec celle-ci, ou plus généralement un maximum de thèmes sémantiques, (cf. fig. 3 pour un exemple).

– *Requête de cartographie* : pour les url de type « informatives » résultant d'une requête et remplissant la zone « pages », l'action sur le bouton Cartographier déclenche l'exécution du module Neuronad pour ces pages, et la transmission des résultats au module Java de navigation dans l'environnement « triangulaire » de navigation au sein des pages sélectionnées, et des thèmes et mots qui lui correspondent, (cf. fig. 4 pour un exemple).

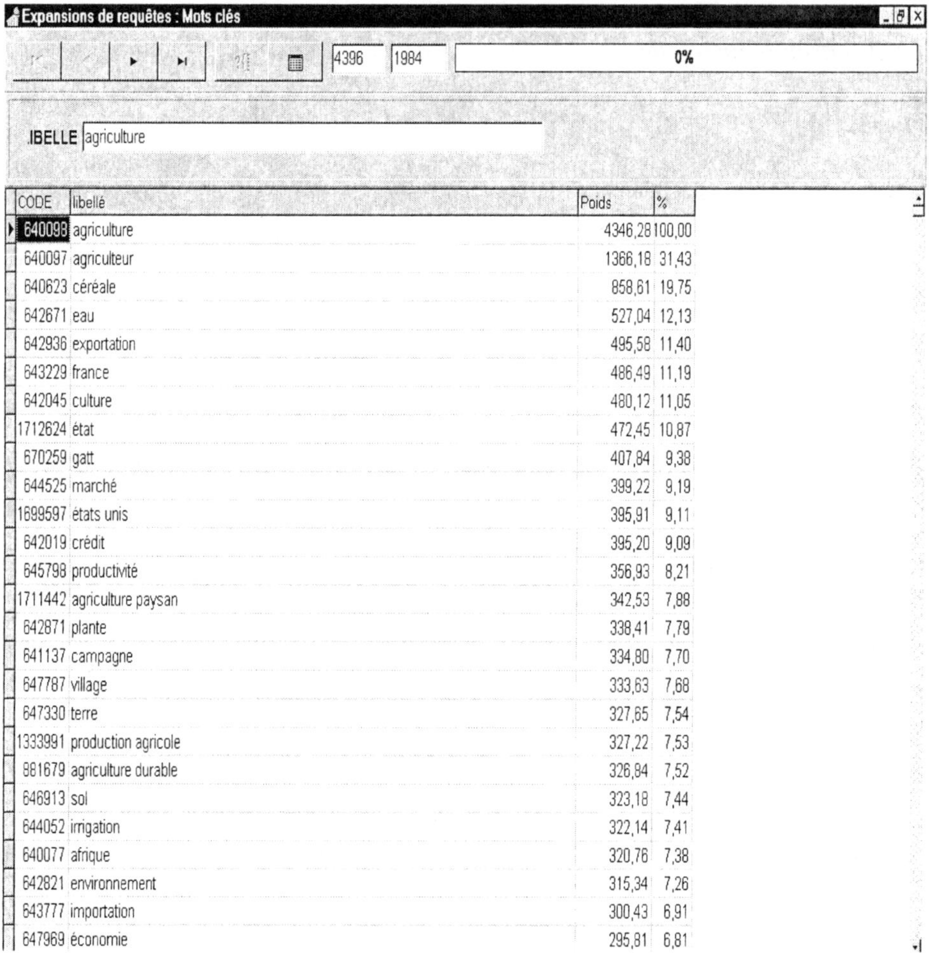
Expansions de requêtes : Mots clés

4396 1984 0%

LIBELLE agriculture

CODE	libellé	Poids	%
640098	agriculture	4346,28	100,00
640097	agriculteur	1366,18	31,43
640623	céréale	858,61	19,75
642671	eau	527,04	12,13
642936	exportation	495,58	11,40
643229	france	486,49	11,19
642045	culture	480,12	11,05
1712624	état	472,45	10,87
670259	gatt	407,84	9,38
644525	marché	399,22	9,19
1699597	états unis	395,91	9,11
642019	crédit	395,20	9,09
645798	productivité	356,93	8,21
1711442	agriculture paysan	342,53	7,88
642871	plante	338,41	7,79
641137	campagne	334,80	7,70
647787	village	333,63	7,68
647330	terre	327,65	7,54
1333991	production agricole	327,22	7,53
881679	agriculture durable	326,84	7,52
646913	sol	323,18	7,44
644052	irrigation	322,14	7,41
640077	afrique	320,76	7,38
642821	environnement	315,34	7,26
643777	importation	300,43	6,91
647969	économie	295,81	6,81

Figure 2. *Expansion statistique du terme « agriculture »*

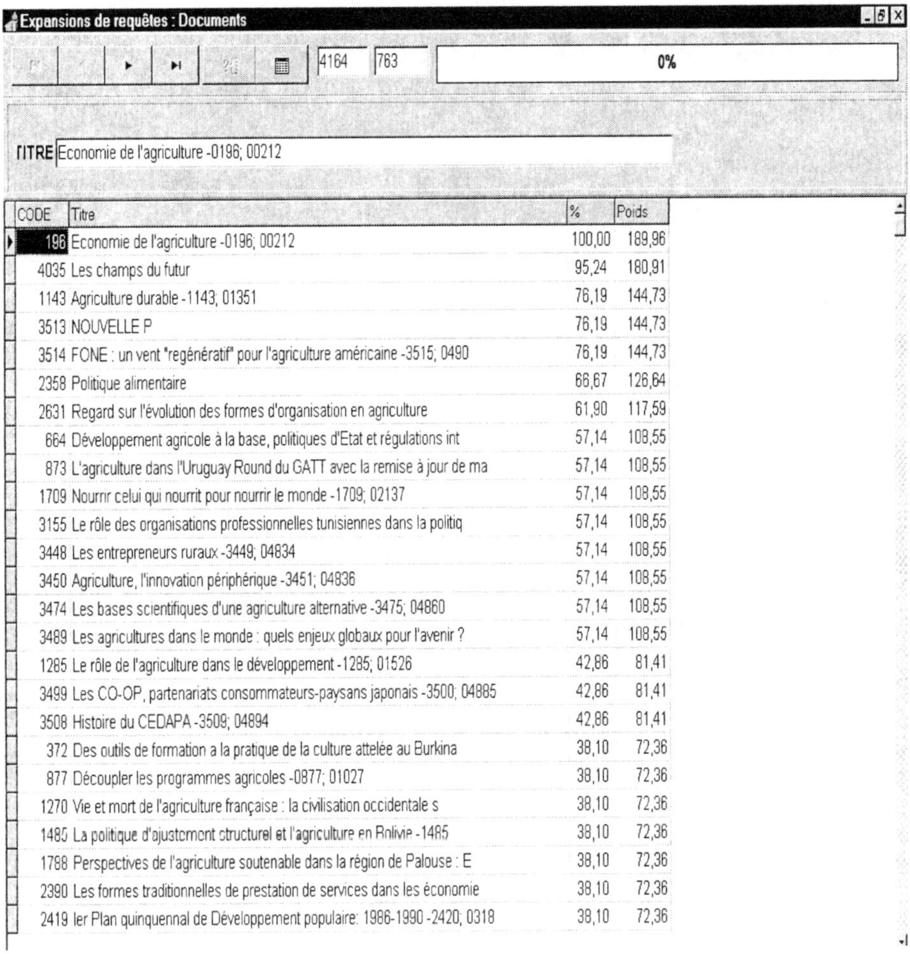

CODE	Titre	%	Poids
196	Economie de l'agriculture -0196; 00212	100,00	189,96
4035	Les champs du futur	95,24	180,91
1143	Agriculture durable -1143; 01351	76,19	144,73
3513	NOUVELLE P	76,19	144,73
3514	FONE : un vent "regénératif" pour l'agriculture américaine -3515; 0490	76,19	144,73
2358	Politique alimentaire	66,67	126,64
2631	Regard sur l'évolution des formes d'organisation en agriculture	61,90	117,59
664	Développement agricole à la base, politiques d'Etat et régulations int	57,14	108,55
873	L'agriculture dans l'Uruguay Round du GATT avec la remise à jour de ma	57,14	108,55
1709	Nourrir celui qui nourrit pour nourrir le monde -1709; 02137	57,14	108,55
3155	Le rôle des organisations professionnelles tunisiennes dans la politiq	57,14	108,55
3448	Les entrepreneurs ruraux -3449; 04834	57,14	108,55
3450	Agriculture, l'innovation périphérique -3451; 04836	57,14	108,55
3474	Les bases scientifiques d'une agriculture alternative -3475; 04860	57,14	108,55
3489	Les agricultures dans le monde : quels enjeux globaux pour l'avenir ?	57,14	108,55
1285	Le rôle de l'agriculture dans le développement -1285; 01526	42,86	81,41
3499	Les CO-OP, partenariats consommateurs-paysans japonais -3500; 04885	42,86	81,41
3508	Histoire du CEDAPA -3509; 04894	42,86	81,41
372	Des outils de formation a la pratique de la culture attelée au Burkina	38,10	72,36
877	Découpler les programmes agricoles -0877; 01027	38,10	72,36
1270	Vie et mort de l'agriculture française : la civilisation occidentale s	38,10	72,36
1485	La politique d'ajustement structurel et l'agriculture en Bolivie -1485	38,10	72,36
1788	Perspectives de l'agriculture soutenable dans la région de Palouse : E	38,10	72,36
2390	Les formes traditionnelles de prestation de services dans les économie	38,10	72,36
2419	Ier Plan quinquennal de Développement populaire: 1986-1990 -2420; 0318	38,10	72,36

Figure 3. *Requête d'expansion du document « Economie de l'agriculture »*

– L'association d'un mot à des mots proches ou à des concepts rattachés permet une recherche itérative, dans le corpus, de pages traitants de thèmes proches sans utiliser nécessairement le premier mot-clef entré : la recherche est à la fois ouverte et affinée, et fournit un ensemble de pages pour lequel on propose une cartographie.

– La présentation cartographique du corpus issu d'une requête, constitue une visualisation en 2D de son contenu sémantique, ainsi que des pages correspondant à chaque thème.

A la différence de la fonction Refine (proposée sur Alta-Vista), 1) seules les pages réellement informatives sont cartographiées, 2) les thèmes renvoient directement à un ensemble de pages associées, et 3) la carte des thèmes peut être

« allumée » par les mots ou pages Web désignés par l'utilisateur, ce qui lui permet de situer ses centres d'intérêt dans l'espace sémantique de la carte.

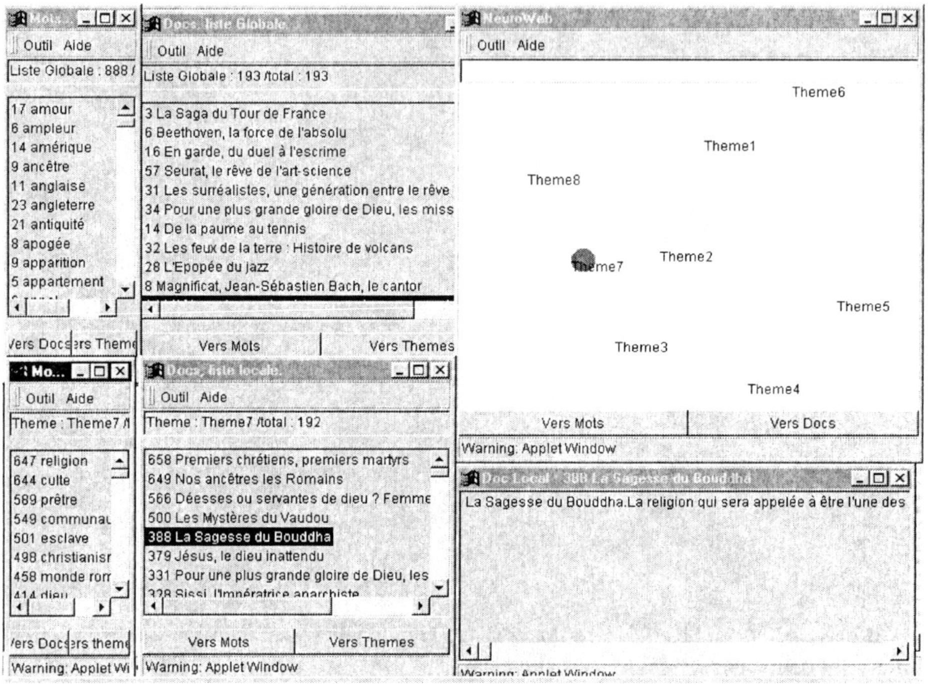

Figure 4. *Notre Applet Java de navigation dans une cartographie textuelle*

4.3. *Programme serveur : la « plaque tournante »*

4.3.1. *Communications Client/Serveur*

Le graphique suivant (fig. 5) illustre les mécanismes de communication entre le poste client et le moteur de recherches. Toute la partie transactionnelle est gérée par des formulaires qui après leur soumission par l'utilisateur sont transférés vers le serveur de requêtes HTTP, qui opère le traitement ad hoc au moyen du script CGI déterminé par le formulaire soumis. Le serveur Web reprend alors les éléments de réponse fournis par le moteur de recherches, les structure au format HTML puis les adresse au poste client.

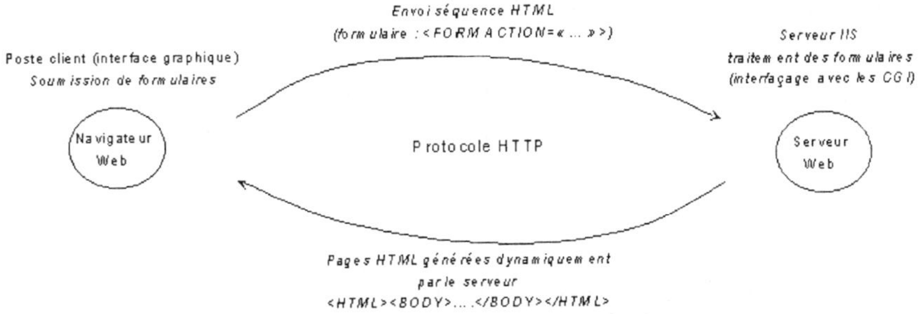

Figure 5. *Schéma des communications client-serveur*

4.3.2. *Le serveur : un environnement hautement collaboratif*

Le dispositif rassemblant les différents éléments du moteur de recherches est hébergé dans sa totalité par le serveur de ressources. C'est le serveur de requêtes HTTP qui assure la distribution des demandes d'information transmises par les clients aux différents modules composant le moteur de recherches.

Le moteur est lui même constitué de modules indépendants qui peuvent dialoguer de manière privilégiée avec le serveur HTTP ou alors former un environnement collaboratif avec les autres modules en fonction du type de requêtes soumises. Les différents modules : approximation lexicale, expansion, cartographie dynamique, N-grammes, etc. sont présents sur le serveur de la façon présentée figure 6.

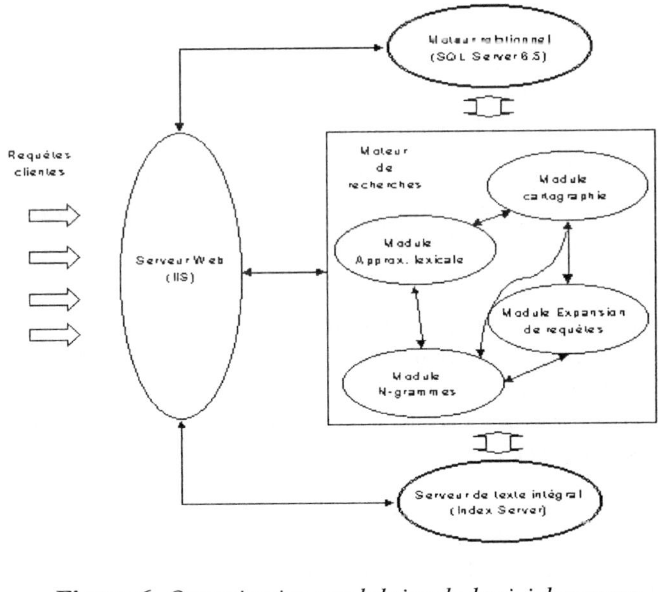

Figure 6. *Organisation modulaire du logiciel serveur*

4.3.3. *Une organisation optimale de la mémoire*

Afin de garantir des délais de réponse courts, la collaboration des différents modules du moteur de recherche exploite les segments de mémoire partagée (*shared memory*) implémentés sous la forme : mappage par fichiers sous Windows NT (*file mapping*).

4.3.4. *Interfaçage avec les scripts CGI*

L'activation des différents modules du moteur de recherches sera commandée par les appels à des scripts CGI (Visual basic, Perl, API, etc.) gérés au moyen d'une file d'attente (*spooler*).

5. Conclusion

Pour résumer, nous dirons que notre moteur Web tente d'associer le meilleur des procédures de recherches d'information publiées aujourd'hui, par nous-mêmes et par d'autres :

– recherche monolingue sur la base d'une indexation par mots lemmatisés et expressions composées,

– recherche rapide dans la liste des termes à partir de proximités lexicales basées sur les N-grammes,

– proximités sémantiques dans l'espace de dimensions réduites, et à coordonnées obliques, issu du passage Neuronad sur l'ensemble des données (indexation sémantique patente, et non latente),

– recherche dans des corpus de langue et écriture exotiques à partir des N-grammes,

– cartographie des thèmes extraits d'un sous-ensemble de pages issues d'une requête de l'utilisateur, et exploration de cette carte en tous sens.

Cette réalisation donnera lieu à des démonstrations au moment de la conférence, et sera accessible sur notre site Web (<*www.hypermedia.univ-paris8.fr/equipe*>).

Remerciements

Nous tenons à remercier le ministère de l'Enseignement Supérieur, de la Recherche et de Technologie pour le financement de notre projet « Moteur de recherche multilingue et cartographique sur Internet », ainsi que l'action de coopération scientifique franco-québecoise « Outils de filtrage et de routage d'informations sur Internet ».

6. Bibliographie

[BOR 98] BORZIC B., « Un modèle de gestionnaire itératif de flux informationnel sur Internet », Thèse de doctorat, Information Scientifique et Technique, CNAM, Paris, mars 1998.

[DUM 94] DUMAIS S.T., « Latent Semantic Indexing (LSI) and TREC-2 », *NIST special publication*, n°500-215, pp.105-115, 1994.

[HAL 97] HALLAB M., LELU A., « Hypertextualisation multilingue à partir des fréquences de N-grammes », *4e conférence Hypertextes et hypermédias*, Université Paris 8, Saint Denis, 1997.

[HAL 98] M. HALLAB, A. LELU, B. DELPRAT, « Towards a New Type of Search Tool and Multilingual Text Cartography on the World Wide Web », *Actes de CESA'98 IMACS-IEEE Multiconference*, Hammamet, Tunisie, 1-4 avril 1998.

[HAL 99] HALLAB M., LELU A., « Proxilex : un outil d'approximation orthographique à partir des fréquences de N-grammes », dans ces mêmes actes, 1999.

[HAL 99b] HALLAB M., LELU A., « Indexer quelle que soit la langue et l'écriture : une approche combinant N-grammes et cartographie textuelle », communication acceptée au *2e colloque du chapitre français de l'ISKO*, Lyon, 21-22 octobre 1999.

[LEL 94] LELU A., « Clusters and Factors: Neural Algorithms for a Novel Representation of Huge and Highly Multidimensional Data Sets », *New Approaches in Classification and Data Analysis,* E. DIDAY, Y. LECHEVALLIER *& al.* eds., Springer-Verlag, Berlin, pp. 241-248,1994.

[LEL 97] LELU A., TISSEAU-PIROT A.G., ADNANI A., « Cartographie de corpus textuels évolutifs : un outil pour l'analyse et la navigation », *Hypertextes et Hypermédias*, vol.1, n°1, éditions Hermès, Paris, 1997.

[LEL 98] LELU A., HALLAB M., DELPRAT B., « Recherche d'information et cartographie dans des corpus textuels à partir des fréquences de N-grammes », *Actes des 4e Journées Internationales d'Analyse Statistique des données Textuelles*, coord. S. MELLET, UPRESA « Bases, Corpus et Langage », Université de Nice, 1998.

[LEL 99] LELU A., « Représentations cartographiques de corpus textuels : codages, algorithmes, ergonomie », Mémoire d'Habilitation à Diriger les Recherches, Université Paris 8, 1999.

[PLA 91] PLANTE P., « La modélisation en faisceaux pour le parsage syntaxique », *Actes du colloque ILN'91*, Nantes, janvier 1991, repris aussi dans un Document Centre ATO.CI, octobre 1992, www.ling.uqam.ca/nomino.

[RHI 97] RHISSASSI H., LELU A., « De l'indexation à la navigation : vers un environnement complet d'hypertextualisation assistée », *4e conférence Hypertextes et hypermédias*, Université Paris 8, Saint Denis, 1997.

[RHI 98] RHISSASSI H., LELU A., « Indexation assistée et cartographie sémantique pour la génération automatique d'hypertexte », *Actes de la conférence CIDE'98*, coord. M. Mojahid, INPT, Rabat, Maroc, 15-17 avril 1998, Europia Productions, pp.131-139, 1998.

[THO 55] THOMPSON S., *Motif-index of Folk-Literature. A Classification of narrative elements [...]*, Indiana University Press, 1955.

La cartographie de sites Web : un outil pour mieux appréhender l'information provenant de l'Internet

Eric Boutin* — Pedro Carlos Oprime — Franck Renucci*** — Denis Gaste*****

**Université de Toulon, laboratoire LEPONT Iut TC BP 132 83957, La Garde Cedex, Fax : 04 94 14 25 37, e-mail : boutin@univ-tln.fr*

***NIT/Materiais, Núcleo de Informação Tecnológica em Materiais, Departamento de Engenharia de Materiais/UFSCar, Universidade Federal de São Carlos Rod. Washington Luis, km 235, São Carlos/SP, Brasil e-mail : nit@nit.ufscar.br*

****Université de Toulon, laboratoire LEPONT Iut TC BP 132 83957, La Garde Cedex, Fax : 04 94 14 25 37, e-mail : renucci@univ-tln.fr*

*****Université de Toulon, laboratoire LEPONT, Iut département « SRC » St Raphaël BP 132 83957 La Garde Cedex, Fax : 04-94-19-66-09, e-mail : gaste@univ-tln.fr*

RESUME. *L'objet de cette communication est de présenter des outils et des méthodes qui peuvent être utilisés pour extraire une information stratégique interne sur un sujet spécifique. Le résultat de l'analyse se présente sous forme de cartographies qui mettent en évidence les interactions entre les différents sites Web d'un domaine donné.*

ABSTRACT. *The purpose of this paper is to present tools and methodologies that can be used in order to extract strategic information from Internet on a specific subject. The result of the analysis is presented through networks maps and visualises interactions of the main WEB sites on the analysed subject.*

MOTS-CLES : *Cartographie, Internet, analyse réseau, hypertextes, information stratégique.*

KEY WORDS : *Cartography, Internet, network analysis, hypertext links, strategic information.*

1. Introduction

Tout usager qui utilise Internet pour rechercher de l'information s'est un jour trouvé confronté à des masses de données dont il est difficile d'extraire une information valide dans des délais acceptables. Nous proposons de dépasser ce lieu commun désigné sous le terme de surinformation en nous attaquant à ses causes. Nous considérons qu'un acteur surinformé est un acteur qui a été sous exposé au flux d'information et qui subitement présente de l'intérêt pour un sujet : interrogeant un moteur de recherche il récupère un nombre élevé de sites ; ces sites sont disjoints. Comment distinguer l'information vraie de la fausse, l'information importante de celle qui ne l'est pas ? Nous considérerons qu'un site A est important s'il existe un nombre jugé significatif d'autres sites qui possèdent un lien hypertexte en direction du site A. Cette réflexion s'inscrit dans le prolongement théorique de l'analyse bibliométrique de la citation. L'analyse de la citation décrite par Small [SAM 73], Merton *et al.* [MER 83], Kochen [KOC 87] considère que la valeur d'une information est définie par ceux qui l'utilisent. On peut mesurer la qualité d'un travail par l'impact qu'il a eu dans la communauté. Symétriquement, si un travail est inconnu ou non pertinent, il ne sera pas cité.

L'aspect novateur de cette recherche est de considérer, comme le font Almind et Ingwersen, [ALM 97] le Web comme un réseau de citations entre des pages Web, les liens hypertextes entre ces pages jouant le rôle de citation.

Nous avons choisi d'utiliser l'analyse réseau pour fournir une cartographie des sites qui font partie d'un domaine donné. L'outil réseau permet de :

– comprendre la réalité d'un domaine sur l'Internet par l'articulation des différents sites qui en font partie ;

– juger du caractère central ou périphérique d'un site par rapport aux autres.

Nous avons appliqué l'analyse réseau à l'étude des sites Internet traitant des domaines de la bibliométrie, scientométrie, informétrie. Il existe de nombreux acteurs dans la communauté internationale qui sont intéressés par ce domaine : entreprises commerciales, laboratoires de recherche, unités d'enseignements. Notre étude doit déboucher sur une réponse claire aux questions suivantes :

– Quels sont les différents acteurs du domaine de la bibliométrie, scientométrie, informétrie au sein de la communauté internationale qui ont choisi de se faire connaître sur le Web ?

– Ces différents acteurs proposent-ils dans leur site Internet des renvois hypertextuels vers d'autres acteurs et, si oui, est-il possible de représenter la cartographie de ces relations ?

Nous proposons dans un premier temps de montrer le processus d'obtention de ces cartographies avant de commenter et d'analyser les résultats obtenus.

2. Le processus de construction du réseau

Le résultat est obtenu à l'issue d'un processus semi-automatique mieux connu sous le terme de chaîne de traitement de l'information. Nous allons reprendre les différentes étapes de la chaîne de traitement de l'information.

2.1. *Les données brutes massives*

Le point de départ de l'analyse est une liste d'adresses de sites renvoyée par le moteur de recherche Altavista à partir d'une équation de recherche particulière. Dans notre exemple, l'équation retenue a été définie pour prendre en compte l'information française et anglo-saxonne sur le thème choisi. Elle se présente de la façon suivante : « bibliométrie ou scientométrie ou informétrie ou bibliometr? ou scientometr? ou informetr? ».

Nous avons retenu les 150 premiers sites renvoyés par Altavista.

2.2. *Prétraitement sous Auresys*

En partant de cette liste de sites, l'agent intelligent Auresys développé par Mannina [MAN 97] explore ces 150 sites l'un après l'autre. Pour chacun d'eux, il s'agit alors d'identifier quels sont les liens au départ de la page vers d'autres pages du même site (liens internes) ou vers d'autres sites (liens externes). L'itération suivante consiste à procéder de la même manière avec chacun des liens internes et externes apparus sur cette page.

On comprend aisément le caractère exponentiel d'une telle recherche. Si on considère qu'en moyenne, chaque page comporte k liens, l'examen des liens avec une profondeur de 3, comme le représente la figure1, renvoie de façon arborescente à l'examen de k^3 pages différentes. Raisonner sur une profondeur de n au lieu d'une profondeur de n-1 prend k fois plus de temps.

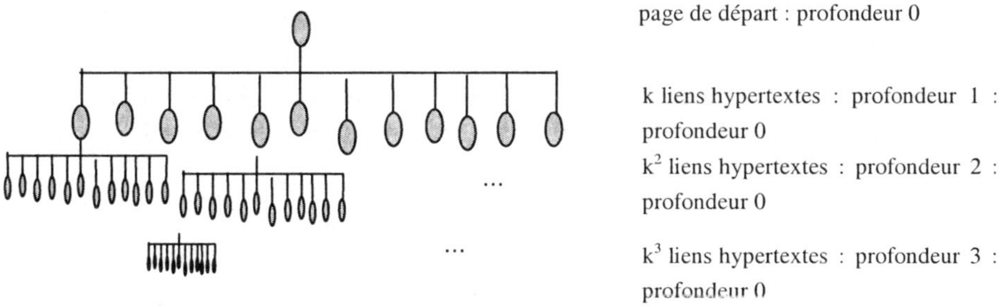

Figure 1. *Mise en évidence du concept de profondeur de liens*

Pour ne pas multiplier à l'infini la masse d'information à exploiter, Auresys introduit deux restrictions :

– dans l'algorithme de propagation, Auresys vérifie toujours, avant de retenir une nouvelle page, que l'équation logique est satisfaite. Cette restriction garantit que l'on reste dans le même domaine et limite le nombre de pages retenues pour la prochaine itération ;

– dans ce travail, nous avons exploré les liens avec une profondeur de deux. Ceci revient, pour chacune des 150 pages, à retenir tous les liens associés à la première page de chacun de ces sites et tous les liens associés aux pages issues de ces liens. En terme de parcours de l'utilisateur d'Internet, ceci revient à retenir une relation entre deux sites A et B lorsqu'il est possible de relier ces deux sites en moins de deux clics de souris. Cette contrainte de profondeur de 2 s'explique par des raisons liées au temps de constitution de la base de travail par Auresys.

2.3. *Traitement sous Infotrans et Dataview*

Il est possible mathématiquement de présenter la synthèse de l'information résultant de l'utilisation d'Auresys sous forme d'une représentation matricielle. Pour cela, nous avons utilisé le reformateur Infotrans développé par la société I+K puis Dataview développé par Rostaing [ROS 95] :

– Reformatage sous Infotrans. Dans chaque référence d'Auresys figure le nom des pages html connectées à une page donnée. Cette information doit être agrégée car nous ne nous intéressons pas dans ce travail à la mise en relation des pages html mais à la mise en relation des sites qui les hébergent. Cette agrégation a été réalisée sous le logiciel Infotrans. Ainsi, l'information relative au nom du site est obtenue en tronquant le nom de la page et en ne retenant que le préfixe de l'adresse situé avant le premier « / ». Ainsi le nom du site associé à la page « http://www.univ-mrs.fr/commercial/welcome.html » est « http://crrm.univ-mrs.fr ». En procédant à cette agrégation, nous sommes amenés à prendre une hypothèse de travail simplificatrice qui consiste à confondre nom du site et nom de la machine. En réalité, une machine peut héberger plusieurs sites. Ainsi la machine du Crrm héberge le site du Crrm, le site de la Sfba.

– Construction de la matrice sous Dataview. Une fois les données retraitées sous Infotrans, il est possible de construire une matrice dont le tableau 1 fournit un extrait.

ensemble d'arrivée

	http://ezinfo.ucs.indiana.edu	**http://info.lib.uh.edu**	**http://meritbbs.rulimburg.nl**	**http://sahara.fsw.leidenuniv.nl**	**...**
http://crrm.univ-mrs.fr	0	0	0	1	
http://ezinfo.ucs.indiana.edu	0	2	0	0	
http://info.lib.uh.edu	1	0	0	0	
http://ix.db.dk	0	0	0	0	
http://joinus.comeng.chungnam.a	0	0	0	0	
http://lucien.sims.berkeley.edu	0	0	0	0	
http://sahara.fsw.leidenuniv.nl	0	0	1	0	
...					

Ensemble des sites renvoyés par Altavista

Il est possible de passer du site http://info.lib.uh.edu au site http://ezinfo.ucs.indiana.edu, en plus 2 clics de souris.

Tableau 1. *Un exemple de matrice non carrée et non symétrique*

LEGENDE.–

La première colonne de cette matrice comprend l'ensemble des sites d'Altavista.

La première ligne comprend l'ensemble des sites auxquels renvoient les sites d'Altavista.

L'intersection entre la ligne i et la colonne j signifie qu'il est possible de relier le site i au site j en moins de 2 clics de souris.

La matrice présentée est non carrée, non symétrique :

– non-carrée car l'ensemble de départ et l'ensemble d'arrivée ne sont pas forcément recouvrants,

– non-symétrique car le fait qu'il soit possible de passer d'un site A à un site B en moins de deux clics de souris ne préfigure en rien l'existence d'une relation hypertexte du sommet B vers le sommet A.

Le logiciel Matrisme développé par Boutin [BOU 95] permet de construire des réseaux à partir d'une information présentée sous forme de matrice carrée symétrique.

3. Les réseaux obtenus sous le logiciel Matrisme

Les questions qui nous ont été posées ne peuvent pas être résolues à travers une construction unique de réseau. Aussi, allons-nous décomposer le problème en ses différentes facettes, chacune d'elles permettant d'apporter un élément de réponse à la question posée.

3.1. *Le réseau des liens hypertextes entre les 150 liens d'Altavista*

Le premier réseau qui vient à l'esprit consiste à représenter les relations entre les 150 sites renvoyés par Altavista. Le résultat obtenu est présenté figure 2.

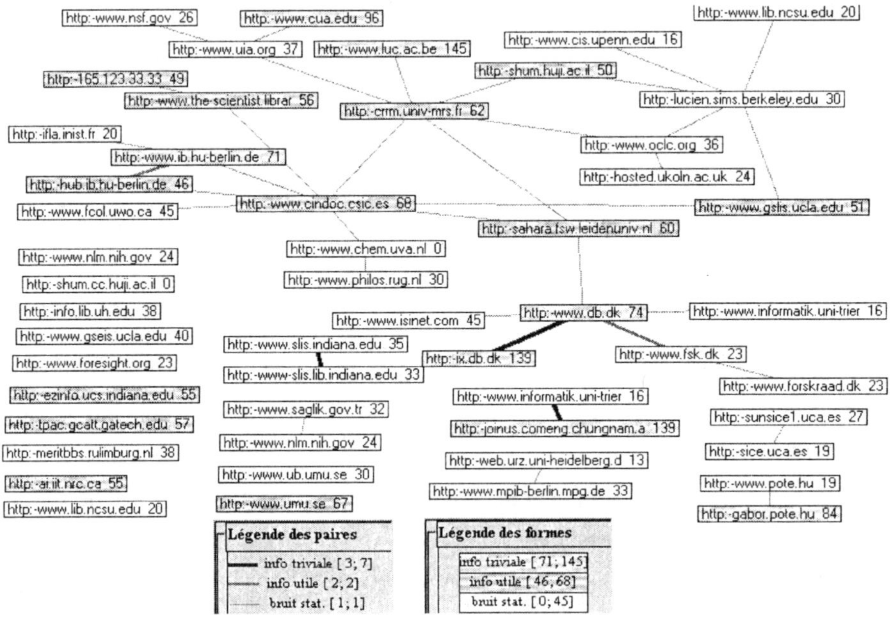

Figure 2. *Le réseau brut de départ*

LEGENDE.–

Les différents sommets du réseau correspondent au nom des sites. Le nombre situé à droite du libellé correspond à l'indicateur de pertinence de ce site au sens de Wais.

Deux sites X et Y sont reliés par un lien s'il est possible de passer du site X au site Y ou du site Y au site X en moins de 2 clics de souris.

Dans cette représentation, nous avons choisi d'éliminer les sites qui ne renvoient à aucun autre site figurant dans la liste et qui ne sont référencés par aucun d'eux. Cette élimination ne se fait pas sur la base du contenu informationnel de ce site mais de sa position par rapport aux autres.

Auresys associe à chaque page html trouvée un indicateur de pertinence calculé selon la formule de Wais. Nous avons considéré que l'indicateur de pertinence associé à un site donné est obtenu comme la moyenne arithmétique simple des indicateurs de pertinence des différentes pages de ce site renvoyées par Auresys.

Interprétation pour l'action

– sur les 150 sites de la liste de départ, 40 seulement ont un renvoi vers au moins un autre site. Ceci correspond à un peu plus d'un site sur 4, les autres sont isolés,

– les 40 sites retenus sont des sites académiques. Il s'agit le plus souvent d'universités, de bibliothèques. Les pays d'Europe et d'Amérique du Nord sont les plus représentés,

– les sites du Crrm et de cindoc.csic.es jouent un rôle central tout à fait clair. Nous aurons l'occasion de revenir sur le sens de cette centralité. Retenons pour l'instant que cette centralité peut déboucher sur l'une ou l'autre des interprétations suivantes :

- ces sites ont une stratégie de renvoi vers un nombre important d'autres sites. Se connecter à ces sites permet donc de se connecter aux principaux sites de ce réseau,

- ce sont des sites de référence. Se connecter à ces sites revient à se connecter aux sites de référence reconnus en tant que tels par les autres. Ainsi, pour prendre connaissance de façon relativement rapide du contenu de l'ensemble, il peut être suffisant de se connecter aux deux sites susmentionnés.

3.2. *La distinction entre sites ouverts, sites de référence, sites relais*

Les réseaux présentés précédemment reposent tous sur une hypothèse restrictive. Cette hypothèse correspond au caractère imprécis du sens du lien entre deux sommets du réseau. Un arc est associé à un couple (X ; Y) s'il existe un lien hypertexte entre X et Y ou entre Y et X. Cette imprécision sur le sens de la relation conduit à une difficile interprétation des réseaux obtenus.

L'abandon de cette hypothèse restrictive va nous permettre de proposer une typologie des sites autour du découpage entre sites ouverts, de référence, site relais. Nous en examinerons successivement le principe, et le résultat sur l'analyse réseau.

Principe de la typologie

Nous allons distinguer les sites en fonction de leur degré d'ouverture[1] et de leur caractère de site de référence[2]. Le degré d'ouverture d'un site est d'autant plus élevé que le site en question renvoie à de nombreux autres sites. Un site de référence correspond, pour sa part à un site qui est souvent cité par les autres sites analysés.

Cette distinction permet de dresser une typologie des sites autour de quatre catégories :

– les sites ouverts,

– les sites de référence,

– les sites relais qui sont à la fois ouverts et sites de référence,

– les sites fermés.

Cette typologie est illustrée figure 3.

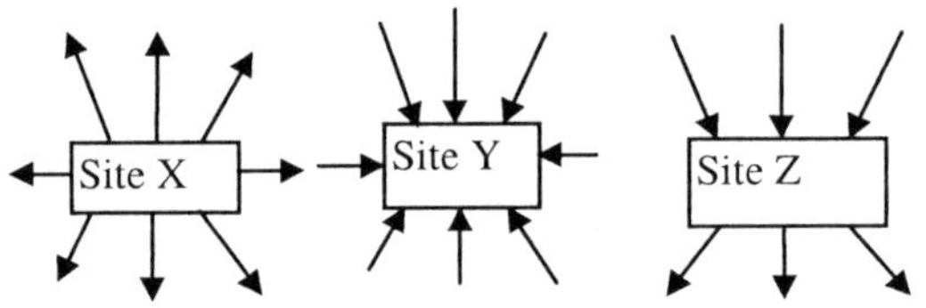

(1) X : un site ouvert (2) Y : un site de référence (3) Z : un site relais (4) T : un site fermé

Figure 3. *Typologie des sites Internet*

Le réseau obtenu

Ce découpage peut être utilisé pour mieux exploiter l'information contenue dans les réseaux présentés jusqu'à présent. Le réseau obtenu figure 4 est orienté du haut vers le bas. Cela signifie que quels que soient deux sommets de ce réseau reliés l'un à l'autre, le sommet le plus au nord du réseau possède un lien hypertexte vers le sommet le plus au sud et non l'inverse. Ainsi, par exemple, on observe que le site « http://www.philos.org.nl » possède un lien hypertexte vers le site « http://www.chem.uva.nl ».

1. Un site est ouvert lorsqu'il possède des renvois hypertextes vers d'autres sites.

2. Un site de référence est un site qui est souvent cité par les autres sites.

En face du nom de chaque site figure un indicateur permettant de repérer s'il s'agit d'un site ouvert sur l'extérieur (valeur 1), d'un site souvent cité par les autres (valeur 0) ou d'un site relais (valeur 2).

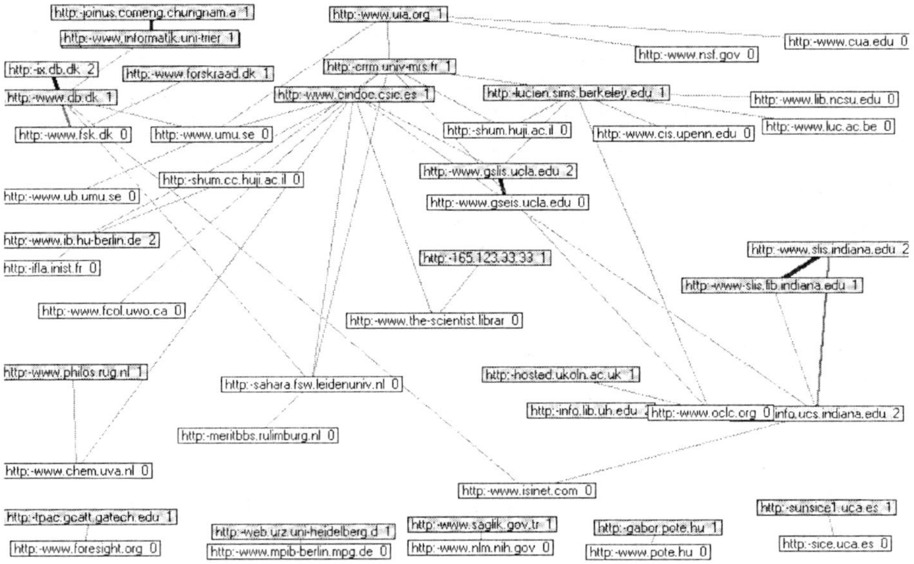

Figure 4. *Visualisation du réseau en fonction de la nature des sites*

Nous n'avons pas représenté les sites fermés puisque par construction ils n'apparaissent pas sur le réseau.

Ce réseau peut donc se décomposer en trois parties. Au sommet figurent les sites ayant majoritairement des liens vers les autres mais n'étant cité par aucun. En bas du réseau figurent au contraire les sites qui sont cités mais qui ne citent pas les autres. Au centre du réseau figurent les sites qui sont à la fois citant et cités.

3.3. *Relation entre les sites sur la base du nombre de références qu'ils ont en commun*

Dans cette analyse, nous allons chercher à rapprocher les sites, non pas sur la base des liens hypertextes qui peuvent les relier les uns les autres mais en fonction d'une stratégie commune de renvoi vers des sites analogues. Ainsi, la signification de la relation entre deux sommets est radicalement différente de celle que nous avions retenue précédemment. L'existence d'un arc entre deux sommets ne signifie pas qu'il existe un lien hypertexte entre ces deux sites. Cette relation signifie que ces deux sites renvoient tous deux à au moins un site en commun.

Si on applique cette démarche à l'ensemble des 150 sites analysés, on obtient le réseau de la figure 5.

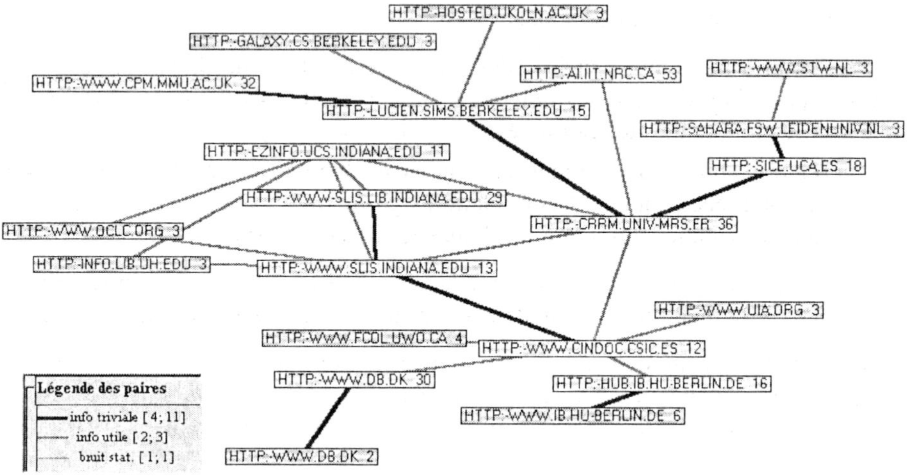

Figure 5. *Réseau exprimant les sites qui ont des liens hypertextes vers des sites communs*

Interprétation pour l'action

– on constate que sur les 150 sites analysés 21 seulement sont représentés. Cela signifie que beaucoup de sites analysés sont soit fermés soit renvoient à des sites connus d'eux seuls et non de la communauté qui travaille sur le sujet ;

– ce réseau est une base de travail intéressante pour pouvoir discriminer les sites ouverts les uns par rapport aux autres. Lorsqu'un utilisateur se connecte à Internet, il recherche à se connecter vers quelques sites centraux à partir desquels il pourra accéder à l'information sur le sujet disponible sur d'autres sites. Aussi, le centre de ce réseau permet de privilégier quelques sites dont la politique de renvoi est fédérative et permet de renvoyer aux sites essentiels dans le domaine. En se connectant par exemple au site du Crrm, on balaie le plus largement possible le champ qui nous préoccupe. Si on souhaite davantage de précision, le fait de se connecter aux sites de « ezinfo », « slis.indiana » ou « cindoc » permet d'avoir une variété intéressante des sites principaux ;

– ce type de représentation permet de regrouper des sites qui ont des problématiques voisines. Cette réflexion mériterait d'être validée empiriquement. Elle repose sur le fait que si plusieurs sites renvoient aux mêmes sites c'est qu'ils travaillent probablement sur le même créneau.

3.4. *La prise en compte des sites de référence non pris en compte par Altavista*

Dans cette analyse, nous allons transformer le sens de la notion de sommet du réseau et de la relation entre sommets.

– les sommets retenus sont les sites qui ne font pas partie de la liste des liens proposés par Altavista mais les nouveaux sites cités par ces derniers. Ceci permet d'enrichir le nombre de sites examinés,

– la relation entre deux sommets est, elle aussi, bien différente de celle que nous avions retenue précédemment. Cette relation signifie que ces deux sites ont été cités tous les deux ensemble dans au moins deux sites de la liste des 150 sites.

Cette approche est intéressante car elle complète la liste des 150 sites initiaux tout en proposant un regroupement de ces sites autour de problématiques voisines.

Si on applique cette démarche à l'ensemble des sites auxquels renvoient les 150 sites analysés, on obtient le réseau de la figure 6. Nous n'avons pas choisi de représenter l'ensemble des sites renvoyés par les 150 sites disponibles sur Altavista dans la mesure où il y en a plus de 800. Nous avons retenu les sites qui reviennent au moins deux fois. De cette liste, nous avons extrait la liste des sites qui faisaient partie de la liste renvoyée par Altavista dans la mesure où ils avaient déjà été analysés. Ces deux restrictions nous ont permis de nous concentrer sur 50 nouveaux sites.

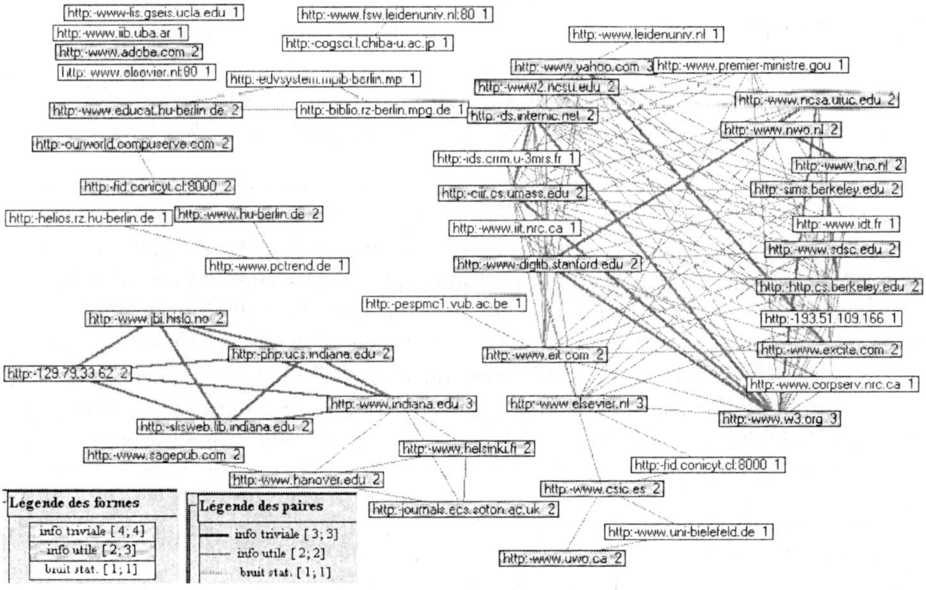

Figure 6. *Résolution du problème dual*

LEGENDE.–

Chaque sommet correspond à un site renvoyé par au moins deux sites d'Altavista.

Le nombre figurant à droite du sommet indique le nombre de fois où ce site a été cité. C'est donc un indicateur du caractère de référence d'un site.

Chaque lien entre deux sites correspond au fait que ces deux sites sont cités ensemble au moins deux fois.

Le réseau de la figure6 se présente sous forme de 6 composantes fortement connexes dont une est fortement dense. Cette densité correspond à des paires de sites qui sont très souvent associées par les 150 sites d'Altavista. Le fait que certains sites ne soient pas associés est intéressant dans la mesure où cela signifie que ces sites appartiennent souvent à des champs thématiques assez éloignés au sein de la même discipline.

4. Conclusion

Cette conclusion s'articule autour d'une double synthèse : académique et opérationnelle.

Cette validation, au niveau académique, renouvelle une approche développée au sein de l'« Institute for Scientific Information » (ISI). Le Web apparaît comme une plate-forme d'expérimentation très féconde où on peut appliquer des méthodologies développées dans le cadre de travaux antérieurs en s'affranchissant de certaines limites structurelles qui leur étaient associées : dans le domaine des publications scientifiques, le délai avant qu'un site soit cité peut être de plusieurs années. Sur Internet, l'échelle du temps est bousculée et raccourcie.

Au niveau opérationnel, la démarche que nous avons mise en œuvre conduit à une grande variété de représentations cartographiques qui peuvent être une alternative séduisante à d'autres méthodes utilisées à travers des outils de visualisation traditionnels. Notre analyse débouche en effet sur une représentation cartographique où l'unité d'information élémentaire est un site Internet alors que les méthodes généralement utilisées représentent des cartes de concepts, de mots clés (qui peuvent servir à reformuler parfois une équation de recherche). Dans notre approche, il est possible de positionner les différents sites qui traitent d'un sujet les uns par rapport aux autres. L'observation d'une telle carte permet de se positionner rapidement sur les quelques sites qui sont au cœur du réseau. Ces sites auront soit un contenu d'une grande richesse soit ils permettront de se connecter rapidement à des sites riches de contenu.

Trois limites à ce travail peuvent néanmoins être précisées :

– limite technique : pour l'instant, la méthode utilisée pour générer les cartes est semi-automatique et fait intervenir des traitements réalisés au travers d'outils développés au sein du laboratoire du Crrm. La complexité des traitements mis en œuvre rend impossible la réalisation d'une telle analyse à la volée d'une équation de recherche sur Internet. Il s'agit plutôt d'un outil d'analyse hors ligne qui permet de mieux appréhender un domaine avant investigation ;

– limite sur la pertinence de l'information primaire : les informations sont traitées à partir du moteur de recherche Altavista. La pertinence des résultats dépend donc de la qualité et de la complétude de l'indexation d'un tel moteur. Or, Altavista n'indexe que 34 % de l'information mondiale. A la décharge de la méthode, on peut dire que les 150 sites renvoyés par Altavista vont permettre de se connecter à des sites qui ne faisaient pas partie de la liste des 150 sites initiaux permettant ainsi d'en élargir la portée ;

– limite liée à la profondeur : nous nous sommes limités pour des raisons de temps de traitement sous Auresys à une profondeur de deux lors de l'exploitation des liens hypertextuels d'un site à l'autre. En opérant cette restriction, nous avons occulté de nombreux liens entre les sites ce qui pénalise grandement notre analyse.

5. Bibliographie

[ALM 97] ALMIND T., INGWERSEN P., « Informetric Analyses on the World Wide Web: Methodological Approaches to Webometrics », *Journal of Documentation*, 53, 4, pp. 404-426, September 1997.

[BOU 95] BOUTIN E., QUONIAM L., ROSTAING H., DOU H., « A New Approach to Display Real Co-Authorship and Co-Topicship through Network Mapping », *Actes du colloque Fifth International Conference on scientometrics & informetrics*, Chicago, 7-10 juin 1995.

[KOC 87] KOCHEN M., « How do we Acknowledge Intellectual Debts ? », *Journal of Documentation*, 43, pp. 54-64, 1987.

[MAN 97] MANNINA B., DOU H., FLORENCE B., « Internet and the Regional Innovation: Auresys, the Regional Robot », *Actes du colloque IDT'97*, Paris, 1997

[MER 83] MERTON R. K., Foreword, (GARFIELD E.) *Citation indexing-its theory and application in science, technology, and the humanities*, Philadelphia, ISI Press, p. vi., 1983.

[ROS 73] ROSTAING H., « Veille technologique et bibliométrie : concepts, outils et applications », Thèse de doctorat, Aix Marseille III, p. 353, 1973.

[SMA 73] SMALL H S.(1973) « Co-Citation in the Scientific Literature: a New Measure of the Relationship between two Documents ». *Journal of the American Society for Information science,* Sci., 24, 265-9, 1973.

DEUXIEME SESSION

Internet et éducation

Modélisation d'hyper documents dans un système hypermédia pour la formation

Françoise Guégot — Christophe Nécaille

Laboratoire PSI (Perception, Systèmes, Information)
INSA de Rouen
Place Emile Blondel, BP08
F-76130 Mont Saint Aignan
guegot@insa-rouen.fr

RESUME. *Les hypermédias représentent aujourd'hui un axe de recherche fort dans les systèmes d'enseignement interactif assisté par ordinateur. Au cœur d'un environnement générique d'aide à la formation, la représentation des hyper documents constitue la base de l'édifice. Après quelques rappels, cet article présente l'architecture du système ARCHYMEDIA qui permet la création et l'utilisation de modules de formation utilisant l'Internet comme support de communication. Il développe ensuite la modélisation qui a été réalisé pour les hyper documents stockés dans un SGBD Objet MATISSE. Cette modélisation a été construite à partir d'HTML. Nous verrons enfin quelles évolutions sont possibles notamment en utilisant la norme XML.*

ABSTRACT. *Hypermedia are today a research area in the field of computer aided teaching systems. This paper begins with a historical reminder then introduces the architecture of ARCHYMEDIA, an interactive and hypermedia environment for tutorial system. This system makes it possible to create and to distribute multimedia-based courses adapted to the learner, and to transmit courses via Internet. He uses an oriented object database MATISSE and HTML.*

MOTS-CLES. *Documents hypermédias, hypertextes, EIAO, HTML, modèle objet.*

KEY WORDS. *Hypermedia documents, hypertext, ITS, HTML, object model.*

1. Deux tendances concourantes : systèmes hypermédias et systèmes coopératifs

Les systèmes hypermédias sont axés sur l'importance de la construction statique ou dynamique des réseaux hypertextes dans un système d'aide à la formation. Les systèmes coopératifs donnent quant à eux, une dimension majeure à la collaboration entre acteurs (apprenants, formateurs et ou tuteurs) pour répondre à un processus d'apprentissage.Ces deux tendances doivent concourir à la création d'environnement d'enseignement/apprentissage où en simplifiant, la forme et le fond ont autant d'importance.

1.1. *Les systèmes hypermédias*

Les systèmes hypermédia, apparus dès la fin des années 80, sont des systèmes interactifs par excellence. Cette interactivité repose sur la navigation qui offre à l'usager une très grande autonomie dans l'accès à l'information. Ces systèmes privilégient l'apprentissage sous la forme « d'autodidaxie déstructurée » [CRO 90], c'est-à-dire que l'apprenant est laissé seul face au système hypertexte, et collecte lui-même ses connaissances sans que l'on puisse lui imposer un chemin précis.

Cette liberté totale de navigation apporte à la fois des avantages et des inconvénients : ces systèmes permettent et favorisent la multiplicité des approches cognitives [DER 91]. L'apprenant acquière non seulement la connaissance recherchée, mais aussi par imprégnation, une part sûrement non négligeable de ce qu'il a rencontré fortuitement [JON 89], il est l'acteur principal et dans une certaine mesure le constructeur de sa connaissance. Cette démarche non linéaire lui permet aussi de rapprocher les éléments d'information afin de les comparer et les analyser [LAP 92]. Cette « lecture active utile » [LEM 91] est à opposer à celle de l'apprenant qui est traditionnellement passive et linéaire.

Les inconvénients majeurs de cette approche sont premièrement la liberté totale de circulation que possède l'utilisateur, ce qui lui laisse le soin d'utiliser le système à des fins d'apprentissage ou non. L'effet de surcharge cognitive [ZHA 93] induite par ces systèmes est un autre problème : en effet l'utilisateur sous l'abondance des informations se retrouve dans une situation défensive parce que les nouvelles pages d'informations et les liens dont la signification n'est pas immédiate ne lui apparaissent pas comme étant toujours pertinents ou ne sont pas intégrées dans une structure logique qui lui est familière [HOR 89].

L'hypertexte par sa nature même (morcellement de l'information en petites parcelles, liens multiples entre ces parcelles d'information) amène souvent une désorientation du lecteur, qui a souvent besoin de se rassurer en répondant à des questions simples mais primordiales : « d'où je viens, où suis-je, où est-ce que je vais ? ». La plupart des liens contiennent des informations nouvelles pour le lecteur qui a besoin d'aide navigationelle pour s'y retrouver dans cet « hyper-espace » [HAM 89]. De nombreuses techniques essayent de pallier ce malaise du à la désorientation : signets, cartes, listes de liens, [SCH 89]. Un concept intéressant, basé sur l'idée que l'on possède une vision précise de ce qui nous entoure mais que l'on ne retient de l'entourage plus lointain que les grands points de repère, est celui de « Fish-eyes lens » de Furnas [FUR 86]. Il s'agit d'une carte évolutive suivant le contexte et l'endroit où l'on se situe, précisant les détails du réseau hypermédia alentour, et de façon moins détaillée l'endroit où l'on se trouve par rapport à la structure globale de l'hypertexte.

Enfin, le passage à un mode d'écriture hypertexte n'est pas une gageure simple pour l'auteur. Il faut réussir en effet à découper le texte en nœuds d'information et les organiser. Horn, auteur de la méthode « Information Mapping » montre que l'auteur doit devenir un analyste qui hiérarchise et classe les nœuds d'information selon leurs ressemblances et différences [HOR 89].

Brusilovsky a montré que les hypermédias pouvaient être une base de départ pour des systèmes d'apprentissage par découverte, à condition que l'on leur adjoigne des stratégies de guidage [BRU 94a]. Il définit les systèmes hypermédias adaptatifs comme étant des systèmes hypermédias capable de s'adapter à l'utilisateur [BRU 94b]. Le système construit un modèle des préférences, des buts et des connaissances de l'utilisateur. Ces modèles sont utilisés tout au long de l'interaction avec l'utilisateur pour s'adapter à ses besoins.

Un système hypermédia adaptatif doit répondre à trois conditions :

1. Ce doit être un système hypertexte ou hypermédia.

2. Il doit contenir un modèle de l'utilisateur.

3. Il doit être capable d'appliquer ce modèle pour adapter l'espace hypermédia (ou hyperespace) selon le profil de l'utilisateur.

La caractéristique principale et critique des systèmes hypermédias adaptatifs est donc la possibilité de réaliser une adaptation de l'hypermédia sur la base du modèle de l'utilisateur [BRU 96].

Le domaine de recherche le plus populaire de l'hypermédia adaptatif est sans conteste l'hypermédia éducatif. Ces systèmes ont un « hyperespace » relativement restreint correspondant à un cours ou une matière à assimiler. Le but de l'utilisateur est d'acquérir tout ou une partie des connaissances du système et la caractéristique principale à modéliser est la connaissance que l'utilisateur possède du sujet enseigné. En effet une même page peut paraître ardue à un novice du domaine, alors qu'elle peut être ennuyante ou triviale pour un utilisateur expert.

Enfin, depuis quelques années, les recherches se sont orientées également vers les systèmes hypermédias adaptatifs dynamiques.

Dans ces systèmes, les liens entre les pages ne sont pas prédéfinis. Ils sont construits dynamiquement. On peut ainsi améliorer la qualité de l'adaptation et prendre en compte instantanément de nouvelles données. L'aspect dynamique permet en effet de bien différencier le fond de la forme : un modèle du domaine représente la connaissance à l'état brut et une base de données multimédia permet d'agrémenter les cours : le système METADYNE en est un exemple [DEL 98].

1.2. *Les systèmes coopératifs*

La dernière catégorie d'environnements éducatifs, considère l'ordinateur comme le coordinateur de processus collaboratifs d'apprentissage. Rowe montre [ROW 91] que l'apprentissage peut être la conséquence d'une interaction sociale. L'apprenant se trouvant confronté à ses propres connaissances et les fait évoluer avec celle des autres apprenants. En effet, que l'on considère des environnements informatisés ou non, plusieurs études ont montré que le travail et l'apprentissage en groupe constituent deux facteurs d'augmentation sensible de la productivité et de l'efficacité de l'apprentissage [JOH 90], [KAT 95].

La première possibilité, à la limite du champ des systèmes de tuteurs intelligents est de donner à l'ordinateur le rôle de collaborateur de l'apprenant, afin d'essayer de le motiver par un processus de compétition. C'est le cas du système compagnon de Chan [CHA 90].

Un autre concept intéressant est celui de l'agent perturbateur introduit par Frasson [FRA 96]. Il s'agit d'un « compagnon » capable de cibler les faiblesses de l'apprenant et d'intervenir en lui proposant des solutions potentiellement fausses.

D'autres systèmes se contentent de fournir les moyens de cette collaboration. L'ordinateur n'a plus aucun rôle de tuteur ou d'apprenant, simplement, il sert de médium par lequel passe la communication et la collaboration entre les différents acteurs de l'enseignement. Dans de tels systèmes le rôle premier de l'ordinateur est de gérer et d'orienter la communication. Diverses expériences sont menées sur de tels systèmes, on peut prendre l'exemple du projet CO-LEARN d'envergure européenne [KAY 94]. L'utilisation de ce système permet de constituer des communautés d'apprenants, sortes de groupes virtuels, uniquement fondés sur l'échange d'idées, de point de vue, de documents, faisant éclater les groupes définis de manière traditionnelle (classes, groupe de niveau, promotion.)

Cependant l'interaction sociale ne favorise pas toujours l'apprentissage, les interactions entre les utilisateurs varient énormément [BRO 89]. Salomon a d'ailleurs étudié et établi tout un panorama des raisons sociales qui mènent à l'échec de l'apprentissage collaboratif. Enfin, collaborer, communiquer, échanger n'est pas une fin en soi, la présence de l'enseignant est indispensable dans de tels systèmes, pour l'alimenter de connaissances, et de matières à réflexion. Jehng indique notamment que si les apprenants ne sont pas guidés initialement dans leur réflexion ou s'ils ne connaissent que peu de choses du domaine d'étude, le travail collaboratif ne permet pas d'améliorer les compétences de chacun de manière significative. Cependant, plus le niveau de connaissance de chacun des participants est élevé, plus cette collaboration est fructueuse, permettant à chacun de compléter sa réflexion avec celle des autres participants, dans le but commun de résoudre un problème [JEH 95].

2. Le système ARCHYMEDIA

Les débuts de notre étude sont arrivés dans les années d'or des systèmes de Tuteurs Intelligents (STI), cependant nous avons voulu adopter une approche différente et plus large, préférant concevoir un environnement générique d'aide à la formation, qu'un didacticiel ou STI sur un domaine précis [GUE 95].

Le système Archymédia n'a pas été conçu dans une optique pédagogique particulière, ni prévu pour un cursus particulier. Une des gageures du projet a été de concevoir un système qui soit le plus ouvert et générique possible, pouvant être utilisé dans un cadre présentiel ou non, en temps différé ou non. Archymédia manipule des hyperdocuments génériques et peut donc être utilisé dans n'importe quel cadre éducatif, scientifique ou non.

Nous présenterons dans ce paragraphe les fonctionnalités d'ensemble du projet, et on insistera sur l'aspect interactif et sur la convivialité nécessaire d'un tel système.

2.1. *L'importance de l'interactivité*

Selon Beltram [BEL 90] on peut décomposer ce facteur « interactivité » selon deux aspects distincts :

– l'interactivité intentionnelle qui correspond à la faculté du système de transmettre fidèlement les intentions initiales du formateur, sans les déformer de façon trop importante par le passage par le média informatique ;

– l'interactivité fonctionnelle, qui correspond de manière plus classique à la qualité du système d'être aisément manipulable par les différents acteurs, et ceci de façon attractive et plaisante.

Notre système doit influer le moins possible les aspects pédagogiques, et laisser au contraire toute latitude au concepteur du cours pour tester tel ou tel type de pédagogie.

Nous avons conçu Archymédia comme un environnement favorisant le plus possible les échanges entre apprenants et formateurs.

2.2. *Les fonctionnalités d'Archymédia*

Dans un premier temps le formateur peut composer des pages hypermédias à l'aide de documents multimédias. Ces documents sont soit numérisés par le formateur soit récupérés parmi la base de documents stockés en interne dans la base de données du système.

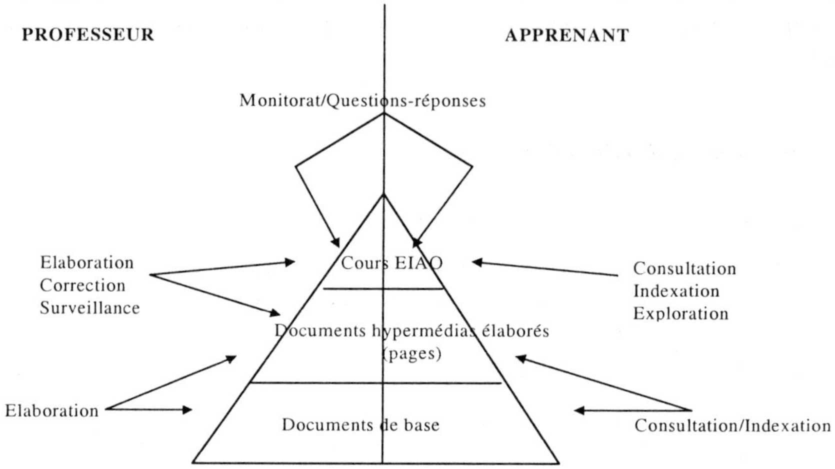

Figure 1. *Fonctionnalités d'ARCHYMEDIA*

Les pages hypermédias ainsi constituées vont être peu à peu reliées les unes aux autres pour constituer de proche en proche un réseau hypertexte. Afin de permettre un large éventail de techniques pédagogiques, ce réseau hypertexte est doté de capacités spéciales permettant de limiter ou non l'accès aux documents en fonction des connaissances de l'apprenant. Nous reviendrons par la suite sur cet aspect de vérification des compétences. Il est toutefois important de noter que c'est le concepteur du module d'enseignement qui choisit le degré de liberté de circulation parmi les différents documents au sein du module. Il peut, par exemple, décider de laisser libre l'apprenant ou au contraire forcer des points de passages en fonction des connaissances de ce dernier.

Le mode d'utilisation dual à celui ci est bien sûr le suivi d'un cours par un apprenant. Cela peut se faire sur des postes distants ou non. Un ensemble de fonctionnalités de communication doit faciliter les échanges entre formateurs et apprenant, afin d'essayer d'effacer le plus possible les effets négatifs introduits par ce mode d'enseignement délivré par une machine informatique.

Dans une autre optique, l'apprenant peut aussi consulter de manière libre (donc sans contrainte ni obligation de résultats) les données contenues ou référencées dans le système. Ce mode de fonctionnement est destiné à favoriser le plus possible l'accès à la connaissance, ainsi que la circulation des informations.

La fonctionnalité la plus évoluée de l'environnement Archymédia est d'offrir ensuite au pédagogue un retour sur la formation, grâce à l'analyse des parcours que l'ont effectués les apprenants dans le système. Cette dernière caractéristique a pour but d'offrir au concepteur de module éducatif toute une palette d'outils lui permettant de rectifier et d'améliorer peu à peu le parcours pédagogique offert à l'apprenant.

2.3. *La modélisation d'ARCHYMEDIA*

Archymédia a été décomposé en sous-systèmes :

– *le système Acteur*, modélise les différents utilisateurs du système ainsi que leurs fonctions pédagogiques. Au-delà des apprenants, on trouvera les enseignants, les tuteurs et/ou collaborateurs ;

– *le système Réactionnel* représente l'ensemble des actions des utilisateurs : mémorisation de chacune de ses sessions ;

– *le système de Retour sur Formation*, embryon de système d'aide à la décision, il contient le mécanisme permettant au formateur d'obtenir des informations sur l'utilisation qui est faite de ses cours ;

– *le système de Communication*, permet aux utilisateurs de s'échanger messages et notes, sur les parcours de formation.

– *le système Documentaire* regroupe l'organisation des documents en modules éducatifs ;

– *le système Hypertexte*, qui permet de décomposer une page HTML en atomes granulaires.

Cet ensemble de sous systèmes permet de représenter acteurs, documents, matériaux pédagogiques, sessions de formations.

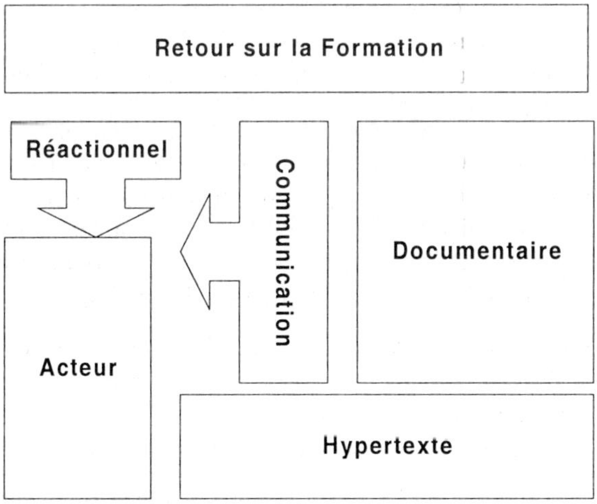

Figure 2. *Décomposition d'Archymédia en sous-systèmes*

2.4. *Un support SGBD Objet : MATISSE*

L'ensemble des sous-systèmes d'ARCHYMEDIA ont été modélisés et implémentés avec MATISSE [GUE 98].

Le SGBD Matisse (Multilingual Advanced Technology for Information Systems Semantic Engineering) est basé sur le modèle PDM (Property Driven Model) développé par Jean Paul Barthes à l'Université de Technologie de Compiègne [BAR 86]. A l'origine mono-utilisateur et développé en LISP, il fut racheté par la société Graphael et rebaptisé G-Base. En 1984 il représentait 37 % du marché américain des bases de données orientées objets.

En 1985 Graphael fit l'acquisition d'un noyau de stockage écrit en C et porta le modèle objet sur ce noyau. Puis G-Base fut renommé Matisse et est maintenant commercialisé et maintenu par la société ADB.

Une présentation commerciale de ce système est disponible en ligne sur le serveur W^3 de la société ADB : http://www.adb.fr

L'atout principal de ce SGBD est son serveur transactionnel d'objets à haut débit. Il permet de gérer de un a quatre milliards d'objets simultanément chacun pouvant avoir une taille maximum de quatre giga-octets. Grâce à une gestion de la concurrence optimisée et une architecture multithread symétrique Ce système supporte sans difficultés de nombreux utilisateurs simultanés.

Le modèle de données de Matisse est basé sur un réseau sémantique au format CODASYL. Ce modèle générique peut être utilisé pour décrire un schéma hiérarchique, relationnel ou objet. Le modèle objet de Matisse est un modèle en couches avec des métaclasses auto-référentielles et une structure composée de trois niveaux : le métaschéma, le schéma et les objets.

Matisse propose un système de relations entre classes d'objets assez similaire au système entité-association. Cependant lors qu'une relation est créée entre deux classes d'objets, la relation inverse est automatiquement créée par le système. Toutes les relations sont donc bidirectionnelles et l'intégrité référentielle est renforcée à chaque instant

Le schéma de la base peut être modifié sans qu'il soit nécessaire d'interrompre le SGBD.

Enfin, Matisse propose un ensemble de démons pouvant être attachés aux attributs, aux relations ou aux instances permettant de rendre dynamique le schéma de la base.

3. Les hyperdocuments dans ARCHYMEDIA

Le système ARCHYMEDIA va reposer sur une utilisation combinée de documents à manipuler et de compétences à associer à l'utilisateur en fonction de son parcours au travers de ces mêmes documents. L'apport des techniques hypertextes et des normes et langages employés dans le domaine de la gestion électronique de documents est un axe majeur de notre système.

3.1. *Modélisation du Système documentaire*

La modélisation proposée correspond au schéma Matisse.

La classe racine du système documentaire est la classe CCREATION. Elle regroupe de façon générique l'ensemble des objets multimédia et hypermédias créés par les formateurs. Ces objets sont ensuite catégorisés en Média classés selon leur type physique (Classe CMEDIA et descendantes), en Ecrans, correspondant à une page hypertexte (Classe CECRAN) puis en Modules. Un module correspond à un ensemble d'écrans hypertextes reliés entre eux et formant un ensemble pédagogique. Chaque Module possède un premier écran, point-d'entrée du module, ce qui justifie le découpage de la classe CECRAN en CPECRAN (les points d'entrée de modules) et CAECRAN (les autres écrans). Chaque écran peut contenir un ou plusieurs liens hypertextes (classe CLIEN, possédant une origine et une destination), ainsi que différents média. A chaque écran correspond un codage HTML, représenté par la classe HTHTML, racine de la modélisation HTML du système. De cette façon est dissociée la description de l'écran hypertexte de son contenu effectif HTML.

Des thèmes et des mots clés permettent de caractériser les modules, les écrans et les média pour faciliter leur description.

Un apprenant se voit offrir deux façons de parcourir les documents :

– la première est de parcourir de façon libre les pages hypermédias de la base, en recherchant par exemple sur des mots clés ou des thèmes. Cette utilisation ressemble fort à l'utilisation classique d'un système Web, à ceci près que l'apprenant peut annoter chaque page ou média (ce qui était possible avec Mosaic, le tout premier navigateur Web du CERN) ;

– la seconde est de se placer dans le cadre d'un module de formation. A ce moment là, un système de compétence entre en jeu, afin de verrouiller ou d'autoriser le parcours des liens, suivant les compétences que possède l'apprenant.

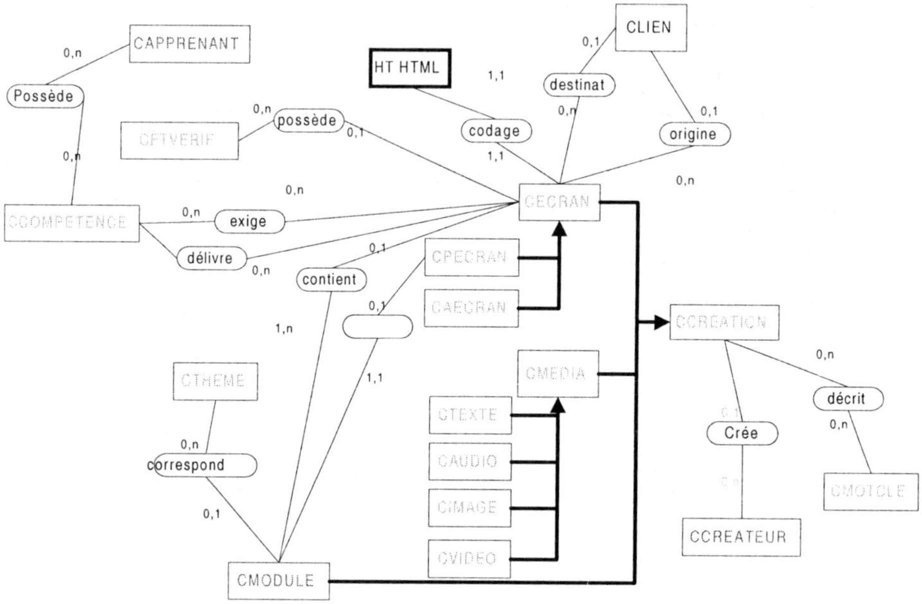

Figure 3. *Modélisation du Système Documentaire et de retour sur la formation*

Le fonctionnement de ce système est le suivant :

A chaque écran est associé d'une part la ou les compétences qu'il est nécessaire d'obtenir préalablement à la consultation de cet écran; et d'autre part cet écran peut délivrer une ou plusieurs compétences selon certaines conditions. Sur le schéma de la figure 4, ceci est représenté par les deux relations entre CECRAN et CCOMPETENCE. L'objet CFTVERIF permet d'associer des fonctions de vérifications de compétences, au fur et à mesure de leur développement, à chaque écran. Les conditions d'attributions les plus simples sont par exemple le fait d'être passé sur telle page, d'y avoir passé plus d'un certain temps, ou encore d'y avoir laissé un commentaire. Ensuite, des fonctions plus élaborés peuvent permettre d'exiger un certain taux de bonnes réponses dans un formulaire compris dans l'écran par exemple. Dans l'absolu, il est possible d'implémenter n'importe quelle méthode d'attribution des compétences dans le système, en fonction des besoins exprimés.

La figure ci-dessus permet d'illustrer ce qui précède. On y a représenté un module de formation très simple, composé de quatre pages. On y retrouve les instances de liens et de médias associés à chacune des pages.

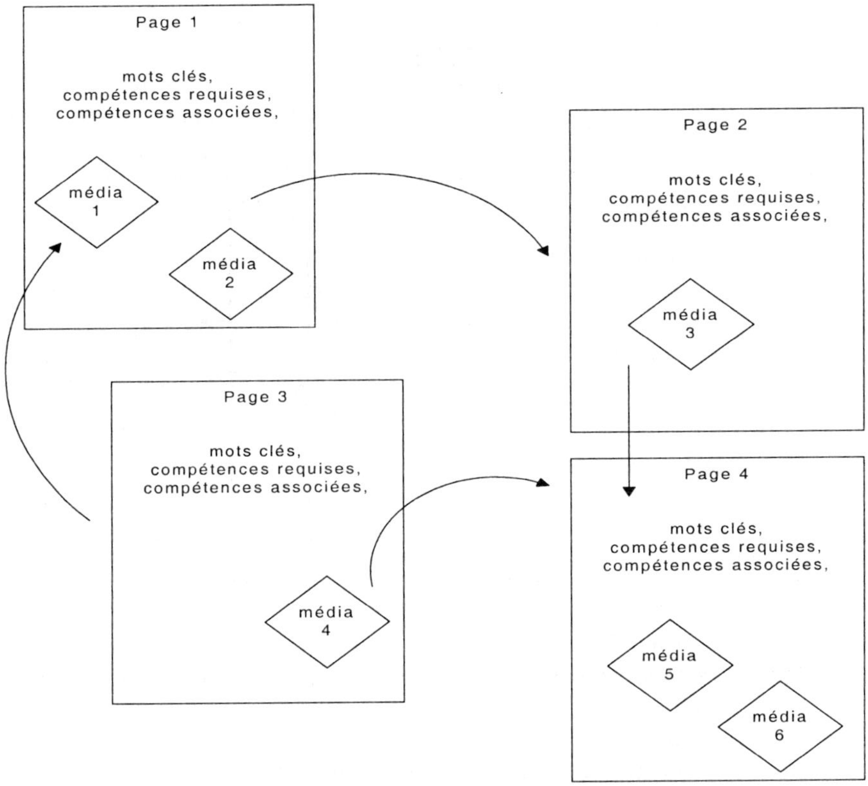

Figure 4. *Illustration du système documentaire*

A chaque apprenant est associé une liste de compétences. Cette liste se remplit peu à peu au fur et à mesure de l'utilisation du système par l'apprenant.

Ce mécanisme utilisé conjointement avec le système de traçage des actions de chaque utilisateur (système réactionnel) permet alors de conserver une trace de la progression de l'apprenant. Cette trace permet d'offrir aux formateurs différents type de retour sur la formation : En premier lieu, cela permet au tuteur de voir la progression des apprenants dont il a la charge; ensuite, le créateur de module obtient des informations sur la façon dont est consulté son module. Ces informations vont lui permettre de modifier éventuellement les contraintes de circulations entre les documents en ajustant le système de compétence, afin d'optimiser l'impact pédagogique de son module.

3.2. *Une modélisation du langage HTML*

Nous avons choisi d'utiliser le langage HTML pour la représentation des hyperdocuments dans notre système ARCHYMEDIA. Chaque page entrée dans le système est décomposée en ses éléments atomiques HTML. Lorsqu'une page est demandée au système, le document HTML est alors recomposé à la volée et retransmis à l'utilisateur.

Nous nous sommes basés sur la DTD HTML 3.2 de laquelle nous avons extrait les balises à modéliser. Nous avons ensuite réorganisé le tout avec des classes de généralisation et de spécialisation afin d'obtenir un modèle objet. Le principe de base est que chaque classe puisse répondre au message « décris-toi » et « décompose-toi » afin d'automatiser le découpage de la page HTML et son remembrement.

Ce système possède une grande importance au regard du nombre de classes qu'il représente au cœur de la base ARCHYMEDIA. Cependant son rôle consiste simplement à stocker les pages HTML en éléments atomiques et de les recomposer à la demande.

L'algorithme de décomposition d'une page HTML en entités de la modélisation est complexe et récursif. A l'aide de deux pointeurs dans le fichier texte, on parcourt les différentes balises et on analyse leur contenu. La complexité de l'algorithme et de la modélisation vient en grande partie de ce que certaines balises HTML peuvent tout à fait en contenir d'autre : une cellule de tableau peut être composée de pratiquement tout type d'éléments HTML, y compris un tableau contenant lui-même des cellules.

3.3. *Une évolution vers XML*

XML [BRA 98] est un sous-ensemble de SGML, optimisé pour le WEB. Alors que HTML permet une description mi-logique, mi-physique de la page à afficher, XML permet non seulement de décrire le document mais aussi de spécifier les différents modèles de représentation physique de la page. L'utilisation directe de SGML pour le Web est risquée en raison de la multiplicité des options sur lesquelles le client et le serveur doivent s'entendre. De plus SGML ne respecte pas toujours les conventions usuelles utilisées dans la description des langages informatiques [KAE 90] et la spécification peut être complexe à déchiffrer et implémenter.

XSL est l'adaptation de DSSSL [GAR 98]. Cette norme encore à l'étude à pour objet de permettre de spécifier de façon précise, le positionnement des éléments XML sur l'écran physique. C'est un métalangage permettant de spécifier des modèles de documents DTD qui seront générés ensuite en HTML.

Diverses applications de XML existent telle le Chemical Markup Language, CML, [MUR 97] qui est un langage de description d'équations chimiques. L'OSD

(Open Sofware Description) et l'OFX (Open Financial Exchange) permettent déjà aux navigateurs Web de mettre à jour les programmes de visualisation satellites pour le premier, et d'échanger des données financières entre les différentes institutions financières pour le second.

XML n'a pas été utilisé pour ARCHYMEDIA dans sa version actuelle. Son utilisation est envisagée pour plusieurs raisons :

– il devient possible de séparer l'aspect logique du document et son aspect physique comme le fait SGML,

– la définition d'un standard en matière de modèle de document (DTD) permettrait réellement la production de documents normalisés, non seulement en termes de présentation mais aussi en ce qui concerne la structuration logique du document.

4. Conclusion

ARCHYMEDIA est un environnement hypermédia d'aide à la formation dont l'objectif est d'offrir le déploiement et l'utilisation de matériaux pédagogiques. Idéalement, un tel outil doit comporter de nombreuses fonctionnalités d'intégration et de composition de pages hypermédias.

L'émergence de nouvelles normes en termes de diffusion de l'information sur Internet, comme XML, nous offre des perspectives intéressantes. Il devient réellement possible de parler de modélisation de documents associant personnalisation pour les utilisateurs et réutilisabilité.

5. Bibliographie

[BEL 90] BELTRAM T, « Etude d'une interface multimodale pour la production de systèmes hypermédias éducatifs par l'AGDI », Thèse de l'Université P.Sabatier, Toulouse, 1991.

[BRA 98] BRAY T, PAOLI J, SPERBERG MCQUEEN C.M, « Extensible Markup Langugae (XML) », http://www.w3c.org/TR/REC-XML, version 1.0, février 1998.

[BRO 89] BROWN A.L, PALINSCAR A.S, « Guided cooperative learning and individual knowledge acquisition », in L.RESNICK (Ed), « Knowing, Learning, and Instruction: Essays in honnor of Robert Glaser », Hillsdale N.J Lawrence Erlbaum Associates, 1989,

[BRU 94] BRUSILOWSKY P, PESIN L, « An intelligent learning environment for CDS/ISIS users », *Proceedings of the international conference on complex learning in computer environments*, pp. 29-33, 1994.

[BRU 96] BRUSILOWSKY P., « Methods and Techniques of Adaptative Hypermedia », *In User Modelling and User Adapted Interaction*, vol. 6, n°2-3, 1996.

[CHA 90] CHAN T., BASKIN A.B, « Learning companion systems », C. FRASSON & G. GAUTHIER Eds., *In Intelligent Tutoring systems: at the crossroad of Artificial intelligence and Education*, pp. 6-33, Norwood NJ, Ablex Publishing Corporation, 1990.

[CROS 90] CROSSLEY K, GREEN L, *Le design des didacticiels*, Art Culture Lecture Eds., Observatoire des techniques pour l'éducation en Europe, 1990.

[DEL 98] DELESTRE N, PECUCHET J.P, GREBOVAL C, « L'architecture d'un hypermedia adaptatif dynamique pour l'enseignement », *NTICF'98 Actes*, p. 383, 1998.

[DER 91] DERYCKE A, « Hypermédia et apprentissage coopératif », *Actes des journées hypermédias et apprentissages*, Edition de l'INRP, 1991.

[FRAS 96] AÏMEUR E, FRASSON C, « Analyzing a New Learning Strategy according to Different Knowledge Levels », *Computer and Education. An International Journal*, vol. 27, n°2, pp. 115-127, 1996.

[FUR 86] FURNAS G.W, « Generalized Fisheyes View », *CHI'86 Proceedings*, 1986.

[GAR 98] GARSHOL L.M,n « Introduction to XML, http://www.stud.ifi.no/~larsgo/download/xml/xml-eng.html, 1998.

[GUE 95] GUEGOT F, NECAILLE C, « Archymédia: Proposal of an Hypermedia Distributed Architecture for an Interactive/Intelligent Computer Assisted Learning System », *In Proc of the Intl.Conf.In Computers in Education*, Singapore, pp. 190-198, 1995.

[GUE 98] GUEGOT F, NECAILLE C, « Représentation d'un métamodèle pour un système hypermédia d'enseignement-apprentissage », *NTICF'98 Actes*, p. 139, 1998.

[HAM 89] HAMMOND N, « Hypermedia and Learning: Who Guides Whom ? », *In Computer Assisted Learning. Lecture notes in Computer Science*, n°360, pp. 167-181 Springer-Verlag, 1989.

[HOR 89] HORN R, « Mapping Hypertext », *The Lexington Institude ed.*, 1989.

[JEH 95] JEHNG J.C, « Examining Socio-Cognitive Effects of Peer Learning in a Distributed Learning Environment », JONASSEN D. & MCCALLA G. Eds., *In Proceedings of ICCEE 95* Singapore, pp. 510-518, AACE, December 1995.

[JOH 90] JOHNSON D.W & JOHNSON R.T « Cooperation and Competition: Theory and Research », *Edina MN: Interaction Book Company*, 1989,

[KAT 95] KATZ S., « Toward a Research Methdology for Developping Truly Supportive Computer-Supported Collaborative Learning Environments », MAURER H. Ed., *In Proceedings of ED-Media 95 World conference on Educationnal Multimedia and Hypermedia*, Graz, Autriche AACE Press, mai 1995.

[KAE 90] KAEBLING M.J., « On improving SGML », *In Electronioc Publishing: Original, Dissemination and Design (EPODD)*, vol. 3 n°2, pp. 93-98, mai 1990.

[KAY 94] KAYE A.R., « Co-Learn: an ISDN-based Multimédia Environment for Collaborative Learning », *In ISDN applications in education and training*, MASON R. & BACSICH Eds., *the Institution of electrical Engineers*, London UK, pp. 179-199, 1994.

[LAP 92] DE LA PASSARDIERE B., FISCHER Y., « Les hypermédias comme outils d'apprentissage : des expérimentations en France », rapport MASI 92.73, Université Pierre et Marie Curie, octobre 1992.

[LEM 91] LEMEUR A., « L'électrification du digne et l'accès à l'information. Pour un continuum d'outils : banques de données, hypertexte, langage d'auteur », Thèse de l'université de Nancy II, février 1991.

[MUR 97] MURRAY-RUST P., « Chemical Markup Language (CML) »,version 1.0 www.venus.co.uk/OMF/CML/, janvier 1997.

[ROW 91] ROWE H.A.H., « Introduction: Paradign and Context », ROWE H.A.H. Ed., *In Intelligence : Reconceptualization and Measurement*, pp. 1-18, Hillsdale NJ, Lawrence Erlbaum Associates, 1991.

[SCH 89] SCHNEIDERMAN B., KEARSLEY G., Hypertext Hands on !, Addison-Wesley Publishing, 1989.

Diffusion de cours à distance

Alain Cazes* — Joëlle Delacroix — Jean-Marc Farinone****

**Groupe DIAPASON pole Didactique*

***CEDRIC-CNAM Conservatoire National des Arts et Métiers*
292, rue Saint Martin 75141 Paris
tel : 01.40.27.20.37
fax : 01.40.27.22.96
[cazes, delacroix, farinone]@cnam.fr

RESUME. *Le projet « Diffusion de cours à distance » s'effectuant au sein du CNAM a pour but de mettre à la disposition des enseignants du CNAM des outils de diffusion de cours au travers du réseau Internet et de développer des moyens d'évaluation de ces nouveaux dispositifs de formation. Nous présentons dans ce papier essentiellement deux des quatre outils définis : un premier, appelé cours enregistrés, est un mode de diffusion ayant pour objectif d'intégrer des documents électroniques de cours déjà existants et de les mettre en valeur en ajoutant de commentaires sonores. Le deuxième outil, appelé cours en direct, s'appuie sur des documents électroniques commentés en temps réel par un enseignant. Pour chacun de ces outils, nous décrivons les caractéristiques attendues et la maquette qui en découle.*

MOTS-CLES : *Enseignement à distance, Internet, support hypermédias, cours enregistrés, cours en temps réel.*

1. Introduction

L'enseignement à distance connaît ces dernières années un grand essor au point où de grandes industries informatiques, comme IBM [IBM 99], Hewlett Packard [HP 99], SUN Microsystems [SUN 99] ; [ELS 99], Microsoft [MIC 99], s'intéressent à ce marché. L'intérêt pour ce sujet est en partie relancé par la maturité d'Internet, et de son protocole le plus célèbre – le World Wide Web – et donne naissance à une technologie appelée « Web-Based Training » [BOY 98].

Le Conservatoire National des Arts et Métiers (CNAM) est un organisme de formation pour adultes engagés dans la vie professionnelle, organisé autour du CNAM-Paris et de cinquante-cinq centres associés répartis sur tout le territoire. Il délivre à environ soixante-dix mille personnes par an des diplômes nationaux de tous les niveaux de l'enseignement supérieur (du premier au troisième cycle, ainsi que des diplômes d'ingénieur), et dans de nombreuses disciplines (sciences économiques et de gestion, sciences de l'homme au travail, informatique, sciences et techniques).

Dans ce contexte des points tels que :

– une population d'apprenants très hétérogènes, souvent isolés géographiquement, engagés dans la vie professionnelle ce qui implique des horaires de formation particulières,

– une répartition des centres associés sur tout le territoire, chaque centre ne diffusant pas nécessairement l'intégralité des cours disponibles,

– un public qui exprime généralement des attentes de perfectionnement et/ou de qualification professionnelle,

nous ont amené à nous poser la question du bien-fondé de l'utilisation des nouvelles technologies pour l'enseignement du CNAM.

De cette interrogation est né le projet de « Diffusion de cours à distance ». Il vise à mettre à la disposition des enseignants du CNAM des outils de diffusion de cours par le réseau Internet. L'un des points forts de ce projet est la volonté de développer à côté des outils proprement dits des moyens d'évaluation de ces nouveaux dispositifs de formation.

Le projet est organisé autour de deux groupes de travail :

Un premier groupe s'occupe de la spécification et la production des outils de diffusion.

Quatre modes de diffusion d'enseignement ont été retenus :

– le mode « cours enregistrés » a pour objectif d'intégrer les diapositives de cours existantes, de les mettre en valeur en ajoutant des commentaires sonores, afin de mettre à disposition des apprenants un ensemble structuré,

– le mode « cours en direct » utilise des diapositives commentées en temps réel par un enseignant,

– le mode « travail coopératif en petit groupe » a pour objectif de permettre un travail en petit groupe d'élèves, en présence distante d'un enseignant. Enseignant et élèves utilisent des outils partagés pour communiquer comme un tableau blanc et la visioconférence individuelle,

– le mode « cours enregistrés et suivi d'élèves » est une amélioration du mode « cours enregistrés » permettant de réaliser un suivi du travail de chaque élève. Ainsi, l'élève est-il suivi tout au long de son travail, et la manière dont il parcourt le document est notée et enregistrée afin d'évaluer son degré de compréhension du cours. L'enseignant peut consulter les parcours des élèves dans le cours et correspondre avec eux, soit en différé *via* le courrier électronique, soit en direct (présentiel-distant), à l'aide d'outils de travail coopératif et de visioconférence personnelle.

Un second groupe, dans le cadre du « Pôle de Recherche en Didactique » du CNAM Paris, poursuit une réflexion sur les moyens d'évaluation des outils et s'occupe de la production de modules d'évaluation et de validation,

Les « Nouvelles Technologies Educatives » sont basées sur une utilisation intensive de documents hypermédias. Ceux-ci possèdent une logique intrinsèque qui rejaillit sur les utilisations pédagogiques : interactivité et navigation sont de nouvelles formes de participation des apprenants, et s'appuient sur des modèles particuliers.

De ces techniques dérivent de nouveaux modèles d'apprentissage. Vont-elles provoquer un changement des pratiques pédagogiques ? Quel est le rôle des enseignants dans ces nouveaux modèles ?

Pour répondre à ces questions des outils de suivi des auditeurs doivent être développés. En effet, il est nécessaire d'identifier de façon précise :

– les conditions de lancement de ces outils et de préparation des apprenants à leur utilisation,

– le comportement des auditeurs : temps passé, reprises, navigations, et parcours types (notion de profil) parmi l'arborescence des documents, etc.,

– le vécu des auditeurs (par exemple *via* un ensemble de questionnaires), avec mise en évidence des particularités des nouveaux rôles des enseignants (rôle du tutorat, des regroupements, des accompagnements en ligne et hors-ligne, des liens externes, etc.).

En dernier lieu, les deux groupes fusionneront lors de la mise en exploitation des outils et de leur mode d'évaluation.

Dans les paragraphes suivants, nous présentons plus particulièrement les caractéristiques et l'architecture logicielle choisie pour deux premiers modes de diffusion, à savoir le mode « cours enregistrés » et le mode « cours en direct ».

2. Le mode « cours enregistrés »

2.1. *Les caractéristiques du mode « cours enregistrés »*

Le cours, enregistré sur un serveur connecté à Internet, est constitué d'un ensemble de transparents électroniques obtenus à partir de logiciels traditionnels tels que Powerpoint. A chaque transparent est associé un « fichier-son » de commentaires, dont la durée n'est pas limitée. Les transparents peuvent être regroupés en chapitres. Le cours est lui-même structuré par un sommaire. Les professeurs doivent donc fournir leur cours sous forme électronique, et posséder l'usage de logiciels (ex. : Powerpoint) pour la présentation des transparents. C'est au plan du son que la contrainte est la plus lourde puisque le professeur doit enregistrer des bandes-son associées à chaque transparent…

L'élève, à partir d'un poste de travail connecté à l'Internet, et disposant des logiciels traditionnels de navigation, accède au serveur et choisit un cours. A son rythme, il fait défiler les transparents sur son poste de travail et déclenche, ou non, l'écoute du son associé à ce transparent. Les fonctions de marche-avant et marche-arrière, retour au sommaire sont assurées.

Ce mode de diffusion doit garantir à l'élève d'obtenir l'image et le son sans attente. Il ne doit pas imposer un matériel et des logiciels particuliers pour l'élève.

Il s'agit là d'un moyen simple de diffusion pour lequel les solutions techniques existent, qui n'impose pas de contraintes insurmontables pour les professeurs, ni pour les élèves.

Il présente l'intérêt d'une grande facilité de mise à jour des cours (la granularité des fichiers est une image associée à un fichier son), et facilite les révisions pour les élèves.

Dans ce contexte l'élève est autonome et n'est pas en relation directe avec un professeur. On peut palier en partie à cela en permettant à l'élève de communiquer par e-mail avec le professeur. Par ailleurs, le professeur peut entretenir un serveur Web pour faire état des questions les plus intéressantes et des réponses données.

2.2. *La maquette envisagée*

La figure 1 précise l'architecture logicielle choisie pour la réalisation de cet outil.

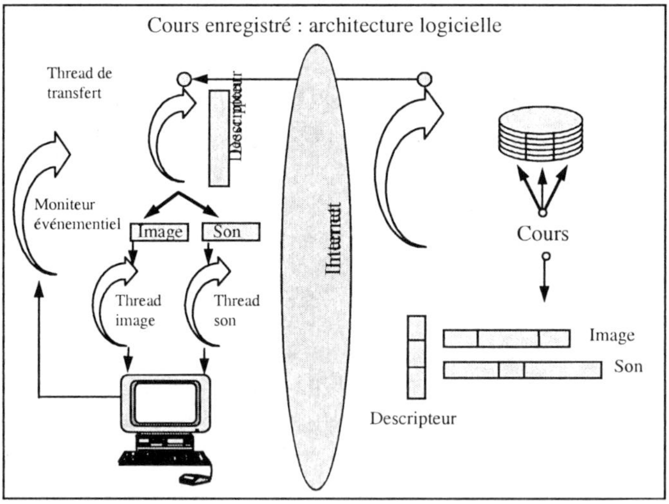

Figure 1.

Structuration d'un cours

Le cours est organisé à partir d'un sommaire décrivant l'organisation du contenu. Chaque élément du sommaire (chapitre, sous-chapitre) donne lieu à un fichier image (les éléments de base Powerpoint), et un fichier son. Chaque fichier de ce type (son et/ou image) est parcouru séquentiellement.

Le fichier descripteur de cours décrit la structuration de l'ensemble des fichiers image et son. C'est en fait l'implantation physique du sommaire du cours. Ce fichier permet de caractériser tous les fichiers image et son afin, en particulier, de réaliser certaines fonctions d'anticipation dans le chargement des images et du son. Il peut, par exemple, être utile de disposer sur le poste-client d'une séquence d'images afin de simuler une animation par enchaînement rapide d'images : on note alors dans le descripteur qu'à partir de tel numéro d'image, il faut anticiper le chargement de cinq images afin de réaliser une animation.

Architecture de l'application

Le poste-client (élève), est conçu comme une application (ou une « applet ») java. Elle est organisée autour d'un moniteur événementiel et de trois « threads » (transfert, image et son).

La figure 2 donne une image du poste élève. L'écran est découpé en trois cadres (frames) recevant le sommaire, les boutons de pilotage (suivant, précédent, son-on, son-off, etc.), et l'image. A partir du cadre de pilotage, l'élève fait défiler les images et le son. Lorsqu'il veut changer de chapitre, il clique sur un élément du sommaire. C'est le moniteur événementiel qui capture ces différents événements et les transmet aux « threads-transfert », image ou son.

La thread de transfert est chargée du transfert des fichiers image et son depuis le serveur. Elle stocke ceux-ci dans des tampons image et son. La thread de transfert assure à ce niveau une fonction d'anticipation du chargement, de façon à réduire les temps d'attente au niveau du poste élève. Ces tampons de stockage intermédiaire servent égalcment pour faire de la marche arrière (stockage de l'image précédente).

Les thread image et son assurent l'affichage des images et la diffusion du son à l'élève.

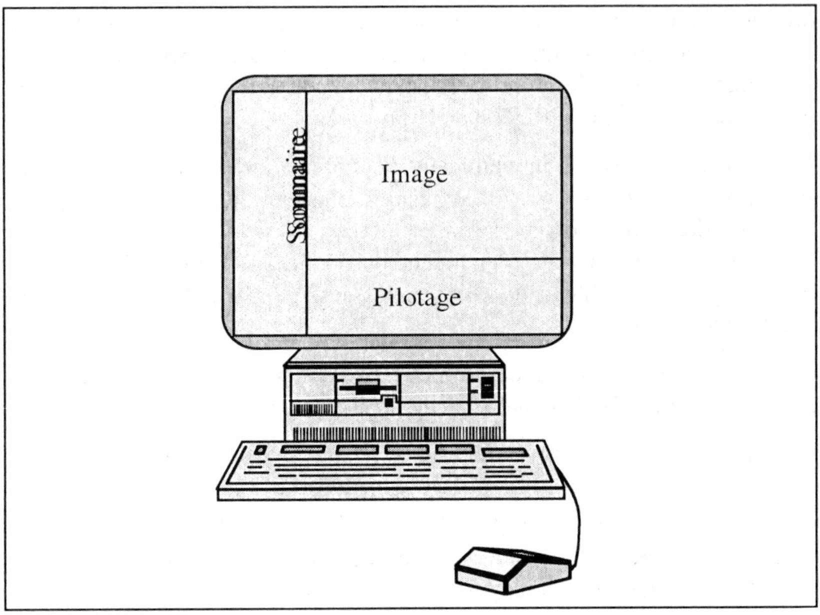

Figure 2

Le cours « Architecture des ordinateurs », du département Informatique du CNAM, a servi de support pour cette technique. Il est constitué d'environ mille images Powerpoint, structurées en dix chapitres, et de vingt-cinq heures de commentaires enregistrés et numérisés. Il est actuellement en version expérimentation-validation et sera accessible aux étudiants du CNAM à partir d'octobre 1999, [CAZ 98].

3. Le mode « cours en direct »

3.1. *Les caractéristiques du mode « cours en direct »*

Le cours se présente comme un ensemble de transparents électroniques stockés sur un serveur connecté à Internet. L'enseignant présente les transparents et les commente en direct. Il peut diffuser son cours, soit à partir d'un poste de travail individuel, soit à partir d'une salle de cours ou d'un amphithéâtre. Dans le premier cas, le poste de travail de l'enseignant doit être connecté à Internet, et doit disposer d'un micro pour la diffusion du son. Dans le cas d'une salle de cours, celle-ci doit être équipée pour permettre la projection de transparents électroniques, et être connectée à l'Internet.

Tout élève qui se connecte voit automatiquement s'afficher les transparents en cours de commentaires et entend le son sur son ordinateur personnel. L'élève est placé en situation sonore de présentiel distant : il prend des notes, il est passif quant au rythme et à l'ordre de la diffusion des transparents.

L'enseignant dispose d'un tableau de commandes permettant de réaliser différentes fonctions telles que : l'affichage de plusieurs transparents simultanément pour effectuer des comparaisons, la mise en réserve d'un transparent pour y revenir ultérieurement, la désignation d'éléments particuliers à l'aide de la souris, etc. L'apprentissage de ce tableau de commandes est la principale contrainte que doit supporter l'enseignant.

Cette description sommaire de ce mode de diffusion met en évidence plusieurs contraintes techniques fondamentales de réalisation :

– nous devons régler les problèmes de synchronisation du son et des images : le son ne doit pas être retardé par rapport à la diffusion des images. Des techniques de diffusion du son en flot continu devraient satisfaire cette contrainte ;

– nous devons garantir la synchronisation des images : l'élève doit bien avoir sur son écran l'image que commente l'enseignant à un instant donné. Conjointement, nous devons garantir que tout élève arrivant en retard au cours se synchronisera correctement sur les transparents actuellement en cours de présentation ;

– nous devons garantir que tous les outils facilitant la présentation (ex. : mouvements de la souris, dessins sur le transparent, entourer un objet, etc.), soient intégralement, et en temps réel, répercutés sur les postes élèves.

Enfin, une contrainte globale forte est d'aboutir à des solutions utilisant des techniques permettant l'hétérogénéité matérielle et logicielle, et n'exigeant pas de ressources informatiques excessives pour les postes élèves : l'élève doit seulement disposer d'un accès Internet et d'un ordinateur permettant la diffusion du son.

A ce niveau, tous les problèmes ne sont pas réglés, et il n'existe pas d'outils satisfaisant intégralement ces contraintes.

4. La maquette envisagée

La figure 3 présente l'architecture logicielle choisie pour la réalisation de la maquette.

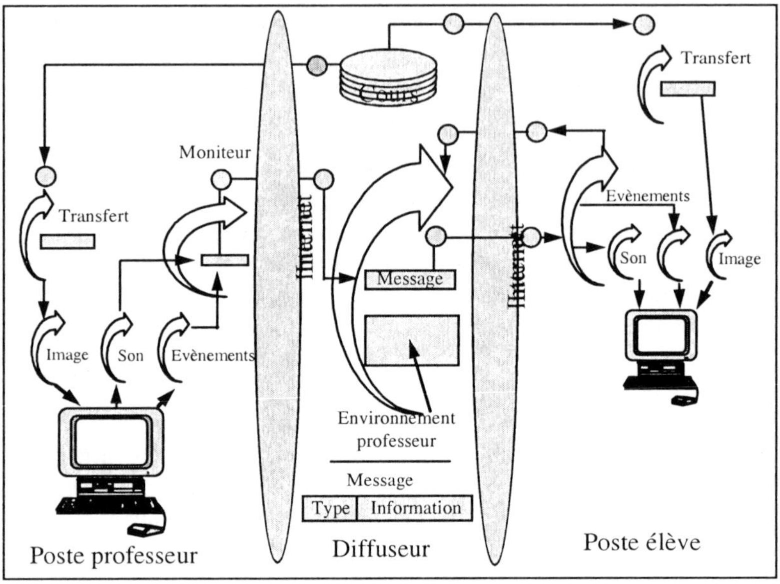

Figure 3.

Cette architecture repose sur trois modules : le poste élève, le poste professeur et un serveur de diffusion, noté « diffuseur », qui assure la liaison entre le poste professeur et les postes élèves.

Le « diffuseur » stocke les différents cours disposant chacun d'une URL les rendant accessibles au travers de l'Internet. Il dispose d'une structure de données traduisant l'environnement du poste professeur, indiquant en particulier l'image actuellement affichée sur l'écran du professeur, les différentes images stockées dans le poste professeur, etc. Il reçoit des messages du poste professeur et les diffuse aux différents postes élèves connectés. Les messages sont composés de deux champs ; un « champ type », permettant d'identifier l'action transmise depuis le poste du professeur vers les postes élèves, et un « champ information », contenant les éventuels paramètres de l'action : par exemple, un type « position souris » accompagné d'un champ information contenant la position de la souris sur l'image affichée.

L'architecture logicielle du poste professeur est conçue comme une application (ou une « applet ») java. Elle se compose d'un moniteur gérant quatre « threads » (transfert, image, son, événements).

La « thread-transfert » gère l'acquisition des images à partir du serveur en utilisant un descripteur de cours pour la gestion des anticipations. La « thread-image » affiche une image sur réception d'un événement. La « thread-son » capture le son en direct. La « thread-événements » capture les événements produits par le professeur (clic souris pour suivant ou précédent, mouvement de la souris pour désigner une partie de l'image, son), et les événements capturés sont transmis au moniteur qui fabrique des messages typés. Cette centralisation dans le moniteur des éléments son, et événements, a pour objet la synchronisation du son et du défilement des images.

Le poste élève est une application (ou une « applet ») java. Elle se compose d'un moniteur recevant les messages du serveur, et pilotant les quatre threads son, image, événements, transfert, dont les rôles sont les mêmes que précédemment.

Lorsqu'un élève se connecte au cours celui-ci peut avoir commencé. Un phase de connexion s'exécute pendant laquelle :

– le moniteur se connecte au diffuseur,

– le diffuseur envoie à l'élève l'environnement du professeur,

– la « thread-transfert » demande les images correspondant à l'environnement du professeur,

– lorsque l'environnement élève correspond à celui du professeur, l'élève reçoit les messages en provenance du poste professeur.

Cette architecture a été conçue de façon très modulaire afin de prendre en charge différentes techniques, en particulier de diffusion du son. Elle se veut adaptative aux différentes évolutions, et indépendante d'une technique particulière.

Plusieurs évolutions sont possibles :

– enregistrer le cours afin que les élèves puissent en disposer en différé. On en revient au « cours enregistré » ;

– permettre à l'élève d'intervenir en posant des questions. Là encore plusieurs possibilités sont envisageables :

- l'élève indique qu'il pose une question, écrit sa question qui est stockée sur le diffuseur, le professeur est alors prévenu qu'une question a été posée. Quand il le souhaite, le professeur prend connaissance de la question et la diffuse oralement à tout le monde ;

- l'élève indique qu'il pose une question, le professeur est averti. S'il le souhaite, il ouvre un canal son à l'élève qui pose la question. Elle est alors diffusée à tout le monde ;

– permettre une correspondance par e-mail avec le professeur.

Une première maquette de cette technique a été développée et testée en utilisant un manuel de formation au langage Java [LEC 98]. Les architectures de diffusion professeurs/élèves, *via* un réflecteur, utilisent le langage Java pour les pages HTML (transparents), et Real Audio pour le son.

5. Conclusion et perspectives

Le projet « Diffusion de cours à distance », s'effectuant au sein du CNAM, a pour but de mettre à la disposition des enseignants du CNAM des outils de diffusion de cours au travers du réseau Internet, et de développer des moyens d'évaluation de ces nouveaux dispositifs de formation.

Nous avons présenté dans ce papier deux des quatre outils définis. Le premier mode de diffusion, appelé « cours enregistrés », est un mode de diffusion ayant pour objectif d'intégrer des documents électroniques de cours déjà existants, et de les mettre en valeur en ajoutant de commentaires sonores. Dans ce mode, l'élève pilote lui-même le cours : il charge les transparents depuis un serveur de cours, puis fait défiler ceux-ci à son rythme en activant, ou non, le son associé. Le deuxième outil, appelé « cours en direct », s'appuie sur des documents électroniques, commentés en temps réel par un enseignant. Cette fois, l'élève est totalement passif vis-à-vis du déroulement du cours : c'est le professeur qui pilote la diffusion.

Les caractéristiques et la maquette de ces deux outils ayant été définis, nous nous intéressons à présent plus particulièrement à affiner certains problèmes. Notamment, nous travaillons sur la définition de la fonction d'anticipation pour le mode de « cours enregistrés ». Cette fonction d'anticipation doit permettre de charger à l'avance les transparents sur le poste de l'élève afin de réduire les temps d'attente lors du passage d'un transparent au suivant. Il se pose alors le problème de la stratégie à adopter en cas de changement de chapitre, c'est-à-dire lors d'une rupture de la séquence de lecture par l'élève.

Pour le mode « cours en direct », le prototype développé a montré que l'affichage des pages, et l'écoute du commentaire associé, sont décalés de quelques secondes. Même si cela n'est pas d'une énorme importance (lors d'exposés, il arrive de faire des commentaires sur un sujet non traité par le transparent courant), nous envisageons de traiter cette synchronisation.

Les maquettes ont été développées essentiellement avec des logiciels et des environnements totalement gratuits : JavaScript, éditeurs HTML, Java, architecture RealAudio [REA 99], version moins de cinquante utilisateurs simultanés. Ainsi nous maîtrisons le développement disposant même parfois du code source de l'application. Nous essayons le plus possible de garder cette politique de maîtrise et de gratuité et envisageons de nous appuyer sur Java Media Framework [JMF 98] pour la diffusion de la vidéo dans les projets trois et quatre.

Par ailleurs une expérimentation en grandeur nature est planifiée pour le courant du dernier trimestre 1999. Parallèlement, des modules d'évaluation seront définis et mis en place afin de valider ce type d'enseignement et d'outils.

6. Bibliographie

[BOY 98] R. BOYER., « L'état de l'art aux Etats Unis : Web-Based Training », *Conférence Internet/Intranet : une industrie naissante*, Futuroscope de Poitiers, 19 juin 1998.

[CAZ 98] A. CAZES., DifCours : cours Architecture des ordinateurs sonorisé sur Internet, 1998.

[ELS 99] Entreprise Learning Solutions Sun Microsystems Inc, Sun in K12 Education, http://www.sun.com/edu/k2/, 1999.

[HP 99] Welcome to HP Education, http://education.hp.com/, 1999.

[IBM 99] IBM Education-Philanthropy, Solutions and Training, http://www.ibm.com/education/, 1999.

[JMF 98] Java Media Framework, http://java.sun.com/products/java-media/jmf/index.html, 1998.

[LEC 98] P. LE CLEACH, P. GAMEIRO, T. LOIAL, Leloga : une plate-forme de diffusion de cours à distance, son et support de cours, 1998.

[MIC 99] http://www.microsoft.com/train_cert/ie30.htm, 1999.

[REA 99] Real Networks, http://www.real.com/, 1999.

[SUN 99] Education Services Worldwide Campus, SUN Microsystems, http://suned.sun.com/suned/, 1999.

S'orienter sur le Web en construisant des cartes interactives avec Nestor

Claire Bélisle* — Romain Zeiliger — Teresa Cerratto**,*****

**LIRE-CNRS, Institut des Sciences de l'homme,*
14, ave Berthelot, 69363 Lyon Cedex 07, France
claire.belisle@ish-lyon.cnrs.fr
***GATE-Univ. Lyon 2,*
93, chemin des Mouilles, B.P. 167, 69131 Ecully Cedex, France
zeiliger@gate.cnrs.fr
**** Université Paris VIII, Département de psychologie,*
cerratto@gate.cnrs.fr

RESUME. *Dans la recherche documentaire sur le Web, les « cartes interactives » construites avec Nestor sont des aides qui permettent une orientation dans l'espace hypermédia visité suivant un système de repères, parcours et vues d'ensemble qui s'inspire de la navigation dans le monde physique. Un retour simple et direct aux documents déjà visités, par pointage sur la carte, allège la charge cognitive de l'utilisateur en remplaçant un processus de rappel mémoriel par un processus de « reconnaissance de forme ». Des expérimentations en contexte pédagogique, dont celle avec des lycéens présentée ici, ont mis en évidence l'intérêt des cartes interactives pour l'orientation dans les hypermédias globaux. Cependant, des problèmes de désorientation d'un autre type, qualifié ici de conceptuelle, sont apparus, problèmes qui, sans remettre en cause l'approche proposée, appellent le développement d'aides complémentaires.*

ABSTRACT. *Finding information on the Web is facilitated with the navigator Nestor through the construction of "interactive" maps. These maps visualise personal navigating experiences, and can be organised into landmarks, routes, and surveys of the visited hypermedia spaces. Returning directly to a visited space by pointing on an interactive map thus alleviates the cognitive load through visual affordances. Studies of uses conducted with learners bring out this advantage of constructing personal maps. Subsisting disorientation problems, labelled here conceptual, are being addressed with the development of complementary functionalities in Nestor.*

MOTS-CLES : *Navigation, Hypermédias, Cartes interactives, Nestor.*

KEY WORDS: *Navigation, Hypermedia, Interactive maps, Nestor.*

1. Contexte et enjeux de la recherche

Le Web a connu un développement spectaculaire et de nombreuses transformations depuis sa création par le CERN au début des années 1990. Cette évolution n'est pas sans incidences sur l'objet de notre étude : la navigation électronique. D'abord la taille du corpus hypermédia – au travers duquel l'usager navigue – a été multipliée par 180 au cours des trois dernières années. On estime actuellement à 320 millions le nombre de pages Web réparties sur 3,6 millions de serveurs (chiffres de décembre 98[1]). Alors qu'il y a deux ans seulement, il n'y avait « que » 20 000 serveurs Web[2]. La période de doublement est actuellement estimée entre 6 et 9 mois. En fait, plus personne ne peut décrire avec exactitude cet espace en expansion continue.

Ce qui caractérise cet espace d'information c'est : 1) la masse d'information accessible, 2) la possibilité pour tout utilisateur d'être aussi auteur et diffuseur d'information, 3) la grande hétérogénéité de l'information. Il en résulte un corpus hypermédia ouvert, non structuré et évolutif qui exige une nouvelle approche de la recherche d'information. Si les sources d'information sont très diverses[3], depuis l'organisme gouvernemental avec son journal officiel jusqu'à l'internaute voulant partager sa dernière passion, les types d'information le sont aussi. On peut distinguer plusieurs grands types d'information, certains sites proposant plusieurs catégories en même temps : 1) l'information publique de référence, émanant des gouvernements, d'organismes professionnels, de bibliothèques, d'associations, d'organismes à but non lucratif ou de sociétés privées, 2) l'information scientifique et éducative (disciplinaire), dont les banques de données traditionnelles, émanant de laboratoires de recherche, d'universités, ou de sociétés de service 3) l'information publicitaire, à visée commerciale émanant des entreprises, 4) l'information médiatique, émanant des organismes de presse, 5) l'information personnelle, émanant des individus ayant leur propre site. Si les documents sont très hétérogènes, les liens qui les associent le sont plus encore : par exemple, un lien peut très bien partir d'un site personnel et conduire à un document officiel.

La navigation elle-même s'appuie sur de nouveaux dispositifs comme les pages divisées en « cadres », les plans de site ou les moteurs de recherche qui sont de plus

1. Source http://www.netcraft.co.uk/Survey/
2. Source : http://www.research.digital.com/SRC/whatsnew/sem.html
3. Dans sa typologie des sources d'information, un récent guide d'Olivier Andrieu [AND 98] tente une classification en huit grands types de sources d'information : les entreprises, les sites de référence, les pages bénévoles, les laboratoires de recherche et les universités, les bibliothèques, les sites gouvernementaux et institutionnels, les banques de données, et les organismes de presse.

en plus complexes : aujourd'hui AltaVista indexe 140 millions de pages4. Ces moteurs sont aussi plus nombreux, plus spécialisés : le recouvrement des 4 principaux moteurs (AltaVista, Hotbot, Excite, Infoseek) n'est que de 2 millions de pages5 (soit seulement 1,4 % d'AltaVista). La présentation de leurs résultats évolue constamment et leurs techniques d'indexation varient : certains, par exemple, travaillent sur la base de catégories (Yahoo). Les « portails » – ou sites pluralistes – sont apparus. La publicité est de plus en plus présente.

Les « incidents » de navigation sont nombreux : ils peuvent être du à la congestion du trafic ou par exemple à la présence de liens obsolètes : on estime qu'environ 5 % des documents indexés par les moteurs de recherche n'existent plus. Les documents ne sont pas toujours fixes : certains s'adaptent aux préférences des usagers, une technique de plus en plus utilisée dans le commerce électronique. Le logiciel navigateur – combinant interface graphique et hypertexte – s'est imposé dans de nombreuses applications comme l'outil d'accès universel : il permet à chacun de naviguer dans son ordinateur individuel (bureau de Windows 98) de la même manière qu'il navigue sur le réseau local ou sur le réseau mondial. En bref, l'espace d'informations dans lequel l'usager doit se repérer, s'orienter et naviguer est en perpétuelle évolution et cette évolution ne semble guère ralentir.

En éducation, l'hypermédia a toujours suscité beaucoup d'intérêt parce qu'il permet de mettre en œuvre les approches pragmatiques qui s'imposent aujourd'hui et qui sont basées sur des modalités exploratoires et constructivistes d'apprentissage. Par ailleurs, une part importante de l'acte d'apprendre et de la construction des connaissances concerne l'interaction avec de grandes quantités d'information. La technologie hypermédia a cette caractéristique unique de promouvoir aussi bien la création et la modification d'informations que leur exploration dans des réseaux. Les fonctionnalités interactives de lecture et d'écriture peuvent faciliter une compréhension active de l'information et une construction par l'apprenant de ses propres connaissances. Ceci est d'ailleurs habituellement pleinement mis en œuvre par les applications hypermédias qui ont été développées dans un but pédagogique.

2. Hypermédia et recherche d'information : la navigation

Avec l'hypermédia, on quitte l'approche classique de la recherche d'information suivant un processus de question (« requête ») et de réponse pour entrer dans une perspective navigationnelle. Les systèmes hypertextes et hypermédias s'avèrent une alternative sérieuse aux systèmes documentaires et bases de données, à condition de

---

4. Source : http://www.searchenginewatch.com/reports/sizes.html

5. Source http://www.research.digital.com/SRC/whatsnew/sem.html

fournir à l'utilisateur des outils de repérage et de navigation. Car ces systèmes, apparemment conviviaux, nécessitent en fait des compétences spécifiques chez les utilisateurs non-spécialistes auxquels ils s'adressent.

La navigation dans un hypermédia – comme le Web – a sans doute été trop rapidement envisagée comme un exercice de liberté, voire de jeu favorisant la découverte personnelle et l'apprentissage actif. Cette perspective n'est cependant pas sans intérêt, l'idée de navigation appliquée à la connaissance étant déjà présente chez Francis Bacon (1561-1626) qui va introduire6, avec la métaphore de « l'océan de la connaissance », et par là, de la navigation, une véritable réforme de la pensée encyclopédique [CHA 96]. C'est cette même idée d'ouverture, de l'action de l'usager comme constructeur de ses propres connaissances, que l'on va retrouver dans la substitution de « navigation » à « lecture » pour désigner l'exploration de l'information électronique.

Si la navigation constitue incontestablement une activité plus ouverte que le questionnement d'une base de données, ce n'est pas pour autant une activité « naturelle », intuitive, imitant le cheminement de l'esprit humain. Bien qu'ayant une ramification de réseau, la structure de l'hypertexte ne possède pas pour autant la complexité associative de l'intelligence bio-psycho-affective, socioculturelle et logique de l'être humain. Dans la recherche d'information par des sujets intentionnels et motivés, les stratégies mises en œuvre sont dépendantes de la tâche, c'est-à-dire des buts, des moyens, de l'environnement, et du déroulement séquentiel des interactions.

2.1. *Deux problèmes : la surcharge cognitive et la désorientation*

Déjà avec les corpus hypermedia « fermés » des années 1980, les recherches avaient mis en évidence des difficultés spécifiques de la navigation [CON 86]. Les premières études sur la navigation dans les hypermédias portaient sur des systèmes hypermedia clos [CAR 92]. Deux grands types de problèmes ont été particulièrement étudiés : la désorientation et la surcharge cognitive. Chaque type de problème a depuis fait l'objet de nombreuses études spécifiques [CAS 96 ; SOU 96 ; CAR 96].

La *désorientation* provient de l'absence de repères des usagers lorsqu'ils parcourent les réseaux: ils ont besoin de savoir d'où ils viennent, où ils sont et comment se rendre d'un endroit à l'autre. Trois niveaux de difficultés ont été mis en

6. Bacon introduit la métaphore de l'océan pour la connaissance en 1605 au début du second livre du traité « Du progrès et de la promotion des savoirs ». Nous devons ‡ J.M. Chatelain d'avoir rappelé ‡ notre mémoire cette métaphore que Bacon a aussi placé en frontispice de *Instauratio magna* « comme l'emblème majeur de toute une pensée ».

évidence : 1) la navigation dans l'espace logiciel – c'est le fonctionnement du système hypertexte qui n'est pas connu, l'usager ne sait pas ce qu'il faut faire – ; 2) la navigation dans l'espace conceptuel – ce sont les catégories qui organisent l'information qui ne sont pas familières, l'usager n'arrive pas à rentrer dans le système conceptuel de l'auteur – ; 3) la navigation dans le texte – c'est le cheminement dans les liens hypertextuels qui n'est pas familier, l'usager perd le fil de sa navigation [BAL 96].

La *surcharge cognitive* est liée aux nombreuses décisions que doit faire l'usager lorsqu'il parcourt un hypermédia: quels liens suivre, comment retrouver ceux qui l'intéressent dans ceux qu'il a parcourus ou dans ceux qu'il lui reste à parcourir, etc. La lecture hypertextuelle s'avère hautement spécialisée et requiert des schèmes de lecture spécifiques. « L'utilisation d'un système d'hypertexte suppose que le lecteur soit en mesure de gérer son propre parcours dans l'information » [ROU 97] ; [CAS 99] ont identifié six variables cognitives clés dans la navigation en hyper-espace : efficacité intellectuelle, capacité analytique, flexibilité analytique, capacité de synthèse, raisonnement abstrait, indépendance du champ cognitif. La navigation s'avère un processus complexe.

Catledge et Pitkow [CAT 95], analysant des données recueillies au Georgia Institute of Technology, proposent trois classes d'usagers, un résultat qui illustre la tension entre recherche d'information (query en anglais) et navigation dont nous avons parlé plus haut : les usagers appelés « searchers » reprennent épisodiquement des séquences courtes, mais s'engagent souvent dans des séquences longues ; les « general purpose browsers » n'ont en moyenne qu'une probabilité sur 4 de répéter des séquences complexes (inertie moyenne des usagers); les « serendipitous browsers » évitent systématiquement de s'engager dans de longues séquences de navigation, ils visitent superficiellement les sites. Dune manière générale, les usagers n'explorent qu'une zone restreinte à l'intérieur de chaque site visité. L'analyse retrouve également un résultat connu, les usagers ne traversent (« traverse » en anglais) que rarement plus de deux couches d'hypertexte avant de retourner à leur point d'entrée. Enfin cette étude suggère que les pages personnelles sont utilisées préférentiellement comme relais dans la navigation et jouent ainsi un rôle d'index vers les autres sites. Cette étude illustre la nécessité de bien connaître et comprendre les stratégies navigationnelles des usagers comme base pour la conception de nouveaux logiciels navigateurs.

Pour résoudre ces problèmes de navigation, on a d'abord cherché des solutions du côté d'une re-structuration des corpus. Si dans les systèmes hypermedia fermés, on a pu améliorer la conception du réseau de nœuds et liens dans lesquels les usagers naviguent, ces solutions ne s'appliquent que très partiellement au Web : on peut en effet structurer un site institutionnel par exemple (parce qu'il est géré par un modérateur local) pour y faciliter la navigation, mais on ne peut pas imposer de structure au réseau des liens qui conduisent à ce site. Les logiciels de navigation tel

Navigator de Netscape ou Explorer de Microsoft proposent des fonctionnalités comme l'historique et les « bookmarks » ; mais ces procédés techniques s'avèrent être des aides insuffisantes pour pallier aux ennuis de l'usager. De plus, les représentations que se font les usagers d'un système hypertextuel dans son ensemble, ou des hypermédias spécifiques qu'ils parcourent, sont très variables d'une personne à une autre. Dans ce contexte les solutions passent sans doute par un développement des outils techniques et des compétences des usagers. C'est cette perspective de conception d'aides à la navigation, qui est adoptée ici : les cartes interactives de Nestor viennent « instrumenter » [RAB 96] l'activité dynamique et évolutive de navigation qu'implique l'usage de l'hypermédia et du Web.

C'est un défi qui ne se pose pas qu'en termes purement techniques : quelles sont les capacités cognitives des usagers, quels sont leurs buts, leurs stratégies, comment des logiciels peuvent-ils les aider à progresser vers ces buts et les aider à décider qu'ils les ont atteints, quelles sont les informations « qui comptent » [HAR 98] pour eux et pour les institutions au sein desquelles ils travaillent ? Voilà les questions qui guident le processus de conception des aides développées dans le navigateur Nestor. Les solutions proposées restent fondamentalement au service des usagers – en tant qu'individus pris dans un contexte institutionnel d'usage. En bref le processus de conception n'est pas techno-centré, mais centré sur l'usage [BEL 97] et l'analyse de l'usage est donc un aspect important du projet.

3. Une approche de l'aide à la navigation : naviguer par cartes interactives

Nous basons le concept de « cartes interactives » sur la démarche constructiviste dans la structuration de l'expérience de navigation. L'intelligence humaine développe ses structures et capacités de connaissance spécifiques en interagissant avec le monde. Le fait que toute connaissance résulte de l'expérience (directe ou par procuration) a été longuement étudié et conceptualisé par les travaux piagétiens sur l'assimilation et l'accommodation, ainsi que par les travaux en psychologie cognitive sur les représentations mentales (images, modèles, propositions) que les personnes produisent au cours de leurs activité cognitive. De nombreux travaux en psychologie cognitive (cognition située, cognition distribuée, cognition incarnée, « embodiment ») accentuent l'importance des interactions, de leur contexte cognitif et de leurs caractéristiques perceptives pour structurer l'intelligence humaine.

Le recours à des cartes pour la navigation n'est pas nouveau en soi. Depuis le modèle développé par Dillon, A. *et al.* ; [DIL 80] pour les espaces physiques et distinguant les repères, les routes et les cartes, de nombreux chercheurs se sont inspirés de ce modèle pour concevoir des aides à la navigation dans les hypermédias, par adjonction d'icônes comme points de repère dans les pages charnières, cartes des structures nœuds-liens, etc. Deux critiques, qui motivent le présent projet, peuvent être formulées aux travaux existants : a) il y a peu de dispositifs navigationnels aidant l'usager à acquérir une connaissance des routes ; b) les aides de type carte qui ont été développées ont surtout cherché à représenter les structures internes des hypermédias c'est-à-dire un réseau de nœuds et de liens. Ces cartes sont déjà complexes pour des hypermédias fermés, au point qu'elles peuvent constituer un obstacle plutôt qu'une aide ; elles ne peuvent convenir à un hypermédia ouvert comme le World Wide Web. De plus, la pensée s'incarnant dans le langage et le langage étant de plus en plus absent dans ce type de navigation, ces systèmes sont suspects de pauvreté voire de stérilité vis-à-vis de la possibilité de rechercher des informations efficacement, de les structurer et de les mémoriser.

Ces techniques ont cependant inspiré le présent projet. Il est généralement admis aujourd'hui que ces cartes conceptuelles sont d'autant plus pertinentes qu'elles sont **construites** par les usagers eux-mêmes. En effet, l'approche constructiviste de la connaissance, qui prend appui sur les travaux de Vygotsky, Piaget et Bruner, entre autres, a mis en évidence l'importance de l'engagement actif du sujet dans les processus d'apprentissage. Dans l'activité de recherche d'information pertinente sur le Web, l'usager a constamment besoin d'outils pour l'aider à externaliser et structurer sa propre pensée qui est en interaction avec l'information trouvée. L'artefact qu'est un navigateur dans un système hypermédia ne peut se transformer en véritable outil que s'il y a eu une appropriation de l'artefact par l'utilisateur ou plus précisément si l'utilisateur a pu élaborer des « schèmes personnels d'usage ». Le schème, concept piagétien repris par Rabardel [RAB 95], est la structure commune à tous les actes qui, du point de vue du sujet, sont équivalents. Les schèmes attestent de l'enracinement sensori-moteur de l'action adaptative. Cela signifie que pour que l'artefact « logiciel de navigation » devienne un « outil », l'apprenant doit avoir construit, à travers des expériences personnelles de maniement de l'artefact, un nouveau schème personnel d'usage ou avoir adapté un schème préexistant, ou avoir transformé un schème social en schème personnel. Cela va bien au-delà de connaître les fonctionnalités de l'artefact et correspond à une connaissance inscrite dans un rapport sensori-moteur au monde, ici, à l'intérieur de tâches d'apprentissage.

3.1. *Le système technique NESTOR*

Le navigateur NESTOR – développé au laboratoire CNRS-GATE près de Lyon – est un logiciel Web « client » comme le Navigator de Netscape ou Internet Explorer de Microsoft. Il fonctionne sur les PC sous Windows 95, 98 ou NT[7]. L'écran principal de NESTOR est divisé en deux parties : à droite, on retrouve un navigateur classique basé sur le composant Active X Internet Explorer de

7. Le mode consultation est cependant aussi disponible sur les plate-formes : Mac et Unix.

Microsoft ; à gauche on dispose d'une fenêtre de visualisation : celle-ci est graphique et interactive ; une carte y est tracée automatiquement au fur et à mesure que l'usager navigue. Cette carte peut être modifiée, éditée par l'usager, et utilisée pour un retour direct aux sites déjà parcourus.

La plupart des apprenants ayant peu d'expérience de navigation, il s'avère nécessaire de les aider à capitaliser leurs expériences. Ce navigateur a été conçu pour permettre aux apprenants de s'approprier à la fois l'outil en facilitant la « genèse instrumentale » [RAB 95] et leurs propres expériences de circulation dans l'information. Nous allons maintenant décrire plus en détail les fonctionnalités innovantes de cet outil, tout en soulignant les processus cognitifs des usagers qu'elles visent à favoriser. La conception des « cartes interactives » en tant que dispositif d'aide à la navigation sur le Web part d'une étude des processus cognitifs mis en jeu au cours de la navigation dans les hypermédias répartis. Le navigateur Nestor permet ainsi la mise en œuvre d'une représentation graphique d'ordre à la fois conceptuelle et spatiale du parcours de recherche d'un usager dans l'espace informationnel, en accord avec les modèles cognitifs de la navigation.

3.2. *Une représentation pour l'usager de sa propre expérience navigationnelle*

Alors que l'usager réalise des opérations de navigation avec le navigateur Web, NESTOR trace automatiquement une représentation du sous espace Web visité. Chaque document visité est représenté par un objet graphique (généralement un cercle coloré dont la taille dépend du nombre de liens partant, ou un carré si le document ne contient aucun lien). Les liens parcourus sont représentés par des flèches. La disposition graphique des objets est automatique et favorise le point de vue de l'expérience de l'usager (par opposition à une représentation qui serait axée sur le système) : tant que l'usager effectue une traversée vers un nouveau document en cliquant sur un lien, les objets graphiques et les liens suivent une ligne droite – représentant un chemin dans l'hyper-espace ; l'objet correspondant au document courant est coloré en rouge (pour permettre à l'utilisateur de se situer dans l'espace visité) ; quand l'usager revient en arrière – en utilisant le bouton « back » – les objets correspondants sont colorés ; dès que l'usager repart en exploration, une nouvelle route droite est tracée. Cette représentation graphique est dynamique et peut être redisposée graphiquement : les usagers peuvent en modifier la disposition, par manipulation directe. Cette représentation est aussi interactive : les objets graphiques peuvent être utilisés pour une navigation directe (double click , facilitant l'exploration de type « roue-rayons » – en anglais hub and spoke [CAT 97]. Cette représentation graphique doit être vue comme une carte personnelle d'information. L'utilisation de telles cartes augmente le feedback visuel pendant la navigation et facilite l'orientation.

3.3. *La construction d'un espace Web personnel*

Au début, la carte ne reflète que l'espace visité, c'est-à-dire les documents publiques et leurs liens. Ensuite, les utilisateurs peuvent y ajouter des documents personnels et des liens personnels, et « tisser » un réseau qui s'entremêle avec la « toile » publique. Un éditeur HTML intégré – et très simplifié – permet de modifier le contenu des documents personnels. Les liens personnels peuvent être crées soit en utilisant les fonctions copier-coller, soit en reliant graphiquement les documents dans la carte : par simple traçage d'une flèche entre deux objets graphiques on crée un lien hypertexte. Les liens personnels sont représentés par des flèches pointillées qui les distinguent des liens publiques (non-modifiables) qui apparaissent en traits pleins. Les documents publics ne sont pas affectés par ces liens : les liens personnels apparaissent dans une fenêtre séparée qui vient se superposer au document où ils sont ancrés (mais l'ancre n'est pas incorporée au document). Cette activité de construction de carte et de création de réseaux favorise – chez l'usager – une navigation plus réflexive et planifiée.

3.4. *La prise de notes*

Après un temps, la carte représente l'espace Web publique visité augmenté du réseau personnel crée par l'usager. Ce processus de « tissage » des réseaux publics et privés constitue une sorte de prise de notes dont la forme est cohérente avec la structure hypermédia du Web : c'est-à-dire que les notes n'incluent pas seulement des textes – comme dans la lecture active d'un texte – mais aussi des liens : le réseau Web se trouve annoté avec un réseau de notes. D'autres fonctionnalités vont plus loin dans cette perspective : des annotations peuvent être ajoutées à tous les documents – publics aussi bien que privés. Les annotations ont elles-mêmes une structure HTML : aussi peuvent-elles contenir aussi bien des textes que des images et des liens. Dès qu'un document est re-visité, son annotation attachée apparaît. Une fenêtre particulière – nommée « le sac » – est disponible pour collecter des morceaux d'information au cours d'une navigation (par copier-coller simplifié). Quand l'utilisateur colle de l'information dans le sac, le système NESTOR ajoute automatiquement une adresse de retour vers le document source (ce qui permettra ultérieurement de retrouver cette source). Le « sac » peut être aussi utilisé pour transporter de l'information d'un document vers une annotation. Son contenu peut être sauvé et échangé dans un groupe d'usagers en collaboration. Cette activité de prises de notes – comme dans un processus de lecture active – aide l'usager à externaliser et structurer sa pensée.

3.5. *La création de points de repère, de routes et de mots-clés*

L'apparence – et pas seulement la disposition – de la carte est personnalisable : des icônes peuvent être choisies pour représenter des documents importants, ou des documents de même catégorie. Les usagers peuvent aussi enregistrer des cartes thématiques construites à partir de documents publics (les sites visités) et de documents privés (les annotations). D'autres objets graphiques peuvent être ajoutés dans les cartes : des mots-clés, des zones conceptuelles, des sous-guides. Les mots clés sont crées par les utilisateurs et peuvent être utilisés lors des interrogations des moteurs de recherche. Ces mots-clés sont colorés lorsqu'ils sont présents dans un site. Les zones conceptuelles sont des objets graphiques qui aident à structurer les cartes : les objets graphiques peuvent être groupés et « épinglés » dans ces zones de telle manière qu'ils soient ensuite déplacés en même temps que toute la zone. Ces zones sont « repliables » pour prendre moins de place à l'écran, et dépliables à la demande. Les tours ouvrent automatiquement les zones qu'ils traversent. D'autres objets graphiques sont à l'étude pour aider les usagers à structurer leurs cartes (par exemple des objets « but »). L'objectif est d'offrir une sorte de toolkit d'objets structurants offrant en même temps de nouveaux modes de navigation. Ces cartes – avec tous les objets qui les composent – peuvent être sauvées dans des fichiers .map. Ces fichiers-cartes ne peuvent être ouverts pour modification que par NESTOR ; cependant ces cartes sont utilisables (sans modification) par n'importe quel navigateur du commerce, sur n'importe quelle plate-forme logicielle.

3.6. *L'échange et le partage des cartes*

Afin de favoriser un travail collaboratif, NESTOR permet de publier et de partager dans un groupe d'utilisateurs toutes les informations navigationnelles contenues dans les cartes : depuis la simple URL jusqu'à la carte entière en passant par le « sac ». Une liste des URLs publiées est gérée sur un serveur local ou distant (protocole FTP). Les utilisateurs de NESTOR sont avertis dès qu'ils naviguent vers un document déjà visité par un de leurs collègues. Dans ce cas, les annotations attachées au document par les autres visiteurs sont disponibles ainsi que les cartes représentant les cheminements par lesquels ces visiteurs y sont parvenus. Ces cartes ne peuvent pas être modifiées, mais elles peuvent être utilisées pour naviguer « sur les traces » d'un prédécesseur. Les « sacs » et leurs contenus peuvent être également publiés et échangés. En combinant NESTOR et le logiciel Microsoft NetMeeting on peut travailler à plusieurs en collaboration synchrone sur l'élaboration du contenu du « sac ». Les communications interpersonnelles médiatisées par ordinateur et la navigation collaborative aident les usagers à identifier les informations pertinentes (« defining institutional matters of relevance » selon [HAR 98] et les aident à construire des connaissances communes.

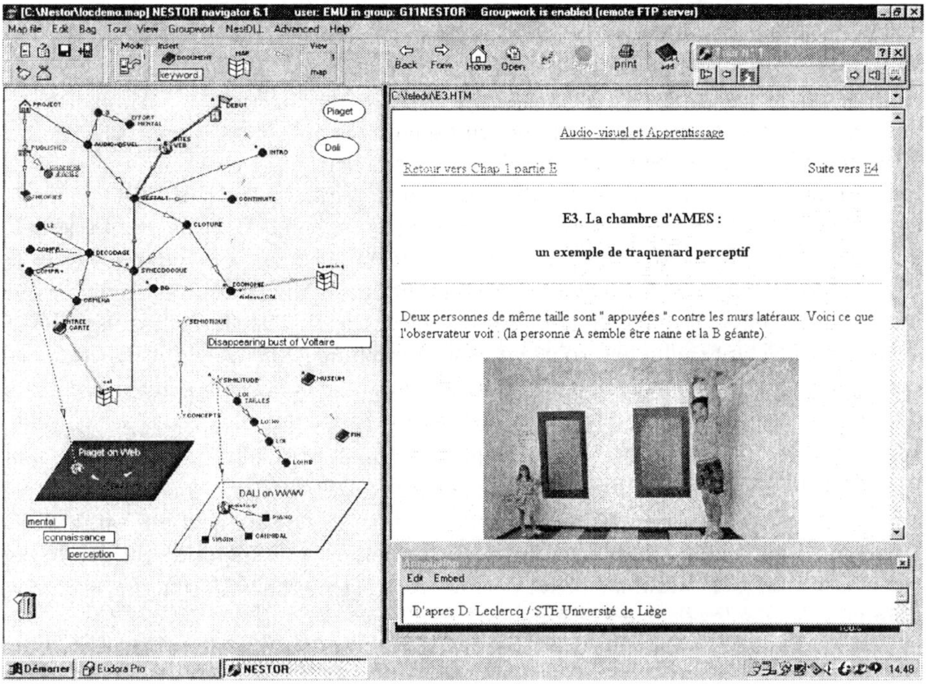

Figure 1. *Une vue générale de l'écran de NESTOR : à droite, une page d'un document pédagogique hypermédia, avec annotations, et, à gauche, la carte interactive. On notera la présence dans la carte de gauche, de deux « zones conceptuelles », de nombreux documents et liens personnels (en pointillés), et d'un « parcours guidé » (en jaune) à partir duquel est généré le menu de navigation linéaire simplifié présent en haut de l'image de droite. Le domaine abordé ici est celui des « illusions d'optique » dans le cadre d'un cours sur la psycho-pédagogie et l'audiovisuel (STE Université de Liège, Belgique)*

3.7. *Des fonctionnalités dédiées à la formation*

Pour les apprenants, au cours d'une tâche de recherche d'information sur le Web, le « sac » combiné à l'éditeur HTML intégré (et simplifié) permet une récolte d'informations et leur structuration en un véritable dossier individuel ou collectif qui pourra être directement rendu à l'enseignant. Dans un usage plus sophistiqué, la carte – individuelle où collective – peut jouer le même rôle. Pour les enseignants, la préparation d'un « parcours guidé et commenté » peut servir à initier des apprenants. Ces parcours apportent une navigation linéaire simplifiée sans pour autant restreindre la liberté d'exploration ; ils peuvent inclure des documents publics – disponibles « tels quel » sur le Web – entrecoupés de documents locaux préparés dans un but pédagogique. Enfin, ces parcours peuvent être agrémentés d'exercices de type EAO dont les résultats conditionnent la progression.

4. Expérimentation des cartes interactives

Une expérimentation des cartes graphiques produites avec le navigateur « Nestor » a permis d'étudier certains problèmes liés habituellement à la désorientation et à la mise en place de repères. L'observation a porté sur des utilisations d'un navigateur habituel, ici, Navigator de Netscape, et du navigateur Nestor, par des élèves au cours de la réalisation d'une tâche pédagogique.

Nous avons choisi d'expérimenter Nestor dans un contexte de pratique réelle, dans le cadre d'activités scolaires en milieu lycée, en coopération avec des enseignants et leurs élèves. Les lycéens (âgés de 15-16 ans) étaient en seconde, option économie, et étaient tous déjà familiers avec l'usage d'un navigateur (en l'occurrence Netscape) et avaient une expérience de recherche d'information sur l'Internet. Bien sûr, il s'agit d'une expérience limitée, car l'équipement des lycées français est encore minimal, et les connections télématiques n'ont pas encore la fiabilité souhaitable pour un usage intensif.

4.1. *Description de la population: caractéristiques des usagers*

Les groupes étaient composés de 37 % de garçons et 63 % de filles de classes de seconde. Un tiers avait aussi eu une formation à l'usage des réseaux. A part un élève, tous avaient déjà utilisé le navigateur Netscape au moins une fois soit en exploration libre, soit pour rechercher de l'information, et en avaient trouvé l'utilisation facile. Plus de la moitié avait fait au moins deux recherches sur l'Internet sur un thème défini. Ils avaient presque tous déjà utilisé un moteur de recherche (Yahoo ou AltaVista), les commandes Avant (suivant) et Arrière (précédent), et plus de 80 % avait eu des difficultés de type blocage ou panne technique, accès impossible aux pages, ou de type orientation: « on est très vite perdu », « perte de temps pour trouver des sites et documents pertinents », « absence d'aide pour trouver ce que je cherche », « ne pas savoir par où commencer », « difficulté à trouver les mots-clés pour formuler ma question ».

Des groupes, en moyenne de dix lycéens, répartis sur cinq postes, devaient, dans un laps de temps limité, chercher de l'information sur le WEB, à l'aide d'un navigateur, pour répondre à des questions ayant trait à l'économie (tâche 1) et à l'écologie (tâche 2). La tâche était terminée lorsqu'ils avaient trouvé l'information pertinente et l'avait rédigée ou transcrite dans le fichier appelé « bag ». Les plages (d'une durée de 4 heures) étaient divisées en deux périodes de deux heures. Un premier groupe a commencé en travaillant avec Nestor, puis pour la deuxième période, a travaillé avec Netscape. Un deuxième groupe a commencé en travaillant avec Netscape, puis pour la deuxième période a travaillé avec Nestor.

Ayant déjà pu vérifier que la visualisation de l'expérience personnelle de navigation facilitait l'orientation pratique [ZEI 97], nous étions ici intéressés à comprendre pourquoi un usager repasse tellement par les mêmes sites, revient en arrière de nombreuses fois (plus de 50 % de nos observations), même lorsqu'une carte est disponible. La première tâche avait été conçue de façon à fournir des informations sur ce premier thème. Le libellé des questions était fait de façon à ne pas reproduire la formulation exacte des informations que l'on pouvait retrouver sur le site. Nous faisions ici l'hypothèse que la recherche d'information dans un espace d'information hétérogène, peu modéré, tel que le WEB, nécessite une plus grande compétence de catégorisation chez l'usager. Nous voulions explorer comment les lycéens allaient relier une question scolaire avec l'information telle que présentée sur le WEB. La deuxième tâche était plus ouverte. Nous sommes partis de l'hypothèse que les lycéens ont des difficultés à reconnaître l'information qu'ils cherchent quand cette information est présentée et contextualisée dans des catégories différentes des « catégories scolaires ». C'est pourquoi la tâche en leur demandant d'établir une liste de mots-clés d'un thème peu travaillé en classe, l'écologie, les obligeait à faire appel à leurs propres catégories.

4.2. *Résultats obtenus*

Nous présentons maintenant les résultats obtenus lors de l'utilisation de NESTOR par trois groupes d'étudiants. Après avoir éliminé les opérations répétitives dues uniquement aux délais de transmission (c'est là une cause fréquente de désorientation dans l'usage académique, à cause de la faiblesse de l'équipement), nous avons pu analyser 1 061 opérations qui correspondent à 17 heures 22 minutes d'activité. Nous n'aborderons ici que les opérations de navigation, qui étaient enregistrées sur chaque ordinateur.

		Tâche 1	**Tâche 2**	
N∞ total d'opérations				1061
Navigation par mots actifs	HOTW	49 %	48 %	49 %
Navigation par la carte	MAP	21.5 %	19.5 %	20 %
Retour arrière	BACK	18 %	5 %	14 %
Page suivante	NEXT	1 %	1 %	1 %
Taper une URL et appuyer sur OPEN	OPEN	1 %	1 %	1 %
Retour à HOME	HOME	1 %	7 %	3.5 %
Divers				11.5 %
Revisites		53 %	55 %	54 %

Comme prévu, le taux des revisites est élevé. Le recours à la carte est aussi très important (une moyenne de 20 % en comparaison de « retour arrière » qui est de l'ordre de 14 %). Parce que la carte NESTOR ne représente que les sous-espaces déjà visités et parce qu'à la différence de « retour arrière », elle permet un accès direct à un document déjà visité, on est en droit de penser que les lycéens étaient conscients de revisiter des sites dans plus de 20 % des cas. Nous avons donc des instances de lycéens, revisitant le même site et les mêmes documents plusieurs fois, cherchant des informations qu'ils ne trouvaient pas, bien que par ailleurs ils savaient que ces informations étaient présentes sur le site.

Au cours des entretiens qui ont eu lieu après l'utilisation du navigateur, les lycéens ont exprimé leur difficulté à se retrouver dans l'information telle que présentée sur le Web. En analysant les traces de chaque sujet, nous avons pu constater qu'une grande partie des revisites sont des reprises de routes déjà suivies, avec beaucoup d'aller et retour. Bien que les lycéens n'étaient pas en mesure de faire une telle distinction, nous pensons que nous pouvons faire l'hypothèse qu'il s'agit de désorientation conceptuelle, à ne pas confondre avec la désorientation pratique dans la navigation (notamment avec des navigateurs sans carte) dans des corpus hypermédia fermés (et donc modérés).

En effet, les lycéens ont remarquablement utilisé les adresses qui leur étaient fournies. Ils n'ont eu aucune difficulté à accéder aux sites qu'ils visaient. Les problèmes constatés, – revisites, information non trouvée, répétitions – sont liés à leur difficulté à reconnaître dans un autre contexte que celui de l'école, dans un vocabulaire différent, les informations qu'ils cherchaient. Même lorsqu'ils connaissaient par ailleurs les réponses aux questions posées, le problème se posait de repérer cette information telle que présentée sur des sites WEB. C'est pourquoi nous faisons l'hypothèse que c'est dans une meilleure compréhension des opérations cognitives nécessaires à la recherche d'information, et à l'identification de l'information trouvée, que peut se continuer la mise au point d'outils d'aides à la navigation.

Pour les lycéens, cette expérience fut vécue comme assez bonne, avec la découverte d'un outil nouveau, mais avec une tâche difficile pour certains et des temps de réponse du système beaucoup trop longs. Plus de 80 % estiment avoir pu accomplir le travail prévu, 63 % ont préféré travailler avec Nestor, principalement à cause de la carte graphique visualisant les sites déjà visités; ils ont utilisé la carte pour revenir sur les sites déjà explorés. Une moitié des lycéens a été intéressée d'abord par la navigation et l'autre moitié par la recherche d'information. Outre la difficulté de la tâche (informations à trouver), pour certains lycéens le plus difficile a été l'utilisation même de Netscape, et certaines opérations comme enregistrer leur recherche, récupérer un tableau ou une image. A la fin , près de 80 % préféreraient Nestor s'ils avaient à choisir entre Netscape ou Nestor, à cause de la carte graphique. Les autres optent pour Netscape parce qu'il leur est plus familier. Tous estiment avoir eu assez de temps pour faire les tâches demandées. Des améliorations souhaitées pour Nestor sont « une meilleure organisation de la carte », dans le sens d'une gestion automatique des sites revisités plus lisible, « une plus grande précision sur les noms de sites sur la carte », « une meilleure fonctionnalité copier dans le Bag », pour que les informations qui y sont collées ne se modifient au niveau de la forme.

Des expérimentations de l'interaction graphique et de la navigation à partir de cartes personnelles sont en cours, NESTOR étant actuellement utilisé par des groupes d'étudiants de grandes écoles et d'universités, dans le cadre de tâches pédagogiques trimestrielles.

5. Conclusion

Les principaux processus mis en œuvre dans la navigation, au-delà d'une maîtrise des éléments de la navigation elle-même, sont sensiblement les mêmes que ceux pour la compréhension de tout document textuel, visuel ou audiovisuel : des microprocessus de construction du sens des mots, des phrases, des signes iconiques et sonores, des macroprocessus de construction du sens global d'un texte, d'une représentation spatiale ou d'une séquence sonore ou audiovisuelle. Ces processus nécessitent l'activation de connaissances du domaine, de connaissances « rhétoriques », « qui portent sur l'organisation typique des textes, des discours, des images, des films », et des connaissances « stratégiques » qui portent sur « la régulation de l'activité de compréhension en fonction des objectifs et des informations rencontrées. » [ROU 97]. Les problèmes apparus au cours des tâches ci-dessus relèvent de cette connaissance stratégique. Pour s'orienter dans un univers d'informations hétérogènes, il devient nécessaire de mettre en œuvre des processus de « meta catégorisation » c'est-à-dire de piloter le choix des catégories à partir lesquelles on interagit avec l'information recherchée et trouvée. Sur le Web, le peu d'informations contextuelles et situationelles disponibles nécessite une plus grande activité meta-cognitive de repérage des catégories dans la lecture et la compréhension de l'information.

Comme nous l'avons déjà souligné, le Web est un espace d'information ouvert, évolutif, hétérogène et non-modéré. Du point de vue de la navigation, il cumule ainsi des difficultés – que nous qualifierons de « pratiques » – propres à tout cheminement dans un large système hypermédia, avec les difficultés plus « conceptuelles » liées au repérage et au cheminement à travers des sources d'information hétérogènes. C'est-à-dire des informations dont le contexte de production ou la visée sont difficiles à connaître ou à reconnaître. Dans toutes ces opérations nous espérons tirer profit – pour améliorer la conception de NESTOR – de nos collaborations avec des étudiants et des enseignants qui auront développé une pratique des « cartes interactives » pour la recherche sur le Web, en situation réelle :

c'est-à-dire dans leur institution, dans leur cursus, avec une production finale évaluée par leurs professeurs. Nous pensons que l'interaction avec des pratiques – générée en quelque sorte par le prototype logiciel – est la condition pour la mise au point d'un véritable navigateur innovant.

Remerciements

Nous tenons à remercier Mr Jean Bertheas (Lycée Fauriel à St Etienne) et Mme Nicole Charra (Lycée de St Just) et leurs élèves pour leur patience et leur collaboration enthousiaste et précieuse.

6. Bibliographie

[ABR 98] ABRAMS D., BAECKER R. & CHIGNELL M., « Information Archiving with Bookmarks: Personal Web Space Construction and Organisation », *CHI '98*, Los Angeles.

[AND 98] ANDRIEU O., *Trouver l'info sur Internet,* Paris, Editions Eyrolle, 1998.

[BAL 96] BALPE J.-P., LELU A., PAPY F. & SALEH I., *Techniques avancées pour l'hypertexte*, Paris, Editions Hermès, 1998.

[BAR 93] BARKER P., « Exploring Hypermedia », Manuscript, Interactive Research Group University of Teesside, Cleveland, TS 13 BA, UK, 1993.

[BEL 97] BELISLE C., ZEILIGER R. & CERRATTO T., « Integrated Cognitive Engineering at the Interface: A Tool Mediation Perspective », in *Proceedings of the Second Internatinal Cognitive Technology Conference (CT'97),* edited by J.P. MARSCH, C.L. NEHANIV & B. GORAYSKA, Tokyo, IEEE Computer Society, 1997.

[CAR 96] CARD S. K., ROBERTSON G . G., York W., « The WebBook and the Web Forager: An Information Workspace for the World-Wide-Web », *in Proceedings of the CHI'96 Conference, ACM Press*, 1996.

[CAT 95] CATLEDGE & PITKOW, « Characterizing Browsing Strategies in the World-Wide Web », in *Computer Networks and ISDN Systems*, n° 27, pp. 1065-1073, 1995.

[CAS 96] CASTELLI C., COLASSO L. & MOLINARI A., « Getting lost in Hyperspace: Lessons Learned and Future Directions », in *ED-MEDIA 96/ED-TELECOM 96*, 1996.

[CHA 96] CHATELAIN J.M., « Du Parnasse à L'Amérique : l'imaginaire de l'encyclopédie à la Renaissance et à l'Age classique », in *Tous les savoirs du Monde, Encyclopédies et bibliothèques*, de Sumer au 21ème siècle, Paris, BNF/Flammarion, 1996.

[DIL 90] DILLON A., MCKNIGHT C. & RICHARDSON M., « Navigation in Hypertexte: A Critical Review of the Concept », *Interact '90*, IFIP, Elsivier Publisher, 1990.

[HAR 98] HARPER R., « Information that Counts : Sociology, Ethnography and Work at the International Monetary Fund », in *Proceedings of Workshop on Personalised and Social Navigation in Information Space*, HOOK, MUNRO, BENYON eds., SICS Technical Report T98: 02, Kista, Sweden, 1998.

[LER 97] LE ROUZIC Daniel, *Introduire Internet dans ses pratiques pédagogiques,* Paris, Bertrand-Lacoste, 1997.

[POU 98] POUTS-LAJUS S. & RICHE-MAGNIER M., *L'école à l'heure d'Internet. Les enjeux du multimédia dans l'éducation,* Paris, Nathan, 1998.

[RAB 95] RABARDEL P., *Les Hommes et les Technologies : approche cognitive des instruments contemporains*, Paris, A.Colin, 1995.

[ROU 97] ROUET J.-F., « Le lecteur face à l'hypertexte », in *Apprendre avec le multimédia Où en est-on?*, sous la direction de GRIMONT A., Paris, Ed. Retz, 1997

[ROU 98] ROUET J.-F. & TRICOT A., « Chercher de l'information dans un hypertexte : vers un modèle des processus cognitifs », in *Les hypermédias, Approches cognitives et ergonomiques*, sous la direction de TRICOT A. & ROUET J.-F., Paris, Editions Hermès, 1998.

[SAN 97] SANDHOLTZ JUDITH H., RINGSTAFF C. & DWYER D.C., *La classe branchée, Enseigner à l'ère des technologies*, Paris, CNDP, titre original : *Teaching with Technology: Creating Student-Centered Classrooms*, Teachers College Press, 1997.

[SOU 96] SOUZA A.,P., DIAS P., « Analysis of Hypermedia Browsing Processes in Order to Reduce Disorientation », in *Proceedings of ED-MEDIA'96 Conference*, AACE, 1996.

[TRI 93] TRICOT A., « Stratégies de navigation et stratégies d'apprentissage : pour l'approche expérimentale d'un problème cognitif », in *Hypermédias et Apprentissages*, BARON G.-L., Baud... J. & DE LA PASSARDIERE B., *Actes des deuxièmes journées scientifiques*, Lille, EPI/CUEEP/INRP, 1993.

[TRI 98] TRICOT A. & ROUET J.-F. (sous la direction de), *Les hypermédias, approches cognitives et ergonomiques*, Paris, Editions Hermès, 1998.

[ZEI 98] ZEILIGER R., « Supporting Constructive Navigation of Web Space », *Workshop on Personalised and Social Navigation in Information Space*, HOOK K., BENYON D., MUNRO A. eds., Stockholm, Sweden, 16th-17th March 98.

[ZEI 97] ZEILIGER R., REGGERS T., BALDEWYNS L., JANS V., « Facilitating Web Navigation: Integrated Tools for Active and Cooperative Learners », in *Proceedings of the 5th International Conference on Computers in Education*, ICCE'97, Kuching, Sarawak, Malaysia, December 97.

Vérification sémantique de liens hypertextes avec LSA

Philippe Dessus

Laboratoire des sciences de l'éducation,
Bât SHM, 1251 av. Centrale, BP 47,
Université Pierre-Mendès-France
38040 GRENOBLE CEDEX
Philippe.Dessus@upmf-grenoble.fr

RESUME. *L'objet de cet article est de vérifier si une méthode d'analyse factorielle multidimensionnelle issue de la recherche automatique de documents prédit de manière adéquate les liens hypertextes de deux types de bases textuelles sur l'astronomie : un dictionnaire encyclopédique et un ensemble de cours sur Internet. Notre première étude a montré que la relation de proximité sémantique entre deux termes (une entrée et une cible) liés hypertextuellement dans le dictionnaire croît avec la typicalité de l'entrée. A un niveau plus général, LSA prédit correctement l'ordonnance de documents* WWW *formant un cours. Il pourrait donc être utilisé à cette fin dans un logiciel générant des documents didactiques qui reste à implémenter. L'avantage de LSA est qu'il ne requiert pas, comme la plupart des systèmes issus de la recherche documentaire, d'index « manuel » dont la qualité est trop dépendante de la personne qui le construit.*

ABSTRACT. *The purpose of this paper is to test whether LSA, a factorial analysis IR method, predicts hypertext links of two text corpora. Two documents were used: a hypertext dictionary and an Internet course, both in astronomy. A first study shows that given two linked terms (an entry and its target), the more the entry is typical, the more both terms are semantically close. In a second study we show that LSA predicts the WWW course structure. LSA does not require complex human pre-processing and could be used to automatically create hypertext courses.*

MOTS-CLES : *Génération automatique de liens, LSA (Latent Semantic Analysis), recherche automatique de documents, documents* WWW, *encyclopédie sur* CD-ROM.

KEY WORDS: *Automatic Hypertext Links Processing, LSA (Latent Semantic Analysis), Information Retrieval, Web documents,* CD-ROM *Encyclopedia.*

1. Introduction

L'objet de cet article est de vérifier si une méthode d'analyse factorielle multidimensionnelle issue de la recherche automatique de documents prédit de manière adéquate les liens hypertextes de deux types de bases textuelles sur l'astronomie : un dictionnaire encyclopédique et un ensemble de cours sur Internet. LSA (*Latent Semantic Analysis*), le modèle utilisé ici, rend compte assez fidèlement de l'apprentissage et de l'utilisation du langage humain, pour peu qu'on lui ait fait traiter, au préalable, de grands *corpora* [LAN 97]. Il a également été testé avec succès dans l'évaluation de la cohérence textuelle [FOL 98]. Pour ces raisons, nous allons ici tester ses capacités pour révéler la nature sémantique de liens hypertextes dans de grands *corpora* textuels, en vérifiant les relations de synonymie entre deux termes liés hypertextuellement (une entrée et une cible), ainsi que la grandeur de l'effet de l'introduction d'un document de cours dans une base textuelle du même domaine. Si notre test s'avère concluant, LSA pourrait être utilisé comme aide à la génération de liens hypertextes ou à l'ordonnance de documents de cours, sans requérir préalablement de formalisation sémantique du domaine de la part du concepteur.

On peut distinguer trois approches visant à hypertextualiser automatiquement un document [BAL 96] :

– *l'approche structurelle* qui permet une conversion automatique de textes en hypertexte, une fois que la structure du document a été définie par l'auteur [WEN 96]. Si la navigation dans un ensemble de liens hypertextes induit une charge mentale importante pour le lecteur [EDW 89], il en est de même pour l'auteur à propos de la conception de ces liens [1]. La conversion de plus larges *corpora* de textes devient donc encore plus longue et problématique [2] ;

– *l'approche linguistique* qui permet, à l'aide d'une indexation préalable (au niveau syntaxique), de proposer des mots-clés que le lecteur pourra suivre ;

– *l'approche statistique* où l'on construit, par analyse factorielle, un espace vectoriel multidimensionnel où les documents et/ou termes sont représentés d'après leurs co-occurrences. Des requêtes [CUN 97] ou des cartes [CHE 97] permettent à l'utilisateur de se repérer au sein de cet espace vectoriel et de récupérer les documents correspondants.

L'approche que nous allons développer ici est de type statistique, car LSA manipule un espace vectoriel multidimensionnel, sur lequel il réalise une forme d'analyse factorielle. La différence avec les autres modèles présentés plus haut est

1. Par exemple, HEFTI [CHI 91] demande une journée pour convertir un livre de 400 pages sous forme hypertextuelle.

2. Balpe *et al.* [BAL 96] donnent quelques raisons à cela : les *corpora* et index sont volumineux, les données sont « diluées », c'est-à-dire que chaque unité-document n'utilise qu'une très faible proportion du vocabulaire et sont de type *pick-any*, c'est-à-dire que le choix des termes descripteurs pour l'indexation dépend fortement de la personne qui la réalise.

qu'il réalise sur les données textuelles un mécanisme inductif qui rapproche sémantiquement des termes co-occurrents, ou des termes proches de termes co-occurrents. Ainsi, aucune connaissance du domaine, formalisée par un humain, n'est nécessaire au préalable (par exemple des *thesauri*). Après avoir décrit plus en détail le modèle de LSA ainsi que quelques-unes de ses validations, nous tenterons de répondre à deux questions : 1) LSA peut-il prédire les liens hypertextes d'un dictionnaire encyclopédique ? ; 2) LSA peut-il prédire l'ordonnance d'une série de documents WWW séquentiels ?

2. LSA, une méthode d'analyse factorielle multidimensionnelle

2.1. *Description du modèle*

LSA [3], pour *latent semantic analysis* (analyse sémantique latente) est un modèle statistique, fondé sur un type d'analyse factorielle [4], permettant d'analyser la proximité sémantique à l'intérieur d'un grand ensemble d'unités d'informations textuelles. Initialement, LSA a été conçu pour améliorer l'efficacité de l'interrogation de systèmes documentaires informatisés, la plupart du temps fondés sur un appariement lexical plutôt que sémantique. Le modèle de LSA suppose que, étant donné plusieurs « contextes » (unités d'information textuelle, soit phrases, paragraphes, discours...), il existe une *structure latente* dans l'utilisation des mots communs à ces contextes et qu'une analyse statistique permet de mettre en évidence cette structure. Le modèle de LSA pose que la similarité sémantique de deux mots est liée à la probabilité que deux mots se retrouvent dans le même contexte, ou dans deux contextes différents dans lesquels apparaissent des mêmes mots.

---

3. LSA est écrit en langage C et fonctionne sur une station de travail Unix, il est déposé en 1990 par *Bell Communications Research Inc.* Le lecteur trouvera, sur le site Internet http://lsa.colorado.edu un grand nombre d'informations sur LSA par leurs auteurs, ainsi qu'une version de LSA interrogeable à distance.

4. Nous évitons délibérément la description mathématique du modèle utilisé par LSA. Brièvement, voici comment le logiciel traite les données. A partir de la table de contigence rassemblant les occurrences, par document, des mots apparaissant au moins deux fois, LSA réalise une décomposition aux valeurs singulières de cette matrice, puis « filtre » les cent dimensions les plus significatives. Chaque mot et résumé se trouve représenté par un vecteur dans cet espace. Pour plus de précisions, on se reportera à Landauer et Dumais [LAN 97] ou à Deerwester *et al.* [DEE 90].

En d'autres termes, LSA tient compte des différents contextes dans lesquels apparaissent les mots[5] et il considère aussi comme proches deux mots n'apparaissant jamais dans le même contexte, mais dont les contextes respectifs contiennent des mots similaires. LSA permet deux types de calculs : celui de la *centralité sémantique* globale de termes, un terme étant d'autant plus central, donc typique, au sein du corpus qu'il est souvent associé à d'autres termes de ce corpus ; le calcul de la *proximité sémantique* entre deux termes (ou un terme et un contexte, deux contextes) donne un indice d'autant plus élevé que ces deux entités sont de sens voisin ou bien ont été fréquemment associées [6]. Décrivons plus précisément quelques études validant les performances de LSA.

2.2. *Revue de quelques validations de LSA*

De nombreux travaux ont été réalisés pour tester la validité de LSA, on se reportera à Landauer et Dumais [LAN 97] pour une vue complète. Exposons quelques résultats en rapport avec notre travail. Dumais [DUM 91] teste LSA avec de larges bases de données (médicale, d'aéronautique, de magazine). On peut recueillir, à partir de requêtes dans chaque base, les documents ayant une similarité maximale avec chaque requête. Les résultats montrent que les documents recueillis par LSA sont 20 % plus pertinents que ceux recueillis par une traditionnelle requête par mots-clés. Landauer *et al.* [LAN 93] ont incorporé LSI – *latent semantic indexing*, une version antérieure de LSA dédiée à la recherche automatique de documents – à *SuperBook*, un logiciel hypertexte de navigation dans de larges bases de données textuelles ou imagées (manuels, romans). Une comparaison de recherches sur document papier *vs* LSI montre qu'avec ce dernier, les recherches sont significativement plus précises lorsque la requête ne mentionne que des mots présents dans le corps du texte ou qu'elle est formulée avec des synonymes ; les performances sont en revanche similaires lorsque la requête contient des mots présents dans les titres du texte. Ces deux études, même si elles font intervenir LSA comme moteur de recherche par mots-clés, montrent que LSA pourrait être également utilisé pour générer des liens hypertextes, les termes recueillis par les requêtes étant sémantiquement pertinents.

Deux autres études, l'une sur la mesure de la cohérence textuelle et l'autre sur les hypertextes nous incitent à penser cela. Foltz *et al.* [FOL 93] cités par Foltz

---

5. LSA ne tient en revanche pas compte de la syntaxe, c'est-à-dire de l'ordre dans lequel sont écrits les mots.

6. Ainsi, deux termes ayant une forte proximité sémantique d'après LSA ne sont pas forcément des synonymes, mais peuvent être des termes souvent associés. Ce problème apparaît notamment lorsque la base textuelle traitée par LSA est trop peu importante.

[FOL 96], afin de mesurer la cohérence textuelle de productions écrites, ont tout d'abord « entraîné » LSA avec vingt et un articles d'un même thème. Ils ont ensuite pris quatre autres textes du même domaine, dans lesquels ils ont fait varier intentionnellement leur cohérence locale ainsi que leur macrocohérence. Ils ont calculé les proximités sémantiques des phrases de chacun des textes, prises deux à deux, afin d'obtenir une moyenne de chevauchements sémantiques pour chaque texte. Les résultats montrent que cette moyenne croît avec la cohérence attribuée aux textes. Les prédictions de cohérence textuelle calculées par LSA augmentent donc bien dans le sens attendu. Blustein et Webber [BLU 95] vérifient la qualité des liens hypertextes d'un corpus de messages d'un groupe de discussion en comparant la similarité sémantique, calculée par LSI, entre deux documents, au nombre minimal de liens hypertextes qui les séparent. Ils trouvent que la corrélation entre ces deux mesures est élevée ($r = .73$) lorsque les deux documents sont directement liés l'un à l'autre, sans nœud intermédiaire.

Ces résultats montrent que l'on peut, avec LSA, effectuer des requêtes, obtenir une mesure de la cohérence textuelle et vérifier la nature sémantique de liens hypertextes. Ces résultats sont obtenus alors que LSA travaille à partir d'un large ensemble de textes, sans aucune connaissance formalisée au préalable, avec des performances satisfaisantes et parfois même voisines de celles obtenues par des humains. Ces résultats nous incitent à mettre en place deux études, la première vérifie la nature sémantique des liens hypertextes au sein d'un dictionnaire électronique ; la deuxième vérifie l'éventuel lien sémantique entre deux documents d'un cours, en se basant sur les capacités de LSA en termes de calculs de macrocohérence.

3. LSA peut-il prédire les liens hypertextes d'un dictionnaire encyclopédique ?

Il est ici question de vérifier dans quelle mesure LSA peut prédire les liens hypertextes d'un dictionnaire encyclopédique sur l'astronomie. Soit une entrée de ce dictionnaire comportant, dans sa définition, un lien hypertexte vers une autre entrée, nous appelons « cible » un tel lien (voir figure 1). Notre hypothèse est qu'il existe une liaison positive [7] entre la centralité des entrées, calculée par LSA, et la moyenne de proximité entre ces dernières et les cibles figurant dans leur texte de définition. Autrement dit, plus une entrée est typique (centrale) au sein du dictionnaire, moins les termes utilisés pour sa définition et liés hypertextuellement depuis cette dernière entretiendront avec elle des rapports de proximité sémantique ; à l'inverse, les termes atypiques nécessiteront une définition avec des cibles sémantiquement

7. La relation est positive car le score de centralité est inversement proportionnel à la valeur qu'il mesure.

proches. Cette explication renvoie à la théorie de l'information [COO 75] : un message (une définition) délivre d'autant moins d'informations qu'il est plus probable. Ainsi, en ce qui concerne les termes les plus typiques, leurs définitions devront, pour être informantes, renvoyer à des cibles moins probables, donc entretenant une faible proximité sémantique. À l'inverse, les termes moins typiques devront avoir des définitions plus informantes, car ils sont censés être moins connus. Les cibles contenues dans leurs définitions devront donc être sémantiquement proches [8]. Cette hypothèse nous permet de vérifier si les liens hypertextes obéissent à une logique sémantique, selon la centralité des entrées.

absolute luminosity: A measure of the actual rate of energy output of a star or other celestial object as opposed to the apparent luminosity, which depends on the distance to the object.

apparent luminosity: The luminosity of a star or other astronomical object as it appears to an observer on Earth. The apparent luminosity depends on both the actual energy output of the object and its distance.

luminosity (symbol L): The energy radiated per unit time by a luminous body. See also: magnitude.

Figure 1. *Exemples d'entrées (en gras) et de cibles (en souligné) tirés du Dictionnaire Penguin de l'astronomie (ce n'est pas une copie d'écran)*

Nous avons utilisé la version anglaise électronique du *Dictionnaire Penguin de l'astronomie*[9]fournie avec le logiciel *Redshift* v. 1.2 de *Maris Multimedia* (voir figure 1 ci-dessus pour un extrait). Le corpus a une taille de 1 Mo, 3 000 liens hypertextes, 2 000 entrées. Ce dictionnaire, probablement tiré d'une version sur support papier où les liens hypertextes sont remplacés par des corrélats, peut être

8. A titre d'exemple, on peut vérifier que « *sun* » (terme très central) ne renvoie pas à « star », terme avec lequel il entretient pourtant une grande proximité sémantique.

9. Ainsi, chaque entrée du dictionnaire a été traitée par LSA comme un terme, même si elle comporte plusieurs mots. Par exemple, « *main-sequence-star* » est traité comme « *main-sequence-star* ».

raisonnablement considéré comme ayant des liens hypertextes vérifiés et valides sémantiquement. Ainsi, il nous importe de vérifier si LSA peut les prédire.

Voici la procédure suivie pour cela :

– nous avons traité le dictionnaire avec LSA et récupéré arbitrairement les 2 000 termes les plus centraux (soit environ le tiers des 5 187 termes traités par LSA) ; de ces termes ont été retirés ceux ne faisant pas l'objet d'une entrée du dictionnaire, ce qui laisse 256 entrées parmi les 2 000 termes les plus centraux ;

– nous avons ensuite calculé, pour chacune de ces entrées restantes, la moyenne des proximités sémantiques de ces dernières avec leurs cibles (soit 630 cibles au total, voir tableau 1)[10] .

Entrées les plus centrales (indice de centralité)	Cibles associées (par ordre alphabétique)	Indice de proximité entre entrée et cible calculé par LSA	Moyenne des proximités pour chaque entrée
constellation (0,270)	declination	0,175	0,144
—	right-ascension	0,114	
star (0,294)	main-sequence-star	0,693	0,693
sun (0,298)	aurora	0,067	0,298
—	chromosphere	0,427	
—	corona	0,361	
—	flare	0,348	
—	geomagnetic-storm	0,212	
—	granulation	0,284	
—	photosphere	0,489	
—	prominence	0,346	
—	solar-activity	0,360	
—	spectral-type	0,154	
—	spicules	0,304	
—	sunspot	0,227	

Tableau 1. *Les trois entrées les plus centrales (première colonne), leurs cibles correspondantes et les calculs de proximité effectués. Nous examinons la corrélation entre les indices de centralité (première colonne) et la moyenne des proximités entre chaque entrée et ses cibles (quatrième colonne)*

10. Etant entendu que si toute cible est nécessairement une entrée, la réciproque n'est pas toujours avérée. Nous n'avons pas calculé la proximité des entrées avec les termes associés sans lien hypertexte, de type « voir aussi… ».

Les résultats montrent une liaison significative, bien que très faible, entre la centralité des termes et la moyenne des proximités ($N = 256$; r unilatéral $= 0{,}12$; $p < 0{,}05$). Les indices de centralité des entrées calculés par LSA sont donc faiblement mais significativement liés aux moyennes de proximité des cibles correspondant aux entrées. Ainsi, moins une entrée est centrale au sein du dictionnaire, plus elle a une proximité sémantique importante avec les cibles qui composent sa définition. Ce résultat, conforme à notre hypothèse, permet d'avancer que LSA pourrait être une aide à la vérification de liens hypertextes puisque, selon la centralité des termes, on pourrait calculer la proximité sémantique des cibles adéquates.

Une deuxième étude permet de nous situer à un niveau plus élevé : la macrocohérence, en vérifiant si LSA possède des capacités d'ordonnancement de textes d'un même domaine, pour peu qu'on lui donne une base textuelle sur ce domaine.

4. LSA peut-il prédire l'ordonnance d'une série de documents hypertextes ?

Il est maintenant question de vérifier dans quelle mesure LSA peut prédire l'ordonnance de documents tirés d'un cours d'astronomie [RYD 97]. Ce cours est composé de 43 documents, chacun d'environ 10 000 caractères [11]. Les liens hypertextes entre ces documents sont beaucoup moins nombreux et moins sémantiquement riches que ceux de notre étude précédente ; il s'agit d'une table des matières où chaque item forme un lien vers un document, forme habituelle des documents WWW à deux niveaux de hiérarchie. Un outil d'aide, avec une telle ordonnance, peut toutefois être utile lorsque la base de textes sur laquelle on travaille est importante.

L'idée générale est de mesurer l'impact de l'introduction d'un texte à ordonner, dans un espace vectoriel comprenant les termes du dictionnaire encyclopédique sus-cité (*corpus* initial), sur les centralités de tous les termes traités par LSA. Notre hypothèse est que plus cet impact est important, plus le document introduit est riche sémantiquement, par conséquent, il doit suivre le ou les document(s) dont l'impact a été plus faible. A l'inverse, les documents plus pauvres sémantiquement, donc de faible impact sur le *corpus* initial, seront plutôt placés dans les premiers. Ainsi, nous

---

11. Pour les besoins de l'étude, nous avons n'avons traité que les 3 000 premiers caractères de chaque document, car la taille des documents interagissait fortement avec les variables recueillies. Cette méthode a également été suivie par Foltz dans une étude sur la cohérence textuelle calculée par LSA [FOL 98]. Comme le premier document était d'une taille inférieure à ce seuil, nous ne l'avons pas pris en compte dans nos calculs.

devrions observer une liaison positive entre la variable du rang des documents (de 1 à 43) et la variable « impact » de l'introduction du document au sein du *corpus* initial.

Voici la procédure suivie :

– nous avons construit, avec LSA, l'espace vectoriel initial, à partir du dictionnaire de l'astronomie décrit dans la première étude. Les centralités des termes traités par LSA (soit environ 5 200 termes) sont récupérées ;

– ensuite, nous avons concaténé successivement et indépendamment chaque document du cours au corpus initial et construit avec LSA l'espace vectoriel correspondant. Les centralités des termes traités par LSA lors de ces traitements successifs ont été récupérées [12] ;

– nous avons enfin calculé, pour chaque terme de chaque cours, la différence de ses centralités au sein des deux espaces vectoriels (celui du corpus initial et celui de chaque cours concaténé au corpus initial). On a ainsi, en sommant tous les écarts, une information sur l'impact qu'a chaque document sur la centralité de tous les termes traités par LSA.

	Lambda	**Wave**	**Electro-magnetic**	**Wave-lenght**
Centralité au sein du corpus initial	0,796	0,668	0,502	0,469
Centralité au sein du corpus initial concaténé au document 2	0,829	0,684	0,511	0,474
Ecart de centralité	0,033	0,016	0,009	0,005

Tableau 2. *Les plus grandes évolutions de centralité au sein du document 2. Le calcul effectué ensuite par document est une somme de tous les écarts de centralité (dernière ligne) des 5 200 termes traités par LSA*

Le résultat [13] montre une liaison moyenne entre les deux variables ; rang du document et son « impact » dans le *corpus* initial (ρ unilatéral = .397 ; N = 43 ; p < 0,005). Cette relation, très significative, nous montre que des documents séquentiels de cours entretiennent avec leurs prédécesseurs et leurs successeurs des relations que LSA peut déterminer, ce que Foltz, cité plus haut, avait montré pour d'autres types de documents [FOL 96]. Plus précisément, l'impact de l'introduction

12. Arbitrairement, la centralité d'un terme non pris en compte dans le corpus initial est de 1, soit une centralité minimale.

13. Nous avons converti les sommes en données de rang afin d'utiliser le ρ de Spearman.

d'un document dans une base textuelle du domaine, analysée par LSA est proportionnel au rang de ce document. Tout se passe comme si la force de cet impact rendait compte de la richesse sémantique du document. Concernant l'ordonnance de documents, l'auteur du cours utilisé ici a placé, conformément à notre hypothèse, les documents selon un impact croissant dans le corpus textuel initial. Bien évidemment, d'autres travaux sont nécessaires afin de vérifier ce résultat dans d'autres domaines. Pour le cours considéré, LSA peut être un outil d'aide à son ordonnance, activité difficile dès que le corpus a une taille importante

5. Discussion

Le but de cet article est de vérifier dans quelle mesure LSA est une méthode permettant d'aider à construire des liens hypertextes au sein d'un dictionnaire ou d'un ensemble de documents formant un cours. Nous avons tout d'abord montré une liaison significative, bien que faible, entre la centralité d'entrées et la moyenne des proximités de leurs termes-cibles. Ensuite, à un niveau plus général, LSA prédit correctement l'ordonnance de documents WWW formant un cours. En vérifiant de telles relations, nous avons réalisé un travail descriptif et le passage à un logiciel prescrivant des liens hypertextes ne pourra se faire que prudemment, en disposant d'un modèle adéquat de la qualité des liens. Toutefois, un tel logiciel, qui reste à implémenter, pourrait avoir les fonctionnalités suivantes : vérifier *a priori* ou *a posteriori* la validité sémantique de liens hypertextes ; générer un ordre de lecture d'un ensemble de documents didactiques. Nous avons montré que LSA, même s'il ne peut encore prescrire efficacement des liens hypertextes, est une méthode qui rend assez fidèlement compte de la manière dont des auteurs hypertextualisent des documents. L'avantage de LSA est qu'il ne requiert pas pour ces tâches, d'index « manuel » dont la qualité est trop dépendante de la personne qui le construit.

Remerciements

Nous remercions Erica de Vries, Benoît Lemaire et Pascal Bressoux pour leurs commentaires d'une version antérieure de ce document. Selon la formule, toute erreur et/ou imprécision qui a subsisté nous est totalement imputable.

6. Bibliographie

[BAL 96] BALPE J.-P., LELU A., PAPY F. & SALEH I., *Techniques avancées pour l'hypertexte*, Paris, Editions Hermès, 1996.

[BLU 95] BLUSTEIN J. & WEBBER R. E., « Using LSI to Evaluate the Quality of Hypertext links », M. AGOSTI, J. ALLAN Eds., *In ACM SIGIR IR and Automatic Construction of Hypermedia: a Research Workshop*, 1995.

[CHE 97] CHEN C., « Structuring and Visualising the WWW by Generalised Similarity Analysis », *Proc. Hypertext '97*, Southampton: ACM, 1997.

[CHI 91] CHIGNELL M. H., HORDHAUSEN B., VALDEZ F. & WATERWORTH J. A., « The HEFTI Model of Text to Hypertext Conversion », *Hypermedia*, 3-3, pp. 187-205, 1991.

[COO 75] COOMBS, C. H., DAWES, R. M. & TVERSKY, A. (1975). *Psychologie mathématique, T. 2*. Paris : P.U.F, 1975.

[CUN 97] CUNLIFFE D., TAYLOR C. & TUDHOPE D., « Query-based Navigation in Semantically Indexed Hypermedia », *Proc. Hypertext '97*, Southampton: ACM, 1997.

[DEE 90] DEERWESTER S., DUMAIS S. T., FURNAS G. W., LANDAUER T. K. & HARSHMAN R., « Indexing by Latent Semantic Analysis », *Journal of the American Society for Information Science*, 41-6, 391-407, 1990.

[DUM 91] DUMAIS S. T., « Improving the Retrieval of Information From External Sources », *In Behavior Research Methods, Instruments and Computers*, 23-2, pp. 229-236, 1991.

[EDW 89] EDWARDS D. M. & HARDMAN L., « Lost in Hyperspace: Cognitive Mapping and Navigation in a Hypertext Environment », *In* R. MCALEESE Ed., *Hypertext: Theory into Practice*, Norwood: Ablex, 1989.

[FOL 93] FOLTZ P., KINTSCH W. & LANDAUER T. K., « An Analysis of Textual Coherence Using Latent Semantic Indexing », *Third Annual Conference of the Society for Text and Discourse*, Boulder, 1993.

[FOL 96] FOLTZ P. W., « Latent Semantic Analysis for Text-based Research, *Behavior Research Methods, Instruments and Computers*, 28-2, pp. 197-202, 1996.

[FOL 98] FOLTZ P. W., KINTSCH W. & LANDAUER T. K., « The Measurement of Textual Coherence with Latent Semantic Analysis », *Discourse Processes*, 25-2-3, pp. 285-307, 1998.

[LAN 93] LANDAUER T.,EGAN D., REMDE J., LESK M., LOCHBAUM C. & KETCHUM D., « Enhancing the Usability of Text through Computer Delivery and Formative Evaluation: the SuperBook Project », C. MCKNIGHT, A. DILLON & J. RICHARDSON Eds, *In Hypertext, a psychological perspective*, Chichester: Ellis Horwood, pp. 71-136, 1993.

[LAN 97] LANDAUER T. K. & DUMAIS S. T., « A Solution to Plato's Problem: the Latent Semantic Analysis Theory of Acquisition, Induction and Representation of Knowledge », *Psychological Review*, 104, pp. 211-240, 1997.

[RYD 97] RYDEN B, *Introduction to Stellar, Galactic, and Extragalactic Astronomy,* Colombus: Ohio State University, http://www-astronomy.mps.ohio-state.edu/~ryden/ast162.html, 1997.

[WEN 96] WENTLAND FORTE M., « Outils d'aide à la génération automatique d'hypertextes pédagogiques », E. BRUILLARD, J.-M. BALDNER & G.-L. BARON Eds., *In Hypermédias et apprentissages*, vol. 3, Paris, INRP, pp. 47-56, 1996.

TROISIEME SESSION

Méthodes et démarche hypermédiatique

Quelques métaphores musicales de l'hypertexte

Alain Bonardi* — **Francis Rousseaux****

*Université de Paris IV - Sorbonne
5, impasse du Débarcadère, F-78000 Versailles
alain.bonardi@wanadoo.fr
**Université de Reims
20, rue de Condé, F-75006 Paris
Francis.Rousseaux@lip6.fr

RESUME. *Nous proposons de transposer certaines caractéristiques de l'hypertexte à des formes ouvertes musicales hypermédia, en créant des espaces graphiques au sein desquels l'utilisateur peut s'orienter dans la musique et donc choisir ce qu'il veut écouter, soit selon l'axe du temps (choix du prochain morceau), soit verticalement (choix de l'écoute d'une voix plutôt que d'une autre). Nous montrons qu'il est alors nécessaire d'annoter la musique, et décrivons notre système d'annotation, inspiré du langage GUIDO. Plusieurs réalisations concernant la visualisation de la musique, analytiques ou synthétiques, sont présentées. Elles permettent de nouvelles approches d'écoute pour des auditeurs non musiciens.*

ABSTRACT. *We propose a transposition of some features of hypertext to hypermedia musical open forms, by creating graphical spaces where users are directed inside music, and can therefore choose what they would like to listen to, either according to the temporal axis (choice of the next piece), or vertically (choice of one voice rather than another). We then show that it is necessary to annotate music, and describe our annotation system, inspired from the GUIDO language. Several interfaces dealing with music vizualisation, either analytic or synthetic, are presented. They enable new ways of listening for non-musicians.*

MOTS-CLES : *hypermédia, formes ouvertes, annotation de la musique, métaphores graphiques.*

KEY WORDS: *hypermedia, open forms, music annotation, graphical metaphors.*

1. Introduction

Sur les nouveaux supports informatiques hypermédia, et notamment sur Internet, la musique ne semble pas se saisir des déplacements de pensée, et d'usage, induits par l'invention technologique. S'il est possible de doter les interactions homme/machine d'accompagnement musicaux, ou encore de télécharger des fichiers MIDI et audio, ces approches témoignent d'une conception selon laquelle la musique serait une simple ressource vue sous forme de fichiers dont on connaîtrait seulement le nom. En témoignent la difficulté à s'orienter sur les sites FTP permettant de télécharger des morceaux par milliers classés le plus souvent alphabétiquement ou encore le très faible nombre d'instructions consacrées au son dans le langage Lingo du logiciel Director, pourtant le plus utilisé en conception hypermédia.

Ce n'est donc pas tant l'accumulation des sources musicales, enregistrées de façon de plus en plus réaliste, ainsi que le permet par exemple le spatialisateur de son dans les modules DirectX de Microsoft, qui constitue l'intérêt du support multimédia, mais l'apparition de nouvelles formes d'écriture, de lecture et d'écoute de la musique, selon des modalités originales. C'est en revenant à l'hypertexte, à ses principes et ses conséquences en termes de pensée, que nous pourrons dépasser la simple perspective technologique.

2. Compositions ouvertes

La caractéristique la plus immédiate de la consultation des pages HTML (Hyper Text Markup Language) est la liberté de choix et d'orientation donnée à l'utilisateur, qui peut même mener à une certaine désorientation, par l'absence de sédimentation sémantique [BAC 96]. Une simple transposition de ces possibilités en musique conduit à la nécessité de s'intéresser à des formes ouvertes, c'est-à-dire dont le contenu et l'articulation autorisent des parcours multiples pour l'utilisateur.

Au vingtième siècle ont été qualifiées d'ouvertes des œuvres telles que celles proposées par Boulez (*Troisième Sonate*, 1957), Stockhausen (*Klavierstück XI*, 1956), Boucourechliev (*Archipel IV*, 1964) ou Cage (dans de nombreuses compositions), qui proposent aux interprètes d'effectuer en temps réel des choix entre plusieurs enchaînements possibles. Sans remettre en cause l'intérêt de ces œuvres ni la réussite de certaines d'entre elles, il apparaît que leur principe même a été difficilement compris par le public, à qui il n'était proposé en concert qu'une ou au plus deux exécutions de ces pièces, ce qui ne permettait certainement pas aux auditeurs d'en saisir le potentiel de déploiement virtuel. En fait, ces démarches aboutissaient à une personnalisation de l'œuvre pour l'interprète, comme en témoigne le pianiste Claude Helffer [HEL 74] : « Théoriquement, je devais jouer l'œuvre chaque fois différemment. En fait, je ne le fais pas car je crois qu'il s'établit une certaine correspondance entre ma personnalité et les possibilités de l'œuvre [...]. Petit à petit l'on est amené à enchaîner deux ou trois séquences où vous sentez de façon subjective que cet enchaînement est logique alors qu'un autre ne vous plaît pas. »

Nous nous intéressons dans cet article à la possibilité de créer de nouveaux genres de formes ouvertes, conçues pour des auditeurs non musiciens, grâce aux possibilités de l'informatique multimédia, notamment en étudiant la transposition de principes de l'hypertexte dans un cadre musical.

3. Les deux niveaux de balisage de la musique

On imagine aisément ces nouvelles œuvres ouvertes sous la forme d'environnements regroupant des entités musicales librement atteignables selon des pointeurs. Remarquons toutefois que la mise en œuvre de tels pointeurs n'est pas possible directement sur la musique, mais sur des représentations de la musique.

En effet, la musique est un langage doté d'une syntaxe [BOU 93], mais il ne signifie que lui-même. Or, dans le système de l'hypertexte, les nœuds d'information contiennent parfois des pointeurs textuels, capables de désigner ou de décrire, pour l'utilisateur, dans le contexte où il se trouve et par rapport à la cinématique d'accumulation de sens de son parcours antérieur, d'autres nœuds d'information. Il est clair que les liens hypertextuels sont des liens sémantiques. En revanche, une musique est incapable seule de suggérer *a priori* une autre musique ; elle ne peut à la limite que suggérer sa propre continuation : annonce-t-elle la fin de quelque chose, ou dévoile-t-elle un espace de développement ? On prête ainsi à la « bonne musique » la faculté de toujours nous surprendre, c'est-à-dire de ne se donner qu'*a posteriori*.

Il apparaît donc qu'il est nécessaire d'annoter la musique pour l'ouvrir à une quelconque forme de combinatoire. Toute transposition de l'hypertexte à une forme d'« hypermusique » ne peut être que balisage de balises, et non pas balisage direct du texte musical comme le proposerait HTML sur un texte en langage articulé. Ainsi, il faudra tout d'abord choisir de représenter certaines caractéristiques musicales pour pouvoir ensuite parmi ces caractéristiques établir une sélection articulée signifiante, non pas nécessairement musicalement ni linguistiquement, mais comme ensemble pouvant être traité informatiquement.

4. Que choisir d'annoter ?

4.1. *Diversité des catégories musicales*

Si le principe de l'annotation de la musique est acquis, le choix des catégories musicales qui vont intervenir n'est pas évident. En effet, la musique conjugue structures abstraites *a priori* et réalisation sonore *a posteriori*; cette dyade très classique est souvent reprise telle quelle, figurant une ligne de démarcation entre ce qui serait donné aux musiciens, l'accès à une « loi » que seule permet la connaissance musicale, et ce qui serait donné aux auditeurs, l'accès au résultat sonore, qui n'autorise que le filtrage. Si cette situation est celle qui aujourd'hui caractérise d'une certaine façon le concert de musique classique [LEV 93] dans sa façon d'opposer musiciens et non musiciens, certaines propositions d'interface multimédia conservent cette distinction : ainsi, le Spatialisateur MIDI élaboré par François Pachet et Olivier Delerue [PAC 98] permet-il à l'utilisateur de déplacer sur une scène les instruments et l'auditeur en prenant en compte des contraintes simulant l'intervention d'un ingénieur du son, mais il n'offre pas d'accès aux structures musicales.

Par ailleurs, la musique se donne dans une dialectique entre local et global; elle est toujours, pour le compositeur, comme pour l'interprète ou l'auditeur un compromis temporel entre le goût du raffinement du détail et la satisfaction que procure le tout. Nous aurons donc des catégories de niveau local, par exemple la phrase musicale ; d'autres de niveau global, par exemple, l'articulation formelle de la pièce ; certaines, comme le geste cadentiel dans la musique tonale, servent de fondation aux deux niveaux.

Enfin, il apparaît une dernière distinction entre catégories statiques et catégories dynamiques. Les premières correspondant à des états figés, comme la taille de l'effectif musical ou l'agogique moyenne de la pièce (indiquée par les termes *lent*, *vif*, *presto*, ...) ; les deuxièmes à des changements d'état, à des propriétés temporelles telles qu'une cadence rompue.

4.2. *Définition d'un langage d'annotation*

Nous avons implémenté une extension du langage de notation musicale GUIDO [HOO 98]. Le principal avantage de GUIDO est de permettre la manipulation directe d'agrégations, soit des agrégations temporellles comme les phrases, soit des agrégations verticales comme les accords. Contrairement à d'autres descriptions [MEN 99], GUIDO ne sépare pas la définition des éléments de niveau élémentaire, c'est-à-dire le plus souvent les notes, de celle des entités composites.

Considérons par exemple le tout début des Variations Diabelli pour piano de Beethoven (opus 120) :

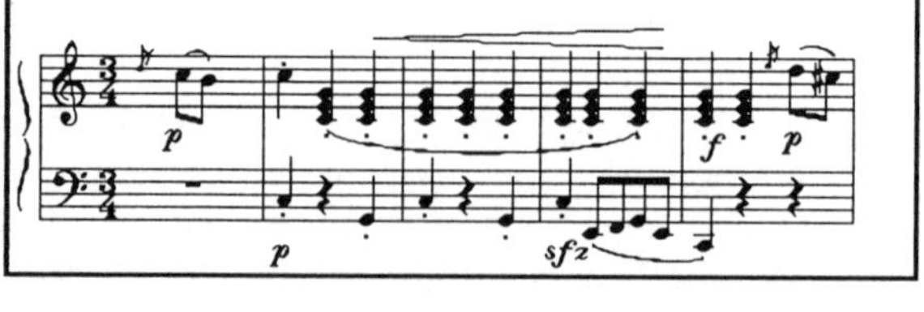

Figure 1. *Le début des Variations Diabelli de Beethoven*

Les principales caractéristiques du langage GUIDO sont :

– les entités jouées successivement, en séquence, sont entourées de crochets : [ ],

– les entités jouées simultanément sont entourées d'accolades : { },

– les notes sont codées selon la notation anglo-saxonne (les silences sont représentés par le caractère _),

– les durées sont indiquées par un ratio avec les unités usuelles,

– les informations de durée et d'octaviation sont implicites : C1/4 D E indique de jouer trois noires do, ré, mi dans la même octave,

– des « tags » (par exemple \staff) indiquent différents niveaux d'information.

En appliquant ces règles, l'extrait ci-dessus de Beethoven est codé comme suit :

{[\staff<1> \slur<D2/16 C B1/8> C2/4 \slur<{C1 E G} {C E G} etc. >] [\staff<2> _/4 C0 _ G-1 C0 _ G-1 C0 \slur <E-1/8 F G E C/4>]}

5. Multimédia et intention de l'utilisateur

L'informatique multimédia explore des interfaces homme-machine de plus en plus sophistiquées dans l'idée de détourer au plus près l'intention de l'utilisateur. Dans le cadre qui nous intéresse, comment qualifier cette intention, que cherche un auditeur mélomane plein de curiosité et qui ne veut pas rester « passif » face à la musique ?

Nous postulons que son intention repose sur trois aspirations non indépendantes :

– une envie ludique, de « jouer » avec les entités musicales proposées, et de les associer,

– une envie de création, d'expérimentation créative, motivée par une forme de désir d'invention musicale,

– une envie de connaissance de la musique, satisfaite aussi bien par la mise à disposition d'exégèses (par exemple une présentation commentée de l'œuvre et de son compositeur) que par des propositions de nouvelles expériences esthétiques (par exemple par le rapprochement original de la musique et du graphisme).

Nous souhaitons que l'utilisateur/auditeur investisse de sens la configuration musicale ouverte et polysémique que nous lui proposons. Il est toutefois impossible de livrer à l'utilisateur l'espace musical pré-balisé par des annotations tel quel. Considérons par exemple un pré-balisage simple consistant à marquer les phrases énoncées par les instruments ; remarquons tout d'abord que la catégorie de phrase, qui paraît indispensable à tout musicien, et qui est indiquée dans toute partition au format papier, n'est pas codée dans les deux représentations informatiques les plus utilisées : les fichiers MIDI et les fichiers audio. Une fois le marquage effectué, l'utilisateur pourrait disposer de nœuds qui seraient une liste de phrases musicales liées selon une combinatoire : certaines phrases pointeraient sur d'autres, créant ainsi des possibilités d'enchaînement dans le temps.

Il est clair que cette approche laisserait à l'écart les auditeurs non musiciens et n'aurait pas de sens pour eux. Il convient donc d'effectuer un deuxième balisage de cet espace de structures ; c'est à ce niveau que nous faisons intervenir certaines métaphores graphiques ayant les caractéristiques suivantes :

– ces métaphores ne sont pas nécessairement descriptives des structures musicales extraites, ou lisibles comme telles par l'auditeur,

– ces métaphores ne sont pas fondées sur un modèle de la perception et de l'intention de l'auditeur,

– ces métaphores visent une expérience d'écoute originale, rapprochant aspects graphiques et aspects musicaux.

C'est dans ce cadre que nous avons développé deux approches d'interfaces multimédia : l'une, analytique, concerne des métaphores de structures locales, d'une pièce de musique; l'autre, synthétique, vise une représentation macroscopique d'entités musicales.

6. Trois exemples de métaphores graphiques de la musique

6.1. *Premier exemple de représentation analytique de la musique*

Nous avons tout d'abord pensé à des tunnels dans lesquels l'utilisateur circulerait à une vitesse correspondant au tempo de la musique, et qui synthétiseraient un grand nombre de propriétés musicales. Ces couloirs en trois dimensions sont construits selon une bijection entre éléments structurels annotés de la musique, et éléments géométriques :

– le sol de ces couloirs est composé de marches dont la hauteur varie en suivant la ligne de basse du texte musical,

– le plafond comporte des plaques horizontales dont la hauteur varie en suivant la note la plus élevée,

– la largeur des couloirs dépend de la densité verticale du discours, c'est-à-dire du nombre de notes sonnées simultanément à un instant : plus ce nombre est grand, plus l'on sent le spectre occupé, plus le couloir est étroit,

– chaque phrase musicale correspond à un morceau de couloir identifié par une couleur dominante et un rayon de courbure spécifique : ainsi le corridor peut être rectiligne, ou bien tourner à gauche ou à droite plus ou moins fortement,

– l'accès de l'utilisateur à ces couloirs se fait par des portes ouvertes à tous les endroits correspondant à des débuts de phrases.

Pour l'exemple des Variations Diabelli de Beethoven, nous obtenons :

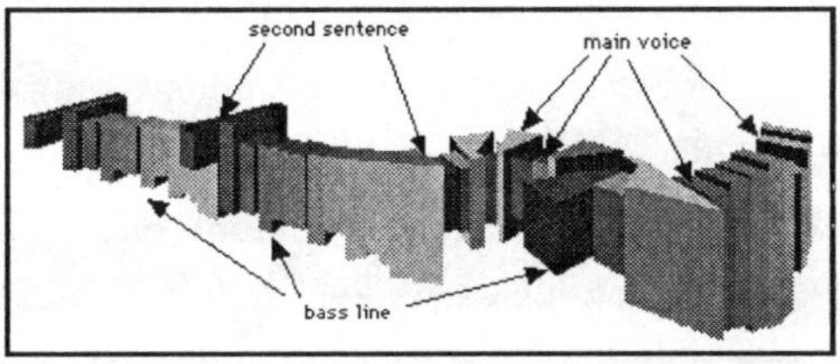

Figure 2. *Tunnel tri-dimensionnel construit sur les Variations Diabelli*

6.2. *Deuxième exemple de représentation analytique de la musique*

Nous nous sommes également intéressés à la visualisation des polyphonies. Considérons par exemple le mouvement lent du Concerto pour piano K.488 de Mozart, dont voici un extrait :

Figure 3. *Extrait du mouvement lent du Concerto K.488 de Mozart*

Nous avons utilisé ici des métaphores de routes ou de toboggans, sur lesquels l'utilisateur « glisse » au tempo de la musique, avec un nombre variable de voix :

– soit avec la mélodie principale et la basse (deux routes) :

Figure 4. *Visualisation d'une mélodie principale avec sa basse*

– soit en séparant la partie de la main gauche en deux voix, comme s'il s'agissait d' une pièce à trois voix (mélodie principale, ligne médium et ligne de basse constituant trois routes) :

Figure 5. *Visualisation de trois lignes musicales*

6.3. *Un exemple de représentation synthétique de la musique*

Après cette mise en perspective des structures de détail d'une pièce musicale, abordons la représentation macroscopique d'entités musicales dans une cinématique ouverte : il s'agit de proposer à l'utilisateur des parcours dans un ensemble de pièces pouvant être écoutées dans plusieurs ordres.

Notre réalisation intitulée « Goldberg Space » met en perspective les Variations Goldberg de Bach (1725), qui ont comme caractéristique principale d'être toutes écrites sur le même schéma harmonique en deux sections : une première partie modulant de sol à ré majeur, une deuxième partie permettant le retour de ré à sol majeur. Malgré un déploiement horizontal très différent d'une variation à l'autre, ainsi l'écriture va de la mélodie accompagnée (comme dans l'aria initiale) à un contrepoint à plusieurs voix, l'auditeur non musicien, tout en appréciant la beauté de chaque pièce, a parfois l'impression d'être perdu en écoutant l'œuvre complète. Pour lui permettre de naviguer au sein de cet ensemble de pièces, nous avons posé un ensemble de spécifications.

– Les trente-deux Variations sont accessibles à l'utilisateur ; elles ont été enregistrées par un instrumentiste, puis les fichiers audio ont été transférés sur un CD-ROM sur lequel figure également le programme informatique permettant la découverte de l'œuvre.

– En l'absence de sollicitation de la part de l'auditeur, les Variations sont jouées dans l'ordre prévu par Bach, l'interface se comportant comme un lecteur de compact-disque.

– Trois paramètres musicaux sont modifiables par l'utilisateur : le nombre de voix de la polyphonie (de 2 à 4 voix), l'indication de mesure (2 temps, 3 temps ou 4 temps), relayée par le mouvement de la battue au centre de l'interface (cf. figure 9), le type de temporalité, codé de 1 à 10, allant d'un temps très « lisse », avec peu d'événements, à un temps très « strié », très haché (cf. figures 6 à 8).

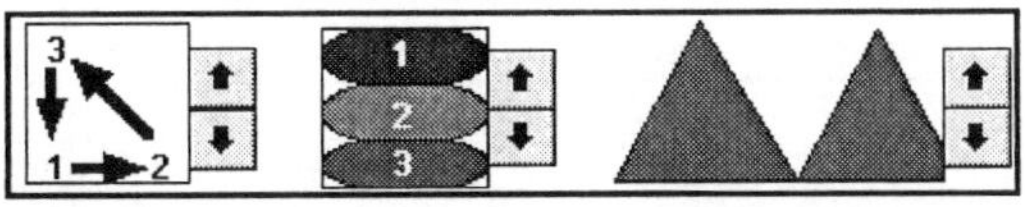

Figures 6, 7, 8 *Sélection de l'indication de mesure, du nombre de voix et de l'agogique*

– La modification de l'un de ces trois paramètres amène le système à proposer à l'auditeur une nouvelle variation parmi celles qui n'ont pas encore été jouées, de telle sorte que les souhaits de l'utilisateur soient pris en compte; s'il existe plusieurs solutions, celle qui est la plus proche de la pièce qui devait suivre est sélectionnée :

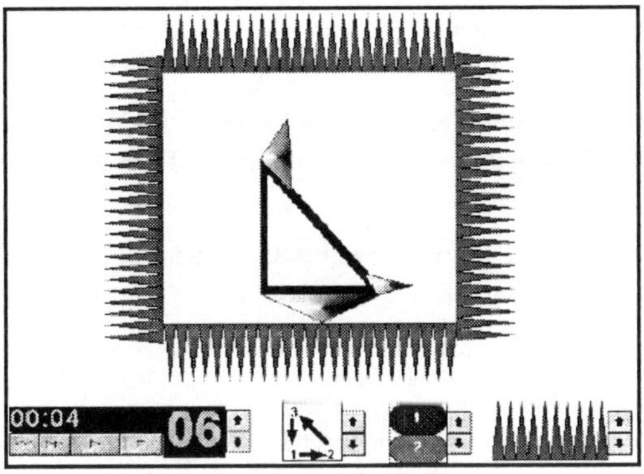

Figure 9. *Accès à la sixième variation, après modification des paramètres*

Au centre de l'écran, dans le rectangle strié, le pendule oscille selon la battue choisie, en amplifiant ce mouvement. Dans l'exemple de la figure 9, la machine a choisi la variation 6, après que l'utilisateur a modifié les valeurs des trois boutons. Les choix de l'auditeur sont analysés et enregistrés par le programme sous la forme d'un graphe orienté valué. Le poids des liens est mis à jour au cours du parcours musical de la manière suivante : soit deux pièces P1 et P2 choisies dans cet ordre par l'utilisateur. On ajoute à la valeur courante du poids du lien P1->P2 la fraction correspondant à la durée d'écoute effective de P2, considérant que le pourcentage d'écoute de P1 est à rattacher au lien précédent (qui a conduit à P1). On a donc :

$$p_{1\to 2} = p_{1\to 2} + \frac{\text{dur e d' coute effective de } P2}{\text{dur e totale de } P2} \qquad [1]$$

Il est ainsi possible, à partir d'une pièce donnée, de laisser l'ordinateur proposer des parcours correspondant aux préférences enregistrées de l'utilisateur.

7. Conclusion

Ces exemples de représentations, analytique ou synthétique, inaugurent une recherche plus vaste sur des métaphores de la musique elles-mêmes conçues dans un schéma de métaphores de l'hypertexte. Ils autorisent de nouvelles conjonctions entre musique et graphisme, et donc de nouvelles expériences d'écoute pour l'auditeur non musicien.

8. Bibliographie

[AUF 99] AUFFRET G., BACHIMONT B., CARRIVE J., CHEVET O., DECHILLY T., RONFARD R., « Audiovisual-based Hypermedia Authoring: Using Structured Representations for Efficient Access to AV Documents », Actes de la 10e Conférence ACM Hypertext'99.

[BAC 96] BACHIMONT B., « L'intelligence artificielle comme écriture dynamique : de la raison graphique à la raison computationnelle », Conférence 1996 de Cerisy la Salle, *Au nom du sens*, à paraître.

[BAL 96] BALPE J.-P., LELU A., PAPY F., SALEH I., *Techniques avancées pour l'hypertexte*, Paris, Editions Hermès, 1996.

[BER 98] BERGSON H., *Essai sur les données immédiates de la conscience*, Paris, Presses Universitaires de France, 1898.

[BON 97] BONARDI A., « Vers un opéra interactif », Mémoire de DEA, formation doctorale Musique et Musicologie du XX° siècle, EHESS/Paris IV Sorbonne, 1997.

[BOU 93] BOUCOURECHLIEV A., *Le langage musical*, Paris, Fayard, 1993.

[CHE 98] CHEMILLIER M., et PACHET F., *Analyse de structures*, In *Recherches et applications en informatique musicale*, Paris, Editions Hermès, 1998.

[ECK 97] ECKEL G., « Exploring Musical Space by Means of Virtual Architecture », *Actes du 8e International Symposium on Electronic Art*, School of the Art Institute of Chicago, 1997.

[ECO 62] ECO U., *L'opera aperta*, Milan, Bompiani, 1962.

[ELL 99] ELLIOTT C., « Modeling Interactive 3D and Multimedia Animation with an Embedded Language », forthcoming in the *IEEE Transactions on Software Engineering* 1999, accessible à l'URL : http://www.research.microsoft.com/~conal/papers/ds19

[HEL 74] HELFFER C. et JAMEUX D., « Forum de la musique contemporaine », In *Musique en Jeu*, n°16, Paris, Seuil, novembre 1974.

[HOO 98] HOOS H., HAMEL K., FLADE K., KILIAN J., « GUIDO Music Notation – Towards an Adequate Representation of Score Level Music », *Actes des Journées d'Informatique Musicale 1998 (JIM 98)*, LMA Publication n°148, Marseille, CNRS.

[LEV 93] LEVI-STRAUSS C., *Regarder, Ecouter, Lire*, Paris, Plon, 1993.

[MEN 99] MENDES, D. (1999), « Knowledge Representation Suitable for Music Analysis », *Actes des Journées d'Informatique Musicale 1999 (JIM 99)*, Publication du CEMAMu, Issy-les-Moulineaux, 1999.

[PAC 98] PACHET F. et DELERUE O., « A constraint-based Temporal Music Spatializer », *Actes de l'ACM Multimedia Conference*, Brighton, 1998.

[POU 97] POUSSEUR H., *Musiques croisées*, Paris, L'Harmattan, 1997.

[WIN 98] WINKLER T., *Composing Interactive Music, Techniques and Ideas Using Max*, Cambridge, Massachusetts, USA, The MIT Press, 1998.

Modèles structurels pour l'analyse de CD-ROMs

Luc Massou

Centre de Recherche sur les Médias
U.F.R. Lettres et Sciences Humaines
Université de Metz
Technopôle Metz 2000
7, rue Marconi
57070 METZ
massou@zeus.univ-metz.fr

RESUME. *Nous proposons une grille d'analyse de CD-ROMs documentaires ou à visée informative à partir de quatorze critères représentatifs des niveaux de structuration des informations. Nous avons identifié quatre niveaux de structuration différents et complémentaires : conceptuel, représentationnel, topologique et navigationnel. Pour chacun d'entre eux, plusieurs éléments d'analyse permettent de définir l'appartenance du CD-ROM analysé à l'un des deux modèles structurels spécifiés. Ces modèles se différencient par des propriétés presque opposées pour chaque critère d'analyse et permettent au final de classer les CD-ROMs en fonction de leurs caractéristiques.*

ABSTRACT. *We propose a model allowing us to analyse documentary and informative CD-ROMs, by isolating fourteen factors which describe different levels in the structure of information. We have identified four levels – different but complementing each other – in that structure: concept, representation, topology, and navigation. Several elements in our analysis allow us to determine – for each level – which of the two specified structural models is more appropriate to describe the CD-ROM. These models differ from each other in their almost opposing properties for each criterion under analysis, and this makes it possible in the end to classify CD-ROMs according to their characteristics.*

MOTS-CLES : *conception multimédia, modèles d'analyse, caractéristiques structurelles.*

KEY WORDS: *multimedia conception and design, models for analysis, structural characteristics.*

1. Introduction

Les critères d'analyse présentés ici sont issus d'une méthode d'analyse plus complète dont nous avons extrait les éléments les plus représentatifs. Les deux modèles proposés et détaillés dans chaque critère proviennent de l'analyse d'un panel de CD-ROMs documentaires grand public édités entre 1991 et 1997. La méthodologie employée a donc consisté à dégager de tels modèles non pas en fonction d'une méthode de conception de produits multimédia sur CD-ROM mais à partir de l'analyse formelle de CD-ROMs déjà réalisés. En effet, nous considérons que la production multimédia, passée et actuelle, présente déjà suffisamment d'éléments d'« écriture multimédia » (nous utilisons ce terme avec prudence) pour justifier une telle approche. Il nous semble utile de relever et formaliser ces éléments, sans pour autant adopter une démarche critique et normative sur la conception multimédia. C'est ainsi qu'après un premier bilan de ces analyses, la possibilité de dégager deux modèles suffisamment significatifs s'est avérée intéressante.

Nous utilisons le terme de « modèle » en tant qu'ensemble de concepts et de figures qui se dégagent de façon récurrente (et parfois ponctuelle) de la structuration des informations dans le CD-ROM. Nous ne sommes donc pas dans une logique de modèle informatique ni dans un rapport d'analogie entre représentant et représenté. Insistons aussi sur la notion de « structure » que nous considérons comme centrale dans notre approche. Une structure, selon le linguiste Corneille [COR 76], est une organisation relationnelle immanente au système sous-jacent. Notre objectif est bien d'extraire ces relations entre données, et de relever celles qui pourraient avoir un effet structurant ou destructurant sur le système global.

Pour clarifier notre démarche d'analyse et faire émerger la complexité de la structure dans un CD-ROM documentaire, nous avons défini quatre niveaux de structuration des informations, que l'on peut aisément comparer aux modèles proposés par les méthodologies de conception de documents hypermédias comme Hypertext Design Model [GAR 93]. Cette dernière décompose la structure d'un hypermédia de la façon suivante : un modèle des données, un modèle de la navigation, un modèle de la présentation et un modèle de l'interaction. Selon nous, un niveau supplémentaire est à ajouter, celui de la représentation, lié à l'usage des différentes sources documentaires dans le CD-ROM, et le niveau de l'interaction ne nous semble pas isolable en tant que tel. L'interaction intervient à tous les niveaux, excepté le niveau des données. Nous utiliserons alors le terme d'« interactivité » au sens d'« interactivité de commande » tel que l'a défini Jean-Louis Weissberg [WEI 89], terme le plus approprié à notre corpus.

2. Niveau 1 : la structuration conceptuelle

Ce premier niveau correspond à l'analyse de la structure thématique du CD-ROM, en essayant de dégager les différentes parties proposées, leur organisation propre et leurs inter-relations.

2.1. *Critère 1.1 : l'aspectualisation*

Nous faisons ici l'emprunt d'une notion définie par le linguiste Jean-Michel Adam [ADA 92] lorsqu'il caractérise les textes descriptifs (qui sont les plus proches des contenus que nous analysons ici). L'aspectualisation correspond au découpage d'un thème-titre en n parties exposant les divers aspects de la chose. Elle procède donc par division et par classement. Dans un CD-ROM documentaire, il s'agira ainsi d'identifier le découpage thématique général et de l'organiser selon différents niveaux : parties de niveau 1, sous-parties de niveau 2, sous-parties de niveau 3, etc. On obtient ainsi une forme plus ou moins complexe d'arborescence générale du contenu. Le terme d'« arborescence » ne nous semble pas ici problématique, car il s'adapte bien à la représentation de l'organisation thématique.

Les critères retenus sont basés sur trois facteurs principaux : la quantité de subdivisions à un même niveau d'arborescence, le nombre d'écrans pour une subdivision donnée et la présence ou absence d'un niveau d'aspectualisation supplémentaire.

2.1.1. *Modèle structurel 1*

L'organisation entre niveaux de l'aspectualisation s'avère fréquemment irrégulière : la quantité de parties, de subdivisions ainsi que le nombre d'écrans à un même niveau varient. Cette aspectualisation irrégulière est généralisée, ou intervient plus ponctuellement sur certains CD-ROMs.

2.1.2. *Modèle structurel 2*

L'organisation thématique est développée de façon régulière au sein de chaque partie principale du CD-ROM. Deux cas particuliers se dégagent : l'aspectualisation est homogène, avec une taille équivalente des parties de premier niveau, ou hétérogène, avec l'émergence d'une ou deux parties centrales, entourée de parties périphériques moins développées.

2.2. *Critère 1.2 : la cohérence isotopique*

L'isotopie a été définie par Greimas [GRE 76] comme l'idée d'une « totalité de significations » postulée à un message ou un texte entier constitué d'un ensemble hiérarchique de significations. Il s'agit d'une « homogénéité d'un niveau donné des signifiés », ensemble redondant de catégories sémantiques qui assure la cohésion d'un texte. Lorsque l'on analyse les différentes thématiques abordées dans un CD-ROM, on peut identifier des isotopies plus ou moins dominantes, en isoler certaines et dégager une logique d'ensemble.

2.2.1. *Modèle structurel 1*

La cohérence isotopique est moyenne ou faible : le CD-ROM aborde des aspects très différents sur un thème donné, lui-même assez large. Les rapports entre parties semblent donc assez lointains. Une faible cohésion d'ensemble se dégage.

2.2.2. *Modèle structurel 2*

La cohérence isotopique est forte : le CD-ROM présente très nettement des catégories thématiques majeures et aborde éventuellement quelques thématiques plus mineures, dont l'importance ne perturbe pas la cohésion globale.

2.3. *Critère 1.3 : la hiérarchisation*

Pour définir plus en détail les relations qu'entretiennent les différents thèmes entre eux, on peut s'appuyer sur les différentes formes de hiérarchisation des données proposées par Roger Laufer et Domenico Scavetta [LAU 92] : liens de subdivision, de subséquence, de subjacence et de subordination. Ces liens peuvent se généraliser dans certaines parties du CD-ROM comme ils peuvent n'être présents que localement.

2.3.1. *Modèle structurel 1*

Les rapports de subdivision et de subséquence dominent, tendant parfois à se généraliser. Les cas les plus fréquents sont le découpage thématique par synecdoque particularisante (c'est-à-dire le passage du tout vers la partie), la classification par genres ou par époques, et la succession d'étapes d'un processus. A chaque fois, la hiérarchisation se borne à présenter une organisation sommaire et globale des données, sans apporter de signification plus précise à leurs différentes relations.

2.3.2. *Modèle structurel 2*

Les rapports de subjacence et de subordination apparaissent fréquemment sans se généraliser. En effet, à la différence des précédents, ces types de rapports ne s'imposent pas sur l'ensemble d'une structure, ils n'interviennent que localement mais de façon régulière, en complément des rapports de subdivision le plus souvent. Ils ont pour effet de créer une relation fortement signifiante entre deux unités de sens, et apparaissent généralement dans les discours explicatifs ou argumentatifs.

2.4. *Critère 1.4 : la modularité*

Une des conséquences directes de la hiérarchisation, locale ou étendue, des données thématiques est de créer des modules informationnels plus ou moins indépendants les uns des autres. L'étude de la modularité consiste à évaluer ce degré d'indépendance des données les unes par rapport aux autres. Comme pour le critère précédent, elle peut varier d'une partie à l'autre d'un même CD-ROM, mais on peut toutefois définir une dominante.

2.4.1. *Modèle structurel 1*

La modularité est moyenne ou faible, car les écrans et thèmes se suivent, se complètent, s'associent ou se réunissent (rapports de succession, de complétude, de correspondance ou d'appartenance). On est ici dans une logique de fonctionnement propre au syntagme, où l'organisation des informations incite à une lecture vectorisée.

2.4.2. *Modèle structurel 2*

La modularité est forte, car les écrans et les thèmes sont relativement autonomes, le CD-ROM fonctionnant comme un vaste ensemble de fiches structurées de la même manière. On fonctionne ici dans une logique de paradigme, où le lecteur fait un choix, le plus souvent dans une liste basée sur un classement sommaire. L'accès aux modules est individuel et n'implique pas la consultation d'un ensemble plus important.

3. Niveau 2 : la structuration représentationnelle

Il s'agit ici de classer les sources documentaires employées dans le CD-ROM selon différents critères. Pour ce niveau de structuration, l'analyse est plus axée sur le repérage de dominantes ou de variantes dans l'usage des différents médias que sur les relations des sources documentaires entre elles. Cette évaluation a donc aussi une signification en termes de conception multimédia, car elle témoigne de la richesse de la représentation (critère 2.1) et de l'interactivité (critère 2.3).

3.1. *Critère 2.1 : les quantités proportionnelles*

Pour n'importe quelle application multimédia sur CD-ROM, nous pouvons évaluer la quantité de textes, images fixes, images animées et éléments sonores employés et dégager la proportion qu'occupe chaque source documentaire par rapport au total. En général, une hiérarchie se dégage sur l'ensemble d'une application et marque la domination d'une source documentaire sur les autres.

3.1.1. *Modèle structurel 1*

Le CD-ROM se caractérise par la domination d'un ou deux médias sur l'ensemble de son contenu, imposant une hiérarchisation des proportions entre sources documentaires, et provoquant une certaine monotonie dans la représentation. La domination d'un certain type de médias peut concerner des éléments statiques (textes, images fixes) ou temporalisés (voix-off, images animées).

3.1.2. *Modèle structurel 2*

L'usage des différents médias dans le CD-ROM apparaît homogène, sans hiérarchisation trop marquée, si bien que l'ensemble présente un caractère équilibré et varié, chaque partie du CD-ROM utilisant une combinaison de sources différente.

3.2. *Critère 2.2 : la fonction*

Pour chaque type de document utilisé, nous pouvons attribuer une ou plusieurs fonctions dans l'application multimédia : description, illustration, explication, argumentation, connotation etc. Une fois recensés, ces différents rôles, par leur quantité et variété, vont faire apparaître une domination fonctionnelle de certains médias sur les autres.

3.2.1. *Modèle structurel 1*

Un seul média domine l'essentiel des rôles importants dans le CD-ROM. Il peut s'agir du texte, souvent incontournable pour transmettre les informations (c'est le cas de la majorité des produits multimédia que nous avons analysés), mais aussi de la voix-off, seule ou intégrée à un diaporama, également fréquemment indispensable à la bonne compréhension des messages transmis.

3.2.2. *Modèle structurel 2*

L'application multimédia présente un ensemble varié et homogène de fonctions réparties entre les différents médias utilisés. Les effets de domination n'apparaissent que de façon ponctuelle dans une partie donnée du CD-ROM, sans conséquence sur l'équilibre général des fonctions attribuées. Une des caractéristiques importantes de ce type de modèle est que l'application exploite rarement une seule fonction par média mais varie les capacités expressives de chacun.

3.3. *Critère 2.3 : les possibilités de traitement des données*

Certains CD-ROMs documentaires offrent des possibilités de zoom, retouche, sélection d'une partie, modification des paramètres d'affichage etc. Selon les cas, le lecteur pourra s'approprier les données représentées en intervenant directement sur leur forme. Et le résultat obtenu ne sera pas forcément préprogrammé dans l'application, il pourra être généré en temps réel *via* des calculs.

3.3.1. *Modèle structurel 1*

Les possibilités de traitement sont limitées ou totalement absentes, ce qui limite l'acte de lecture à une consultation sélective des données.

3.3.2. *Modèle structurel 2*

Les possibilités de traitement des données sont variées, touchant différents médias et offrant une interactivité multidimensionnelle : modes de configuration des données utilisant le choix du point de vue ou le paramétrage de l'affichage, modes de personnalisation des parcours *via* un outil de recherche ou par le montage personnel de modules, activités ludiques etc. L'ensemble permet l'appropriation paramétrée du contenu en fonction du profil de l'utilisateur.

4. Niveau 3 : le niveau topologique

Ce niveau correspond à l'organisation des informations à l'écran selon différentes zones et modes d'affichage. Son évaluation permet d'identifier un certain nombre de permanences et d'incidences dans la gestion de la présentation.

4.1. *Critère 3.1 : les zones proportionnées*

On peut considérer que chaque écran se découpe en zones dédiées à certains types de documents, qui varient plus ou moins d'une partie à l'autre du CD-ROM. On constate notamment un découpage quasi généralisé entre le centre et la périphérie de l'écran, le premier recevant les informations variables (au sein d'une partie, ou d'une partie à l'autre de l'application), le second contenant les éléments plus stables.

4.1.1. *Modèle structurel 1*

Le découpage entre centre et périphérie est stable sur la totalité de l'application. Ce modèle est largement majoritaire dans notre corpus. Les variations se limitent aux différences d'organisation liées au contenu et à l'interactivité propres à chaque partie du CD-ROM : l'ajout ou la suppression de certains liens en périphérie, le positionnement des zones d'affichage dans le centre.

4.1.2. *Modèle structurel 2*

Le découpage centre-périphérie est estompé, car il varie en taille et en position. Les éléments habituellement présents en périphérie apparaissent dans des zones plus ou moins étendues, affichées au bas de l'écran, sur les bords verticaux ou en surimpression. Par conséquent, l'effet de séparation entre centre et périphérie n'a presque plus de valeur, tant l'un et l'autre évoluent dans chaque partie du CD-ROM. On se rapproche alors d'une conception de la topologie de l'écran comme surface globale, pensée comme une totalité comprenant différentes zones variables en fonction du contenu et de l'interactivité.

4.2. *Critère 3.2 : l'actualisation des données*

Chaque partie d'un CD-ROM peut se caractériser par un certain mode d'actualisation des informations à l'écran. Selon les cas, l'écran affiche les données par défaut, sans intervention de l'utilisateur, ou ce dernier doit cliquer pour actualiser les informations. Il en découle une certaine conception de l'interactivité liée à l'affichage des informations.

4.2.1. *Modèle structurel 1*

Un type de donnée (textes, images fixes ou voix-off généralement) domine par rapport aux autres en s'affichant par défaut à l'écran. Ce même type commande l'actualisation des autres données. Par là même, l'application crée deux niveaux de lecture. Le premier est général, il permet une lecture rapide et introductive de chaque partie du CD-ROM. Le second est plus spécifique, consistant à entrer dans le détail d'un thème, à acquérir des informations supplémentaires par l'activation du processus d'actualisation des données. Parfois, certaines applications limitent volontairement ce second niveau de lecture, témoignant ainsi d'un manque de profondeur au sens structurel (pas de niveau supplémentaire à activer) et d'une interactivité limitée.

4.2.2. *Modèle structurel 2*

Le CD-ROM varie l'utilisation des types de données et combine fréquemment plusieurs d'entre elles au même moment, que ce soit par défaut ou par intervention de l'utilisateur. Aucune dominante ne se dégage réellement, offrant un mode d'actualisation diversifié incitant à une découverte permanente des données accessibles.

4.3. *Critère 3.3 : l'ordre d'affichage*

De la même manière, on peut noter dans quel ordre viennent s'afficher les différents documents à l'écran, en notant bien s'ils apparaissent les uns après les autres ou partiellement groupés.

4.3.1. *Modèle structurel 1*

Les différentes sources documentaires s'affichent en se suivant, avec une priorité donnée à l'une d'entre elles. Dans notre corpus, les éléments statiques (textes ou images fixes) sont affichés majoritairement en premier. La prédominance d'un rapport de succession entre les médias introduit une certaine rigidité dans l'affichage, exprimant une forme de linéarité au niveau topologique. De plus, associé à une lecture à deux niveaux comme définie précédemment, l'ensemble peut apparaître comme relativement statique.

4.3.2. *Modèle structurel 2*

Les différentes sources documentaires sont majoritairement combinées les unes aux autres, elles s'associent souvent par paires lors de leur actualisation : voix-off et diaporamas, textes et photos etc. L'ensemble apparaît donc à la fois dynamique et varié.

5. Niveau 4 : la structuration navigationnelle

Nous nous situons enfin au niveau de l'organisation de la navigation dans le CD-ROM. Celle-ci comprend à la fois les liens considérés individuellement et les groupements de liens définissant les modes de parcours dans l'application.

5.1. *Critère 4.1 : le parcours*

Il s'agit ici de recenser l'ensemble des voies offertes par l'application pour atteindre les informations disponibles. Selon les cas, on identifie différents modes de navigation plus ou moins directs pour cela.

5.1.1. *Modèle structurel 1*

Le mode d'accès aux informations est basé sur une arborescence qui offre une combinaison de voies verticales et horizontales. Malgré les reproches fréquents que l'on peut lui faire (manque de souplesse et d'ouverture), ce modèle est présent dans la quasi-totalité de notre corpus, il semble donc être une figure incontournable de ce genre de CD-ROMs multimédias. Plus spécifiquement, ce modèle est souvent la base de l'organisation des parcours, sur lequel viendront se greffer des modes d'accès plus variés.

5.1.2. *Modèle structurel 2*

Le mode d'accès aux informations utilise des voies transversales et/ou intermédiaires. Les premières viennent court-circuiter le modèle de base qu'est l'arborescence pour relier certaines données directement entre elles, évitant ainsi le passage fastidieux par différents menus intermédiaires. Ces liens sont généralement posés par l'auteur, créant ainsi un ensemble de réseaux sémantiques parallèles. Les secondes ajoutent des parcours semi-directs entre données, imposant le passage par un outil comme l'hypersommaire, l'index, le guide ou certains utilitaires comme le programme QuickMove développé par l'éditeur Index + qui permet de mémoriser son parcours, d'effectuer une recherche par mots-clé, etc. Cette seconde voie offre un accès plus personnalisé aux informations, en fonction des desiderata de l'utilisateur. Les liens ne sont pas forcément posés à l'avance.

5.2. *Critère 4.2 : le nombre de liens et écrans intermédiaires*

Nous appelons liens et écrans intermédiaires ceux qui ont pour fonction de relier un élément à un autre, sans être autre chose qu'un lieu de passage. Recenser la quantité exacte de ce type d'éléments revient à mesurer la part de navigation « intermédiaire », transitoire, que l'application impose à son utilisateur.

5.2.1. *Modèle structurel 1*

Les liens et écrans intermédiaires sont assez nombreux, obligeant l'utilisateur à cliquer plus de trois fois avant d'atteindre son but. Cette quantité explose dans certains CD-ROMs (entre 6 et 22 liens nécessaires), où les auteurs n'ont manifestement pas pris conscience de la longueur du parcours intermédiaire imposé. Ce type de modèle découle notamment d'un mode de parcours trop arborescent.

5.2.2. *Modèle structurel 2*

Les liens et écrans intermédiaires sont peu fréquents ou sont contournables par des possibilités multiples de navigation. Deux cas principaux se présentent, fondamentalement différents : soit la structure thématique et navigationnelle du CD-ROM est simple (sur trois niveaux d'arborescence par exemple), n'impliquant aucune longueur dans sa lecture, soit elle est plus complexe mais fait appel à une plus grande optimisation des parcours par l'usage de voies transversales et intermédiaires autorisant un accès plus direct aux modules informationnels. Ce dernier type d'organisation des parcours montre souvent qu'un certain nombre de liens et écrans intermédiaires, à force de pouvoir être contournés par différents moyens, en deviennent inutiles.

5.3. *Critère 4.3 : la nature des liens*

Pour ce critère, nous avons identifié deux types de liens spécifiques au développement thématique : syntagmatique, lorsque le lien sert à présenter un contenu, et paradigmatique, lorsqu'il sert à choisir l'accès à un élément qui n'est pas encore développé. Ces notions linguistiques de « syntagmatique » et de « paradigmatique » s'adaptent bien au cas des CD-ROMs, car elles expriment clairement la différence entre lecture et sélection d'un contenu. Comme pour l'analyse des zones proportionnées au niveau 3, nous distinguons ici le centre de la périphérie de l'écran pour mieux apprécier la répartition de ces liens à l'écran.

5.3.1. *Modèle structurel 1*

La séparation entre centre et périphérie de l'écran est renforcée par la nature des liens, manifestement regroupés sur l'une des deux parties de l'écran, que ce soit pour les liens syntagmatiques ou paradigmatiques. On assiste donc à une dichotomie entre deux espaces, l'un à l'interactivité riche, l'autre limité à un rôle d'affichage des données dans un cas, ou de navigation sommaire (fonctions de base) dans l'autre. Notons ici que lorsque la périphérie intègre la majorité des liens, on assiste d'une certaine manière à la reproduction du dispositif de la télévision, où une séparation nette s'opère entre espace de projection (l'écran) et espace de contrôle des données (la télécommande).

5.3.2. *Modèle structurel 2*

La séparation est adoucie par une harmonisation des liens, moins nettement opposés, entre centre et périphérie de l'écran. L'ensemble est équilibré, offrant autant de liens syntagmatiques et paradigmatiques d'un côté que de l'autre, avec tout de même une tendance générale à privilégier les premiers au centre et les seconds à la périphérie. On en revient à notre conclusion du critère 3.1, car cette harmonisation de la nature des liens sur l'ensemble de l'écran équivaut à effacer ou limiter la séparation traditionnelle entre les deux zones, pour proposer une surface unique à l'interactivité homogène.

5.4. *Critère 4.4 : la sémantique des liens*

Enfin, nous pouvons répertorier l'ensemble des fonctions remplies par les liens, toujours en distinguant les liens du centre et ceux de la périphérie de l'écran. De la même façon qu'auparavant, il s'agira d'évaluer la répartition des éléments de l'interactivité sur ces deux espaces de l'écran.

5.4.1. *Modèle structurel 1*

L'interactivité apparaît plus forte sur l'un des deux espaces, que ce soit la périphérie ou le centre de l'écran. On assiste alors à un déséquilibre qui devient problématique lorsque l'application privilégie la périphérie par rapport au centre. La première étant majoritairement plus petite à l'écran que le second, on obtient un CD-ROM qui n'exploite que 25 % environ de son espace écranique pour proposer des liens interactifs, ce qui peut sembler pauvre par rapport aux possibilités offertes par le support.

5.4.2. *Modèle structurel 2*

L'interactivité se répartit harmonieusement entre centre et périphérie, si bien que les écrans apparaissent comme plus équilibrés sur ce plan. Deux cas se présentent malgré tout : l'interactivité est globalement pauvre sur l'ensemble des deux zones, ou elle est riche et diversifiée.

6. Conclusion

On constate aisément avec les deux modèles proposés que le premier caractérise des CD-ROMs relativement rigides et peu équilibrés dans leur organisation thématique, où un seul média joue encore les rôles principaux, les écrans renforçant la séparation centre-périphérie et évitant les combinaisons entre données de natures différentes, le tout se parcourant avec des possibilités limitées et contraignantes. Ce tableau est forcément caricatural et il est rare qu'un CD-ROM documentaire réponde en même temps à tous ces critères, comme il est rare d'appartenir totalement au modèle opposé !

L'intérêt de ces modèles est avant tout de formaliser des modes de structuration des informations à différents niveaux représentatifs de la conception d'un produit multimédia. Toute la richesse des CD-ROMs documentaires vient d'un équilibre souvent original entre les deux modèles suivant les critères, avec même parfois (au niveau 4.1 notamment) l'utilisation simultanée des deux modèles pour un même critère donné. Une fois l'analyse effectuée, le regroupement des résultats sur un tableau permet rapidement de repérer les forces et faiblesses d'un tel produit et de dégager des dominantes, facilitant son appréciation globale.

Une autre démarche peut consister à utiliser une telle grille d'analyse en amont de la production d'un CD-ROM multimédia (et même d'un site pour le WWW), afin d'évaluer en cours de conception, lors de l'élaboration des différents prototypes notamment, la rigueur et la qualité du produit recherché. Ce type de démarche « itérative » ou « incrémentale », préconisée par Marc Nanard et Claude Boksenbaum [NAN 95], nous semble ici offrir un lieu d'application particulièrement adapté à nos modèles structurels, qui devraient permettre d'éviter certains dysfonctionnements repérés dans les CD-ROMs documentaires actuels.

7. Bibliographie

[ADA 92] ADAM J.-M., *Les textes, types et prototypes,* Fac. Linguistique, Nathan Université, 1992.

[COR 76] CORNEILLE J.-P., *La linguistique structurale, sa portée, ses limites,* collection « Langue et langage », Larousse, 1976.

[GAR 93] GARZOTTO F., PAOLINI P., SCHWABE D., « HDM: a Model-based Approach to Hypertext Application Design », *in ACM Transactions on Informations Systems*, vol. 11, n°1, January 1993.

[GRE 76] GREIMAS A. J., *Maupassant, la sémiotique du texte. Exercices pratiques*, Editions du Seuil, 1976.

[LAU 92] LAUFER R., SCAVETTA D., *Textes, hypertextes, hypermédias,* collection « Que sais-je ? », n°2629, PUF, 1992.

[NAN 95] NANARD M., BOKSENBAUM C., « CD-ROM ou World Wide Web ? », *in revue Mémoire Vive*, n°14, IRHT, décembre 1995.

[WEI 89] WEISSBERG J.-L., « La simulation de l'autre : approche de l'interactivité informatique », *in revue Réseaux*, CNET, n°33, janvier 1989.

Formats de scénarios : méthodes et outils pour l'écriture interactive

Jean-Marc Laubin *,,*** — Marie Escarabajal *— Sylvie Leleu-Merviel *,*****

** Laboratoire des Sciences de la Communication*
Université de Valenciennes et du Hainaut Cambrésis
B.P. 311 - F- 59304 Valenciennes cedex
sylvie. merviel@univ-valenciennes.fr
*** Calasoft*
1,Boulevard de Québec, F-45000 Orléans
laubin@valcofim.fr
**** C.S.T. (Commission Supérieure Technique de l'Image et du Son)*
Département Multimédia - Groupe de Travail « Ecriture interactive »
11,Rue Galilée, F-75116 Paris
http://www.cst.fr/departements/ecriture/index.html

RESUME. *Concernant les produits interactifs, il y a souvent confusion entre représentation conceptuelle et réalisation, et il n'existe aucune norme de présentation des scénarios. Cette situation étant préjudiciable à la qualité des produits, un projet collaboratif a été mis en place pour définir les bases d'un modèle de scénario le plus universel possible. Les versions successives du logiciel ZebraWriter apportent des outils qui permettent de manipuler et d'analyser des scénarios exploitant les formats progressivement définis et améliorés. Ceci est illustré par un projet de type oulipien où ZebraWriter sert à faire des analyses comparées.*

ABSTRACT. *Interactive titles production often use a confusing approach, mixing design documents and effective making parts. No script format has been established as a standard. This situation has a bad impact about products quality. Consequently a collaborative project has been set up for defining the basis of an as universal as possible script model. Successive versions of ZebraWriter software provide tools for manipulating and analyzing the scripts which use the formats defined and enriched step by step. This is illustrated by a « Oulipo »-like project where ZebraWriter is used for making comparative analysis.*

MOTS-CLES : *écriture interactive, interactivité, scénario, modèle formel, zebrawriter, conception, multimédia.*

KEY WORDS: *interactive writing, interactivity, script, formal model, zebrawriter, design, multimedia.*

1. Introduction

Le développement de la conception multimédia, en ligne ou sous forme de produits édités, nécessite, dans ses phases amont, l'adoption d'un modèle de représentation du projet. Celui-ci remplit la fonction d'outil de médiation entre les divers partenaires du projet. Il projette les intentions de l'auteur sur un objet manipulable, et supporte notamment les décisions de production (financières, managériales, organisationnelles, etc.). Il fait également office de document référence lors du passage à la réalisation. Il accompagne la majeure partie du cycle de vie du produit à naître [DUR 97a]. L'usage courant s'accorde généralement à dénommer scénario ce modèle de représentation.

Toutefois, à la différence du scénario de fiction qui obéit à des modèles théoriques partagés par tous et rigoureusement formalisés (note d'intention, synopsis, mais surtout continuité dialoguée et story-board), le scénario multimédia ne connaît à ce jour aucun standard établi. Il semble que ce phénomène résulte d'une volonté résolue d'entraver les échanges. Projet « unique », idée « originale » que l'on ne souhaite pas dévoiler sont les arguments les plus souvent invoqués pour plaider l'individualisme de la démarche.

S'il est vrai que la production multimédia est encore trop jeune pour être totalement structurée, si l'on peut admettre que des applications totalement innovantes dans leur forme y sont encore à naître, s'il est souhaitable de tout mettre en œuvre pour éviter la systématisation et protéger la créativité, force est de constater qu'au final, la similitude d'une majorité des applications produites est affligeante, et ne justifie pas ce souci constant de réserve, voire de secret, autour des méthodes de fabrication. En même temps, les conséquences fâcheuses de cette absence de partageabilité ne manquent pas [HUA 98]. La première partie de cet article en propose un tour d'horizon rapide.

2. Problématique liée à l'absence de modèle formel

Lorsque l'on interroge des responsables de projet multimédia sur leurs méthodes de travail et sur les documents les supportant, on obtient souvent des réponses qui trahissent des pratiques inconfortables et peu rigoureuses :

« Oui il y a bien un document textuel descriptif mais beaucoup de choses se décident au fur et à mesure » (phrase type pour de nombreux projets).

« Nous n'avions pas de format de documents de spécifications bien défini. Nous improvisions au fur et à mesure et toutes les composantes [(interactivité, design graphique, interface,...)] étaient mélangées » (phrase type pour de nombreux projets).

« Nous avons refait nos documents de travail plusieurs fois ; c'était très lourd à manipuler et il n'y avait pas de format systématique. Nous avons eu peur de ne pas arriver au bout ; tout a pris beaucoup plus de temps que prévu et je crois que l'on a fait toutes les erreurs possibles avant de les corriger et de réussir » (Daniel Tardy à propos d'un titre sur la bande dessinée).

« Nous avions des documents très détaillés créés sous Visio mais très lourds à mettre en forme. Ceux qui l'on fait ne veulent plus en entendre parler » (Philippe Aubessard à propos du titre Atlantis de Cryo).

« J'ai été chef du projet mais je ne reconnais pas vraiment le projet initial dans le produit final. Il en va de même pour au moins l'un des auteurs » (Laurent Bazier à propos du titre Zerozone produit chez Cryo).

« Oui une bonne partie du titre et les outils de navigation sont finalisés mais le reste n'est pas encore décrit » (Michel Agnola à propos d'un titre sur Les Frères Lumière).

Cet échantillon de réponses est partiel et volontairement partial, mais il traduit bien le fait qu'il y a souvent confusion entre phase de spécification et phase de réalisation, certaines spécifications n'étant parfois révélées qu'à travers les composantes du produit final qui les implémentent.

Le problème est souvent identifié par les personnes interrogées. Elles indiquent cependant que, faute de connaître une démarche plus appropriée, le seul moyen qu'elles envisagent est un développement par approximations successives. Cette approche présente cependant de nombreux inconvénients dont nous listons les principaux ci-après.

2.1. *Difficulté à identifier et contrôler les différentes couches du projet*

Si on n'utilise pas un modèle formel de l'interactivité mais directement un document composite qui couvre des éléments disparates, certaines informations sont noyées dans un ensemble trop large. Ceci enlève de la lisibilité, gêne le processus de validation initial et met en péril le processus de contrôle de qualité. Pour illustrer le propos nous allons considérer trois extraits qui traitent tout à fait différemment le même morceau de projet et qui utilisent une syntaxe à mi-chemin entre langage naturel et langage de programmation :

Extrait 1 : Afficher un dialogue avec la question : « Voulez-vous continuer ? »

et des boutons réponses « Oui » et « Non ».

Attendre une réponse.

Si la réponse est oui :

alors Faire ceci,

sinon Quitter l'activité courante.

Extrait 2 : Afficher un dialogue avec la question : « Voulez-vous continuer ? »

et des boutons réponses « Oui » et « Non ».

Attendre une réponse pendant au plus 30 s.

Si il n'y a pas de réponse :

alors Quitter l'activité courante,

sinon,

si la réponse est oui,

alors Faire ceci,

sinon Quitter l'activité courante.

Extrait 3 : Afficher et faire entendre la question :

« Voulez-vous continuer ? ».

Installer des boutons réponses « Oui » et « Non »,

et Activer le module de reconnaissance vocale.

Attendre une réponse sous forme d'un événement,

souris ou vocal pendant au plus 30 s.

Si il n'y a pas de réponse :

alors Quitter l'activité courante,

sinon,

si la réponse est Evénement souris avec bouton « Oui »,

ou événement vocal avec mot « Oui »,

alors Faire ceci,

sinon,

si la réponse est Evénement souris avec bouton « Non »,

ou événement vocal avec mot « Non »,

alors Quitter l'activité courante,

sinon Problème de reconnaissance vocale.

Ces trois extraits diffèrent par la mise en scène (scénique) et l'interface choisie (mise en situation), mais correspondent à la même description de la situation interactive (schéma scénationnel) qui est la suivante [DUR 97b] :

> Si l'interacteur souhaite continuer :
>
> alors Faire ceci,
>
> sinon Quitter l'activité courante.

L'utilisation du premier extrait correspond à l'implémentation la plus rapide, mais amènera à un mauvais produit si, par exemple, l'interacteur est un enfant ne sachant pas lire. L'utilisation du deuxième extrait correspond à une implémentation plus prudente, mais qui reste peu ergonomique, si l'interacteur est un enfant ne sachant pas lire ou un mal-voyant. L'utilisation du troisième extrait correspond à une implémentation assez sophistiquée (très rare aujourd'hui) prenant bien en compte l'interacteur s'il est un enfant ne sachant pas lire ou un mal-voyant.

Ce troisième extrait est proche d'un morceau de programme correspondant à une bonne implémentation, mais il noie l'essentiel de la situation interactive, qui se décrit sur 3 lignes, dans un texte de 19 lignes. Il pose problème car il mélange indistinctement la disqualifier la présence de l'auteur dans le projet en le noyant dans un environnement de travail inadapté à sa tâche.

2.2. *La réalisation échappe à l'auteur et s'écarte de ses intentions initiales*

Dans de nombreux projets, on est amené à prendre comme auteurs de l'interactivité des gens qui maîtrisent bien un sujet et la manière d'en parler à d'autres, mais assez peu la technique. Si on ne forme pas l'auteur à une technique minimale, on introduit obligatoirement des ambiguïtés dans le résultat de son travail et c'est alors le cœur même du scénario interactif qui peut être dénaturé lors du travail de programmation. Illustrons ceci sur un court exemple :

Scénario de l'auteur V0 :

> En sélectionnant le personnage 1 on a Dialogue 1.
>
> En sélectionnant le personnage 2 on a Dialogue 2.
>
> En sélectionnant le personnage 3 on a Dialogue 3.
>
> ...

L'absence de formalisme rend ce scénario ambigu et deux programmeurs distincts pourraient arriver aux deux formes suivantes très différentes au plan du résultat final :

Implémentation V0/1 :

Selon que Valeur de Selection est :

P1 : Dialogue_1 ; P2 : Dialogue_2 ; P3 : Dialogue_3 ; autrement : ;

Fin.

...

Implémentation V0/2 :

Répéter

Selon que Valeur de Selection est :

P1 : Dialogue_1 ; P2 : Dialogue_2 ; P3 : Dialogue_3; autrement : ;

Fin.

...

Tant que l'on reste dans cette situation.

La première implémentation est la plus proche de la forme scénarisée, mais la deuxième est la plus réaliste dans ce type de situation. Une telle écriture du scénario initial servant en général à lister divers cas qui peuvent se dérouler successivement et dans n'importe quel ordre.

Admettons que l'auteur fasse évoluer le scénario dans la nouvelle forme suivante qui est évidemment plus riche :

Scénario de l'auteur V1 :

En sélectionnant le personnage 1 on a Dialogue 1.

En sélectionnant le personnage 2 on a Dialogue 2.

En sélectionnant le personnage 3 on a Dialogue 3.

En resélectionnant le personnage 1 on a Dialogue 4.

En resélectionnant le personnage 2 on n'a rien.

En resélectionnant le personnage 3 on n'a rien.

...

Les mises à jour les plus probables sont les suivantes :

Implémentation V1/1 :

P1 déjà fait est faux ;

P2 déjà fait est faux ;

P3 déjà fait est faux ;

Selon que Valeur de Selection est :

P1 : début Dialogue 1 ; P1 déjà fait est vrai fin ;

P2 : début Dialogue 2 ; P2 déjà fait est vrai fin ;
P3 : début Dialogue 3 ; P3 déjà fait est vrai fin ;
autrement : ;
Fin.
Selon que Valeur de Selection est :
P1 : Si P1 déjà fait alors Dialogue 4 sinon ;
P2 : ; P3 : ; autrement : ;
Fin.
...

Cette implémentation serait très éloignée des intentions habituelles d'un auteur ayant fourni le scénario V1 mais c'est une réponse légitime.

Implémentation V1/2 :

```
P1 déjà fait est faux ;
P2 déjà fait est faux ;
P3 déjà fait est faux ;
Répéter :
    Selon que Valeur de Selection est :
        P1 : Si P1 déjà fait,
            alors Dialogue 4,
            sinon début Dialogue 1 ; P1 déjà fait est vrai fin.
        P2 : Si P2 déjà fait,
            alors,
            sinon début Dialogue 2 ; P2 déjà fait est vrai fin.
        P3 : Si P3 déjà fait,
            alors,
            sinon début Dialogue 3 ; P3 déjà fait est vrai fin.
        Autrement : ;
        Fin.
...
Tant que l'on reste dans cette situation.
```

Cette dernière implémentation correspond à la meilleure interprétation du scénario V1 et notons pour conclure qu'une forme légèrement différente du scénario pourrait conduire à disqualifier la première implémentation en cassant nettement la notion d'opérations de choix exclusives par des précisions temporelles :

En sélectionnant le personnage 1 une première fois on a Dialogue 1.
En sélectionnant le personnage 2 une première fois on a Dialogue 2.
En sélectionnant le personnage 3 une première fois on a Dialogue 3.

En resélectionnant le personnage 1 on a Dialogue 4.
En resélectionnant le personnage 2 on n'a rien.
En resélectionnant le personnage 3 on n'a rien

On retiendra donc que pour permettre à un auteur quelconque d'exprimer des scénarios complexes se pose la question d'un formalisme qui ait la puissance des langages de programmation et la simplicité des langages naturels.

2.3. *La validation n'a souvent lieu que sur la version finalisée*

En reportant la validation du concept interactif après la réalisation elle-même, on prend le risque de ne plus pouvoir le remettre en cause même s'il est franchement mauvais, les implémentations initiales ne pouvant pas être revues pour des raisons diverses, essentiellement financières. De manière plus pernicieuse, on peut être tenté de valider le concept interactif tout simplement parce que l'implémentation réalisée ne présente pas de défaut de fonctionnement. Ce genre d'attitude a le grand désavantage de fournir des produits certes opérationnels, mais qui peuvent être inadaptés à l'objectif visé. Le modèle de l'interacteur fait partie du concept interactif et est trop souvent oublié ; il ne faut cependant pas y mettre n'importe quoi. L'exemple donné en 2.1 démontre bien que la prise en charge des enfants ne sachant pas lire est un problème de mise en scène et d'interface, pas un problème de scénarisation interactive. A contrario des cheminements différents proposés en fonction de l'âge de l'interacteur ou de sa difficulté à se repérer dans le produit (à condition de savoir le constater) relève de la scénarisation interactive.

De nombreux produits vus sur le marché ne révèlent aucune capacité particulière à s'adapter à des profils d'interacteurs variés. Ceci révèle des démarches cherchant à aller au plus vite vers un produit finalisé et donc un manque préjudiciable de conception préalable.

3. Corrélation du modèle formel au réel : observation d'un éventail de documents

En premier lieu notre propos n'est pas de proposer un modèle formel de document hypermédia mais un modèle formel de document de spécifications de l'interactivité d'un document hypermédia. En second lieu nous recherchons un modèle formel qui soit utilisable sinon par tous, au moins par une grande majorité d'auteurs. Il nous a donc paru incontournable d'analyser des documents de scénarisation utilisés dans divers projets réels.

3.1. *Présentation de l'éventail de documents considérés*

Les premiers documents ayant retenu notre attention sont les divers « Livres dont vous êtes le héros » qui nous semblent bien être les plus anciennes versions de scénarios interactifs. Ils sont à la fois scénarios et produits finis et c'est ce qui fait leur intérêt.

Le groupe d'Ecriture Interactive de la CST ayant été précédé d'un autre groupe de travail créé en commun par Jean-Marc Laubin et Philippe Ulrich, plusieurs contacts ont été établis avec des équipes de CRYO. Cela nous a amenés à observer plus particulièrement les scénarios de deux jeux d'aventure « Zerozone » et « Atlantis ».

Deux ouvrages américains [WIM 96] et [GAR 97] ont aussi retenu notre attention car ils abordent le thème de l'écriture interactive avec de nombreux extraits de scénarios.

3.2. *Critères communs d'évaluation qui se dégagent de l'examen de ce corpus*

Les documents précités sont étudiés de manière empirique et très pragmatique en commun avec des auteurs au fil des réunions du groupe de travail « Ecriture Interactive » de la CST. Avant d'entamer un travail plus méthodique dans le contexte scientifique du laboratoire des sciences de la communication, ceci a d'ores et déjà permis de mettre en évidence un certain nombre de caractéristiques significatives des scénarios interactifs.

La grande majorité des documents examinés présentent de très fortes similitudes avec les scénarios de fictions classiques et deux tendances principales peuvent être distinguées.

La première retient essentiellement la notion de lieu et tente de décrire de manière thématique tout ce qui peut arriver dans ce lieu par activation de personnages, d'objets, ou par exploration descendante. Ce dernier cas correspond au passage à une sous partie du lieu ou du temps présent avec adaptation de la résolution permettant de découvrir plus de détails (capacité multi-niveaux). Ce type de format ne permet pas de suivre facilement le cheminement que pourrait avoir un interacteur (mauvaise capacité de simulation), car trop d'informations sont à prendre en compte pour décider du pas suivant (lecture difficile). Mais l'auteur est par ailleurs confronté à un exercice difficile dans la mesure où cette approche ne retient pas l'unité de temps comme support privilégié d'organisation. Que ce soit vis-à-vis de l'évolution du contexte narratif d'une histoire ou de celle d'une personne en situation d'apprentissage (pour ne citer que ces deux cas), il y a difficulté à se figurer clairement les différentes phases d'interaction possibles (manque de trame générale). Par contre les scénarios interactifs de ce type sont en général assez compacts du fait de la forte factorisation sur la notion de lieu (exploration et modification plus faciles).

La seconde maintient la notion de séquence du film de fiction (unité de temps, de lieu et d'action) en essayant d'installer à l'intérieur des indications plus ou moins explicites concernant les choix interactifs. Une seule entité séquence décrit donc les multiples versions d'exécution qui lui sont attachées. Ce type de format préserve l'unité de temps mais contraint toujours à prendre en compte trop d'informations pour décider du pas suivant (lecture difficile).

Les autres documents examinés font appel à des syntaxes très proches de celles des langages de programmation (procédural, à règles logiques, ou orientés objet). Outre le fait que l'atelier d'écriture nous a montré que ces structures syntaxiques sont immédiatement rejetées par la plupart des auteurs interactifs potentiels (lecture difficile), il faut constater qu'elles sont en général utilisées dans un contexte moins rigoureux que dans les cas de programmation classique, ce qui conduit à des scénarios ambigus (difficulté de compréhension). La proximité avec des langages de programmation logique ou de programmation orientée objet fournit des documents assez compacts (exploration et modification plus faciles) et bien évidemment une grande facilité à transposer les indications du scénario dans un outil de production (bonne intégration avec processus de production).

On peut remarquer que face aux deux contraintes de facilité d'exploration et de modification on a souvent constaté des choix contradictoires vis à vis du dispositif choisi pour faire des références internes au scénario. La facilité d'exploration s'obtient avec des éléments numérotés et triés alors que la facilité de modification préfère des éléments référencés par noms et mis dans un ordre choisi par l'auteur.

Enfin on ajoutera une caractéristique évaluant la capacité d'un format à traiter des types de scénarisation variés (universalité). Donnons deux exemples :

a) le format de base des liens du langage HTML utilisé pour les pages Web ne permet pas de gérer ces liens de manière conditionnelle.

b) Les formats proches de ceux des fictions traditionnelles, très marqués par la notion de séquence cinématographique, ne semblent pas adaptés à traiter une approche résolument générative. Ceci est dû au fait que la trame temporelle préexistante est alors remplacée par une trame temporelle qui se déduit d'un flux événementiel.

3.3. *Profil idéal vis-à-vis des critères communs*

Si l'on reprend les différents critères cités ci-dessus, on peut en déduire le profil idéal pour un formalisme de description de l'interactivité. Les critères ont été classés par ordre de priorité décroissante selon le principe suivant : plus un critère concerne un nombre important de personnes dans le projet, plus il est prioritaire (les cinq premiers critères vont ainsi de la simple consultation à la modification en passant par la mise en œuvre). L'universalité vient ensuite car nous préférons un modèle efficace appliqué à des cas restreints qu'un modèle très général moins efficace. Ensuite viennent des critères qui sont liés aux activités supportées par le scénario interactif et qui supposent une méta-structuration des documents ou des capacités de conversion vers d'autres formats. Dans les grilles d'évaluation ci-dessous, un critère avec valeur idéale est en gras et un critère avec moins bonne valeur est en italique.

Lecture	**Très Facile** (syntaxe minimale)
Compréhension	**Très Facile**
Capacité de simulation	**Très bonne**
Facilité d'exploration	**Très bonne**
Facilité de modification	**Très bonne**
Universalité	**Maximale** (réseau, conditions, génératif)
Multi-niveaux	**Oui**
Trame générale	**Oui** (Superposée au scénario interactif)
Lien avec production	**Très bon**

Figure 1. *Critères hiérarchisés d'évaluation des formalismes*

3.4. *Applications des critères à quelques extraits du corpus*

Parmi « Les livres dont vous êtes le héros » nous avons retenu comme exemple « La Quête du Graal » chez Hachette. A partir de cet exemple, nous avons constaté que l'utilisation de sections numérotées étaient très peu appropriée à la phase d'écriture mais par contre tout à fait adaptée à une validation des scénarios en version papier.

Lecture	**Très Facile** (syntaxe libre)
Compréhension	**Très Facile**
Capacité de simulation	**Très bonne**
Facilité d'exploration	Bonne
Facilité de modification	Mauvaise (usage de numéros)
Universalité	Limitée aux réseaux de liens
Multi-niveaux	*Non*
Trame générale	*Non*
Lien avec production	**Très bon** (il n'y a rien à faire)

Figure 2. *Grille d'évaluation pour « La Quête du Graal »*

L'un des exemples de [WIM 96] que nous appellerons « The Martian » est destiné à illustrer ce qu'est un scénario interactif dans le manuel d'un logiciel appelé ScriptThing. Nous l'avons plus spécialement retenu car il nous semble représenter tout ce qu'un auteur de scénario à profil non technique peut avoir envie de refuser. Il se présente sous forme de plusieurs sections, chacune relative à un lieu, et pour lesquelles on liste un certain nombre de règles, un peu à la manière des systèmes de programmation logique. Toute tentative de se figurer à partir du scénario, ce qui peut arriver, se heurte d'emblée à un grand nombre de relectures fastidieuses et très coûteuses en temps. Il est par ailleurs souvent difficile de relier des événements temporellement proches et la première ligne de texte du scénario parle de la situation finale (sans pour autant mettre cet aspect en évidence).

Lecture	*Très mauvaise* (syntaxe très lourde)
Compréhension	*Très mauvaise*
Capacité de simulation	Mauvaise
Facilité d'exploration	Moyenne
Facilité de modification	Mauvaise (usage de numéros)
Universalité	Limitée à réseaux de liens et conditions
Multi-niveaux	*Non*
Trame générale	*Non*
Lien avec production	Bon (proche langages de programmation)

Figure 3. *Grille d'évaluation pour « The Martian »*

Un autre exemple de [WIM 96] qui est appelé « Sam Scribe » illustre en quelque sorte une approche objet du scénario interactif tout en le maintenant très fortement dans une structure scénaristique de type film. Cette approche produit des documents compacts un peu plus faciles à manipuler que « Martian », mais qui ne permettent pas d'avoir une idée de la granularité temporelle du scénario interactif.

Lecture	Moyenne (syntaxe des itérations)
Compréhension	Moyenne
Capacité de simulation	Mauvaise (Séparation objets/lieux)
Facilité d'exploration	Moyenne
Facilité de modification	Moyenne
Universalité	Limitée à réseaux de liens et conditions
Multi-niveaux	*Non*
Trame générale	*Non*
Lien avec production	Bon (approche objet)

Figure 4. *Grille d'évaluation pour « Sam Scribe »*

L'étude du titre « Atlantis » présentait un intérêt particulier dans la mesure où nous avons pu discuter avec les créateurs des documents de scénarisation qui comportaient un texte descriptif général et des descriptions des situations interactives sous forme de diagrammes. Certaines phases de ce jeu utilisent des conditions complexes ce qui nécessite d'introduire la notion de vecteur d'état.

Lecture	Moyenne (conditionnelles difficiles)
Compréhension	Moyenne (liens à l'envers)
Capacité de simulation	Moyenne
Facilité d'exploration	Bonne (macrostructure linéaire simple + diagrammes)
Facilité de modification	Mauvaise (usage de numéros)
Universalité	Limitée à réseaux de liens et conditions
Multi-niveaux	**Oui** (Chapitre/Mission)
Trame générale	Oui (mais en document séparé)
Lien avec production	Bon (technique d'encodage du scénario)

Figure 5. *Grille d'évaluation pour « Atlantis »*

3.5. *Besoins récurrents de l'auteur qui émergent*

Lors de l'étude des divers documents avec des auteurs, ou des chefs de projets, il est apparu que le modèle formel devait répondre à certaines caractéristiques, et qu'il devait être complété par une panoplie d'outils permettant à l'auteur d'effectuer avec le plus de facilité toutes les tâches liées à son travail : maintien d'une bible, gestion de la trame générale, maintien de diverses listes utilitaires, maintien d'une cartographie à diverses échelles de son projet. Nous listons dans cette section les principaux enseignements déjà obtenus.

– L'auteur a toujours besoin d'intégrer une double vue dans les liens : celle du futur interacteur et la sienne. Un exemple immédiat est le lien qui propose de faire un mouvement de recul (vue interacteur) amenant dans un piège (vue auteur).

– Le niveau de granularité proposé par le modèle formel doit être très adaptable en fonction de la densité des liens interactifs.

– Le modèle formel ne doit pas imposer l'approche spatiale (mise en situation dans des décors) des scénarios de fiction classique mais laisser aussi la place à une approche utilisant une macrostructure rhétorique.

En ce qui concerne les outils on a pu identifier les suivants :

– On doit pouvoir imprimer le scénario sur papier de manière à ce qu'il soit utilisable au maximum sous cette forme (avec un dispositif de repérage dans le document très simple).

– Le texte du scénario interactif doit pouvoir référencer des documents externes qui vont venir l'illustrer pour produire un storyboard visuel et/ou sonore ou l'annoter avec des spécifications propres aux couches de scénique et d'interface.

– On doit pouvoir tester le scénario interactif dans son intégralité, ou, par portions directement en mode texte ou dans un mode maquette (storyboard interactif).

– Il est souhaitable de disposer d'un outil générateur d'états de synthèse divers : listes simples diverses, index, liste d'anomalies.

– Un dispositif de cartographie automatique du scénario semble nécessaire, mais les auteurs consultés ne parviennent pas à spécifier ses caractéristiques précises jusqu'à aujourd'hui, mis à part qu'il faut avoir une échelle variable.

4. Le format et l'outil ZebraWriter

4.1. *Approche générale*

L'examen des pratiques courantes a permis de déterminer des critères significatifs, sans mettre en évidence une méthode apportant une réponse satisfaisante aux auteurs. En conséquence, il a été décidé de rechercher une solution appropriée en continuité avec les travaux antérieurs de Jean-Marc Laubin, portant sur des logiciels dédiés à la scénarisation, et au suivi de productions cinématographiques et audiovisuelles (CineMac : films de fiction – 1987, TvMac :

séries télévisées – 1991 et Prepada : dessins animés – 1993). Le mode opératoire retenu est le suivant :

Objectif : Tenter de définir un format répondant aux critères du scénario interactif idéal, et fournir l'outil logiciel correspondant.

Méthodologie : Partir d'un format minimal (inspiré du scénario cinématographique et du livre dont vous êtes le héros) et ne l'étendre que pour globalement mieux satisfaire les critères du scénario interactif idéal.

Déroulement pratique :

- tenter d'écrire le scénario de divers titres interactifs existants,
- adapter le format si nécessaire et si c'est possible,
- recommencer jusqu'à intégration d'un large éventail d'exemples,
- analyser le cas des scénarios qui n'ont pas pu être traités.

4.2. *Implémentation par étapes, exemples illustratifs*

4.2.1. *Les notions de fragment, de texte surligné, et de lien de ZebraWriter*

La notation <id><surlignement-i> indique que le texte de <id> est surligné avec le marqueur de numéro i nommé « surlignement-i ». (i désignant un entier). La notation I sépare des formes alternatives de la syntaxe.

Un document ZebraWriter est une liste d'objets similaires appelés fragments.

<document> : <> I <fragment> <document>

Un fragment est une entité combinant du texte et du graphisme (certaines zones de texte supportant un surlignage graphique unique) et qui porte un identifiant numérique unique. La syntaxe de base est la suivante :

<fragment> : <FR.> *<identifiant> <corps_de_fragment>*
<identifiant> : *<chiffre>*<surlignement-1> *<fin_d'identifiant>*
<fin_d'identifiant> : < >
I <chiffre><surlignement-1> <fin_d'identifiant>
I <.><surlignement-1> <lettre><surlignement-1>

Le corps du fragment peut contenir du texte libre ou du texte surligné avec n'importe quel marqueur et sans contraintes d'ordre particulière.

<corps_de_fragment> : <texte_libre> <corps_de_fragment>
I<texte_surligné_lien>
<corps_de_fragment>

I <texte_surligné_p_i>
<corps_de_fragment>

I <texte_surligné_r_j>
<corps_de_fragment>

(i étant un entier impair supérieur à 2 et j étant un entier pair supérieur à 2)

(_p_ se lit « propriété » et _r_ se lit « ressource »)

<texte_libre> : <texte_vide> I <texte_non_vide>

<texte_vide> : < >

<texte_non_vide> : <caractère> <texte_libre>

<texte_surligné_lien> : <descripteur_de_lien>$^{<surlignement-2>}$

<texte_surligné_p_3> : <nom_de_fragment>

<nom_de_fragment> : <texte_non_vide>$^{<surlignement-3>}$

<texte_surligné_p_i> : <texte_non_vide>$^{<surlignement-i>}$

(ou i est entier impair supérieur à 3)

<texte_surligné_r_j> : <texte_non_vide>$^{<surlignement-j>}$

(ou j est entier pair supérie3ur à 3)

Par commodité, on définit aussi en supplément :

<texte_surligné_i> : <texte_non_vide >$^{<surlignement-i>}$

(ou i est entier supérieur ou égal à 1)

Il reste à définir <descripteur_de_lien>. La première définition retenue est la suivante et correspond à l'implémentation de niveau 1 de ZebraWriter :

<descripteur_de_lien> : <"> <vue_utilisateur_origine> <"> <>>
<vue_auteur_destination> <!>

<vue_utilisateur_origine> : <texte_libre>

<vue_auteur_destination> : <nom_de_fragment>

Elle satisfait à la notion de double vue de l'auteur et à la facilité de désignation en évitant d'utiliser les numéros de fragment, les noms étant plus facilement porteurs de sémantique. Elle dispose de la puissance des réseaux de liens et intègre le cas des index arborescents ou la structure de liens des documents HTML de base.

Notons en conclusion que la syntaxe décrite ci-dessus est volontairement très réduite, très peu contraignante et susceptible d'être surchargée assez facilement pour créer des contraintes plus fortes de présentation. Ci-dessous (voir figures 6 et 7) deux extraits de scénario illustrent la syntaxe de niveau 1 de ZebraWriter.

FR. 3 - 3 - PRISONNIER DANS LA MALLE D'OSIER -

Du bout des doigts tendus de Merlin le Sortilège du Filet serpente à travers le Temps, lançant des vrilles invisibles pour capturer votre esprit et l'amener en Avalon, le royaume verdoyant et valloné du Roi Arthur. Vous vous sentez un peu désorienté. Le décor qui vous entoure s'efface à vos yeux. Vous n'êtes plus au XXème siècle. A la place...
Que se passe-t-il ? Pas de prairies verdoyantes, pas de collines aux courbes harmonieuses. Vous êtes peut-être en Avalon, mais, si c'est le cas, dans une curieuse région de ce pays. Votre fidèle épée parlante E.J. est à votre côté. Merlin a dû laisser quelque part dans une malle le corps que vous devez utiliser pour votre aventure. Vous voilà arrivé, mais vous êtes prisonnier !

- "Vous pouvez appeler à l'aide" > 23 ! -
- "Vous pouvez glisser E.J. à travers la vannerie d'osier pour essayer de faire sauter la fermeture" > 55 ! -

FR. 4 - 4 - DES CADAVRES SUR LA ROUTE -

Vous suivez la route sans encombre durant peut être vingt minutes, la sérénité de cette journée n'étant troublée que par les marmonnements d'E.J., convaincue que vous vous fourvoyez.
Et peut-être a-t-elle raison, en fait, car rien, dans le morne paysage qui vous entoure, n'indique que vous approchiez du Royaume des Fées que vous recherchez. Vous commencez à vous demander si vous ne devriez pas revenir sur vos pas, lorsque vous apercevez gisant sur la route un peu plus loin, un autre cadavre. Celui-ci dégage une puanteur pire encore que celle du précédent.

- "Vous pouvez prendre le risque d'attraper la Peste Noire en examinant le cadavre, mais pincez vous le nez d'abord." > 63 ! -
- "Vous pouvez continuer vers le Nord" > 41 ! -
- "Vous pouvez encore revenir au croisement pour aller vers le Sud-Ouest" > 70 ! -
- "Vous pouvez encore revenir au croisement pour aller vers le Sud" > 37 ! -
- "Vous pouvez prendre le risque d'attraper la Peste Noire en examinant le corps du pendu" > 10 ! -

Figure 6. *Exemple « Quête du Graal »*

FR. 22 - - Couloir - Warp K - La lanterne [1] vieux parti -
- Plan: K 3 - Illustration1: WpK - Illustration2: WpK (3) -

- "Vers la gauche" > Près de la porte de la chambre [2] vieux parti ! - (161)
- "Extinction de la lanterne avec la main" > Lanterne éteinte ! - (23)
- "Vers la droite" > Près de la porte de la chambre [1] vieux parti ! - (160)

La main (le curseur) doit faire bouger l'anneau qui ferme le cache lumière de la lanterne.

FR. 23 - - Couloir - Warp K - Lanterne éteinte -
- Plan: K 3 - Illustration1: WpK(lanterne éteinte) - Illustration2: WpK (3) -

- "Vers la gauche" > Près de la porte de la chambre [2] vieux parti ! - (161)
- "Prise en main de la lanterne éteinte" > Lanterne éteinte en main ! - (24)
- "Allumage de la lanterne" > Allumage de la lanterne avec la main ! - (25)
- "Vers la droite" > Près de la porte de la chambre [1] vieux parti ! - (160)

La main (le curseur) prend la lanterne...

FR. 24 - - Couloir - Warp K - Lanterne éteinte en main -
- Plan: K 3 - Illustration1: WpK (lanterne en main) - Illustration2: WpK (3) -

- "Vers la gauche" > Près de la porte de la chambre [2] avec lanterne ! - (27)
- "Reposer la lanterne" > Lanterne éteinte ! - (23)
- "Vers la droite" > Près de la porte de la chambre [1] avec lanterne ! - (26)

La main du joueur apparaît en amorce dans le coin gauche de l'image avec la lanterne à la main.

LE COUSIN (off)
Les gens me croient fou, les fous ne savent rien, mais moi j'agis avec sagesse, avec précaution... avec prévoyance.

FR. 25 - - Couloir - Warp K - Allumage de la lanterne avec la main -
- Plan: K 3 - Illustration1: WpK (lanterne éteinte) - Illustration2: WpK (3) -

- "Vers la gauche" > Près de la porte de la chambre [2] vieux parti ! - (161)
- "Allumage de la lanterne avec la main" > La lanterne [1] vieux parti ! - (22)
- "Vers la droite" > Près de la porte de la chambre [1] vieux parti ! - (160)

La main (le curseur) doit faire bouger l'anneau qui ferme le cache lumière de la lanterne.

Figure 7. *Exemple « Dark Eye »*

4.2.2. *La notion de lien conditionnel de ZebraWriter (niveau 2)*

La deuxième définition retenue pour <descripteur_de_lien> est une extension de la première qui introduit une notion de vecteur d'état caractérisé par un certain nombre de variables. Les variables peuvent être testées en mode conjonctif pour savoir si un lien est actif au moment considéré et elles peuvent être modifiées comme conséquence de l'activation d'un lien. Ci-après, (voir figures 8 et 9) deux extraits de scénario illustrent la syntaxe de niveau 2 de ZebraWriter.

<descripteur_de_lien> : <conditions_etat>
<"> <vue_utilisateur_origine> <"> <>>
<vue_auteur_destination> <!>
<modifications_etat>

<vue_utilisateur_origine> : <texte_libre>

<vue_auteur_destination>	:	<nom_de_fragment>
<nom_de variable>	:	<texte_non_vide>
<valeur_de_variable>	:	<texte_non_vide>
<conditions_etat>	:	<> I <?> <liste_conditions>
<liste_conditions>	:	<> I <condition_simple> <;> <liste_conditions>
<condition_simple>	:	<nom_de_variable> <=> <valeur_de_variable>
<modifications_etat>	:	<liste_modifications>
<liste_modifications>	:	<> I <modification_simple> <;> <liste_modifications>
<modification_simple>	:	<nom_de_variable> <=> <valeur_de_variable>

FR. 236 - CHEMIN COTIER - DEVANT GARDES CHEMIN [1] -

A cette étape on peut :
• Activer les deux gardes qui barrent le chemin côtier pour dialoguer.
• On peut essayer de passer sans dialoguer.
• On peut montrer la Broche des Compagnons aux gardes.
• On peut retourner en arrière vers l'embranchement de chemins.

- "Activer les gardes" > Dialogue GCC [1] ! - (237)
- ?PF=1;"Passer sans dialogue" > Passage forcé [1] ! - (266)
- ?PF=2;"Passer sans dialogue" > Passage forcé [1*] ! - (267)
- "Montrer Broche" > Inv.: Chemin Côtier !Dia=n; - (256)
- "Retour en arrière" > Chemin côtier & vers la plage ! - (235)

FR. 237 - CHEMIN COTIER - DIALOGUE GCC [1] -

• Proposition de dialogue avec les gardes du chemin côtier.
(3 icones niveau 1: - Icone ? - Icone Reine - Icone Compagnon -)

- "Icone ?" > Dial. GCC [Ic?1] ! - (238)
- "Icone Reine" > Dial. GCC [IcReine1] ! - (239)
- "Icone Compagnon" > Dial. GCC [IcCompagnon1] ! - (240)
- "Ne pas dialoguer" > Devant gardes chemin [1] ! - (236)

FR. 238 - CHEMIN COTIER - DIAL. GCC [IC?1] -
- Icone ? - (niveau 1 du dialogue)

SETH
Qu'est-ce que vous faites là ?

UN GARDE
De quel droit ?

- "Suite automatique" > Devant gardes chemin [2] !Ic=n; - (241)

Figure 8. *Exemple « Atlantis »*

FR. 10 - THE MARTIAN IS GONE -

The Martian and space craft are gone, only a charred space on the ground telling us they were ever there.

- "GO TO RIVER" > THE RIVER ! (20)

FR. 11 - THE NORTH -

A wilderness with a small path wandering into the moutains. After you walk for a while, you'll meet a Barbarian Chief.

BARBARIAN CHIEF
Hey, dude, give me some money or I'll slit your throat.

- ?Diam=OK;"SHOW DIAMONDS" > OFFER CHIEF DIAMONDS ! - (12)
- ?Diam=No;"NO MONEY" > SLIT THROAT ! - (19)
- "YOU FIGHT" > YOU TRY TO FIGHT ! - (15)
- "YOU RUN" > YOU TRY TO RUN ! - (16)
- "YOU APOLOGIZE" > APOLOGIZE !- (17)

FR. 12 - OFFER CHIEF DIAMONDS -

Barbarian chief see the diamonds.

BARBARIAN CHIEF (Cont'd)
Hey, wow. Like I was only joking with you. But I got this great inflatable boat, you want to buy it.

- "BUY THE BOAT" > HAVE THE BOAT !Boat=OK - (13)
- "YOU DON'T BUY THE BOAT" > NO BOAT ! - (14)
- "YOU FIGHT" > YOU TRY TO FIGHT ! - (15)
- "YOU RUN" > YOU TRY TO RUN ! - (16)
- "YOU APOLOGIZE" > APOLOGIZE !- (17)

Figure 9. *Exemple « Martian »*

4.3. *Performances du format ZebraWriter vis-à-vis des critères communs d'évaluation*

Le traitement de divers exemples, dont ceux qui précédent, nous a permis d'évaluer la version courante de ZebraWriter (ce qui ne préjuge pas des évolutions futures) vis-à-vis de la grille idéale définie plus haut :

Lecture	**Très Facile** (syntaxe réduite+bonne granularité)
Compréhension	**Très Facile** (fragments de tailles limitées)
Capacité de simulation	**Très bonne** (similaire à Livre Héros en plus puissant)
Facilité d'exploration	Bonne (fragment d'indexation)
Facilité de modification	Facile (édition de liens dynamique sur noms de fragments)
Universalité	Limitée aux réseaux de liens avec ou sans conditions
Multi-niveaux	**Oui** (via attributs de typage des fragments)
Trame générale	**Oui** (via fragments de description)
Lien avec production	Bon (Synthèses automatiques + Générateur HTML)

Figure 10. *Grille d'évaluation du formalisme ZebraWriter*

5. Utilisation pour l'analyse d'un produit d'écriture collective

Nous nous proposons d'appliquer l'outil ZebraWriter à l'analyse de séquences multimédias développées par des étudiants de troisième cycle en début de formation. Ces productions, que nous qualifions de maquettes blanches, répondent à des contraintes pédagogiques. Il n'en demeure pas moins qu'à travers leur variété, leur richesse, et parfois leur naïveté, elles représentent un excellent inventaire.

Il nous apparaît que la représentation formalisée proposée par ZebraWriter, intermédiaire entre une argumentation qualitative et une expression strictement formalisée, peut contribuer, outre à l'analyse comparative de quelques documents multimédias, à l'enrichissement d'une démarche pédagogique.

5.1. *Présentation du projet d'écriture collective d'un multimédia*

Né d'objectifs pédagogiques, le concept de maquette blanche [ESC 98] s'est forgé progressivement sur trois années. Il est une réponse pragmatique à une nécessité d'enseignement de la conception multimédia. Les ouvrages de référence actuels, qu'ils soient centrés sur la production, la conduite de projet [BOU 95], [AGN 96], [TOU 97], ou qu'ils soient centrés sur la conceptualisation [LAU 91], [LEV 92], [LAN 94, 97] se prêtent difficilement à une transposition didactique.

Ce concept consiste à plonger les étudiants, dès l'entrée en formation, dans la réalisation d'un objet multimédia. Par analogie avec le bloc de glaise brute livré aux élèves d'école d'art dès l'entrée en atelier, la maquette blanche a pour objectif l'expression de leurs capacités créatives et techniques. Conçue comme une « situation-problème » [DEL 93], [MEI 90], elle vise une auto-construction de connaissances à partir de la pratique d'outils, la prise de conscience des contraintes, des limites et des erreurs, la mesure de l'écart entre l'intention et les résultats de l'action. L'intérêt y est mobilisé, non par une « énigme à résoudre », mais par la réalisation individuelle d'une séquence, dont le thème est imposé et dont l'objectif est d'être intégrée dans un produit collectif. Inscrivant volontairement cette démarche dans une problématique plus générale des rapports entre les nouveaux médias et une tradition d'acquisition des savoirs fondée sur une culture de l'écrit [BAL 95], nous définirons la maquette blanche comme « une mise en dispositif multimédia d'un texte littéraire ».

Le texte doit se prêter à un traitement multimédia, c'est-à-dire à une association de media différents. Sa richesse d'évocation est donc un critère de sélection important. Des liens explicites ou implicites entre le texte et d'autres modes d'expression (références à la peinture, la musique, les sons, etc.) facilitent l'approche et sensibilisent les étudiants aux associations multimédias. Le texte doit par ailleurs se prêter à un traitement hypermédia, c'est-à-dire à une forte densité d'interconnexions. Il doit favoriser les référencements inter et intra-textuels (*a priori* toujours possibles), mais aussi, à l'intérieur du texte pris comme unité, offrir une possibilité de fragmentation suffisante et signifiante. En effet, un fragment doit être attribué à chacun des étudiants. L'ensemble des fragments, au-delà du découpage, doit conserver une cohérence globale de telle sorte que le parcours engendré par le jeu des liens maintienne une unité textuelle. Deux options sont envisageables :

– la fragmentation peut exister au préalable : recueil de textes courts, aphorismes, etc.

– le texte se présente comme une unité, mais la structure textuelle peut permettre ou inciter à un morcellement.

Chaque étudiant doit réaliser une séquence, fruit de sa libre interprétation, comportant des éléments typographiques, picturaux, et sonores. Seules deux contraintes techniques sont imposées : un volume de 30 Mo maximum, un exécutable sous Director. Aucune consigne n'est spécifiée quant au traitement de l'interactivité.

5.2. *Mise en place et premières expériences*

Notre premier choix se porta sur *Gaspard de la Nuit*, d'Aloysius Bertrand, choix motivé par les correspondances entre peinture et poésie que l'auteur revendique explicitement ; le sous-titre du recueil, publié en 1842 n'est-il pas : *Fantaisies à la manière de Rembrandt et de Callot* ? Une autre caractéristique tient à la prose même de Bertrand. Ses poèmes présentent en effet, comme Milner le souligne dans sa préface « un aspect discontinu, fragmenté. L'air circule non seulement entre les poèmes dont les plus longs ne dépassent pas trente lignes, mais aussi à l'intérieur de ceux-ci, qui ne progressent jamais d'une seule coulée et par glissement continu, mais par décrochements et par saccades » [MIL 80]. Une telle définition se prêtait à notre avis fort bien à une perspective de traitement hypermédia, malheureusement non exploitée dans les réalisations. En effet, chaque étudiant ayant choisi dans le recueil un poème à sa convenance et l'ayant illustré indépendamment (parfois fort brillamment), nous nous retrouvions, *in fine*, face à un ensemble de séquences dont l'organisation totale, plutôt qu'à celle d'un « maillage » [BEA 91], serait celle d'une rangée de perles, dont l'ordre d'enchaînement le plus évident demeurait celui de l'ordre alphabétique des poèmes. Une présentation des maquettes est disponible à l'adresse : http://www.univ-valenciennes.fr/dess-tsnt/projet/gaspard/home.htm.

Pour induire, plus explicitement, la construction d'un objet global, il nous apparut qu'il fallait choisir un texte unique, découper ce texte, et donner à chacun une petite parcelle de ce texte. Dans cette optique, notre deuxième expérience porta sur le choix d'un poème, extrait du recueil *Kaddish* [GIN 76], d'Allen Ginsberg pour qui « la poésie est une construction fragmentaire du voyage et de la discussion » [COR 80]. Il s'agit d'un poème en prose dans lequel l'auteur, à la recherche de la tombe d'Apollinaire, parcourt le cimetière du Père Lachaise. Cette recherche est l'occasion d'une série d'évocation de personnages, de lieux et d'objets.

Le découpage d'un texte, présenté comme un flot continu, peut paraître arbitraire. Nous nous sommes imposé trois contraintes :

a) respecter les coupes existantes apparaissant clairement dans la présentation du texte (parties, lignes) et, si possible, celles qui ne sont que suggérées (les cinq passages commençant par une majuscule) ;

b) découper en autant de fragments que d'étudiants, fournir des fragments suffisamment riches ;

c) pour guider le choix des coupes, chaque fragment doit comprendre l'évocation d'au moins un lieu, un personnage, un objet inanimé.

Pour assurer la possibilité d'une navigation, nous avons demandé à chaque étudiant de choisir trois mots correspondant à chacune des catégories mentionnées ci-dessus. Ces mots, qualifiés de clefs d'entrée, ont été mis en liste, chacun y choisissant tour à tour trois nouveaux mots, qualifiés de clefs de sortie. Ainsi nous pouvons accéder à chaque fragment par trois points, et en sortir par trois points. Nous appelons « séquence » ce qui, laissé à la libre réalisation des étudiants, s'inscrit entre les clefs d'entrée et de sortie. L'univers construit est cyclique au sens de Barthelemy [BAR 88], un seul parcours correspond au poème initial, mais chaque parcours produit un sens, peut-être ce « sens qui n'est pas au bout du récit, qui le traverse, qui échappe à toute analyse unilatérale » [BAR 66].

Ainsi d'une simple mise en multi(ples)média, la seconde expérimentation a évolué vers un exercice d'écriture collective à la manière des jeux chers aux surréalistes, du type « cadavre exquis ». L'objet final correspond beaucoup plus à notre attente. Plutôt qu'un collier à un seul rang, nous avons obtenu une sorte de tresse à trois brins dont chaque intersection correspond à une séquence. On y accède par n'importe quelle intersection, puis on navigue « de séquence en séquence », sans très bien comprendre pourquoi, si ce n'est le plaisir de l'exploration.

5.3. *Nécessité d'un modèle formel partageable pour la conception collective*

Notre troisième expérience a pour sujet le recueil « Premiers poèmes » de T.S. Eliot. Ce recueil, dans l'édition bilingue choisie [ELI 97], se compose de 11 poèmes écrits entre 1910 et 1920. 18 fragments en ont été extraits et ont été distribués à chaque étudiant selon un ordre arbitraire : répartition dans la classe. La combinatoire entre fragments fut de même totalement arbitraire : tableau croisé, 1 fragment renvoie à 3 fragments, selon un ordre cyclique jusqu'à épuisement des combinaisons nécessaires. Cette mise en situation, purement formelle, peut paraître absurde.

À ce stade de la démarche, il paraît nécessaire :

a) de maintenir l'idée de la découpe fragmentaire d'une œuvre initiale unique ;

b) de conserver le jeu des clefs d'entrée-sortie entre fragments ;

c) de systématiser l'arbitraire de ce jeu combinatoire mais de compenser cet arbitraire en concentrant l'attention de l'étudiant sur une figuration des liens.

La mise en œuvre de cette troisième méthode permet d'aboutir à un objet très riche au plan structurel, dans la mesure où la contrainte formelle a permis une meilleure intégration des fragments (liberté de choix dans l'entrée des séquences). La fluidité est améliorée par l'échange de clefs (objet, son, requête, etc.) d'un fragment à l'autre. Elle donne une apparence de cohérence externe. On peut constater que certains schémas typiques de situations, [SCH 72], [JOH 93], sont nettement identifiables et apparaissent de façon majoritaire.

C'est pourquoi, pour aller plus loin dans la conception d'un objet collectif, il apparaît nécessaire de formaliser les contraintes d'écriture relatives à chaque catégorie (lieu, personnage, objet) ainsi qu'à leur interaction avec l'utilisateur, c'est-à-dire ses moyens d'action sur elles. Le format ZebraWriter proposé ici semble répondre à ce besoin. N'en ayant pas disposé en septembre 1998, nous avons prévu sa mise en œuvre pour la maquette blanche de septembre 1999.

5.4. *Analyse comparée de séquences à l'aide de l'outil ZebraWriter*

En revanche, nous avons utilisé ZebraWriter pour modéliser *a posteriori* certains fragments de la maquette blanche 98. Nous avons ainsi constaté qu'il pouvait servir à analyser les divers fragments d'une application collective, et en particulier à les comparer. Des exemples d'illustration seront proposés en tant que démonstration. Ils mettent en évidence la diversité des structures de scénario.

6. Conclusion et perspectives

L'espace de cet article ne permettait pas de rentrer dans la description des outils et des documents de synthèse de ZebraWriter mais plusieurs sont déjà opérationnels alors que d'autres très importants comme les plans à échelle variable supposent des travaux complémentaires dont nous publierons les résultats ultérieurement.

Le modèle formel proposé dans cet article satisfait déjà un certain nombre de critères du cas idéal et a prouvé son adéquation à plusieurs types de projets. Il va désormais être utilisé dans des projets comme la maquette blanche 99, déjà évoquée plus haut. En ce qui concerne son évolution, il faut citer une autre expérience qui est en cours de mise en place à travers le site Web de la CST. Cette dernière intitulée « Be-Bop et Lula » va proposer une écriture collective de type oulipien et une approche collaborative pour valider des extensions, ou des évolutions du modèle formel.

Deux directions de recherche émergent : renforcer l'approche objet par un mécanisme d'héritage entre fragments, sans dégrader les niveaux de lisibilité locale et la capacité de simulation, et aborder l'aspect génératif avec un mécanisme permettant de spécifier des fragments décrivant un modèle d'évolution autonome du vecteur d'état.

7. Bibliographie

[AGN 96] AGNOLA M., *Passeport pour le multimédia*, éditions CFP, Paris, 1996.

[bal 95] BALPE J.-P., « Les nouveaux espaces du savoir », *Interfaces 8*, pp. 248-280, 1995.

[BAR 88] BARTHELEMY J.-P., GUENOCHE A., *Les arbres et les représentations des proximités*, Masson, Paris, 1988.

[BAR 66] BARTHES R., « Introduction à l'analyse structurelle du récit », *Poétique du récit*, Seuil, Paris, 1966.

[BEA 91] BEAUFILS A., « Initiation à la construction d'hypermédias par des élèves de collège », *Hypermédias et Apprentissages*, INRP, Paris, pp. 133-148, 1991.

[BOU 95] BOURRON Y., *Pédagogie de l'audiovisuel et du multimédia*, Éditions d'organisation, Paris, 1995.

[COR 80] DE CORTANZE G., « Ginsberg, la voie de la poésie », *Magazine Littéraire*, n°157, pp. 21-22, 1980.

[DEL 93] DELATTRE J., « Situation-problème, faisons le point », *Spirales 10/11*, pp. 7-26, 1993.

[DUR 97a] DURAND A., HUART J., LELEU-MERVIEL S., « Vers un modèle de programme pour la conception de documents », Paris, Editions Hermès, *Revue internationale Hypertextes et Hypermédias*, vol. 1, n°1, pp. 79-101, 1997.

[DUR 97b] DURAND A., LAUBIN J.M., LELEU-MERVIEL S., « Vers une classification des procédés d'interactivité par niveaux corrélés aux données », Paris, Editions Hermès, *Revue internationale Hypertextes et Hypermédias*, vol. 1, n° 2-3-4, pp. 367-382, 1997.

[ELI 97] ELIOT T.S., *Poésie*, édition bilingue, Seuil, Paris, 1997, première édition 1947.

[ESC 98] ESCARABAJAL M., DECAUDIN R., « Au tombeau d'Apollinaire : démarche de réalisation collective d'un hypermédia en situation d'apprentissage », 4e colloque *Hypermédias et Apprentissages*, Poitiers, pp. 59-61, 15-17 octobre 1998.

[GAR 97] GARRAND T., SAMSEL J., *Writing for Multimedia* , Boston, Focal Press, 1997.

[GIN 76] GINSBERG A., *Kaddish*, Christian Bourgois (édition française originale, traduction de Mary Beach, adaptée par Claude Pelieu), Paris, 1976.

[HUA 98] HUART J., KOLSKI C., LELEU-MERVIEL S., « Vers la correction et la prévention des erreurs méthodologiques dans le cycle de vie d'applications multimédia », *Congrès ERGO'IA 98*, Biarritz, pp. 79-101, 12-13novembre 1998.

[JOH 93] JOHNSON-LAIRD P.N., « La théorie des modèles mentaux », in EHRLICH M.-F., TARDIEU H., CAVAZZA M. (eds), *Les modèles mentaux : approche cognitive des représentations*, Masson, Paris, pp.1-22, 1993.

[LAN 94] LANDOW G.P., *Hyper/text/theory*, Johns Hopkins University Press, Baltimore & London, 1994.

[LAN 97] LANDOW G.P., *Hypertext 2.0, the convergence of contemporary critical theory and technologie*, Johns Hopkins University Press, Baltimore & London, 1997.

[LAU 91] LAUREL B., *Computer as a theatre*, Addison-Wesley Publishing Compagny, 1991.

[LEV 92] LEVY P., *De la programmation comme l'un des Beaux Arts*, La Découverte, Paris 1992.

[MEI 90] MEIRIEU P., *Enseigner, scénario pour un métier nouveau*, éditions ESF, Paris, 1990.

[MIL 80] BERTRAND A., *Gaspard de la Nuit*, édition établie par Max Milner, Gallimard, Paris, 1980 (première édition 1842).

[SCH 72] SCHANK R.C., « Conceptual Dependency : a Theory of Natural Language Understanding », *Cognitive Psychology*, 3, pp. 552-631, 1972.

[TOU 97] TOUCHARD J.B., *Multimédia interactif*, *Éditions et Productions*, Microsoft Press, Paris, 1997.

[WIM 96] WIMBERLEY D., SAMSEL J., *Interactive Writer's Handbook*, San Francisco, Carronade Group, 1996.

Entre production et réception : l'hypermédiation, une mutation des savoirs symboliques

Between production and reception: hypermediation as a mutation of symbolic knowledge

Jean-Louis Weissberg

IUT de Villetaneuse - Université Paris XIII
Avenue J. B. Clément
93430 - Villetaneuse
E-mail : weissber@iutv.univ-paris13.fr
et weissberjl@aol.com

RESUME. *Nous discuterons d'abord le problème du statut de l'auteur dans le contexte de l'hypermédiation. Nous montrerons ensuite comment ce contexte secrète des positions intermédiaires originales entre réception et production, lesquelles constituent une véritable mutation des savoirs symboliques ; mutations que nos sociétés se doivent de prendre à bras-le-corps, car il y va des conditions d'exercice de la citoyenneté dans la « République de l'hypermédia ».*

ABSTRACT. *We will first discuss the position of the author in the context of hypermediation. Then we will point out how this context produces original intermediate relations between expression and reception, which represent a genuine mutation of symbolic knowledge. Our societies must carry about these mutations because they underly the basis of being a citizen in the "Hypermedia Republic".*

MOTS-CLES : *auteur, hypermédiation, réception, production, savoirs, citoyenneté.*

KEY WORDS: *author, hypermediation, reception, expression, knowledge, citizen.*

La communication traite principalement deux séries de questions :

– Il s'agira d'abord d'identifier les rapports entre expression et réception dans le contexte de l'hypermédiation.

– On montrera ensuite comment le développement de l'hypermédiation secrète des positions intermédiaires originales entre réception et production, qui constituent une véritable mutation des savoirs symboliques ; mutations que nos sociétés se doivent de prendre à bras-le-corps, car il y va des conditions d'expression de la citoyenneté dans la « République de l'hypermédia » (comme on a pu parler de la « République des Lettres »). Il s'ensuivra quelques propositions pour aborder le problème du statut de l'auteur dans l'univers du « virtuel ».

L'hypermédiation est considérée ici comme un espace techno-culturel singulier où commercent auteurs et récepteurs par programmes-outils interposés. Radicalisant ce qu'annonçait déjà l'écriture et l'imprimerie – l'utopie de la « République des Lettres », où chacun est aussi bien écrivain que lecteur – l'hypermédiation nous plonge dans un milieu beaucoup plus favorable pour expérimenter des agencements inédits entre ces deux postures. Pour aller à l'essentiel, je suggère de reconnaître et de *consolider* le statut intermédiaire entre ces positions : ni lecture – qui laisse inchangé le texte lu – ni écriture, dont l'idéal consiste à demeurer inaltérée ; notions qui n'ont de sens historique que relativement à des supports stables. « Lecture » et « écriture » sont à considérer ici dans un sens élargi, proche de « réception » et « production ».

1. Le *home multimédia :* entre réception et production

Dans un premier temps, il me semble nécessaire de distinguer et de définir trois types de fréquentation des programmes hypermédias dans leurs rapports à la « réception/production », qui on le verra, possèdent tous leur légitimité propre, *même si leurs frontières sont mobiles* :

– la création en tant qu'auteur, artiste ou professionnel, typique d'une activité à finalité clairement éditoriale,

– symétriquement à la position d'auteur, la navigation dans des contenus stables (CD-Rom ou sites Internet) où, me semble-t-il, la situation de lecture doit être différenciée de l'activité d'écriture, même si les supports numériques ouvrent à un concept de *lectacture*,

– enfin, la production de type *home multimédia*, stratégique à plus d'un titre, qui consoliderait une production intermédiaire entre réception et expression.

Nous concentrerons notre attention sur les deux dernières situations, si tant est que la première ne souffre pas de défaut de légitimité, même si elle se confronte à la recherche de langages inédits.

1.1. *Une « lectacture » et non pas une écriture*

La navigation interactive n'est pas une écriture. L'invitation à la navigation hypertextuelle se conjugue pour nombre de commentateurs, avec effacement de la séparation entre lecture et écriture. L'argumentation se construit en commençant par souligner que toute lecture est une réécriture interne du texte lu. Lire un texte, le comprendre (étymologiquement, « prendre en soi »), consiste effectivement à le réécrire intérieurement par une série d'aller et retour entre prédiction de ce qui va suivre et réajustement du sens de ce qui précède (comme pour l'appropriation orale). Ayant affaibli la distinction entre lecture et écriture, on franchit un pas de plus en tentant de faire fusionner l'auteur et le lecteur. Une forme de cette tentative consiste à considérer, par exemple, que la navigation hypertextuelle – pour peu qu'elle puisse modifier le graphe de circulation (ajouter des nœuds, renforcer des chemins) – deviendrait, de ce fait, une écriture. C'est le point de vue, par exemple, de Pierre Lévy lorsque qu'il écrit : « Le navigateur peut se faire auteur de façon plus profonde qu'en parcourant un réseau préétabli : en participant à la structuration de l'hypertexte, en créant de nouveaux liens. Certains systèmes enregistrent les chemins de lecture et renforcent... ou affaiblissent les liens en fonction de la manière dont ils sont parcourus par la communauté des navigateurs»[1]. Mais, même si le lecteur peut modifier des liens ou ajouter des nœuds, s'agit-il alors toujours d'écriture ? Incontestablement, pour le lecteur suivant qui parcourra l'hypertexte transformé, les significations du document seront, elles aussi, modifiées. Si certains chemins sont soulignés, peut-être sera-t-il enclin à les emprunter (ou à s'en détourner). De toute manière sa circulation en sera remaniée.

Mais peut-on, pour autant parler, d'écriture ? Bien sûr, on peut arguer du fait que l'écriture ne se confond pas avec la production sémantique (on peut noter des listes de mots ou de nombres sans rechercher à transcrire la pensée, c'est même cela que visaient les premières inscriptions). Mais comment éliminer, aujourd'hui, du champ de l'écriture la production d'idées, d'arguments ou d'expressions d'états affectifs, surtout lorsque l'on vise des textes argumentatifs ? Agencer différemment l'organisation physique d'un texte, n'est générateur de productions sémantiques et de postures sensibles passionnantes, que si le dispositif de réagencement devient lui-même la composante essentielle d'une œuvre interrogeant ses différentes instanciations possibles et bousculant les coutumes lectorielles, les jeux calligraphiques ou typographiques intentionnels peuvent, eux aussi, ouvrir des champs d'expression sémantiques et esthétiques originaux. Mais dans ce cas, et même si une instanciation suscite une modification interprétative pour un futur lecteur, peut-on lui décerner le titre d'écriture ? À ce compte n'importe quelle succession de mots tirés au sort et alignés sur une page (ou un écran) peut déclencher une vague d'associations. Ce n'est pourtant ni un texte, ni un poème, juste un

1. Pierre Lévy, *Qu'est que le virtuel ?*, La Découverte, Paris, 1995, p. 43.

exercice automatique ou un test projectif ; sauf si le dispositif de tirage est pensé en tant que tel par l'auteur, et là c'est ce geste qui devient proprement une œuvre (les *Cent mille milliards de poèmes* de Queneau, par exemple, n'ont d'intérêt que par le dispositif imaginé pour les produire et non en tant que contenus).

1.2. *La « lectacture », une activité en émergence*

On détecte une tendance malheureuse à analyser les nouvelles postures et les productions permises par la numérisation *en les ramenant à des formes anciennes*, serait-ce à travers des négations trop rapidement posées (comme par exemple : le lecteur est devenu auteur). Oui, la lecture hypertextuelle intensifie la lecture sur supports stables. Non, ce n'est pas, en soi, une écriture. Même les notions de coauteur ou de co-producteur paraissent trop imprécises (elles réfèrent à la collaboration de plusieurs auteurs, approximativement de même statut, comme dans la production audiovisuelle, par exemple). On pourrait, en revanche, considérer que l'interactant devient en quelque sorte l'interprète de l'hypertexte ou de l'hypermédia, au sens musical du terme ; éventuellement un virtuose, mais pas le compositeur. En fait, on tirerait profit de la définition de nouvelles notions substituant celui d'écriture : balisage de chemins, production d'agencements formels, marquage de circulations. Un concept de *lectacture* est probablement à thématiser. On devrait alors envisager que cette *lectacture* agisse dans une zone intermédiaire entre la production et l'appropriation de sens ; pôles, que la lecture et l'écriture tenaient jusqu'à présent, et dans une certaine mesure seulement, éloignés. Car, indubitablement, lecture et écriture, même sur supports stables, ne sauraient être isolées l'une de l'autre. Lire, c'est réécrire pour soi le texte (et pour les textes « savants », souvent les annoter). Écrire, c'est enchaîner sur des lectures passées. Par ailleurs, ces deux pôles s'agencent mutuellement dans des contextes toujours collectifs. Une *lectacture* permise par des supports dynamiques augmente encore les proximités entre les deux pôles, sans toutefois, me semble-t-il, les condamner à fusionner. De multiples développements (indexation de textes, mobilisation de moteurs ou guides de recherche, formalisation de chemins de navigations, etc.) font plus ou moins signe dans cette direction.

Mais la notion de *lectacture* n'est-elle pas trop fortement connotée par celle de « lecture », rabattant exagérément le sens sur le langage écrit, alors qu'avec l'hypermédiation prennent consistance les pratiques croisées d'expression/réception iconiques, sonores et linguistiques ? Comment qualifier cet acte d'expression/réception ? *Spect-acture*, *hypermédiature* ? Le guichet pour déposer les néologismes est encore ouvert.

1.3. *Le home multimédia, un savoir médian et un enjeu politique*

Ceux qui considèrent que la lecture hypermédia s'identifie à une écriture simplifient par trop la question, mais surtout réduisent les pratiques d'expression/réception sur supports numériques à celles qui se sont sédimentées dans la culture de l'imprimé. Or, il me semble que par de nombreux canaux, l'alliance des technologies d'inscription numérique, et d'usage plus répandu que l'on ne le croit, dessinent d'autres perspectives, intermédiaires entre consultations, conservations, citations, collages, émissions de liens et création originale de contenus. Une offre logicielle grand public accompagne et fortifie cette alliance : boîtes à outils de toute nature, progiciels de design d'hypermédias, logiciels de traitement d'image fournis avec les appareils photographiques numériques et décalqués des outils professionnels de type Photoshop, logiciels d'échantillonnage musicaux, de *sampling*, etc. Des *home studio* aux pratiques de copier/transforme/coller musicales (*techno*, *house music*)[2], en passant par les *mix* des *rave*, le domaine musical offre un bon écho de ce qu'une réception/production hypermédia est en passe de généraliser : un *home multimédia* élargi aux agencements conjoints des univers textuels, graphiques, iconiques et sonores dans le contexte de la communication collective et de la documentation partiellement automatisée. Si on décrit concrètement ce que signifie réaliser une *home-page* sur Internet ou un site collectif dans une classe, par exemple, on découvrira une nappe graduée d'activités où la recherche documentaire automatisée par moteurs et guides, la citation, l'emprunt non-référencé, le collage, la transformation de sources originales occupent une place considérable.

L'usage de robots chercheurs est, par ailleurs, une manière naturelle de se déplacer sur le réseau : la mobilisation de tels automates devient une pratique de lecture/recherche grand public. De multiples propositions s'amorcent pour cartographier et exploiter les gisements de données ainsi collectés[3], étendant ainsi des savoir-faire d'organisation de connaissances aujourd'hui encore spécialisés. Sur ce terrain aussi le passage à la *home*, exploitation dynamique des paysages

---

2. Dans son introduction au catalogue d'*Imagina 98*, Bernard Stiegler développe une argumentation similaire balançant la puissance des industries mondiales du *broadcast* numérique par le traitement local des images : la « house vidéo » qui devrait conduire à « un changement profond de l'attitude comportementale du consommateur », *Actes d'Imagina 98*, INA, Bry-sur-Marne, p. 5, 1998. Voir aussi l'excellent commentaire que Pierre Lévy fait de la musique techno dans *Cyberculture*, Odile Jacob, pp. 168/172, novembre 1997.

3. Le logiciel *Umap Web*, conçu par la société *Trivium*, par exemple, cartographie les proximités entre les thèmes consultés au fur et à mesure de la navigation dans des pages Web. L'Internaute construit ainsi un paysage graphique de données, miroir explicite de ses inclinaisons.

d'informations, est amorcé. Le développement de nouvelles normes d'édition de documents, appelées à succéder à H.T.M.L. – tel que X.M.L. (pour *eXtensive Mark up Language*), métalangage permettant d'adapter les langages de conception selon la nature des sites – augmentera l'initiative des Internautes. Il s'agira en effet, de plus en plus, non pas de consulter des sites, mais de transformer les pages reçues, de les recomposer et d'y ajouter des informations personnelles.

L'offre de logiciels-auteurs se renforce (maquettisme, traitement d'images photographiques, gestion d'hyperdocuments, langages de conception de sites sur Internet, etc.) rendant de plus en plus transparent aux utilisateurs l'usage d'outils élaborés[4] (même si, parallèlement – et ce n'est pas contradictoire – les versions professionnelles se complexifient).

Bien entendu, une part plus originale, personnelle, lieu de la créativité dans un sens plus traditionnel, complète ces activités : établissement de chemin de navigation, design d'interfaces graphiques, et rédaction de textes où il se vérifie que les savoirs de la lecture/écriture demeurent fondamentaux dans ces nouveaux espaces expressifs. Et l'on voit bien que ces dernières compétences sont majorées au fur et à mesure que l'on évolue vers les univers professionnels. Mais, dans une perspective d'éducation et d'apprentissage, les premières strates d'activités de sélection et d'agencements documentaires sont d'une richesse heuristique considérable.

2. Devenir auteur

L'évolution propre des langages hypermédias devrait inciter l'Éducation Nationale à prendre résolument l'orientation du *home multimédia.* « Devenir auteur », telle devrait être la devise inscrite au fronton de l'école du XXIe siècle. On rappelle d'abord que l'apprentissage de la lecture n'a de sens que conjointement à celle de l'écriture. Rien de moins que transformer de jeunes enfants en auteurs, au sens plein du terme : devenir auteur – écrire – et pour cela lire les textes des autres

4. Parmi les récentes annonces, et à titre d'exemple, nous relevons le logiciel ingénieux, mis au point par la société Realiz. Celui-ci produit une image tridimensionnelle à partir de quelques photographies d'un même objet (meuble, visage ou monument). Visant dans un premier temps des usages professionnels, cet outil démocratise incontestablement l'image 3D. Ses concepteurs envisagent de l'associer aux logiciels de retouche livrés avec les appareils de photographie numérique. Dans le même ordre d'idée, la société Virtools propose aux designers de jeux vidéos un logiciel interactif 3D « temps réel » – Nemo – permettant de s'affranchir de la programmation informatique. Avec Nemo, on peut animer directement et interactivement, à l'écran, des scènes en attachant des comportements à des objets, lesquels comportements peuvent être puisés et combinés dans une bibliothèque étendue. Bien sûr, Nemo ne s'adresse pas au grand public, mais tout porte à croire que des versions simplifiées permettront aux passionnés de fabriquer bientôt leurs propres jeux.

comme les siens. Conduire le passage à l'écriture représente l'une des missions essentielles de l'éducation. La visée ne consiste pas seulement à permettre l'expression écrite de la pensée, mais surtout à provoquer, constitutivement, une mise à distance de soi, afin qu'à travers cette extériorisation, dans cet écheveau de règles et de contraintes, les apprentis-auteurs explorent, raffinent et finalement produisent, par ré-flexion, leurs idées. Utopie démocratique, que les nouveaux systèmes symboliques numériques se doivent de prolonger, s'il est vrai que le contexte de l'hypermédiation fait émerger de nouvelles pratiques d'expression/réception (que, par exemple, les notions de *lectacture*, ou de *home multimédia* présentées plus haut, tentent de circonscrire).

Dans ce sens – celui du *home multimédia* – l'école doit prendre en charge le devenir-auteur hypermédia des enfants, comme Célestin Freinet avait pris en charge leur devenir auteur à travers la fabrication de journaux. Et si hier tout le monde n'était pas appelé à écrire dans un journal et à l'imprimer, demain, en revanche, tout le monde sera plus ou moins conduit à se mouvoir dans le milieu de la téléinformatique. Et c'est bien ce que nombres d'expériences en France et dans le monde indiquent, notamment avec l'usage renouvelé de la pédagogie de projet autour d'Internet (réalisation coopérative de sites, par exemple, version moderne de « l'imprimerie à l'école »).

2.1. *Compétences graduées*

Levons ici une éventuelle méprise. L'auteur-citoyen dans l'aire de la culture de l'écrit n'est pas obligatoirement un auteur au sens académique du terme (journaliste, écrivain, homme de lettres ou de sciences, etc.). De la même manière, l'auteur hypermédia n'est pas appelé à maîtriser les savoir-faire spécialisés qui demeureront l'apanage de professionnels. Mais à des niveaux différenciés, chacun est conduit à utiliser des outils de complexités graduées pour des usages eux aussi gradués. La mise au point du langage SCOL[5] est un bon exemple d'usages échelonnés d'un même logiciel. Ce langage de conception d'espace tridimensionnel et interactif sur Internet – véritable prodige technique permettant le *design* personnel, d'espaces de communication – est proposé dans plusieurs versions de complexité et de prix différents selon qu'il s'adresse au grand public ou à des professionnels. SCOL devrait permettre aux Internautes de créer assez facilement leurs propres mondes virtuels en trois dimensions et d'y déposer leur avatar en scannant une photo, par exemple. Toutes les composantes des scènes conçues sont cliquables et peuvent renvoyer par liens à d'autres lieux, afficher des sources documentaires ou lancer des applications. De même, dans sa version de 1998, *Le deuxième monde* distribue à ses « habitants » des outils simples pour configurer, en trois dimensions, leur *home*

5. Ce langage est développé par la société Cryo.

page, ainsi que leur domicile virtuel, limité dans la version antérieure à un appartement-type, dont ils ne pouvaient que personnaliser la décoration. Là encore, l'habileté et les motivations des usagers donnent forme à des réalisations de qualités différenciées.

Tous les Internautes, par exemple, savent bien que l'usage du réseau met en œuvre des compétences variées passant du simple *surfing* (l'équivalent de la lecture classique), à la maîtrise des téléchargements de logiciels et à l'exploitation de grandes masses d'informations acquises grâce aux robots, et autres guides de recherches, dont les langages de requêtes se font sans cesse plus acérés et complexes. Les réglages et manipulations logicielles sur Internet dérivent parfois vers des savoir-faire quasi-experts (chargement d'applications en V.R.M.L. et autres *plug'ins*, réception de chaînes multimédias en continu, etc.). On voit se multiplier sur le réseau, des offres d'outils grand public de création de sites, proposant aux Internautes néophytes des formats préétablis qu'il s'agit de paramétrer et d'illustrer grâce à des banques d'images libres de droit[6]. Il suffit d'agencer ces textes, photos et liens hypermédias pour construire un site personnel sans maîtriser la programmation classique.

2.2. *La production multisupport*

Le développement attendu de la production multisupport, est un autre indicateur de la propension expérimentatrice qui fait dériver vers le récepteur final des compétences d'agencement du type *home multimédia.* Même si ces perspectives sont encore mal dessinées, leurs motivations sont significatives et rejoignent, finalement, notre propos.

Avec la production *multisupport*, développée notamment par l'INA, le téléspectateur pourra, à terme, accéder, au-delà de l'émission diffusée, à la production « grise », c'est-à-dire à l'ensemble des *rushes*, archives et images associées, dont une infime partie seulement est diffusée, faute de temps, à l'antenne. Bref, l'équivalent audiovisuel de la consultation de l'environnement documentaire dans la presse en ligne : dossiers, rapports, publications qui ont servi au journaliste, mais ne sont pas publiés, faute de place, et qui deviennent accessibles dans l'édition

6. De tels services existent depuis des années aux Etats-Unis. En France, la société Multimania, ainsi que le moteur de recherche Lycos, proposent gratuitement ces instruments, non sans lorgner sur la surface publicitaire ainsi créée par la multiplication des sites hébergés. Ce qui, soi-dit en passant, n'est pas du tout du goût des « aficionados », lesquels ont réagi en proposant un programme à intégrer aux pages Web, lequel bloque l'affichage des bandeaux publicitaires.

électronique[7]. Dès la phase de production, l'objectif n'est plus de produire des émissions, mais des ressources documentaires déclinables dans plusieurs directions : films, CD-Rom, banque d'images, etc.[8]. Il s'agit là d'une réorientation majeure pour les auteurs qui devront, non plus sélectionner des matériaux pour servir un propos unique dans un format délimité (le fameux 52 minutes, par exemple), mais construire des *scripts* exploitant les ressources documentaires rassemblées, grâce aux logiciels idoines disponibles[9]. Evidemment, dispositions inédites aussi pour le « téléspect-acteur » qui passera d'un régime réglé sur le flux linéaire temporel à une proposition d'exploration en profondeur, rejoignant celle qui s'impose avec les hypermédias. Plus radicalement encore, et c'est ce qui nous intéresse ici, il est envisagé que le public puisse avoir accès aux outils utilisés par les auteurs, afin de fabriquer d'autres programmes hypermédias avec le stock de matériaux rassemblé par l'équipe initiatrice. Le partage, même inégal, des outils logiciels entre professionnels et amateurs avertis[10] est, en effet, source de remaniements profonds dans la structure des rapports auteurs/publics dans la logique même de ce que nous avons nommé ici, le *home multimédia*.

---

7. Ainsi Bernard Stiegler, directeur du département Innovation à l'INA explique : « Si nous avons 10 heures d'interview de Nathalie Sarraute, par exemple, pourquoi ne pas les proposer aux téléspectateurs intéressés ? Une bonne partie pourrait être mise en ligne en accompagnement de l'émission de 45 minutes, en organisant pour cela une navigation documentaire. Lors de la présentation du programme sur une banque d'images, un indicateur pourra signaler que, derrière telle séquence, un sujet plus long est disponible, qui lui-même renvoie à un ensemble de documents ». Interview du magazine de l'image et du son, INA, p. 10, juin 1998
8. Dès 1998, l'INA mettait en place un « studio de production multisupport ». Plusieurs projets sont déjà en cours, en particulier avec France Télévision pour des émissions de la série : « Un siècle d'écrivain ».
9. On peut se demander, sur ce point, si la « patte » d'un réalisateur, parviendra aussi bien à s'imprimer dans ce nouveau système de contraintes : un excellent auteur de films peut se révéler un piètre concepteur de CD-Rom. Miser sur l'émergence d'un « auteur collectif » est peut-être, de ce point de vue, un raccourci trompeur. Mais sans doute aussi faut-il imaginer une redistribution plus collective du travail dans un tel cadre, tirant profit des compétences de chacun.
10. Le coût des systèmes de production de programmes en vidéo numérique a été divisé, en francs constants, par 10 en 15 ans, et ceci avec des performances techniques en constante progression. Et cette diminution de prix se poursuit. Au début de l'année 1999, on pouvait acquérir une station de production pour un investissement allant de 50 à 100 000 francs. L'entrée de gamme, sous forme d'ordinateur portable connectant caméscope, appareil photo, Minidisc, etc., et officiant comme banc de montage numérique, se situait à moins de 20 000 francs. Voir Franck Poguszer, « Home vidéo : ma télé à moi », *in In@visions*, n°9, INA, p. 16, janvier 1999.

2.3. *Continuité réception-adaptation-création*

On peut repérer la même continuité réception-adaptation-création dans certains jeux vidéos. L'exemple de Pod est, à cet égard, révélateur. Pod est un jeu de course automobile d'un réalisme surprenant déployant l'arsenal du décorum des circuits (seize circuits évoquant les univers de *Blade Runner*, *Mad Max,* etc.) et multipliant les degrés de réglage des engins (accélération, adhérence, braquage, etc.). Les voitures concurrentes sont dotées d'une intelligence propre de la course, assez évoluée. Mais l'innovation réside ailleurs. Un forum, sur Internet, permet aux « mordus » de concevoir de nouveaux circuits dans lesquels ils peuvent inviter des concurrents. Gagner la course n'est plus alors l'unique objectif. S'éloigner du circuit et visiter les paysages présente, pour certains, autant d'intérêt. De nouveaux véhicules peuvent aussi être fabriqués avec des caractéristiques techniques propres. Et finalement, bouclant le circuit, les créateurs de Pod conçoivent les nouvelles versions du jeu en s'inspirant de l'imagination des adeptes de ces sites. Ainsi, est-on passé, par touches successives, d'un jeu vidéo à une expérimentation collective d'un cadre scénographique, où les participants sont à la fois acteurs de leur spectacle et spectateurs de leurs actes : « spect-acteurs » donc, avec toutes les graduations de savoir-faire que l'on peut imaginer.

3. La culture de l'hypermédiation comme percolation réception/expression

Au terme de ces entrelacements, réception et production hypermédias s'enchaînent, sans se confondre, comme se font écho lecture et écriture. Fondamentalement, les activités de réception et d'expression se couplent dans les environnements mus par l'informatique[11]. Tendance fondamentale qui pousse à accroître, parmi les usages du réseau, ceux qui tendent à la production d'hyperdocuments.

On dira, bien entendu, que nul n'est tenu de devenir rédacteur hypermédia ,et que la rédaction de textes linéaires sur papier n'est pas condamnée à quitter notre horizon. C'est aujourd'hui exact, mais cette opposition devient, de plus en plus abstraite, dès lors que les savoirs de l'écriture s'hybrident naturellement avec ceux de l'hypermédiation. L'usage documentaire dérivera alors fréquemment vers la production hypermédia. Nous ne supposons pas, au nom d'on ne sait quelle injonction normative, que des pratiques de simple consultation et navigation soient

11. Par exemple, le CD-Rom *Odyssey*, conçu par la société Arkaos pour Jean-Michel Jarre, offre aux utilisateurs un environnement pour « jouer » de l'ordinateur sur sa musique, comme on joue d'un instrument. Les touches du clavier commandent l'affichage d'images que l'on peut déformer en utilisant des effets spéciaux, et dont on peut régler le rythme. Le logiciel Xpose LT, commercialisé par Arkaos, permettra à ses acquéreurs de jouer leurs propres images sur des musiques de leur choix

appelées à devenir obsolètes, ni que l'hypermédiation doive effacer les frontières entre les activités triviales et expertes de création multimédia. Mais nous imaginons toutes sortes de strates, aujourd'hui déjà observables, entre ces deux positions[12]. Nous conjecturons que, même si les frontières se déplacent avec l'évolution techno-culturelle, ces deux pôles et donc aussi les zones intermédiaires, maintiendront leurs spécificités. Ces zones médianes forment le terrain fertile de projets individuels et collectifs formateurs, et surtout en harmonie techno-culturelle avec les nouveaux instruments symboliques en émergence.

De plus, et sur un autre terrain, les compétences exigées et développées à la fois par les outils de la *home production*, enrichissent la problématique de l'interactivité. Il s'agit ici de mobiliser une interactivité – propre aux logiciels – pour produire des programmes hypermédias eux-mêmes à fréquentation interactive, une interactivité au carré en somme.

Faire fructifier les savoir-faire intermédiaires de l'hypermédia est un enjeu éducatif, bien sûr, mais plus fondamentalement politique, si l'on comprend que se construisent ici les formes symboliques et par là même, les outils expressifs de la vie collective en général, et de la démocratie en particulier. Même sans démarche volontariste, les pratiques du *home multimédia* se développeront nécessairement, mais plus lentement, et sans que soit mis en lumière leur valeur. Il est de la responsabilité de ceux qui ont en charge les politiques éducatives, de commencer par reconnaître, au sens fort du terme, les pratiques du *home multimédia* comme condition actuelle de la citoyenneté ; et ensuite, il leur appartient de les systématiser.

Cette perspective pourrait, de surcroît, donner un contenu concret à l'appel au décryptage des images, objectif récurrent, proclamé ici et là par tous ceux qu'inquiète une supposée domination – à démontrer, par ailleurs – du règne iconique sur le scripturaire. La seule manière de dégonfler la baudruche de la manipulation par les images consiste à faire de chacun des manipulateurs (au sens premier du terme) d'hyper-images, des citoyens capables de déjouer les prétendus pièges des images numériques, en développant leur réception/production, c'est-à-dire leur mobilisation expressive. On s'apercevra alors que l'hypermédiation fait

---

12. On retrouve, sous certains aspects seulement, la querelle qui avait enflammé le milieu de l'informatique éducative dans les années quatre-vingt, entre les partisans d'un large enseignement des principes de la programmation (ce qu'assumait LOGO, notamment) et ceux qui optaient pour les usages pédagogiques de l'informatique (E.A.O., simulation, etc.). Notre option pour des « savoirs médians » ne recouvre pas exactement cette confrontation. Elle retient le côté « productif » des premiers, tout en mettant l'accent sur la diffusion des outils intermédiaires de création qui déplacent les savoirs requis de l'informatique classique (algorithmique, programmation), vers les langages applicatifs et les pratiques généralisées du couper/coller/relier/créer.

apparaître en pleine lumière ce que savent tous les professionnels de l'image, à savoir que toute image est bordée par du langage -souvent écrit- (de même que le langage se déploie sur fond d'images). Œuvrant naturellement dans les savoirs croisés de l'écriture, de l'icône et du son, l'hypermédiation est une propédeutique sémio-critique naturelle.

3.1. *Instabilité, méta-écriture et méta-lecture*

Ainsi se fait jour la nécessité d'une acclimatation raisonnée au milieu *hypermédia*, tout à la fois maniement d'un ensemble corrélé d'outils de réception et d'outils de production, même si, à la différence des technologies de l'écriture, celles de l'hypermédia évoluent rapidement, et ne sont sans doute pas appelées à se stabiliser. Mais cette instabilité est probablement un obstacle beaucoup moins insurmontable qu'on ne veut bien le dire. Le reconnaître doit inciter à développer les apprentissages de type « méta-expressifs », là encore en suivant les logiques propres de l'hypermédiation qui, spontanément, convertissent à une attitude archéologique, interrogeant les couches non-visibles de l'image, comme les principes guidant, en arrière-fond, les scénographies installées.

La création hypermédia se trouve en harmonie avec un mouvement culturel profond qui pousse les auteurs et artistes de l'univers numérique, (tout aussi bien que les *game designers* des nouvelles générations de jeux vidéo[13]), à créer des œuvres, ou des productions, directement comme « méta-œuvres » – telle la « générativité » littéraire chère à Jean-Pierre Balpe – c'est-à-dire comme puissances de productions de familles, de tribus, de sociétés d'œuvres « auto-matiques » (littéralement : qui sont cause de leur propre mouvement). Cette position « démiurgique », partagée par nombre d'auteurs multimédias, engendre spontanément une posture de « méta-écriture » (produire des « méta-récits » plutôt qu'une narration délimitée, créer des « méta-scènes » avec des acteurs virtuels doués d'une certaine autonomie, plutôt qu'une dramaturgie déterminée, etc.).

Symétriquement, du côté des « spect-acteurs », ces dispositions suscitent ce que l'on pourrait appeler une « méta-lecture » ou plus généralement une « méta-réception » : rechercher les principes fondateurs dans les séries de rééditions, tenter de repérer les invariants (et que l'on puisse les identifier ou pas, n'est, à la limite,

13. Une société d'acteurs virtuels avec lesquels il va falloir nouer des relations si l'on veut atteindre un objectif : telle est la scénographie générale de ces jeux. Le joueur doit comprendre les logiques comportementales qui animent ces agents ; celui-ci deviendra-t-il un ennemi, puis-je faire de cet autre un allié, etc. De plus, la manière avec laquelle il abordera les personnages, influera sur leurs comportements. Le joueur devient une sorte d'« ethnologue » ; il se branche sur un monde qui vit indépendamment de sa présence, à charge pour lui d'infléchir dans un sens favorable les opportunités qui se présentent.

pas essentiel), bref se bricoler, à chaque reprise, une « théorie » du récit, ou de la scène. Cette attitude récursive devient la condition « spectatorielle » actuelle. C'est finalement, un retour de manivelle logique, qu'un dispositif de « méta-écriture » suscite une posture de « méta-lecture ». Et l'on rejoint là encore les fondements de la culture de l'hypermédiation fondée sur une percolation entre la construction et la réception du sens.

4. Bibliographie

[BAL 94] BALPE J.P., « Un roman inachevé », *Littérature*, n°96, Larousse, Paris, décembre 1994.

[ECO 85] ECO U., *Lector in fabula*, Grasset, Paris 1985.

[EIS 91] EISENSTEIN E., *La révolution de l'imprimé dans l'Europe des premiers temps modernes*, La Découverte, Paris, 1991.

[LEV 97] LEVY P., *Cyberculture,* Odile Jacob/Conseil de l'Europe, Paris, 1997.

[PAP 81] PAPERT S., *Le jaillissement de l'esprit. Ordinateurs et apprentissage*, Flammarion, Paris, 1981.

[STI 98] STIEGLER B., « Élaborer une grammaire des images et des sons », *Actes d'Imagina 98,* INA, Bry-sur-Marne, 1998.

[WEI 99] WEISSBERG J.L., *Présences à distance. Pourquoi nous ne croyons plus la télévision*, L'Harmattan, Paris, avril 1999.

QUATRIEME SESSION

Outils et méthodes

PROXILEX : un outil d'approximation orthographique à partir des fréquences des N-grammes

Mohamed Hallab — Alain Lelu

Université Paris 8 / Département Hypermédia

RESUME. *On présente ici une méthode d'approximation orthographique rapide d'une chaîne de caractères tapée par l'utilisateur par rapport aux termes les plus proches issus d'une liste de grande taille : chaque mot de la liste, simple ou composé, est caractérisé par le profil de ses N-grammes, c'est-à-dire de toutes les chaînes de longueur fixe de n caractères qui s'y trouvent (ici chaque vecteur mot est caractérisé par les fréquences de ses bigrammes concaténées à celles de ses trigrammes). La mesure de proximité entre les chaînes utilise d'abord une distance vectorielle, puis un indicateur d'ordre des N-grammes communs. On compare cette procédure à la distance d'édition obtenue par programmation dynamique.*

ABSTRACT. *A fast lexical matching method is presented, for comparing a requested character string to the most similar terms in the system's vocabulary : each term, either a single word or a phrase, is described by its N-grams frequency profiles. Our method first uses a vector distance, then a similarity index embedding the relative order between N-grams. We compare our procedure with the calculation of edit distance through dynamic programming.*

MOTS-CLES : *Approximation orthographique, N-grammes, distance vectorielle, distance d'édition, programmation dynamique, comparaison de chaînes.*

KEY WORDS: *lexical matching, N-grams, vector distance, edit distance, dynamic programming, string matching.*

1. Introduction

L'approximation orthographique entre chaînes de caractères est devenue une opération importante dans tout système d'information car souvent la chaîne posée en requête ne constitue qu'une variante orthographique parmi d'autres des chaînes déjà stockées. Les utilisateurs finaux, mais aussi les gestionnaires du système ou les auteurs des documents, commettent souvent des fautes d'orthographe ou de frappe lors de la saisie des données ou du mot à chercher dans un document, ou dans une liste de mots répertoriés dans un système informatisé (dictionnaire, listes terminologiques, base textuelle en texte intégral, etc.). De plus, dans un système de recherche documentaire, l'utilisateur a souvent besoin d'un ensemble de mots proches du mot tapé afin d'avoir le maximum de « taux de rappel » et éviter de passer à côté de variantes orthographiques – correctes ou non – répertoriées dans le système.

Les procédures actuelles de recherche « floue » d'un mot dans une liste sont imparfaites : quand elles sont basées sur la recherche des chaînes de caractères débutant par la chaîne présentée en requête, elles sont vulnérables aux fautes d'orthographe (lettres redoublées, ajout d'un caractère, etc.), aux erreurs de saisie et aux flexions irrégulières ; et elles sont incapables dans ce même cas de fournir un terme composé à partir d'un composant autre que le premier. Si elles sont basées sur un algorithme de phonétisation, elles dépendent de la langue utilisée et du choix des règles de phonétisation, qui ne sont pas absolues et peuvent engendrer du bruit ; elles ne traitent pas non plus dans ce cas les termes composés.

2. Etat de l'art

La recherche « floue » d'un mot dans une liste repose sur un calcul de distance entre le mot tapé par l'utilisateur et chaque mot de la liste. Deux familles principales de calcul de distance sont utilisées à ce jour, celles basées sur la distance d'édition, et celles basées sur les N-grammes.

2.1. *Distance d'édition et programmation dynamique*

Soient deux chaînes de caractères X et Y, construites sur le même alphabet A. Un certain nombre d'opérations, faites sur l'une des chaînes X par exemple, permet de l'identifier à l'autre chaîne, en l'occurrence Y :

i) changer un caractère en un autre,
ii) supprimer un caractère,
iii) insérer un caractère,
iv) permuter deux caractères.

[MOR 70] et [SEL 74] proposent d'utiliser le nombre minimum d'opérations élémentaires pour passer d'une chaîne X à une chaîne Y, qui ne sont pas forcément de même longueur. Chaque opération peut être affectée d'un coût ; on cherche alors à minimiser la somme des coûts. Pour ce faire, on utilise la programmation dynamique.

La méthode d'optimisation dite programmation dynamique est utilisée pour obtenir un indice de dissemblance ou de ressemblance R(X,Y) entre une chaîne X à classer et des chaînes-types Y, conservés en mémoire. L'indice R(X,Y) permet de répondre à la question : à quel(s) Y ressemble le plus X ? R évalue un « appariement » de X avec Y qu'on cherche à optimiser.

C'est surtout en reconnaissance de mots parlés que la programmation dynamique a été utilisée. X et Y sont alors des chaînes d'éléments phonétiques ou phonèmes. Supposons que X et Y représentent le même mot : la suite des n phonèmes de X peut différer de la suite des m phonèmes de Y par : i) des substitutions ; ii) des répétitions ; iii) des suppressions de phonèmes dans la chaîne X. Mais la permutation de deux phonèmes dans X n'est pas possible.

Le processus d'appariement est décomposable en n phases, telles que le passage de l'état Ei-1 à l'état Ei ne dépende que de Ei-1 et d'une décision Xi (condition rappelant celle d'un automate d'état fini).

La programmation dynamique utilise le principe selon lequel l'optimum global est décomposable en une somme d'optimums locaux obtenus séquentiellement. Elle permet d'obtenir le résultat en O(k2) opérations, où k est le nombre de caractères de la chaîne de départ.

2.2. *Les méthodes basées sur les N-grammes*

2.2.1. *La méthode de T. Kohonen*

[KOH 99] présente la « Feature distance » (FD) pour comparer les chaînes de caractères. Cette distance est obtenue par la fonction suivante :

EFd(A,B) = max (na, nb) - nd

Où : na et nb sont les nombres de N-grammes dans les chaînes A et B, et,

nd est nombre des N-grammes communs dans A et B quand d déplacements sont permis.

Cette fonction satisfait à l'« inégalité triangulaire » caractéristique d'une distance. A partir de petits exemples de chaînes « polluées » à 50 %, dont il calcule la médiane et la moyenne pour les comparer à la chaîne de départ, il montre que cette distance fait presque aussi bien que la distance d'édition, tout en semblant plus rapide à calculer.

2.2.2. *La méthode APRP*

La méthode APRP (Adaptative Pattern Recognition Processing) est incluse dans le moteur de recherche RetrievalWare développé et commercialisé par Excalibur Technologies [EXC 97].

C'est une technologie fondée sur la reconnaissance des formes par réseau neuronal, appliquée au codage binaire des informations. Elle est indépendante de la langue et effectue une recherche floue.

L'indexation par l'APRP construit pour chaque mot du document des motifs binaires de longueurs variables, c'est-à-dire des vecteurs matérialisant l'existence de N-grammes, qui codent le mot en fonction du contenu global de la base, tel que le réseau neuronal l'a répertorié. Le nombre N est variable et optimisé en fonction de ce que le réseau neuronal a déjà appris.

En mode recherche, le moteur extrait les motifs de N-grammes les plus proches de ceux du mot et les présente en fonction de la pondération obtenue via l'analyse préalable des fréquences de N-grammes globales.

3. Notre méthode basée sur les N-grammes

Comme les autres méthodes ci-dessus, notre approche statistique s'affranchit de toute analyse morpho-syntaxique, qu'elle soit rudimentaire ou élaborée : chaque mot de la liste ainsi que le mot constituant la requête y est caractérisé par le vecteur des fréquences de ses N-grammes, c'est-à-dire de toutes les chaînes de longueur fixe de n caractères qui s'y trouvent.

Elle comporte deux étapes :

– une première, de préparation en différé et détaillée plus bas, consiste à extraire les bigrammes et les trigrammes de chaque mot de la liste afin de construire le vecteur des fréquences de bigrammes et trigrammes correspondant,

– une deuxième, interactive, s'exécute en deux temps : 1) calcul d'un indice d'inclusion du vecteur de départ avec les vecteurs construits dans l'étape précédente, 2) filtrage des réponses obtenues en fonction de l'indicateur d'ordre des N-grammes communs.

3.1. *Comparaison entre vecteurs*

Dès lors que nous caractérisons un mot simple ou composé par un vecteur de fréquences de N-grammes (nos meilleurs résultats proviennent des fréquences de leurs trigrammes concaténées à celles de leurs bigrammes), on peut définir un « indice d'inclusion », non rigoureux mais validé empiriquement (cf. paragraphe 4.1.), décrivant le degré d'inclusion de la chaîne A dans la chaîne B par la formule :

$$I(A/B) = \langle xA, xB \rangle / \| xA \|$$

Où xA et xB sont les vecteurs de fréquences de N-grammes de A et B, $\langle xA, xB \rangle$ note leur produit scalaire, et $\|.\|$ leur norme.

Cet indicateur, indépendant de la notion de troncature à droite, permet de repérer la présence stricte ou approchée d'une chaîne de longueur raisonnable au milieu, début ou fin d'une autre chaîne pouvant comporter des espaces (termes composés), et ce indépendamment de la langue ou de l'écriture utilisée. Cet indicateur a ses défauts, développés dans le paragraphe suivant, mais nous l'avons constaté que les chaînes produisant un indice d'inclusion de plus de 0,62 par rapport à la chaîne posée en requête paraissent le plus souvent valides.

3.2. *Ordre des N-grammes communs*

A l'issue de la première étape, on obtient un sous ensemble de mots triés par ordre de similarité décroissante. Cependant, une mesure basée seulement sur la distance vectorielle ne prend pas en compte l'ordre des N-grammes communs. En d'autres termes, une chaîne contenant tous les trigrammes et bigrammes de la chaîne de départ mais qui ne sont pas en séquence aura la même note de comparaison que cette chaîne vis à vis d'elle-même. En effet, on voit apparaître des chaînes incorrectes dans la liste de réponses retournée (cf. exemple au paragraphe 4.2).

Pour pallier ce problème, on filtre ce sous ensemble de mots en tenant compte de l'ordre des N-grammes dans la chaîne de départ et dans la chaîne réponse. De ce fait, si les N-grammes communs sont en séquence dans la chaîne réponse comme dans la chaîne de départ, alors la note de proximité sera maximale.

Le calcul de notre distance entre la chaîne de départ et chaque mot de la liste, est une somme de notes partielles, et se fait comme suit :

Pour chaque catégorie de N-grammes (bigrammes et trigrammes) :

– pour le premier N-gramme commun, on donne par défaut la note 3 (le nombre 3 a été choisi empiriquement comme note de concordance maximale entre un N-gramme et un autre),

– pour les N-grammes communs suivants dans l'ordre de la chaîne de départ, la note est fonction de la distance entre un N-gramme commun et le N-gramme commun précédent dans la chaîne d'arrivée :

- si l'écart est égal à +1 (ils se suivent), alors la note globale sera incrémentée de 3,
- si l'écart est égal à +2, alors la note globale sera incrémentée de 2,
- si l'écart est égal à +3, alors la note globale sera incrémentée de 1,
- au-delà de 3 ou si l'écart est négatif, la note globale reste inchangée.

Une fois l'indicateur de séquentialité calculé, on utilise un seuil pour supprimer les chaînes ayant des indicateurs faibles. Les expériences ont montré 1) que les chaînes produisant un indice de séquentialité de plus de 75 % de la note maximale par rapport à la chaîne posée en requête nous sont apparues jusqu'à ce jour comme valides (cf. paragraphe 4.2.), 2) que cette méthode permet la « détection floue » de motifs courts au milieu de longues chaînes.

En termes de complexité, notre algorithme permet d'obtenir le résultat en O(T, ñ2), où ñ est la moyenne des nombres de caractères de la chaîne de départ et des chaînes de la liste, et T le nombre de vecteurs mots.

4. Exemples

Nos expériences en matière de recherche « floue » de mots dans une liste ont été menées à partir d'une liste contenant 50 000 mots issus de la lemmatisation automatique de 320 textes issus du dictionnaire « Maitron » (dictionnaire biographique du mouvement ouvrier). Parmi ces mots lemmatisés figurent beaucoup d'expressions composées.

4.1. *Vecteur de trigrammes concaténés à des bigrammes*

Au départ, le choix de la taille N de la séquence N-gramme était fixé à 3 (vecteurs de trigrammes seuls). Dans ce cas, les résultats obtenus consistaient en des réponses correctes mais restituées, semble-t-il, sans distinguer en tête de liste les chaînes réponses contenant strictement la chaîne de requête (par exemple, dans le. tableau 1, la requête « syndicat » produit des réponses qui la contiennent en 3e, 6e, 7e, 10e, 11e et 12e positions).

Pour pallier cet inconvénient, on a concaténé dans chaque vecteur mot les fréquences de ses bigrammes à celles de ses trigrammes. Les résultats s'améliorent ainsi que leur ordre d'affichage (par exemple, dans le tableau 2, toutes les chaînes qui contiennent la requête « syndicat » apparaissent en tête de la liste des réponses).

Note	Réponses
7	syndicaliste révolutionnaire
6	militant syndicaliste
6	union départemental *syndicat*
5	syndicalisme
5	syndicaliste
5	*syndicat*
5	*syndicat* ouvrier
5	syndicalisme révolutionnaire
5	syndicaliste révolutionnaire
5	représentant *syndicat*
5	*syndicat* mineur
5	fédération national *syndicat*
4	action syndical
4	chambre syndical
4	mouvement syndical

Note	Réponses
14	fédération national *syndicat*
14	*syndicat* travailleur
14	représentant *syndicat*
13	*syndicat*
13	*syndicat* ouvrier
13	*syndicat* mineur
13	union départemental *syndicat*
12	chambre syndical
12	syndicalisme révolutionnaire
12	syndicaliste révolutionnaire
11	syndicalisme
11	syndicaliste
11	action syndical
11	mouvement syndical
11	militant syndicaliste

Tableau 1. *Réponses à la requête « syndicat » en utilisant des vecteurs de trigrammes seuls*

Tableau 2. *Réponses à la requête « syndicat » en utilisant des vecteurs de trigrammes concaténés à des vecteurs de bigramme*

4.2. *Filtrage supplémentaire par l'indice de séquentialité*

Les tableaux 3 et 4 témoignent l'intérêt d'utiliser notre indicateur de séquentialité des N-grammes pour filtrer les réponses données par l'indicateur de distance vectorielle et ne garder que celles qui sont pertinentes par rapport à la chaîne de départ (dans le tableau 3, les chaînes en italique sont des réponses fausses obtenues en utilisant une distance purement vectorielle).

4.3. *Robustesse vis à vis des erreurs*

Comme cité plus haut, notre approche purement statistique est capable de résister efficacement aux différents types de fautes d'orthographes et aux possibles erreurs de saisie que peut commettre l'utilisateur. Ainsi pour valider cette idée, on a appliqué notre méthode à la fois sur des requêtes correctes et sur des requêtes contenant des erreurs.

Les résultats, comme en témoignent les tableaux 5,6 ,7 et 8, s'avèrent identiques dans les deux cas de figure, d'où l'utilité et la robustesse de l'approche N-grammes dans ce genre d'applications.

5. Comparaison avec les autres méthodes

5.1. *Par rapport à la programmation dynamique*

Bien que notre méthode présente une complexité du même ordre que celle de la programmation dynamique $O(T, k^2)$, où k est le nombre de caractères de la chaîne de départ, elle est meilleure pour une utilisation en temps réel. En effet, une grande partie des calculs est faite en différé dans la première phase (comparaison des vecteurs) en O(T, k), alors que la deuxième phase interactive (filtrage par indicateur de séquentialité) ne porte que sur un sous ensemble T' de vecteurs et s'effectue en O(T', k, k') où k' est le nombre moyen de caractères des chaînes à comparer.

dist. Vect.	mot réponse
13	*contremaître entreprise*
12	métier peintre porcelaine
12	peintre bâtiment
12	peintre bâtiment pari congrès
12	peintre dessinateur graveur
12	peintre porcelaine
12	peintre voiture
12	plâtrier peintre
11	artiste peintre
11	*lettre ministre intérieur*
11	métier peintre
11	ouvrier peintre
11	*peine ceinture*
11	peintre
11	peintre émail
11	peintre jules
11	peintre qualité
11	syndicat peintre
9	*interentreprises*
8	*astreinte*
8	*ministre intérieur*
7	*ceinture marine*
7	*saint etienne firminy saint*

Dist. Vect.	mot réponse	note de séquen.
11	peintre	33
12	peintre bâtiment	33
12	peintre bâtiment pari congrès	33
12	peintre dessinateur graveur	33
11	peintre émail	33
11	peintre jules	33
12	peintre porcelaine	33
11	peintre qualité	33
12	peintre voiture	33
11	artiste peintre	33
11	ouvrier peintre	33
11	métier peintre	33
12	métier peintre porcelaine	33
11	syndicat peintre	33
12	plâtrier peintre	30

Tableau 3. *Réponses à la requête « peintre » en utilisant la distance vectorielle seule*

Tableau 4. *Réponses à la requête « peintre » en utilisant d'abord la distance vectorielle puis l'indicateur d'ordre des N-grammes communs*

En pratique, nous avons constaté que le temps de réponse obtenu dans le cas d'une requête adressée à notre liste de 50 000 termes était de l'ordre de quelques dixièmes de secondes sur un ordinateur de bureau standard.

5.2. *Par rapport à la technologie APRP*

Par rapport à la technologie APRP qui extrait des N-grammes à partir des mots lemmatisés, notre approche a l'avantage d'opérer directement sur des données brutes. Malheureusement, à nous manquons à l'heure actuelle de publications scientifiques sur cette méthode, et nous disposons de trop peu d'informations pour pouvoir comparer la complexité des deux méthodes.

6. Conclusions et perspectives

Les résultats obtenus montrent qu'une méthode « aveugle » s'avère efficace et robuste pour chercher de l'information pertinente indépendamment du degré de « finesse » (nombre de caractères tapés) et de « justesse » (chaîne contenant des fautes ou non) de la requête utilisateur.

L'outil Proxilex est intégré dans notre système documentaire développé le cadre du projet « Moteur de recherche sur Internet » du Laboratoire Paragraphe [LEL 99].

Il peut être utile dans tous les cas où l'on a besoin de rechercher de façon floue et en temps réel une chaîne de caractères au sein d'une liste importante de « mots » répertoriés dans un système informatisé (adresses, noms propres, annuaires, dictionnaires, etc.).

Remerciements

Nous tenons à remercier le ministère de l'Enseignement Supérieur, de la Recherche et de Technologie pour le financement du projet « Moteur de recherche multilingue et cartographique sur Internet » et dont l'outil Proxilex constitue une composante.

7. Bibliographie

[ABE 82] K. ABE, N. SUGITA, « Distances between Strings of Symbols, Review and Remarks, *Proc. of the 6th International Conference on Pattern Recognition*, Munich, octobre 1982.

[BOR 98] BORZIC B, « Un modèle de gestionnaire itératif de flux informationnel sur Internet », Thèse de doctorat, Information Scientifique et Technique, CNAM, Paris, mars 1998.

[DUM 94] DUMAIS S.T., « Latent Semantic Indexing (LSI) and TREC-2 », *NIST special publication*, n°500-215, pp. 105-115, 1994.

[EXC 97] Excalibur RetrievalWare – http://www.excalib.com/products/tech.html

[HAL 97] M. HALLEB, A. LELU, « Hypertextualisation automatique multilingue à partir des fréquences de N-grammes », *4e Conférence Internationale Hypertextes & Hypermédias*, Paris 8, Editions Hermès, septembre 1997.

[HAL 97] HALLAB M., LELU A., « Hypertextualisation multilingue à partir des fréquences de N-grammes », *4e conférence Hypertextes et hypermédias*, Université Paris 8 Saint Denis, 1997.

[HAL 98] M. HALLAB, A. LELU, B. DELPRAT, « Towards a New Type of Search Tool and Multilingual Text Cartography on the World Wide Web », *Actes de CESA'98 IMACS-IEEE Multiconference*, Hammamet, Tunisie, 1-4 avril 1998.

[HAL 99] HALLAB M., LELU A., « Proxilex : un outil d'approximation orthographique à partir des fréquences de N-grammes », dans ces mêmes actes, 1999.

[HAL 99b] HALLAB M., LELU A., « Indexer quelle que soit la langue et l'écriture : une approche combinant N-grammes et cartographie textuelle », communication acceptée au *2e colloque du chapitre français de l'ISKO*, Lyon, 21-22 octobre 1999.

[HAT 74] J.P HATON, « Une méthode dynamique de comparaison de chaînes de symboles de longueurs différentes », comptes rendus, Acad. de Sciences, 270, Série A, pp. 1527-1530, 5 juin 1974.

[KOH 99] T. Kohonen, The WEBSOM, self-organizing map of very large document collections, SAMOS, Université de Paris 1, May 11, 1999.

[LEL 98] A. LELU, M. HALLEB, B. DELPRAT, « Recherche d'information et cartographie dans des corpus textuels à partir des fréquences de N-grammes », *JADT'98*, Nice, février 1998.

[LEL *et al.* 99] A. LELU, *et al.*, « Projet NeuroWeb : un moteur de recherche multilingue et cartographique », dans la même conférence H²PTM'99.

[LEL 94] LELU A., « Clusters and Factors: Neural Algorithms for a Novel Representation of Huge and Highly Multidimensional Data Sets », *New Approaches in Classification and Data Analysis,* E. DIDAY, Y. LECHEVALLIER *et al.* eds., Springer-Verlag, Berlin, pp. 241-248, 1994.

[LEL 97] LELU A., TISSEAU-PIROT A.G., ADNANI A., « Cartographie de corpus textuels évolutifs : un outil pour l'analyse et la navigation », *Hypertextes et Hypermédias*, vol. 1, n°1, Editions Hermès, Paris, 1997.

[LEL 98] LELU A., HALLAB M., DELPRAT B., « Recherche d'information et cartographie dans des corpus textuels à partir des fréquences de N-grammes », *Actes des 4e Journées*

Internationales d'Analyse Statistique des données Textuelles, coord. S. MELLET, UPRESA « Bases, Corpus et Langage », Université de Nice, 1998.

[LEL 99] LELU A., « Représentations cartographiques de corpus textuels : codages, algorithmes, ergonomie », Mémoire d'Habilitation à Diriger les Recherches, Université Paris 8, 1999.

[MIL 73] M. MILGRAM, *Reconnaissance des formes, méthodes numériques et connexionnistes*, Editions Armand Colin, 1973.

[MOR 70] MORGAN H.L., « Spelling Corrections in System's Programs », *Comm. ACM*, 13, 2, pp. 90-94, 1970.

[NEY 82] H. NEY, « Dynamic Programming as a Technique for Pattern Recognition, *Proc. of the 6th International Conference on Pattern Recognition*, Munich, pp. 1119-1125, 1982.

[PLA 91] PLANTE P., « La modélisation en faisceaux pour le parsage syntaxique », *Actes du colloque ILN'91*, Nantes, janvier 1991, repris dans un Document Centre ATO.CI, octobre 1992, cf. <*www.ling.uqam.ca/nomino*>

[RHI 97] RHISSASSI H., LELU A., « De l'indexation à la navigation : vers un environnement complet d'hypertextualisation assistée », *4e conférence Hypertextes et hypermédias*, Université Paris 8, Saint Denis, 1997.

[RHI 98] RHISSASSI H., LELU A., « Indexation assistée et cartographie sémantique pour la génération automatique d'hypertexte », *Actes de la conférence CIDE'98*, coord. M. MOJAHID, INPT, Rabat, Maroc, Europia Productions, pp. 131-139, 15-17 avril 1998.

[SEL 74] SELLERS Jr., Combinatorial Theory (A), 1, 253, 1974.

[THO 55] THOMPSON S., *Motif-index of Folk-Literature. A Classification of narrative elements [...]*, Indiana University Press, 1955.

A methodological framework for the conceptual design of hypermedia systems

Paloma Díaz* — Ignacio Aedo* — Fivos Panetsos**

**Laboratorio DEI. Computer Science Department. Universidad Carlos III de Madrid*
Avda. Universidad 30, 28911 Leganés (Spain)
{pdp@inf,aedo@ia}.uc3m.es
http://peterpan.uc3m.es

***Departamento de Ingeniería Eléctrica, Electrónica y de Control. UNED*
Ciudad Universitaria s/n, Madrid (Spain)

ABSTRACT. *At the conceptual design phase, designers are compelled to translate the application requirements into effective solutions expressed as abstract specifications not biased by technical issues. In this paper, we present a conceptual framework that provides hypermedia designers with mechanisms to produce such platform-independent specifications. In particular, hypermedia design is faced in this framework from five complementary perspectives (data, process, control, navigation and presentation) which are analysed in this paper. The framework consists of a two-level hierarchical structure of design entities: low-level entities, that are the elements of a formal model for hypermedia applications called Labyrinth, are combined to produce of high-level design entities that provide more abstract views of the application. The framework also tries to address some requirements concerning collaborative environments such as the definition of groups and hyperdocument personalisation. In addition, designers can specify the security policy that will govern the hyperdocument usage by means of a security model included in the framework, which uses objects classification and context-dependent user clearances to preserve both confidentiality and integrity. Moreover, it proposes a design entity gathering presentation features as well as a formalism to specify both synchronism and alignments (or space-based relationships) among multimedia contents.*

KEY WORDS: *Hypermedia; conceptual design; design method; model; synchronisation; security; information integrity; Labyrinth.*

1. Introduction

Conceptual design is the phase of the Software Development Cycle (SDC) where the structure and function of a system are specified from an abstract point of view. With this purpose, designers need cognitive tools capable of expressing all the static and dynamic features underlying the universe of discourse in a conceptual way, that is, irrespective of implementation details and constraints [DIT 94]. Hypermedia systems differ from other applications in critical issues, such as the management of distinct kinds of interactive information items and sophisticated navigation structures. As stated elsewhere [GAR 93; BIE 95], traditional methods are not well suited for the conceptual design of hypermedia systems, which requires elements to specify the structural, navigational, behavioural and presentation features of such systems. Indeed, several design methods for hypermedia design have been proposed. Thus, the foremost Hypertext Design Model (HDM) [GAR 93] proposes a method to define structural, behavioural and presentation features of hypermedia systems. The Relationship Management Methodology (RMM) [ISA 95] and its extension to WWW [ISA 98] provide conceptual mechanisms that tend a bridge between E-R diagrams and hypermedia design techniques trying to exploit the analysts knowledge about former design techniques. Other representative example of hypermedia design method is the one proposed in [LAN 94] that, soaking up the principles of object-oriented data models, increases the description of relationship to gather more semantic and behavioural aspects.

In this paper we describe a methodological framework consisting of a number of design entities that face hypermedia modelling from five complementary perspectives: data or logical structure; process or system function; control or system behaviour; navigation and presentation. The components of this framework provide designers with mechanisms to define the logical structure of hyperdocuments, their navigational structures and interactive behaviours as other methods do. Two are the main contributions of this framework: the inclusion of elements to specify presentation features and its focus on collaborative environments where groups of users co-operate to reach a common goal. Concerning the first issue, presentation features are conceptually specified through interface layouts where types of contents are placed into nodes. Moreover, a method to define synchronisms and alignments among contents is provided. To gather the semantics of collaborative environments the framework introduces working groups, personalisations of the hypermedia application to the group needs and a security policy which is specified by means of user roles and context-depending user manipulation abilities or clearances.

2. Design issues for hypermedia systems

The conceptual design phase requires the higher level of abstraction within the SDC, since designers are compelled to translate the application requirements into logical solutions not biased by technical issues. This property, usually referred to as Conceptualisation Principle [HOF 93], puts the stress on the need to produce platform-independent design entities, assuming the definition given in [IEE 90], capable of gathering the characteristics of the universe of discourse (hypermedia systems in our case) as well as the system requirements.

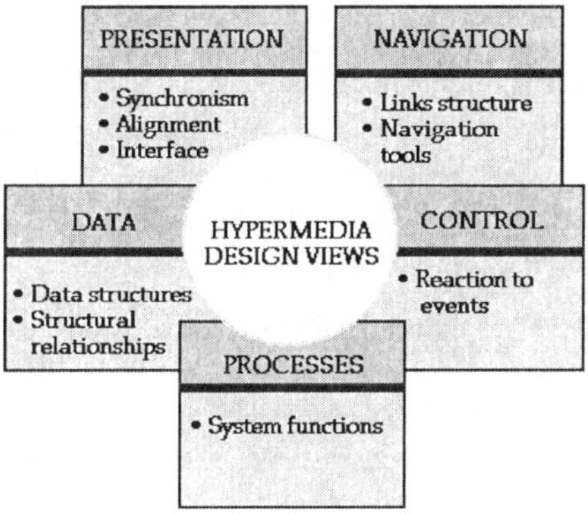

Figure 1. *Design views for hypermedia systems*

Conceptual hypermedia design can be faced from the five perspectives illustrated in Figure 1. Data, process and control design views have been traditionally used in the design of information systems whereas navigation and presentation are introduced to encompass the special characteristics of hypertext and multimedia.

Data design methods describe the system in terms of data entities and structural relationships. Paradigms like entity-relationship, semantic and object-oriented modelling have been translated into the hypermedia field or used as the application structural schema in different works, such as [ISA 95] in E-R models, [SCH 94] in semantic modelling and [GAR 93; LAN 94; SCH 95] in object-oriented modelling. In fact, abstraction mechanisms provided by semantic and object-oriented modelling are quite similar to those managed in hypermedia systems, including concepts such as objects, attributes, aggregation, association, generalisation and so on. The use of such models can help to analyse the universe of discourse and acquire a deeper knowledge on it. However, their abstraction and representation mechanisms can be too artificial for hypermedia design. In particular, the concept of relationship can not be directly translated into the hypermedia domain although some relationships which appear in the universe of discourse might help to identify navigation paths.

Process modelling is oriented towards defining how the system works. The main function in hypermedia systems is navigation and it can not be represented by means of process models such as DFDs. However, hypermedia systems tend to include more and more no-navigation functions and these might be modelled using process oriented methods.

Control design provides a behavioural specification describing how particular events affect to the system. Hypermedia systems are highly interactive and therefore, gathering the system reaction to particular events should be a relevant design concern. Interaction is not usually considered at this stage being relegated to what is usually called authoring-in-the-small. However interaction can also be envisaged from a conceptual level giving high-level descriptions of main system reactions and postponing its complete specification to a further detailed design. In fact, a control model such as Petri Nets has been used for modelling some dynamic aspects of hypermedia systems [STO 89].

Navigation design is a key task in hypermedia modelling since it is aimed at specifying the most important and essential function in a hyperdocument. Selecting links can be considered as the basic navigation mechanism although navigation tools such as maps, active indexes, guided tours, marks, footprints and backtracking mechanisms are frequently used to try and overcome the disorientation problem [NIE 95]. Navigation design has been addressed in most hypermedia design methods including [GAR 93; LAN 94; SCH 94; ISA 95; SCH 95].

Presentation is an important part of multimedia design, since the way and rhythm used to deliver information determines the hyperdocument usefulness. Even at a conceptual abstraction level this kind of information, which can seem too specific at first sight, can be provided without violating the conceptualisation principle. Obviously, the objective of presentation conceptual modelling is not to define physical characteristics of multimedia items (*e.g.*, fonts, colours, volumes, pitches) but to define the logical characteristics of the interface. Indeed, designers can define some templates or rough mock-ups placing types of contents into nodes, establish some commonalties in the presentation features of all the nodes treating a similar concept, divide the visualisation space into different areas or define how contents are delivered making use of synchronisations and alignments. Specifying such presentation features allows to produce a conceptual model of the interface that can help graphical designers and multimedia programmers to develop their work, paying attention to the interface consistency and usability and considering the aesthetic nature of hyperdocuments as claimed by [NAN 95]. The need for abstract presentation design has been stressed in [GAR 93; SCH 95] although no conceptual method has been proposed.

Apart from these five perspectives, there is another issue to be considered in the design of hypermedia systems. Hyperdocuments are usually envisaged as collaborative environments that make use of intranets or web servers in order to provide information access to different users. In such environments, security becomes a main concern, since both integrity and confidentiality of information have to be preserved. Security is not only an implementation issue. Security models are specified during the design stage to translate the rules will govern information access into clearances assigned to user roles [SAM 96].

3. Conceptual design of hypermedia systems

On the basis of the ideas stated in the previous section, we propose a conceptual framework consisting of a two-level hierarchical structure of design entities intended to providing hypermedia designers with mechanisms to produce platform-independent specifications. Low-level entities represent basic components of hyperdocuments and they are used to produce high level entities which are the products that will be discussed among the members of the development team and the user representatives to produce to most appropriate design. Our conceptual framework uses the elements of the Labyrinth formal model [DIA 97A; DIA 98] as the low-level entities of a hypermedia design and combines them to produce a number of high-level entities which gather the data, process, control, navigation and presentation features of hyperdocuments. This section begins with an overview of the elements of Labyrinth to introduce the high-level entities described afterwards. Finally, the structural dependencies existing among the design entities are presented.

3.1. *Low-level entities: the elements of the Labyrinth model*

Labyrinth gathers the semantics underlying the static structure and dynamic behaviour of no-linear, multisensory and interactive applications, and, therefore, it can be used to design any hypermedia application. Other relevant features of this model include the ability to categorise and structure large volumes of heterogeneous information into multiple and nested levels; support for modelling all kind of multimedia information thanks to the use of content specific representation spaces; inclusion of space-based relationships (that we will call alignments) as well as space-time-based relationships (that we will call synchronisations), two mechanisms which make possible to create harmonic multimedia presentations; ability to define interactive behaviours by means of events; support for application personalisations both for groups and individual users; and inclusion of security mechanisms oriented towards preserving information integrity and confidentiality. Labyrinth defines a hyperdocument as the union of a Basic Hyperdocument, which comprises those components which are common for all users, and a number of Personalised Hyperdocuments that include components that belong to a unique user or group of users. During the design stage, the definition of Personalised Hyperdocuments is not considered since they have to be dynamically created by the users. However, designers are responsible for specifying the rules that will be applied for personalisations, that is, which elements can be personalised and who can define a personalisation. The Basic Hyperdocument consists of the < U, N, C, L, A, B, E, lo, al, el, ac > 11-tuple, whose elements are described below.

"U" includes the individual users or groups that will use the hyperdocument as authors or readers. Groups are made of individual users and groups and no constraints are applied when defining membership, so that the same user can take part in different groups. To control the manipulation abilities of users, the "ac" function is used. It defines the access category or clearance of a user for an element, implementing the security model described in [DIA 98].

Nodes and contents are considered as independent elements in order to define a cleaner structure, where conceptually different components are represented by means of distinct design elements. "N" is the set of nodes or abstract containers of information, whether simple or composite. A composite node can reflect an aggregation or generalisation relationship [GAR 88]. "C" is the set of contents or information pieces that are presented in the hypermedia application. A content has a number of representation spaces defined by the designer who has to identify all those spaces that make sense according to the content nature and can be used to reference specific points or areas within the content (*e.g.* frames, shots, scenes and sequences can be relevant segmentation units in a movie [MAH 98]). Contents are placed into nodes using the location function ("lo"). With this purpose, designers can define points into the time and/or space where the content has to be delivered to the user or define time – or space – based relationships among contents (*i.e.* alignments and synchronisations).

"L" is the set of links or connections among nodes and/or contents. A link defines a relation between two sets of anchors: the starting and ending points of a connection that can have navigational or structural purposes. Anchors belong to "A" and they are areas/intervals of nodes and/or contents that act as sources and/or targets of a link.

"B" is the set of attributes or properties used to increase the semantic of the model elements. Attributes are assigned to users, nodes, contents, or links through the "al" function.

"E" is the set of events or actions which are performed under particular circumstances. A Labyrinth event encompasses the notion of event, as "a non-persistent occurrence in the world" (*e.g.* clicking the mouse), as well as the concept of state, as "a thing that persists and we observe in the world" (*e.g.* an object is in a particular spatial position), both according to the definitions provided by [DIX 96]. With a view to promoting reusability, events are managed as independent elements and, therefore, the "el" function can be used to tie the same event to several nodes, contents and links.

3.2. *High-level entities: products of the conceptual design*

Labyrinth elements are combined to create a number of abstract design entities, which are described below and summarised in Table 1. Abstract entities are based in the identification of types or classes of users, nodes, contents, links, anchors, attributes, events and the corresponding functions instead of concrete elements.

High-level entities	Objective
Structural diagram	Modelling the structure using abstract entities (nodes and composites) and relations (aggregation and generalisation).
Navigation diagram	Modelling navigation paths and additional navigation tools.
Processes specification	Modular specification of no navigational services.
Events specification	Specification of low-level functions
Attributes list	Definition of attributes and their default value
Internal diagrams of nodes	Location of types of contents and assignment of anchors, attributes and events in each node.
Internal diagrams of contents	Assignment of attributes, events and links associated to each content.
Users diagram	Specification of users' roles
Access table	Definition of a security policy

Table 1. *Conceptual design entities for hypermedia systems*

Structural Diagram. It is a representation of the logical structure of the hyperdocument whose aim is not to define navigational paths, but to identify abstract containers of information and organise them using two abstraction mechanisms: aggregation and generalisation [GAR 88], the latter involving inheritance mechanisms. The hyperdocument structure is specified in the Structural Diagram by means of a hypergraph-like structure where the sources of the hyperedges are composite nodes, the targets are their components (simple or composite nodes and external elements) and each hyperedge is a one-to-many or one-to-one link whose type is aggregation or generalisation depending on the relationship it represents. Each node is an information holder that represents a single concept of the universe of discourse. To gather the logical structure of the hyperdocument, designers have to identify types or abstract nodes as claimed by [NAN 95] instead of the actual nodes that will be presented to the users. These will be derived in a later detailed design by instancing as many times as needed the abstract nodes. Abstract nodes should not be confused with any physical structure since a node can correspond to several physical units (*e.g.* a page of a book will be represented as a unique node) or to none (*e.g.* a composite node representing a generalisation will not be implemented as an actual node). Since many hypermedia applications are not self-contained and they are complemented with other hyperdocuments or systems (*e.g.* external web pages) references to external elements, that are not further specified, can be included in the Structural Diagram.

Navigation Diagram. Different navigation choices are specified during the conceptual design by means of a Navigation Diagram. Navigation paths are depicted taking as starting point the nodes specified in the Structural Diagram and defining among them n-ary links whose type is referential. At this point, it is important to take into account that links coming/leaving to/from a generalised node are inherited by its components. Virtual links, whose source or target is declaratively specified can also be included increasing their definition by means of events. Apart from navigation paths, large hyperdocuments require navigation tools to facilitate user orientation in the hyperspace. Navigation tools are nodes that can correspond to aggregations specified in the Structural Diagram (*e.g.* active indexes and maps) or simple nodes used as access structures (*e.g.* a retrieval engine or a guided tour). No distinction is made between different navigation tools at this conceptual level. Its behaviour and appearance are defined by means of an Internal Diagram as it happens in any other node.

Processes Specification. Services with no navigational purposes are specified in the Processes Specification. They are classified in four groups encompassing typical operations in a hyperdocument: personalisation, edition, communication among users and unclassified. The specification of processes follows a top-down approach since each process is decomposed into a number of subprocesses till the lowest level of definition, made up of Labyrinth events, is achieved. Associating functions or processes to events has already been proposed by the methodology described in [LAN 94]. Each Process Specification includes references to related subprocesses or events and a description of the activities performed which can be expressed using process-oriented or control-oriented modelling techniques such as Data Flow Diagrams, State Transition Diagrams, Petri Nets, etc.

Events Specification. Events referred to in Processes Specifications and tied to nodes, contents and links have to be specified by means of an identifier, the boolean expression that activates the event and the list of actions performed when activated.

Attributes List. Attributes are defined in a list where their default value is also specified. Such list includes mandatory attributes of the Labyrinth model (label, author, linkType, linkDirection) and all those considered relevant to gather the hyperdocument semantics.

Internal Diagrams of Nodes. Internal Diagrams are intended to specifying a bit more each node included in the Structural or Navigation Diagrams defining: the type of contents that will be presented to the user, the attributes that will increase the node semantics, the events that will model its behaviour and the anchors that make up the links coming/leaving to/from the node. At this conceptual stage, specific positions should not be defined but it is possible and convenient to logically specify the appearance of a node and which elements are capable of being the source or target of an anchor. The Internal Diagram consists of two subdiagrams: the Spatial Diagram, which is a two dimensional space representing the node visualisation area; and the Timeline which represents how the node evolves throughout a time interval. Contents can be placed in both diagrams depending on its nature. In fact, the same content may take part in both diagrams to specify not only its logical position into the spatial diagram but also the presentation rhythm of the node. In this way, richer and more aesthetic multimedia compositions can be defined without specifying concrete contents neither specific positions.

The position of a content can be specified in the Spatial Diagram as a logical point or as a spatial relationship called alignment. A logical point is an undefined position that will be specified once the node and contents have been instanced but which allows to define the node layout as recommended by [GAR 93]. An alignment is a spatial relation involving several contents and it can be defined considering three aspects: topology, direction and distance [VAR 97]. Alignments are represented in the spatial diagram by means of directed arcs between two contents (the source and the target) which are labelled following to the formal definition included in Table 2. The topological relation assumes the 4-intersection model [EGE 91] and the distance between the contents states the relative displacement of the target from the upper-left corner of the source. If no value is assigned to one aspect, the terminal element <<->> is used. Figure 2 illustrates an example of alignment between two contents A and B. In the figure, the start or end of a content is a dashed line if it is the consequence of alignment (see content B).

```
<alignment> ::= <<(>> <topology> <<,>> <direction> <<,>> <distance> <<)>>
<topology> ::= <<disjoint>> | <<touch>> | <<covers>> | <<contains>> | <<equal>> |
               <<overlapDisjoint>> | <<overlapNotDisjoint>> | <<->>
<direction> ::= <<up>> | <<down>> | <<right>> | <<left>> | <<right-up>> | <<left-up>>
               <<right-down>> | <<left-down>> | <<->>
<distance> ::= ( <<(>> <displacement> <<,>> <displacement> <<)>>) | <<->>
<displacement> ::= <<->>  | <<integer value>>
```

Table 2. *Alignment specification using EBNF*

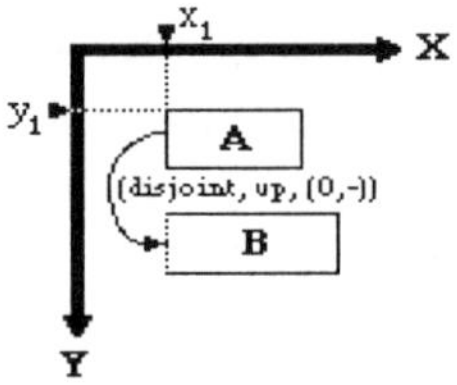

(disjoint, up, (0,-)) means that:

A and B are always disjoint
A is always above B
The distance between A and B in the horizontal axis is always 0

Figure 2. *Left alignment between two contents*

Contents can also be placed into a node using its Timeline which is scaled using logical time units defined by the designer. The start point and duration of a content can be explicitly defined referring to units of this line or they can be specified as a synchronism involving other contents. A synchronism is a directed arc between two or more contents labelled with a pair of values (see formal specification in Table 3). Each value represents a temporal delay which has to be added to the start or the end of the source to derive the start or the end of the targets. Such values can also be expressed making use of the duration of the content specified in its formal definition or in the Timeline. This synchronism model follows the principles of interval-based conceptual models which use temporal intervals to represent the presentation time of multimedia contents [HAD 97] and it encompasses the set of temporal relationships presented in two as representative models as those presented in [ALL 83] and [LI 97]. Figure 3 illustrates an example of two synchronisms among three contents. In the figure, the start or end of a content is a dashed line if it is the consequence of a synchronism.

<synchronism> ::= <<(>> <start> <<,>> <end> <<)>>
<start> ::= <<->> | <delay>
<end> ::= <<->> | <delay>
<delay> ::= <<integer value>>

Table 3. *Synchronism specification using EBNF*

B starts two units after A and both contents end at the same time than C

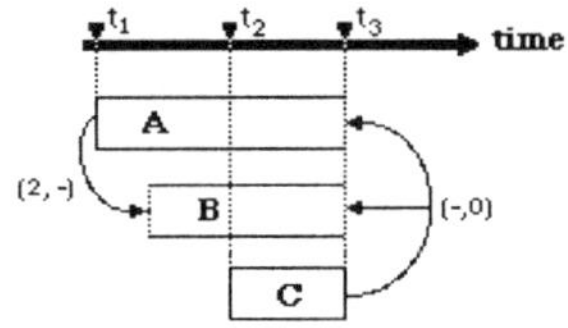

where the synchronisation arc between A and B means:
$start(B) = start(A) + 2$ => $start(B) = t_1 + 2$

and the synchronisation arc between C and A, B means
$end(A) = end(C)$ => $end(A)=t_3$
$end(B) = end(C)$ => $end(B)=t_3$

Figure 3. *Examples of synchronism*

Apart from contents, events can also be tied to nodes in both diagrams whether to define behaviours or presentations. In the Spatial one, the event is tied to the whole node representing that it will be evaluated whenever the node is active. In the Timeline, the event can be assigned to a specific unit of time or interval to define when the event has to be evaluated. An example of this kind of event is the one needed to represent the following situation: "after 3 units of time move on to the next node if user has not interacted with any element". In this case, an event is tied to t=3 in the timeline. Events can be used to define derived links, nodes and contents, user-dependent presentations or any other dynamic object or behaviour.

Attributes are properties of the node that can be assigned in the Spatial Diagram to the whole node. For instance, metadata to be included in an html page can be conceptually treated as attributes of a node in the Internal Diagram.

Finally anchors are depicted in the most appropriate diagram. An anchor, which refers to a particular link, can be a logical point, an area or the whole node. If the anchor is depicted into a content it means that the corresponding link will only be active when such content and node are both active. If the content is presented in other context, *i.e.*, in a different node, the anchor will not appear.

Internal Diagrams of Contents. Internal Diagrams of contents specify how contents are organised as well as to assign them attributes, events and anchors.

The same as nodes, contents, or types of contents, can be organised into more complex structures using generalisations and aggregations. Using generalised contents can make the design too complex and unclear since a level of structure has already been defined by means of composite nodes. However, aggregated contents can be needed in multimedia applications to group different information items which are referred to as a unit (for instance the pieces of a puzzle). Aggregated contents can be compared somehow with the idea of slices introduced by the RMDM model [ISA 95], although our aggregates are independent from nodes.

Thus, the Internal Diagram of a content can include its decomposition into more specific contents as well as a number of events, attributes and anchors. When an anchor is defined in the Internal Diagram of a content the corresponding link is tied to the content, wherever the content is placed. At this conceptual stage no specific areas or regions are marked into the content as anchors, but it is stated whether or not the content is likely to act as the source or target of a link. Thus, a map can be defined as a content with a number of conceptual anchors whose actual dimensions are set during the detailed design.

Users Diagram. This entity is intended to identify users roles rather than specific users and organise them as a hierarchical structure where roles are grouped into more general roles. The users structure, whether a tree or a network, makes the basis of the security policy defined in the Access Table and it also makes possible to define user-dependent presentations and hyperdocument personalisations.

Access Table. The Access Table implements the security policy presented in [DIA 98] which uses security categories (browsing, personalising and editing) to control the kind of actions users can perform on a hyperdocument. Moreover, it allows private views of the hyperdocument to be defined for each user role.

A table whose rows are user roles and columns are nodes and contents is produced. In each cell a 0 or a security category is assigned to define if the user will be able to access information and which will be the manipulation rights. Thus if a cell is bound to 0, that user role will not be able to access that node or content neither directly nor traversing links. Otherwise, the cell is bound to browsing if the user can see and interact with the node or content, to personalising if the user can adapt the element or to editing if the user can modify the element in the Basic Hyperdocument. User's clearance depends on her role in a given context as recommended in [LAN 92] and, consequently, every user has a manipulation category for every node and content in the hyperdocument which can have a default value to simplify the design task. Since users can belong to groups, their clearance is restricted by the clearance of the group so that the most restrictive one will prevail.

In addition an Objects List is created where each content and node is assigned a security category which defines the most permissive kind of operation the object can undergo. Object category will prevail to users category in order to preserve information integrity. This allows to decide which objects (nodes and contents) can be edited, personalised or only browsed.

To sum up, designers are provided with two mechanisms to specify security constraints. First, a confidentiality control makes possible to safeguard system from information disclosure to unauthorised users by setting to 0 the user clearance for a node or for a content, so that different users can have different views of the same node. Secondly, an integrity control allows to define which operations can be performed on a node and content by means of the Objects List and to restrict the users clearance though the security category defined in the Access Table. Both categories are matched whenever an operation is initiated.

According to the definition of [IEE 90], design entities are structurally and functionally independent among them, though some relationships or dependencies can be defined to avoid redundancies or inconsistencies. In this section we describe the dependencies existing among high-level design entities as well as their relationship with low-level design entities (that is the elements of the Labyrinth model). The structural relationships among low-level design entities are already gathered in the Labyrinth model.

High-level design entities are not self-contained or isolated since all of them are complementary views of a unique design. Indeed, a number of referential integrity dependencies among sibling entities (see Figure 4) are defined to verify that elements are specified from all perspectives and, consequently, that design entities are tightly-coupled. For instance, internal diagrams provide deeper views of those nodes defined in the Structural and Navigation Diagrams making use of types of contents, events, attributes and links. Referential integrity constraints provide a number of useful inter-entity validation rules.

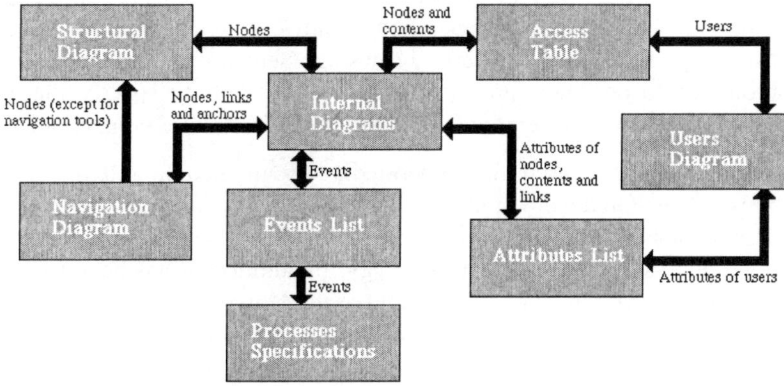

Figure 4. *Referential integrity among design entities*

Relationships among high and low-level design entities are summarised in Table 4, where the design views involved in each high-level design entity are also shown.

High-level design entities	Low-level design entities	Design views
Structural Diagram	N, L, al	Data
Navigation Diagram	N, L, al	Navigation
Processes Specifications	E	Processing, Control
Events specification	E	Processing, Control, Navigation, Presentation
Attributes List	B	Data, Navigation, Presentation
Internal Diagrams of nodes	N, C, el, al, lo	Data, Processing, Control, Navigation, Presentation
Internal diagrams of contents	C, el, al, lo	Data, Processing, Control, Navigation, Presentation
Users diagram	U, al	Processing, Control, Navigation, Presentation
Access table	N, C, ac	Data, Processing, Control, Navigation, Presentation

Table 4. *Conceptual design entities for hypermedia systems*

4. Conclusions and future work

The framework here presented describes a number of design entities that can be used during the conceptual design of a hyperdocument to produce platform-independent designs. The design process is focused from five complementary perspectives: data, where the logical structure of hyperdocuments is defined; process where no-navigation services are specified; control, where interactive behaviours are considered; navigation, where browsing semantics are gathered; and presentation, where designers are provided with elements to specify the abstract interface of nodes as well as temporal and spatial relationships among contents.

This framework was used for hypermedia design including two EU funded applications, Now-Graduado and Now-Office, both used by the FOREM ("Fundación para la FORmación y el EMpleo") to assist the learning process of low-qualified women using multimedia technology. In addition, it has been used during two semesters in a hypermedia course taught at the University Carlos III de Madrid [DIA 97b] as the basis of the conceptual design of more than fifty hyperdocuments developed using different implementation environments (including HTML, ToolBook and Director) without significant problems being reported.

A CASE tool supporting this conceptual framework is actually being developed. The tool will provide a graphical interface supporting the definition of different design entities; a documentation generator; a data repository manager and mechanisms to check the diagrams consistency and integrity. In addition, several modules to translate the design into prototypes running in different platforms (including www and Toolbook) are being developed.

5. Bibliography

[ALL 83] ALLEN J.F., "Maintaining Knowledge about Temporal Intervals", *Comm. of the ACM*, vol. 26, n° 11, pp. 832-843, 1983.

[BIE 95] BIEBER M. and ISAKOWITZ T., "Designing Hypermedia Applications", *Comm. of the ACM*, vol. 38, n° 8, pp. 26-29, 1995.

[DÍA 97a] DÍAZ P., AEDO I. and PANETSOS F., "Labyrinth, an Abstract Model for Hypermedia Applications. Description of its Static Components", *Information Systems*, vol. 22, n° 8, pp. 447-464, 1997.

[DÍA 97b] DÍAZ P. and AEDO I., "A Hypermedia Course in a Spanish Informatics Engineering", *ACM SIGCSE Bulletin*, vol. 29, n° 4, pp. 58-61, 1997.

[DÍA 98] DÍAZ, P., AEDO I., PANETSOS F. and RIBAGORDA A., "A Security Model for the Design of Hypermedia Systems", *Proc. of the IFIP TC11 14th International Conference on Information Security (SEC98)*, Vienna and Budapest, pp. 251-260, 1998.

[DIX 96] DIX A. and ABOWD G., "Modelling Status and Event Behaviour of Interactive Systems", *Software Engineering Journal*, November, pp. 334-346, 1996.

[DIT 94] DITTRICH K.R., Object-Oriented Data Model Concepts, *In Advances in Object Oriented Database Systems*, Eds. DOGAC A., ÖSZU M.T, BILIRIS A. and SELLIS T., NATO ASI Series F: Computer and Systems Science, vol. 130, pp. 29-45, 1994.

[EGE 91] EGENHOFER M. and FRANZOSA R., "Point-set Topological Spatial Relations", *Int. Journal of Geographic Information Systems*, vol. 55, n° 2, pp. 160-174, 1991.

[GAR 88] GARG P. K., "Abstraction Mechanisms in Hypertext", *Comm. of the ACM*, vol. 31, n° 7, pp. 862-870, 1988.

[GAR 93] GARZOTTO F., PAOLINI P. and SCHWABE D., "HDM – A Model-Based Approach to Hypertext Application Design", *ACM Transactions on Information Systems*, vol. 11, n° 1, pp. 1-26, 1993.

[HAD 97] HADOUDA K., DJERABA C. and BRIAND H., "Modelling of the Interactive Application in Term of Scenario in a Multimedia Database", *Proc. of the 8th International Workshop on Database and Expert Systems*, pp. 246-251, 1997.

[HOF 93] HOFSTEDE A.H.M. and VAN DER WEIDE Th. P., "Expressiveness in Conceptual Data Modelling", *Data and Knowledge Engineering*, vol. 10, pp. 65-100, 1993.

[IEE 90] *IEEE Standard Glossary of Software Engineering Terminology*, IEEE Std 610.12-1990.

[ISA 95] ISAKOWITZ T., STOHR E.A. and BALASUBRAMANIAN P., "RMM: a Methodology for Structured Hypermedia Design", *Comm. of the ACM*, vol. 38, n° 8, pp. 34-44, 1995.

[ISA 98] ISAKOWITZ T., “Structured Design of WWW and Intranet Applications”, CRIS Working Paper Series, Information Systems Department, Stern School of Business, New York University, 1998.

[LAN 92] LANGE D.B., ØSTERBYE K. and SCHÜTT H., “Hypermedia Storage”, Tech. Report R92-2009, Aalborg University, Department for Mathematics and Computer Science, 1992.

[LAN 94] LANGE D.B., "An Object-Oriented Design Method for Hypermedia Information Systems", *Proc. of the 27th Annual Hawaii International Conference on System Sciences*, pp. 366-375, 1994.

[LI 97] LI M., SUN Y. and SHENG H., "Temporal Relations in Multimedia Systems", *Computer and Graphics*, vol. 21, n° 3, pp. 315-320, 1997.

[MAH 98] MAHDI W., CHEN L. and FONTAINE D., "Improving the Spatial-Temporal Clue Based Segmentation by the Use of Rhythm", *Research and Advanced Technology for Digital Libraries LNCS 1513, ECDL'98*, Heraklion, Crete, pp. 169-181, 1998.

[NAN 95] NANARD J. and NANARD M. "Hypertext Design Environments and the Hypertext Design Process". *Comm. of the ACM*, vol. 38, n° 8, pp. 49-56, 1995.

[NIE 95] NIELSEN J., *Multimedia and Hypertext: the Internet and beyond*, Academic Press, Inc., 1995.

[SAM 96] SAMMARATI P., BERTINO E. and JAJODIA S., "An Authorisation Model for a Distributed Hypermedia System", *IEEE Transactions on Knowledge and Data Engineering*, vol. 8, n° 4, pp. 555-562, 1996.

[SCH 94] SCHNASE J.L., LEGGETT J.J., HICKS D.L. and SZABO R.L., "Semantic Data Modeling of Hypermedia Associations", *ACM Transactions on Information Systems*, vol. 11, n° 1, pp. 27-50, 1994.

[SCH 95] SCHWABE D. and ROSSI G., "The Object-Oriented Hypermedia Design Model". *Comm. of the ACM*, vol. 38, n° 8, pp. 45-46, 1995.

[STO 89] STOTTS P.D. and FURUTA R., "Petri-Net-Based Hypertext: Document Structure with Browsing Semantics", *ACM Transactions on Office Information Systems*, vol. 7, n° 1, pp. 3-29, 1989.

[VAR 97] VARZIGINANNIS M. and BOLL S., "Events in Interactive Multimedia Applications Modeling and Implementation Design", *Proc. of the International Conference on Multimedia Computing and Systems, ICMCS'97*, Ottawa, June 3-6, pp. 244-251, 1997.

Un système minimaliste et dynamique de détection de catégories distributionnelles

Gilles Bernard

Groupe CSAR, Université Paris 8
gb@ai.univ-paris8.fr

RÉSUMÉ. *Cet article présente une méthode élaborée par le groupe CSAR pour catégoriser grammaticalement et sémantiquement les formes d'un corpus. Deux principaux avantages la caractérisent : elle ne fait appel qu'à des connaissances réutilisables ; elle est dynamique : l'ajout de documents au corpus n'oblige pas à recoder en totalité les données. Elle repose sur une analyse de la distribution grammaticale des formes, un grand corpus, une catégorisation par réseaux neuro-mimétiques non supervisés, et un dispositif d'expérimentation donnant accès aux différentes données produites (corpus, listes de ponctuations, de marques grammaticales, bases de règles, bases de formes, mots, occurrences et phrases, paramètres des réseaux) au travers de protocoles de communication standard (SQL, SGML, DTD CES).*

ABSTRACT. *A method for classifying document linguistic items into grammatical and semantic classes, designed by the CSAR research group, is introduced here. This method has two strong points: the only linguistic knowledge it uses is reusable knowledge; it is incremental, i.e. adding documents does not entail recomputing all the data. It is based upon : a statistical analysis of the grammatical distribution of items, a large corpus, a categorization by unsupervised neural networks, and an experimentation toolbox giving access to the data produced (corpus, punctuation list, grammatical markers, rule bases, item bases, words, occurrences and sentences, neural networks parameters) through standardized communication protocols (SQL, SGML, DTD CES).*

MOTS-CLÉS : *catégorisation automatique, traitement du langage, indexation texte intégral, réseaux neuro-mimétiques.*

KEY WORDS: *automated categorization, natural language processing, full text indexing, neural networks.*

1. Problématique

En principe, l'indexation automatique en texte intégral (*full text*) repose sur la construction de vecteurs contenant le nombre d'occurrences de chaque mot présent dans le corpus des documents. Chaque document est ensuite classé selon les mots les plus fréquents à l'aide d'algorithmes statistiques ou neuro-mimétiques. Pour affiner le classement en intégrant les co-occurrences, il faut aussi disposer de toutes les combinaisons de mots du corpus. Pour appliquer cette méthode de codage à des documents quelconques, il faut d'une part le lexique de l'ensemble des formes que prennent les mots de la langue considérée, y compris noms propres, abréviations..., et, d'autre part, la capacité de traiter les vecteurs de taille considérable que cela implique (de l'ordre de 500 000 composantes pour les formes, sans compter les co-occurrences). Ces deux conditions la rendent en fait impraticable.

Pour résoudre ou contourner ce problème, différentes solutions sont à l'œuvre :

– détermination *a priori* d'une base de documents pour fournir le vocabulaire,

– limitation arbitraire de l'étendue de la cooccurrence prise en compte,

– élimination de mots en fonction de leur catégorie grammaticale ou sémantique,

– lemmatisation (remplacement des formes par les mots),

– remplacement des mots par des catégories,

– remplacement des formes par des n-grammes.

Deux critères méthodologiques[1] s'imposent pour apprécier en amont les algorithmes d'indexation utilisant une ou plusieurs de ces solutions : (1) le caractère dynamique du codage : si des documents sont ajoutés, il n'est pas nécessaire de recoder entièrement les données ; (2) la réutilisabilité des connaissances : les connaissances *a priori* utilisées ne dépendent pas du domaine des documents.

Par exemple, une liste des mots grammaticaux, un lemmatiseur élémentaire sans lexique sont réutilisables à l'intérieur de la même langue ; une liste de n-grammes est réutilisable à l'intérieur du même alphabet. Un lemmatiseur complet avec dictionnaire rend l'algorithme moins dynamique (l'ajout de mots nouveaux dans le lexique n'est pas totalement automatique) mais reste encore réutilisable. Un thésaurus, un analyseur syntaxico-sémantique sont peu réutilisables (ils dépendent du domaine) et peu dynamiques (il faut décrire les propriétés syntaxico-sémantiques des mots nouveaux).

Prenons en exemple WebSom, produit par l'équipe de T. Kohonen [HON 96] : la base de documents fournit le vocabulaire, d'où sont éliminés les mots grammaticaux ; les mots restants sont codés par des vecteurs quasi-orthogonaux. Ensuite un réseau neuro-mimétique de T. Kohonen (*Self-Organizing Map*) produit des classes de mots en fonction des co-occurrences sur les voisins immédiats. Enfin, ces classes servent à coder les documents, eux-mêmes classés par un réseau semblable. Le principal inconvénient de cet algorithme est le caractère non

1. Bien entendu, d'autres critères sont précieux : le coût en mémoire et en calcul, le respect de normes...

dynamique du codage (l'orthogonalité des vecteurs dépend du nombre de mots) ; en revanche, les connaissances (mots grammaticaux) sont réutilisables en anglais.

2. Le principe de notre méthode

Notre but est de construire des classes de formes et de mots qui soient le plus proche possible d'une représentation conceptuelle, pour une meilleure indexation des documents, tout en respectant ces deux contraintes méthodologiques : des connaissances réutilisables et un codage des données dynamique. Ces contraintes limitent drastiquement la quantité et le type de connaissances utilisables.

La plupart des méthodes de classification de lexèmes en fonction de leur distribution travaillent sur un contexte non grammatical (cf. WebSom, Candide et Leximappe) ; celles qui n'utilisent que peu de connaissances *a priori* ne sont pas dynamiques, les autres reposent sur des connaissances peu réutilisables.

À l'inverse, notre méthode se fonde sur la distribution grammaticale des lexèmes, selon l'hypothèse néo-structuraliste que cette distribution reflète leur catégorie syntaxico-sémantique, et donc, partiellement, leur sens. Pour prendre un exemple simple, la distribution grammaticale de *maison* et d'*eau* est fort différente : le premier appartenant à la classe des noms d'objets individualisables, l'indéfini et le pluriel (*une maison, maisons*) y seront plus fréquents, le second appartenant à la classe des noms de masse, le partitif (*de l'eau*) y sera plus fréquent. D'autres distinctions plus subtiles se reflètent également dans la distribution grammaticale : les parties du corps sont employées principalement avec le défini (possessif et plus encore démonstratif y sont rares), les parties du corps simples (*tête*) sont plus rares au pluriel que les multiples (*main*), les termes de parenté sont plus souvent employés avec le possessif...

En théorie, par distribution grammaticale d'un lexème, il faut entendre sa fonction dans la phrase (sujet, verbe...), les marques grammaticales du syntagme qui le contient (déterminant, préposition...), sa morphologie (singulier, pluriel). Mais seul le recours aux marques grammaticales et à une morphologie approximative et brutale (ex. pluriel *-s*) respecte nos contraintes de départ. En effet, détecter la fonction nécessite une analyse syntaxico-sémantique lourde et des connaissances sémantiques peu génériques, une analyse morphologique complète suppose que tous les mots soient dans le lexique.

Jusqu'à quel point peut-on dégager des catégories sémantiques sur la base d'une distribution grammaticale restreinte aux contextes formellement détectables avec le minimum de connaissances : c'est la question que nous nous sommes posée ici.

3. Corpus

Pour assurer la validité des statistiques, il faut un corpus qui fournisse à la fois un nombre d'occurrences suffisant pour chaque forme et une diversité d'emplois représentative de la langue. Cette représentativité, qui dépend de ce qu'on recherche, est difficile à garantir, vu la variété des discours et des formes offertes par une langue (ici restreinte de surcroît à sa forme écrite). Il y a deux méthodes, celle des quotas, où le corpus comporte des textes échantillonnés par domaines [BIB 93], et la méthode probabiliste [CHU 93], où les textes sont pris au hasard mais en très grande quantité.

La répartition des discours en domaines est un procédé qui, malgré quelques tentatives de théorisation, reste fondamentalement heuristique. Il y a les grandes typologies classiques (oral/écrit ; texte littéraire, poétique, scientifique...), non limitatives (cf. le type journalistique, apparu au 19ème siècle). Les thèmes traités découpent également la langue sur un autre axe, les strates lexicales. Mais aucun critère de découpage de la variété linguistique n'est indépendant du problème traité.

L'application de la méthode probabiliste, quant à elle, rencontre d'autres obstacles. Tout d'abord, les grands éditeurs français ne facilitent pas la diffusion électronale, peut-être par peur de l'édition pirate, ou parce qu'« *ils considèrent le domaine public comme une matière première réservée* » (Cahier Multimédia, Libération, 31/3/95) ; et ce, bien qu'ils disposent d'un nombre considérable de titres épuisés ou pilonnés qui ne seront jamais réédités, sur lesquels le copyright ne sera tout de même pas levé : qu'on pense à la masse de romans de gare, espionnage, policiers, SF mineurs qui pourraient fournir matière première à l'étude du français de ces dernières années.

C'est sans doute à cela qu'il faut rattacher le fait, à notre sens honteux et nuisible au développement des recherches sur la langue et la culture françaises, que le *Trésor de la langue française* (projet ARTFL, Inalf et Université de Chicago, environ 3 000 œuvres), pourtant financé par de l'argent public, ne soit accessible, à partir de mots clés, qu'à travers des extraits à usage de citation (maximum 3 pages). Frantext (la base de textes concernée) demande de surcroît un abonnement annuel prohibitif ; un sous-ensemble de 300 textes était vendu environ 6 000F sur CD-ROM par l'Inalf. Il s'agit là d'une entreprise purement commerciale, à public captif. Il se vend aussi (assez cher) des CD-ROM spécialisés (ex. littérature française, jurisprudence) ; la plupart, comme le TLF, ne sont accessibles qu'à travers une interface et non comme texte brut.

Il faut saluer et encourager l'initiative de l'ABU (Association des Bibliophiles Universels, loi de 1901), hébergée par le CNAM (http://www.cnam.fr/abu). Son objectif est de maintenir le corpus le plus vaste possible de textes français ; en concurrence directe avec le TLF, elle ressaisit les mêmes textes, mais avec un accès libre et gratuit pour tous. On trouve aussi des textes d'accès libre sur des sites américains (projet Gutenberg à Washington), sur divers sites anglais. En raison des lois sur le copyright[2], la plupart des textes ont plus de 70 ans.

Notre corpus est constitué des textes de ces sites postérieurs à la deuxième moitié du 17e siècle, plus quelques textes récents. Il n'est représentatif ni par sa taille (4 millions de mots) ni par sa distribution (essais et romans) ; il vaut parce qu'il est le seul disponible. En tout état de cause, une méthode qui n'utilise qu'une distribution grammaticale restreinte, telle que nous l'avons définie ci-dessus, présente ici un double avantage : (a) dans la mesure où, quel que soit le domaine considéré, la grammaire reste la même, nous n'avons pas besoin de nous préoccuper outre mesure de la représentativité du corpus ; (c) la relative stabilité de la grammaire dans le temps nous permet d'utiliser des textes plus anciens pour indexer des documents modernes, à condition de compléter ce corpus par des textes techniques en français (thèses, rapports, articles), malheureusement encore peu disponibles sur Internet.

4. Schéma de la procédure et choix de Self Organizing Map

À partir des statistiques sur la distribution, nous voulons faire émerger des classes sans avoir à donner de critères de classification (sans dire : c'est un terme de parenté s'il y a telle proportion de possessifs), parce que nous ne les connaissons pas (nous ne connaissons même pas l'ensemble des classes). D'où l'emploi de réseaux classificateurs neuro-mimétiques non supervisés.

Parmi les modèles de réseaux étudiés par le groupe CSAR (ART, Néo-cognitron, SOM), nous avons retenu SOM[3] (*Self Organizing Map*), de T. Kohonen, qui non seulement classifie les données, mais en plus détecte les similitudes entre classes et les représente sur une carte. SOM présente de nombreuses variantes, en particulier en fonction du voisinage employé pour détecter les similitudes (Von Neuman, hexagonal ou circulaire, plan, torique ou arborescent). La qualité de la classification dépendant aussi du choix des variantes, nous les avons intégrées au système sous forme de paramètres contrôlables par l'utilisateur, pour en faire un dispositif d'expérimentation.

Nous ne donnerons pas ici de description technique de ce modèle : il existe une littérature abondante sur la question. SOM procède à partir d'un ensemble de données appelé lot d'apprentissage, et spécialise, par région, l'ensemble des neurones à reconnaître des données semblables au lot d'apprentissage ; la taille de la région sensibilisée décroît au fur et à mesure de l'apprentissage, jusqu'à ce que chaque neurone soit spécialisé dans la reconnaissance d'un type de données. Les erreurs

2. Bien qu'elles n'interdisent pas de faire du comptage d'occurrence par exemple sur des textes protégés.
3. C'est aujourd'hui le modèle le plus utilisé dans l'industrie après la rétropropagation (supervisée).

sont minimisées dans la mesure où une donnée sera classée dans une classe voisine de celle où elle aurait dû figurer. Le résultat est une cartographie (cf. ex. ci-dessous).

On trouvera plus loin une description plus approfondie de la procédure ; nous en présentons ici une version schématique, qui procède en trois étapes.

1) Chaque texte du corpus est analysé en formes et phrases à l'aide d'une base des ponctuations et de règles de détection de phrase assez robustes. Chaque forme nouvelle s'insère dans la base des formes du corpus. L'analyse en phrases donne lieu à l'établissement de pointeurs sur les contextes d'emplois de chaque forme.

2) On élabore les règles qui définiront la distribution grammaticale restreinte prise en compte dans l'établissement des statistiques sur les lexèmes (*ie*, toute forme n'appartenant pas à la base de marques grammaticales) ; on peut préciser, par règles ou procédures à base de requêtes SQL, les lexèmes que l'on veut étudier.

Les seules connaissances autorisées dans ces règles sont les marques grammaticales (environ 300), la ponctuation, une morphologie brutale (ex. un mot terminé en *-x* ne peut être un verbe), et les connaissances acquises.

3) Le système construit automatiquement les statistiques et les vecteurs d'entrée pour SOM, puis lance la classification. Pour faire fonctionner une variante non standard de SOM, on intervient sur les paramètres. Enfin, on obtient la cartographie désirée.

5. Une catégorisation rudimentaire

Lot d'apprentissage	12 dimensions	Seuil : 140	_0 = 0.3	Taille 9x9	$R_0 = 5$	arrêt R = 0

heures jours hommes yeux mains pieds	deux	cinq mille trois		Bar-bicane	monsieur	coup fort vrai	grand lieu	bout matin milieu moment mot
choses enfants femmes gens	quatre	dix vingt	Germinie Madame Mme Mademoi-selle			bon mal	jour soir monde petit	côté regard
	cent six ailleurs Paris	Madeleine Olivier		loin mieux	droit long	premier capi-taine	soleil travail	cœur corps homme nom
ici		aller doute	parler prendre		colonel reste seul	vieux plaisir	temps enfant	père état jeune pauvre
longtemps près			effet faire voir	fut		bras mois		air âme
seulement souvent tard	Playfair	donner		faut tais	sens	ans eau esprit	argent	chose heure idée
eh		cria disait	eut peut pouvait	sais		dieu	bonne	grande petite femme fille mère voix sorte fois
James non oui comment		faisait fit			rien	peine	seule raison	chambre place vie
ah est-ce	allait devait venait reprit répondit va	dire dit	fait	pris pu vu jamais toujours peut-être			main mort	maison porte rue terre lune nuit nature première tête

Figure 1. *Classification grammaticale rudimentaire*

La classification ci-dessous[4] (figure 1) résulte de règles élémentaires (sur un corpus d'environ 600 000 mots) : le voisin gauche de chaque lexème est examiné ; les marques qui s'y trouvent sont classées en 12 groupes (répartition qui nous a donné les meilleurs résultats), et le nombre d'occurrences de chaque groupe est transmis à SOM. Les mots indiqués sont ceux du lot d'apprentissage, mais les zones sont établies d'après les 819 mots occurrant plus de 40 fois. Les cellules et bandes noires indiquent des frontières étanches entre les catégories reconnues de part et d'autre. Sont en blanc les cellules qui contiennent des éléments appartenant à plusieurs catégories distinctes, ou appartenant à des catégories intermédiaires.

Le réseau a séparé les noms pluriels (en haut à gauche), les noms propres (en haut au milieu), les masculins singuliers (en haut à droite), les féminins singuliers (en bas à droite) ; les noms ambigus en genre (adjectifs épicènes et noms à initiale vocalique) figurent entre les deux ; on trouve ensuite les verbes (en bas au milieu) et les adverbes (en bas à gauche). De plus, les noms de nombre sont distincts des noms pluriels, les formes conjuguées des verbes distinctes des infinitifs ; on peut même observer une tendance à distinguer les adjectifs des substantifs, même si elle n'est pas très nette (cellules plus claires dans les zones de droite). Ce résultat est d'autant plus appréciable qu'aucune information morphologique (finale *-s* ou *-er*, etc.) n'a été fournie au réseau.

6. Une catégorisation plus fine

La classification suivante, due à F. Dewitte [DEW 98], résulte de règles plus fines, avec un corpus de 600 000 mots. Un sous-ensemble de noms est extrait par des règles basées sur des déterminants. On examine leur voisin gauche. Les déterminants sont classés en 16 groupes ; une règle de morphologie pauvre (présence d'une finale en *-s*) détecte le pluriel. Le nombre d'occurrences de chaque groupe est fourni à SOM. Comme on peut le voir sur la figure 2 ci-dessous, il y a une tendance à classer ensemble (dans la même cellule ou dans une cellule immédiatement voisine) :

– des termes temporels (matin, soir, époque, changement),

– des termes de parenté (père, frère, sœur) ; s'y rattachent cher, chère, sans doute par la fréquence du possessif,

– des termes désignant l'esprit (caractère, âme, cœur, esprit, puissance, vue),

– des termes abstraits en *-ion* et en *-é* (ces terminaisons n'ont pas été fournies au programme),

– des termes polyvalents (terme, chose, circonstance),

– des objets concrets (fleur, arbre, objet, étoile, larme).

---

4. L'implémentation a été effectuée par G. Polito, sous une première version, dans [POL 95].

Lot d'apprentissage	18 dimensions	seuil : 40	$\times_0$=0.5	taille 8x8	N_0 = 80%	arrêt R = 1

tourbillon	Fait		Pied				
caractère âme cœur esprit puissance vue visage frère père sœur cher chère pauvre cabinet chambre fauteuil temple voiture compte faute langue réponse visite âge	sensation difficulté				terme		
amitié attention bonté imagination volonté égard sein situation sujet retour	opération impression motif vérité hasard nécessité extrémité moitié société saison horizon lendemain soleil terrain avoué	soin		circonstance		chose	
curiosité émotion beauté liberté désespoir agitation position proposition conversation sommeil bord coin maison autel	action besoin intention	ordre peine doigt					
passion disposition façon opinion résolution activité	projet pensée force domestique	connaissance effort	Fleur arbre objet				
affection douleur regard compagnon aventure voyage	réflexion	habitant voyageur larme étoile		distance			doute
souvenir devoir désir goût intérêt	lien nuit	lettre histoire idée	accident effet endroit phrase lumière		chan-ge-ment		
forme être image secret livre	acte geste signe mouvement boulet pièce erreur autre	véritable instant expression silence spectacle cercle chaise	bruit plaisir	reste côté matin quartier salon pain théâtre	soir	épo-que	

Figure 2. *Classification sémantique*

7. Architecture et évolution du système

La classification ci-dessus a fait apparaître deux problèmes. La quantité considérable de noms abstraits oriente très certainement l'ensemble de la carte et rend plus confuse la répartition ; ce problème peut être résolu en augmentant le corpus. Mais surtout, les critères de distribution ne sont pas assez fins, puisqu'ils ne tiennent compte que du déterminant et du nombre : ces classes émergentes sont mêlées à des classes sans rapport avec elles, et la méthode permet mal de distinguer substantifs et adjectifs.

Par exemple, il est probable que la distribution d'un substantif spatial en prépositions employées (sur, sous...) est distincte de celle d'un substantif désignant un humain ; la présence d'un complément de nom ou d'une relative est une indication précieuse.

C'est pourquoi nous avons donc choisi ensuite d'élaborer des règles plus complexes, capables de déterminer plus finement la distribution grammaticale des noms, en détectant les prépositions, les déterminants et prédéterminants, la présence d'un complément de nom, d'une relative, d'un verbe. À partir d'une description linguistique fine du syntagme substantif appuyée sur corpus [BER 99], et de statistiques sur les contextes d'emplois des marques, une vingtaine de règles ont été élaborées par A. Pappa [PAP 98]. Ces règles aboutissent à étiqueter les substantifs et les adjectifs contenus dans les syntagmes avec une efficacité remarquable, puisqu'elles repèrent la structure du syntagme substantif dans 90 % des cas en moyenne, dès qu'un déterminant est présent, même s'il est ambigu (ex. *le, la, les, ce*...), ce qui concerne une très large majorité des cas (la seule exception notable est celle des noms propres).

Nous avons, à partir de là, construit un dispositif d'expérimentation, présenté figure 3. Son architecture est voulue pour que toutes les étapes du traitement puissent donner lieu à des exploitations autres que celles que nous avons prévues ou réalisées. Nous avons donc choisi de réécrire notre système[5] pour que chaque traitement s'effectue à travers de protocoles et normes de communication standard, et pour que les données utilisées ou produites soient accessibles à d'autres systèmes utilisant ces protocoles.

La base de données centrale du système est constituée de données entrées automatiquement. Elle contient plusieurs tables ; essentiellement deux tables sont à considérer ici : la table des formes, contenant la totalité des formes du corpus et qui devrait, dans un avenir proche, jouer un rôle actif en participant à la détection des mots composés (aujourd'hui, au fur et à mesure...), et la table des occurrences, contenant les références à tous les contextes d'utilisation de ces formes (y compris les marques) ; elle contient aussi toutes les étiquettes générées, aussi bien pour les

5. Cette réécriture a été réalisée dans sa majeure partie par F. Dewitte [DEW 98].

formes que pour les occurrences. Le cœur de notre système (indiqué par le cercle en pointillé dans la figure) est constitué de programmes majoritairement écrits en C++, mais n'accédant aux bases qu'au travers de requêtes SQL.

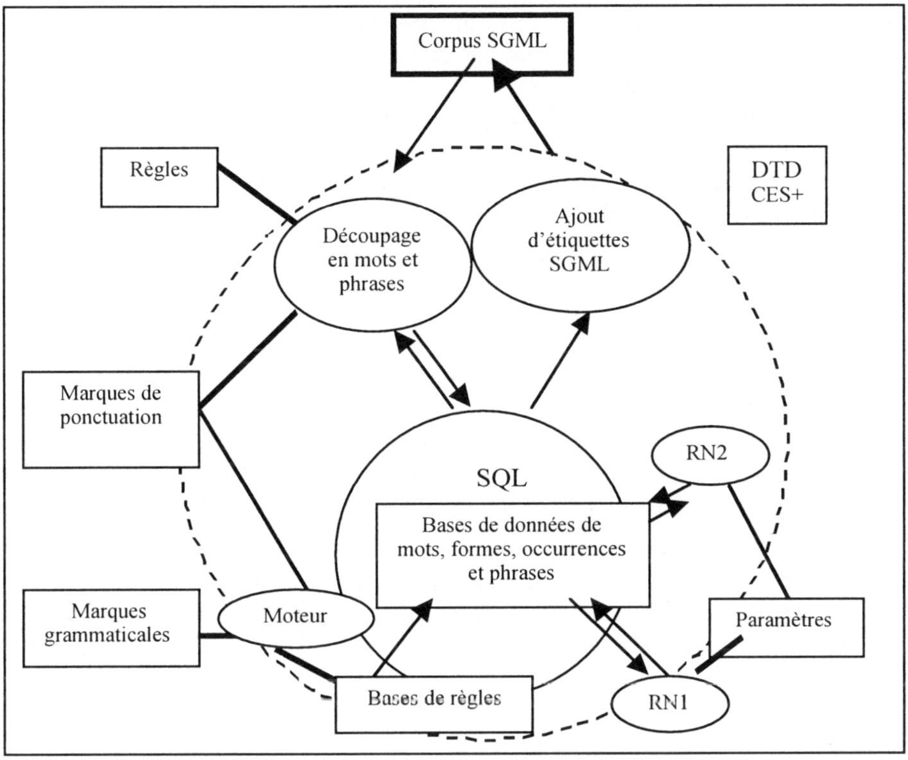

Figure 3. *Architecture du système*

Les cercles indiquent les processus de traitement, les carrés les données ; les données extérieures au cercle en pointillés sont les données accessibles à l'utilisateur, servant à contrôler les processus ; les flèches indiquent les accès en écriture et les traits tiretés les accès en lecture.

Les informations extraites du corpus et qui permettent de constituer cette base selon la procédure présentée ci-dessus, peuvent aussi exploiter d'éventuelles étiquettes SGML ; ceci assure la possibilité d'un usage récursif du traitement ; ainsi les étiquettes produites par un traitement précédent peuvent être utilisées par un traitement ultérieur.

Par exemple, la première cartographie présentée (figure 1) fournit une catégorisation grammaticale, qui peut être utilisée, dans un deuxième temps, pour effectuer des explorations sur les propriétés distributionnelles propres à chaque sous-catégorie. La condition nécessaire pour cela est la possibilité de générer dans le corpus des étiquettes SGML. Toutefois, un problème se pose ici : ces étiquettes sont générées automatiquement, et ne sont pas directement interprétables pour l'instant sans une intervention manuelle. Il n'en est pas de même quand la sélection lexicale est effectuée à base de règles, comme pour les noms de la deuxième cartographie présentée. Là, les étiquettes produites sont insérées dans le corpus en suivant la DTD CES, complétée des quelques étiquettes propres à notre dispositif (CES+ dans la figure ci-dessous). Nous étudions la combinaison des deux approches.

Grâce à l'aspect récursif du processus, il est possible d'utiliser plus d'un réseau neuro-mimétique (RN dans la figure), pour générer des classifications parallèles ou en série.

Les données auxquelles un accès manuel est possible (celles qui figurent en dehors du cercle pointillé) servent à contrôler l'expérimentation. Elles sont de trois sortes : les bases de règles, qui servent à initier le processus ; les données statiques, corpus, bases de ponctuation et de marques grammaticales ; enfin les paramètres des réseaux neuro-mimétiques qui permettent de modifier le comportement du système.

Étant donné l'emploi très courant des marques grammaticales et de la ponctuation dans l'indexation, on peut se demander pourquoi il n'en existe pas une version normée pour chaque langue concernée. Nous aimerions que celle que nous avons construite serve de base, ce qui permettrait qu'elle soit contrôlée et enrichie collectivement.

Bibliographie

[BER 95a] BERNARD G., « Reconocimiento de la sintaxis : metodología », *Caminos del texto*, eds. G. BERNARD, J. FEAT, P. SAN GINES & V. SABIDO, Universidad de Granada, 1995.

[BER 95b] BERNARD G., « Vers un système d'hypercommunication », *Hypertextes et hypermédias*, eds A. LELU & I. SALEH, Hermès, Paris 1995.

[BER 97] BERNARD G., « Experiments on distributional categorization of lexical items with Self Organizing Maps », *Proceedings of WSOM'97*, Université d'Helsinki, 1997.

[BER 99] BERNARD G., « L'épithète et l'ordre des mots dans le syntagme substantif », *Actes du 22ème Congrès int. de linguistique et philologie romanes*, Université Libre Bruxelles, 1999.

[BIB 93] BIBER D., « Representativeness in Corpus Design », *Literary and Linguistic Computing*, vol. 8, n°4, 1993.

[BIN 94] BINDI R., CALZOLARI N., MONACHINI M., ZAMPOLLI A., « Corpora and Computational Lexica [Lexical Knowl. Acquisition] », *Literary and Linguistic Computing*, vol. 9-1, 1994.

[BRI 92] BRILL E., MARCUS M., « Tagging an Unfamiliar Text With Minimal Human Supervision », *Proc. of the Fall Symposium on Probabilistic Approaches to NL*, 1992.

[BRI 98] BRILL E., « Unsupervised Learning of Disambiguation Rules for Part of Speech », *Tagging Natural Language Processing Using Very Large Corpora*, Kluwer Ac. Press, 1998.

[CHU 93] CHURCH K.W. & MERCER R.L., « Introduction to the Special Issue on Computational Linguistics Using Large Corpora », *Computational Linguistics*, vol. 19, n°1, 1993.

[GUI 90] GUILLET A., « Reconnaissance des formes verbales avec un dictionnaire minimal », *Langue Française*, n°87, Larousse, 1990.

[DEW 98] DEWITTE F., « Contribution à l'étiquetage syntaxique et sémantique d'un corpus de textes », Mémoire de DEA, Laboratoire d'Intelligence Artificielle, Université Paris 8, 1998.

[HON 95] HONKELA T., PULKKI V., KOHONEN T., « Contextual Relations of Words in Grimm Tales Analyzed by SOM », *Proc. Int. Conf. on Artificial Neural Networks*, EC2, Paris, 1995.

[HON 96] HONKELA T., KASKI S., LAGUS K., KOHONEN T., « Newsgroup Exploration with WEBSOM method and Browsing Interface », research report A32, University of Helsinki, 1996.

[MIK 97] MIKHEEV A., « Automatic Rule Induction for Unknown Word Guessing », in *Computational Linguistics*, vol. 23-4, 1997.

[PAP 98] PAPPA A., « Reconnaissance automatique des syntagmes substantifs », Mémoire de DEA, Laboratoire d'Intelligence Artificielle, Université Paris 8, 1998.

[POL 95] POLITO G., « Essai de catégorisation grammaticale par réseau neuro-mimétique », rapport de recherche CSAR 9505123, Département d'Informatique, Université Paris 8, 1995.

Search by Object Model and Object Tracking in C-BIRD

Ze-Nian Li

School of Computing Science
Simon Fraser University
Burnaby, BC, Canada V5A 1S6
li@cs.sfu.ca

ABSTRACT. This article presents our research in the C-BIRD (Content-Based Image Retrieval from Digital libraries) project. Beside using common features such as color, texture, shape and their conjuncts, it is shown that feature localization and a three-step matching algorithm (color hypothesis, texture support, shape verification) facilitate Search by Object Model from hypertext and hypermedia resources. New result of Object Tracking in Video is also shown.

KEY WORDS: Content-based retrieval, Digital library, Feature localization, Hypertext and hypermedia, Modeling and matching, Object tracking, Segmentation, Video.

---

1 Introduction

Visual content-based retrieval of images and video clips from hypertext and hypermedia resources provides useful tools for digital libraries. Previous pattern recognition and image analysis algorithms usually dealt with small sets of still images and did not scale. Content-based image retrieval systems use visual features to index images [FLI 95, AIG 96, BAC 96, CHA 97]. Most existing techniques for content-based image retrieval rely on global image features such as color and texture. These global methods are based on simple statistics extracted from the entire images. They are easy to obtain and store in a database, and their matching takes little time. These methods, however, lack the power of locating specific objects and identifying their details (size, position, orientation, etc.).

Realizing the inadequacy of global features and methods for content-based image retrieval, more and more researchers have proposed image segmentation (based on color, texture, and shape) [CHA 97, MA 97] as a main step toward an effective content-based image retrieval. Apparently, as long as a good segmentation is obtained, powerful constraints such as *spatial relationships* can be enforced. To overcome the difficulties in achieving a sound segmentation, heuristics such as "size of the region" and "maximum number of the regions" are naturally developed to avoid over-segmentation; also, motion in the spatiotemporal domain is exploited to improve image segmentation in video [CHA 97].

We have been developing the C-BIRD (Content-Based Image Retrieval in Digital-libraries) system, which combines keywords and visual descriptors like color, texture, shape, and feature localization to index images and videos in the World-Wide Web.

It has long been argued that *segmentation* plays an important role in human vision [GRE 70]. Ever since the 60s and 70s, *image segmentation* has been one of the most persistent research areas in computer vision. It is hoped that recognition would become much easier after segmentation. However, it is well-known that a good image segmentation is often impossible to attain. Commonly, images are either "over-segmented" or "under-segmented". As Marr [MAR 82] pointed out, "... the difficulties in trying to formulate what should be recovered as a region from an image are so great as to amount almost to philosophical problems." Although appealing, the problem of image segmentation is "ill-defined".

This paper argues that, in spite of its popularity, the traditional image segmentation is not a good image preprocessing tool for the content-based retrieval from hypertext and hypermedia repositories. Instead, a new approach of *feature localization* is proposed. Based on the *locales* extracted from the feature localization, a three-step object matching algorithm that employs color hypothesis, texture support, and shape verification is developed. The work is recently extended to handle object tracking in video.

2 Feature Localization vs. Image Segmentation

2.1 Definition of region revisited

Image segmentation is a process to segment an entire image into disjoint regions. A region consists of a set of pixels that share certain properties, e.g., similar color (or gray-level intensity), similar texture, etc. In most papers and books it is defined that, if R is a region,

1. R is *connected*, iff all pixels in R are connected,
2. $R_i \cap R_j = \phi, \quad i \neq j$,
3. $\cup_{k=1}^{m} R_k = I$, the entire image.

Although regions do not have to be connected, most available region-based and/or edge-based segmentation methods would yield connected regions, and it is error-prone to merge some of them into non-connected regions. In short, the traditional segmentation algorithms assume (1) regions are mostly *connected*,

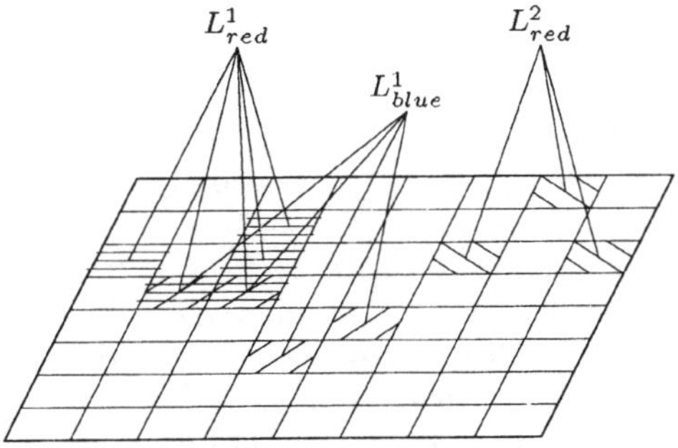

Figure 1. *An image of* 8×8 *tiles, and locales for colors red and blue.*

(2) regions are *disjoint*, (3) segmentation is *complete* in that any pixel will be assigned to some region, and the union of all regions is the entire image.

Such a segmentation algorithm will yield more than a dozen purple regions, one for each character, for the title of the book shown in Fig. 2. It will also yield (unexpectedly) many white regions, since all the white blobs inside the letters 'A', 'P', 'R' 'O' will unfortunately be identified as regions unless some really effective algorithm can identify them as belonging to a non-connected region together with the two white boxes. The above example, albeit simple and not at all unusual, indicates that the traditional image segmentation does not yield useful grouping and representation for object recognition.

2.2 Locale for feature localization

We argue that a more useful and attainable process is feature localization that will identify features by their locality and proximity. A new concept *locale* is hence defined [LI 99]. Locales use squares of pixels (*tiles*) instead of pixels as their smallest unit at the image level.

Definition: A *locale* $\mathcal{L}_x$ is a local enclosure (or locality) of feature x.
$\mathcal{L}_x$ has the following descriptors:

- envelope L_x — a set of tiles to represent the locality of $\mathcal{L}_x$.
- geometric parameters — *mass* $M(\mathcal{L}_x)$, *centroid* $\mathbf{C}(\mathcal{L}_x)$, *eccentricity* $E(\mathcal{L}_x)$, and shape parameters for the locale, etc.

A tile is a square area in an image, its size is chosen as 16×16 pixels in this paper. Tile is the building-unit for envelopes. A tile is 'red' if a sufficient number of pixels (e.g., 10%) within the tile are red. It follows that a tile can be both 'red' and 'blue' if some of its pixels are red and some are blue. While pixel is the building-block for image segmentation, tile is the building-block for feature localization. Tiles are grouped into an envelope, if they are geometrically close. The closeness will be measured by eccentricity and distance to be discussed below.

Fig. 1 shows a square image that has 8×8 tiles, two locales for color red, and one locale for color blue. The envelope L^1_{red} in Fig. 1, for example, consists of 5 tiles.

$M(\mathcal{L}_x)$ is the number of pixels in L_x that actually have feature x, e.g., the number of pixels that are red. $M(\mathcal{L}_x)$ is usually less than the Area of L_x, although it could be equal to it. $\mathbf{C}(\mathcal{L}_x)$ is simply the centroid of the mass. $E(\mathcal{L}_x)$ is a measure of the average distance from pixels in L_x to the centroid, it measures the eccentricity of $\mathcal{L}_x$. Note, M, $\mathbf{C}$, E, etc. are measured in unit of pixels, not in tiles. This guarantees the granularity. Hence the feature localization is not merely a low-resolution variation of image segmentation.

The procedure for generating the locales basically uses *merge*. First, simple statistics (M, $\mathbf{C}$, E) is gathered within each tile. Afterwards, a method similar to "pyramid-linking" is used to merge the tiles into locales. In terms of the parent-child relation, the overlapped pyramid is used.

Working bottom-up, all tiles having feature x are linked to their parent and merged into $\mathcal{L}_x$ if the merged locale will have $E(\mathcal{L}_x) < \tau$, where τ is a threshold normalized against $M(\mathcal{L}_x)$. Otherwise, they will be linked to two different parents belonging to different envelopes L^i_x and L^j_x. During the merge, $M(\mathcal{L}_x)$, $\mathbf{C}(\mathcal{L}_x)$, and $E(\mathcal{L}_x)$ are updated accordingly.

From the above definition, it is important to note that in the most cases the following are true:

1. $(\exists x)\mathcal{L}_x$ is *not connected*,
2. $(\exists x)(\exists y)\mathcal{L}_x \cap \mathcal{L}_y \neq \phi, \quad x \neq y$,
3. $\cup_x \mathcal{L}_x \neq I$, the entire image.

Namely, (1) pixels inside a locale for some feature are not necessarily connected, (2) locales are not always disjoint, their envelopes can be overlapped, (3) not all pixels in an image must be assigned to some locale in the feature localization process.

Locale is not simply a variant of non-connected region, the main difference between locale and non-connected region is illustrated by the above property (2). In the proposed feature localization, it is the approximate location that is identified, not the precise membership as which pixel belongs to which region. The difference is not a philosophical one. If indeed only some simple process is to be applied, e.g., template matching, then the precise membership of the region is important. In the domain of content-based image retrieval where a very large amount of image and video data are processed, such simple and precise matches are not feasible. Instead, a more heuristic (evidential) process is going to be adopted which usually involves multiple features and their spatial relationships.

Property (3) indicates that, unlike the image segmentation, the feature localization is incomplete. Use color localization as an example, we will likely not be interested in all colors or all color spots in an image, at least not some tiny noise spots. When only the locales of the few prominent colors are identified, the union of them is not the whole image.

3 Search by Object Model

This section describes our approaches to *modeling* and *matching* respectively.

3.1 Color, texture, shape in object modeling

1. Color: Colors in a model image are sorted according to their frequency (number of pixels) in the RGB color histogram. The first few (e.g., five) are called *Most Frequent Colors* (MFCs). When color is extracted from relatively low resolution images where only very few prominent colors are preserved, the MFCs become especially dominant.

   Locale(s) for each MFC in the object model will be extracted first. Each pair of the centroids for two of the MFC locales can be connected to produce an *MFC vector*. The length of the MFC vectors and the angles between them characterize the color distribution, size, and orientation of the object. To reduce the total number of MFC vectors, only the vectors that connect the first MFC centroid to the other MFC centroids are used. Hence, for k ($k \geq 2$) MFCs, the total number of MFC vectors is $k - 1$.

   For simplicity, the RGB color model is adopted. It suffices for the purpose of the content-based retrieval in C-BIRD. Alternatively, some luminance-chrominance color models (e.g., YUV, LUV) can be used which would reduce the representational redundancy present in the RGB model.

2. Texture: As the color histogram can be defined in a 3D space (RGB, LUV, etc.), texture histogram can also be defined in a 3D or 2D space. Two of the Tamura texture measures are *coarseness* and *directionality*.

   In our edge-based approach, the directionality is simply measured by the gradient direction ϕ of the edge pixels. It is especially useful in handling rotations. When an object is rotated on a 2-D plane (e.g., a book is placed on the desk with a different orientation), all the edge orientations are simply incremented (or decremented) by a θ. The coarseness can be characterized by *edge separation* which is measured by the distance of the nearest edge pixel along the direction of ϕ. Apparently, the edge separation is sensitive to the scale/resolution of the images.

   The current C-BIRD implementation uses a 2D texture space which is composed of S (edge separation) and ϕ (directionality). The texture statistics are extracted for each locale; in other words, they are *locale-based.* They are derived from the edge image of the luminance image Y, where $Y = 0.299R + 0.587G + 0.114B$.

3. Shape: The Generalized Hough Transform (GHT) [BAL 81] is adopted to represent the shape of the object. Briefly, each edge point in the object model is represented by a vector $\mathbf{r}_i(\psi_i, r_i)$ connecting the edge point to a chosen reference point for the object. All $\mathbf{r}_i$'s are stored in an R-table which serves as an object model. The R-table is indexed by

the edge orientation ϕ_i of the edge point. At the matching time, each edge point in the database image uses the R-table to cast its vote to an accumulate array. As a result, a peak will be formed at the location of the corresponding reference point in the accumulate array if the object indeed appears in the database image.

The major advantage of the GHT (and its variants) over other shape representations is its insensitivity to noise and occlusion. It can also be applied hierarchically to describe the object (or a portion of the object) at multiple resolutions. It is known that the discriminative power of the GHT diminishes when the aim is to recognize the object at all possible scales and orientations, because then the GHT matching will have to be attempted at numerous iterations and the decision often becomes non-attainable. We will hence propose the following three-step matching algorithm in which the GHT will only be applied after the first two steps when a certain hypothesis of a possible object size, orientation, and location is made.

3.2 The three-step matching algorithm

A three-step matching algorithm for searching by object models in image and video databases is developed, i.e., (1) color hypothesis, (2) texture support, (3) shape verification. It is generally accepted that color is fairly invariant to scaling and rotation, hence the feature color is used in the first step of the matching. After color localization, a hypothesis of the existence of an object at a certain location, size and orientation can be made. If there is a sufficient similarity in their texture between the object model and the image at the vicinity of the hypothesized enclosure, then a shape verification procedure based on the GHT will be invoked.

For both color and shape, there is an issue of *similarity*. It is dealt with effectively using the MFC vectors and the geometric and texture parameters of the locales. First, if the model object appears in the image with exactly the same size and orientation, then the mass M, eccentricity E of each locale, the length ρ_i and orientation α_i of each MFC vector, and the angles β_j between the pairs of the MFC vectors are all identical, whether they are extracted from the model or from the object in the image. Second, if the object in the image has a different size and/or orientation, then M and ρ_i should be scaled according to the size ratio, α_i should be incremented by a rotational angle θ, whereas β_j would remain the same. Certain tolerance for error is implemented to support the similarity.

In summary, the matching algorithm is as below:

Matching Algorithm:
begin

/* Image tile generation */
Within each 16×16 tile of an image

```
    Gather M, C, E for each MFC associated with the object model;

  /* Color localization */
  Use overlapped pyramid linking to group tiles into locale ℒ's for each MFC;

  /* Color hypothesis */
  If (#-of-similar-color-locales ≥ 2) and their MFC-vectors
  are 'similar' to the MFC-vectors in the model
    Hypothesize size, orientation, and bounding-box of a matching object;

  /* Texture support */
  For all locales of the hypothesized matching object
    if texture measures consistent with hypothesized size and orientation
      Proceed to check the shape using the GHT;

  /* Shape verification*/
  Within (and at the vicinity of) the hypothesized bounding-box
    All edge pixels use R-table of the (rotated/scaled) object model to vote;
    If #-of-votes near the reference point exceeds a chosen threshold
      Confirm the detection of the object;
end
```

4 Object Tracking in Video

MPEG-1 and 2 videos rely on the extraction of motion vectors for video compression. The motion vectors provide valuable motion information of macroblocks of 16×16 pixels, which is helpful for object localization. However, the problem is that these motion vectors are extracted for simple video compression without any consideration of visual objects. Sometimes they may not correspond to the true motion of the object that occupies the macroblock.

A new concept *kernel* is introduced [WAN 98], which is a locale of neighboring macroblocks with similar motion vectors. In order to ensure that a kernel consists of macroblocks with credible motion vectors, the kernel must meet three criteria, which are motion consistency, low residue error, and texture constraint. The detection of kernel is intended to find locales with credible motion vectors and start object localization from these locales so that there exists a better chance to get good result. A multiple-cue algorithm, which currently uses both motion and color cues, is used to detect the part of a *motion locale* that cannot be detected using the motion cue only.

The motion locale contains such spatiotemporal information about a localized moving object as object size, centroid position, color distribution, texture, and a link to its previous occurrence. A list of motion locales links the occurrences of the localized moving objects over multiple frames. This forms the basis of the object tracking algorithm for detecting the localized objects and their motion trajectory over multiple frames.

5 Experimental Results

The C-BIRD system rests on 4 major components:

- Extraction of images from the WWW (Image Excavator);
- Processing of images to extract image features and storing precomputed data in a database (Pre-Processor);
- Querying (User Interface);
- Matching query with image features in the database (Search Engine).

C-BIRD has been implemented on both Unix and PC platforms. On both platforms, we used the same search engine and pre-processor written in C++. The user interface is implemented both in Perl and as a Java applet. The system is accessible from http://jupiter.cs.sfu.ca/cbird/cbird.cgi, and http://jupiter.cs.sfu.ca/cbird/java1.1/.

5.1 Search by object model

5.1.1 *Locale construction*

The threshold parameters of the Locale construction algorithm are chosen to be optimized for the average object size, although they also work well for objects up to 5 times the magnitude scale. The execution speed of the method is fairly fast (less than a second for each 640×480 image). In all images tested, most of the Locales correctly enveloped features, and separated similar features of different objects from each other or background noise. An example of Locales is shown in Fig. 2.

5.1.2 *Result of the three-step matching algorithm*

As an example, the 'pink book' model is shown in Fig. 3(a). One of the database books is in Fig. 3(b), the actual rotation of the book is 55°, and the actual scale is 1.37. From the color locales, the hypothesized rotation $\bar{\theta}$ is 60° and scale $\bar{k}$ is 1.44. Since the texture measure ν values for all three locales exceed the threshold of 50% (with 100% representing a perfect match), the third step — Shape Verification will be carried out.

Fig. 4 shows the result for the query "find the above pink book from all images (over 1,300) in the database". As shown, 4 of the 5 occurrences of this book with various sizes, positions and orientations are correctly retrieved. The fifth pink book is hypothesized at the first two steps and then rejected at the GHT step. It is because the white area next to the top of the pink book was merged with the white locale of the book, which caused enough hardship for our current implementation.

We have shown rectangular shaped books as our models. Our three-step algorithm however does not rely on any simple shape such as a rectangle,

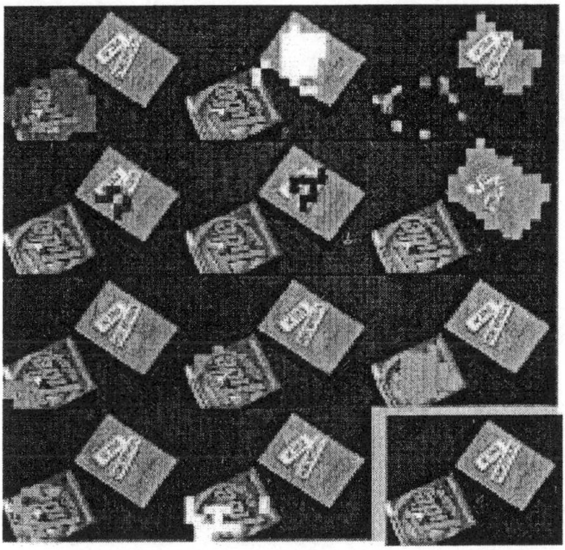

Figure 2. *The Locales generated for the sample image shown at the lower-right corner. Every image shows a different Locale which is composed of the color tiles.*

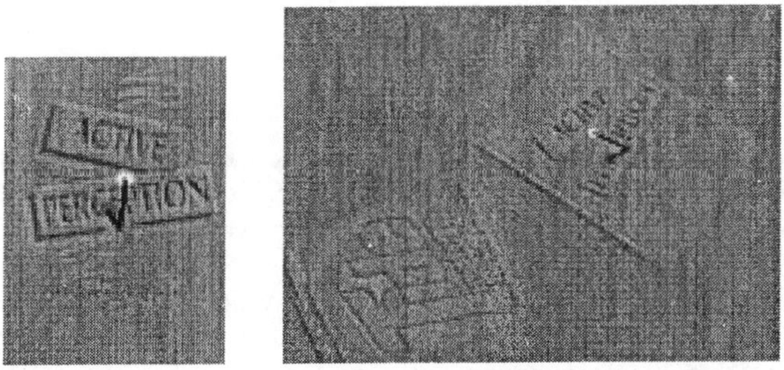

(a) (b)

Figure 3. *Illustration of the MFCs and MFC Vectors. (a) The 'pink book' model image: the pink locale has a mass of 21,352 pixels and centroid at (78, 122), the white locale has a mass of 6,564 pixels and centroid at (82, 86), and the purple locale has a mass of 1,236 and centroid at (70, 108). (b) One of the database images: the pink locale has a mass of 40,522 pixels and centroid at (440, 194), the white locale has a mass of 12,644 pixels and centroid at (394, 172), and the purple locale has a mass of 1,992 and centroid at (416, 206).*

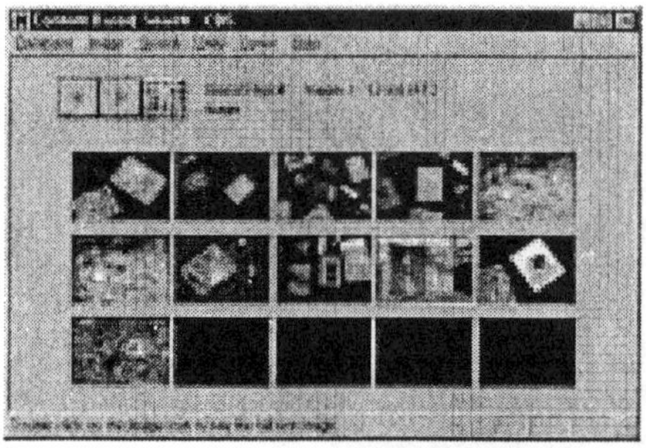

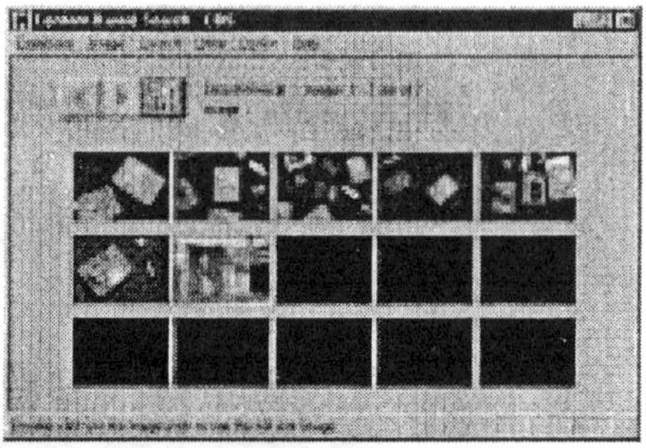

(a) (b)

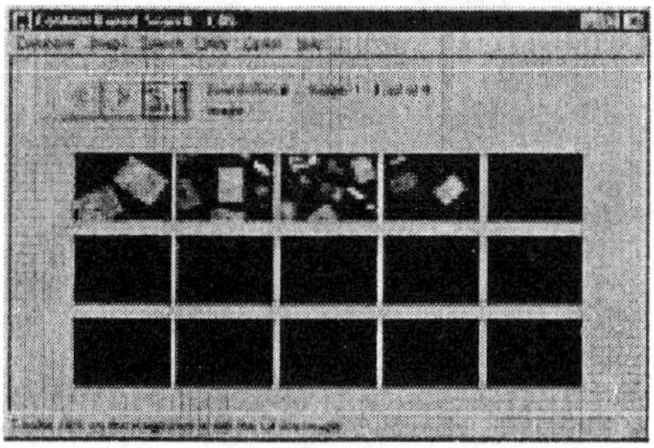

(c)

Figure 4. *Result of the three-step matching. (a) Retrieved images after the Color Hypothesis, (b) Images that also have Texture Support, (c) Images that finally pass the GHT step.*

especially when the GHT is used for shape matching. In our Java interface, users are also able to crop out any object/pattern in any image and use it as a model to search.

5.2 Object Tracking

Fig. 5(a) is an example of object localization on Frame 9 of bike video. The shaded areas denote the detected kernels. The black area corresponds to the background kernel. It can be seen that the detected kernels are the areas with reliable motion vectors. These kernels all have some texture and the large flat regions are not detected as kernel, because they do not have enough texture. These kernels also have good motion consistency among their macroblocks. Two object macroblocks were missed from the kernel-based localization. The reason is that these two macroblocks are the new ones that do not exist in the previous frame. Therefore, the close matching of these two macroblocks cannot be found in the previous frame and their motion vectors are not reliable and the motion clustering algorithm cannot detect them. However, the multiple cue procedure refines the localization result and finds the two macroblocks.

Fig. 5(b) shows the object tracking result in the bike video over multiple

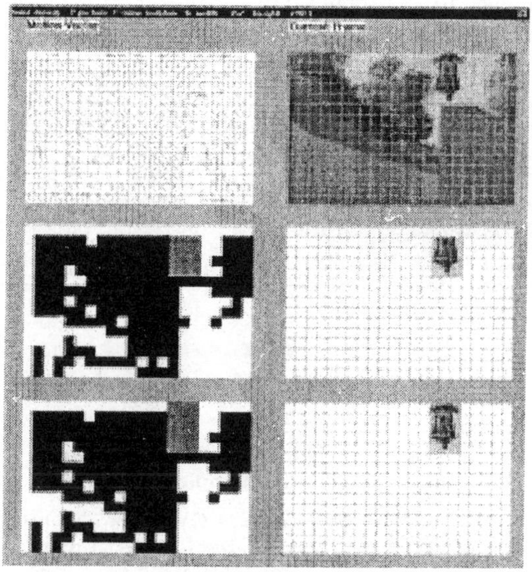

(a)

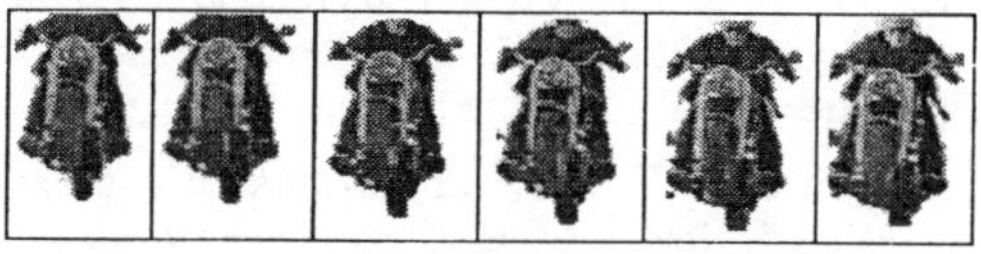

(b)

Figure 5. *(a) Motion locales in Frame 9 of Bike video. (b) Object tracking result of Bike video.*

frames. Each localized object is surrounded by a bounding rectangle. When the object is moving, the motion and other cues are used to separate the object from the background, and when it is still, a projection and spatial localization algorithm is applied to localize the object.

6 Conclusion and Discussion

Content-based image and video retrieval is an important issue in the research and development of digital libraries which usually contain large amount of hypertext and hypermedia resources. This paper presented Search by Object Model and Object Tracking in Video in ouresourcesr prototype system C-BIRD.

Feature localization and a three-step matching algorithm are presented to support Search by Object Model. Unlike most existing systems which use only features (color, texture, sketch, etc.) to retrieve similar images, the modeling and matching methods described are capable of retrieving a range of different sizes, 2-D rotations, and multiple occurrences of specified objects in the images.

It is shown that instead of image segmentation, feature localization should be used as a preprocessing step before matching. New result of Object Tracking in Video is also shown.

At present, only models of 2D objects are supported. Although object tracking based on motion in video facilitates some 3D analysis, robust modeling and matching in 3D is still an open research problem.

Acknowledgments: This work was supported in part by the Canadian National Science and Engineering Research Council under the grant OGP-36727, and the grant for Telelearning Research Project in the Canadian Network of Centres of Excellence.

References

[FLI 95] FLICKNER, M., et al., "Query by image and video content: the QBIC system", *IEEE Computer*, vol. 28, no. 9, pp.23–32, 1995.

[AIG 96] AIGRAIN, P., ZHANG, H., and PETKOVIC, D., "Content-based representation and retrieval of visual media: A state-of-the-art review", *Int. J. Multimedia Tools and Applications*, vol. 3, pp. 179–202, November 1996.

[BAC 96] BACH, J.R., et al., "The Virage image search engine: An open framework for image management", *SPIE Storage and Retrieval for Image and Video Databases IV*, February 1996.

[CHA 97] CHANG, S.F., et al., "VideoQ: an automated content based video search system using visual cues", *Proc. ACM Multimedia 97*, pp. 313–324, 1997.

[MA 97] MA, W.Y. and MANJUNATH, B.S., "Edge flow: a framework of boundary detection and image segmentation", *Proc. IEEE Conf. on Computer Vision and Pattern Recognition*, pp. 744–749, 1997.

[GRE 70] GREGORY, R.L., "*The Intelligent Eye*", McGraw-Hill, 1970.

[MAR 82] MARR, D., "*Vision*", W. H. Freeman, 1982.

[LI 99] LI, Z.N., et al., "Illumination invariance and object model in content-based image and video retrieval", *Journal of Visual Communication and Image Representation*, 1999 (to appear).

[BAL 81] BALLARD, D., "Generalizing the Hough transform to detect arbitrary shapes", *Pattern Recognition*, vol. 13, no. 2, pp. 111–122, 1981.

[WAN 98] WANG, J., "*Motion-based Object Segmentation from Digital Video*", M.Sc. Thesis, Simon Fraser University, 1998.

Mixed Media : Hypermedia Interaction in an Applet Age

Ian Millington

School of Computer Science,
University of Birmingham, B15 3TT
United Kingdom
idm@cs.bham.ac.uk

ABSTRACT. *In the same way that five years ago the Internet boomed because of the power of distributed information, we are now witnessing a boom in distributed software. Downloadable software embedded into web pages forms a cheap and low-maintenance solution to the distribution needs of an increasing number of companies.*

So far there has been no real movement to combine the benefits of both hypermedia and distributed software. This is not a purely esoteric failing. To engineer software purely in a language such as Java, that runs inside a browser, is a staggering duplication of effort. For example; the browser is using display logic to display an applet which in turn has its own display logic implemented. Many embedded software applets simply pop-up a whole new application window and start from scratch with their interaction model, when a highly functional browser, and more importantly a richly dynamic hypermedia resource, are available.

This paper describes in more detail the problems of the current state of the art, before considering models for hypermedia applications which address these concerns. Confronting these problems means producing applications which consolidate their functionality with the services available on client system where they are running. The software generation of hypertext for display in a browser is one practical step achievable with current technology.

KEY WORDS: *Hypermedia, Human Computer Interaction (HCI), Internet, Distributed Applications, Java, and ActiveX.*

1. Introduction

An increasing number of companies are realising the potential benefits of using the Internet or an Intranet as a medium for distributing information in the form of hypermedia. Overlaid onto this trend are the beginnings of a movement to integrate applications into the Internet. Five years ago it appeared that the data-driven model of hypermedia would give way to a user/service model [WAT 94]. To some extent this has occurred, but is increasingly being overshadowed by the trend to replace the data broadcast with the broadcast of data manipulation tools. This has the effect of bringing the focus back on to data as the primary currency of importance and application design.

Remote applications available for execution are usually stored in the same retrieval system as other information. This has many powerful benefits for the corporate Internet, including instant deployment, updates, and central bug elimination.

The applications being developed have so far been largely split between applications designed specifically for Microsoft Windows, and applications using the Java platform. In almost all cases the delivery mechanism is combined with a hypermedia browser, programs being delivered as Java applets or Microsoft ActiveX/OCX controls. Using such a hypermedia browser has advantages in security (the browser usually enforces appropriate security mechanisms and certificate authentication), and in delivery mechanism (both types of program data can be readily served by conventional HTTP servers).

This paper is based on a study of 34 distributed applications, the applications being chosen at random. Applications ranged from DNA and astronomical database visualisers, to hotel reservations and corporate express claims systems. The study was based on information available from corporate web sites. No mechanisms were put in place to ensure that these applications formed a representative sample of all the applications in use, but I wish to claim that they give us some cross section of the infancy of distributed application delivery.

Many of the studied applications could be described in some sense as hypermedia, either in their user interface, or in the way they were connected to other nodes on the Internet. The majority of publicly available data on the Internet forms a relatively flat platform that can be accessed in a small number of ways usually using only a single piece of client software (the browser). Applications overlay a huge variety of interface and implementation schemes onto this background, however.

This paper identifies two major drawbacks in this overlaying method; the duplication of implementation, and the duplication of interaction, both of which are discussed at greater length below.

2. Implementation Duplication

The first, and probably more minor, drawback in the current state of the art in hypermedia applications is the duplication of program logic between the client computer (and most commonly the clients hypermedia browser) and the application.

This duplication was more noticeable among applications developed in the Java platform.

Of the applications studied 25 made use of the Java platform, all of the other 9 used the ActiveX/OCX component architecture. If anything this distribution leans towards the Windows platform somewhat, since I concentrated on finding enough ActiveX/OCX (here after just ActiveX) applications to make a sensible comparison. Table 1 gives a breakdown of implementation platform and a number of other application features.

	Java		**ActiveX/OCX**	
feature	**with**	**w/o**	**with**	**w/o**
Implementation platform	25		9	
Pop-up new application window	21	4	0	9
Force browser to new location	22	3	1	8
Embedded pseudo-hypertext	9	14	2	7
New interaction model	24	1	8	1
Integration with hypermedia	1	24	1	8
Backend database	19	6	2	7
Backend socket	14	11	0	9
Principal processing client-side	4		7	

Table 1. *Various application features and the number of applications of each implementation platform with and without (w/o) that feature. The total number of applications in each case is 34*

All of the ActiveX applications ran inside the browser window whereas the majority of the Java applications used their own display logic outside of the browser. Popping up a new application window effectively bridges the gap between online applications and normal desktop delivery, allowing for traditional application features such as pull down menus, resizable windowing, and toolbars.

Considering display logic in general, the browser that implements the application was circumvented in two thirds of the systems surveyed, where a new window was displayed for the application. In every application the development platform enforced the creation of new display logic.

It is certainly true that the point of many applications was to provide new viewing services for the browser (subjectively I judge 22 or 23 to fall into this category). Examples include the Berkeley Drosophila Genome Project DNA viewer and the NBA basketball game viewer. Even in these cases, however, the display services are not sufficiently advanced to require new display logic (such as writing from a 3D graphics coprocessor to screen).

The duplication of display logic is the most obvious side of a much larger phenomenon. Most applications required some set of features that are implemented by the host system, or even by the host browser, such as network services, information retrieval, and human-computer interaction (pointer and key-press handling). Several systems implemented a hypertext-like interaction mechanism within their own application space. *I.e.* they implemented hypertext running in an application sitting in a hypertext-viewing platform.

This focus on re-implementing display and communication logic is especially important since the majority of applications performed very little work themselves on the client end. Of the 25 Java applications surveyed only 4 were primarily concerned with data processing on the client computer. For their main functionality, the rest relied on socket connections, database links, or being passed hidden information in their web page. They performed only the simple data manipulation needed to be able to correctly display the provided information.

Implementation duplication has direct consequences for application performance. Applications are larger, they run more slowly, and require more powerful client systems. There are also a number of secondary effects, such as the need for more powerful programming toolkits, more general platforms for program execution, and a drop in system usefulness as a component in a hypermedia graph. This latter effect is discussed in more depth in the following section.

3. Hypertext and Application Interaction

Although the implementation duplication has heavy memory and performance costs, they are by and large acceptable on modern hardware. A more serious criticism is the isolation of applications from the hypermedia graph in which they are embedded.

This criticism can be broken down into two distinct sections. Firstly the interaction with the program is isolated from the interaction with the hypermedia surrounding the program. This is primarily a HCI problem. Secondly the program does not take into account the resources available to it from other sources in the

Internet, and hence implements only what it absolutely needs, without being extensible.

Of the applications considered the vast majority (32 to 2) implemented a user interface that was different from either the hypermedia displayed by the browser or the underlying windowing system. This has a number of detrimental effects on product usability.

Firstly it requires a longer period to learn the software. Most distributed software has a very small, tightly constrained feature set, and does not require a great deal of familiarisation. Often, however, the connection to such systems is goal driven, cold, and time constrained. One example of this is the Airlines International Reservation Service system, which is designed to be used by consumers who wish to achieve a specific goal (booking a flight) without prior knowledge of the system, and with the constraints of Internet connection fees.

By contrast the current state of the art in hypermedia user interfaces has been more widely studied, and their associated drawbacks somewhat understood [RAN 97], [BAL 94, chapter 8]. The cognitive overhead for hypertext browsing may well outweigh the need to learn a new interface for non-hypertext systems, but for a real system this would need to be confirmed through usability testing, at a corresponding development cost (see the fourth point below).

Secondly new interfaces require increased documentation, which cannot easily be provided within the application. Because of the isolation of the application from related locations in the hypermedia graph, the provision of documentation often requires additional browsers to be initiated or the program to be terminated.

Thirdly new interfaces disempower the user of control over interaction. Hypermedia has widely been used by individuals with specific special needs, as a method of accessing information that they are often excluded from. Braille readers, vocalisers, increased font sizes and high contrast colour displays are several examples of control which is either lost, or must be entirely re-implemented in applications with their own user interface. In none of the applications surveyed was Braille or speech support implemented. The Tenax Vortex Reader was the only application to allow font and colour control, but this product is specifically designed as an assistive technology.

Finally, from the programmer's point of view, a user interaction requires extra expense in usability testing, the development of user models, and increased programming costs. This is especially true in medium turn software maintenance where additions to the product's functionality require corresponding revisions of its user interface.

It is doubtful that many of the reviewed products have been extensively tested for user interface, or have been specifically designed with interface extensibility in mind. It is the case, however, that hypermedia-embedded applications of the next few years will be of such a larger scale that such considerations are essential to commercial success. Of the applications surveyed, Corel's Office for Java is perhaps the most obvious system to have originated in a traditional life-cycle software development environment.

Aside from the usability and maintainability issues of a separate user interface, there is also an isolation of the program from other resources and services. Many of the programs considered maintained some connection with the `outside world' of other Internet services, by controlling the location displayed in their host browser. This is often a terminating action, however. The transmission of the user to another service or resource signals the end of product use.

Only two of the reviewed applications, a prototype public domain Search engine, and Microsoft's web site mapping component made more extensive use of surrounding nodes in the hypermedia graph during their execution. Both these applications implemented their own display logic, however. Even these applications were not capable of providing their service in a context insensitive manner: every instance of the application had a clearly defined data set that it operates on.

The power of a hypermedia graph lies in the associative network that it forms between related information and services. The ability to make use of that power to provide applications which operate on the hypermedia graph, as well as within it, has so far not been widely explored.

4. A Consolidated Application Model

The state of the art in distributed applications seems to follow a consistent model. The application is part of a set of web pages, and is accessed as part of a web page. The application, once initialised then creates its own process and acts as a local application (subject to some security restrictions). The application communicates with other remote processes or databases, displaying results using its own display logic and interaction framework. This model is illustrated in figure 1.

In many cases there is no need to have a separate application level user interface. This is true in almost all applications which do not function as data visualisers, and even applies to some data visualisation applications without large graphics requirements. In these cases it would be more logical to be able to take advantage of the underlying user interface.

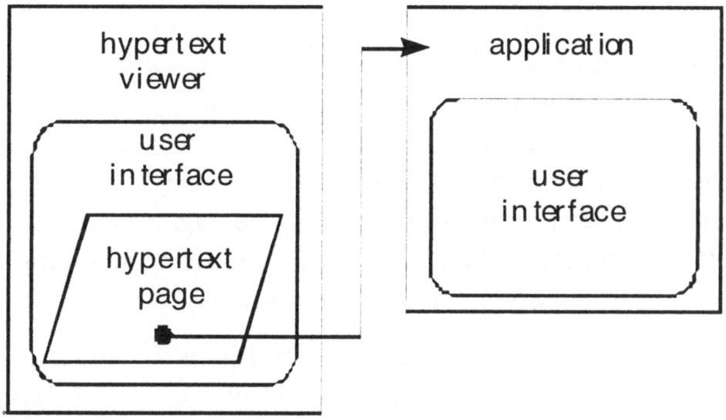

Figure 1. *The current model of embedded applications. Note the duplication of display logic and user interface*

Applications still need to be accessed as part of a connected set of media, *e.g.* as part of a web site. Rather than being a jumping off point for a separate user dialogue, it seems more sensible to extend the current user dialogue. This kind of model is illustrated in figure 2. This shows a hypertext page spawning an application in the same kind of way as figure 1. In this case, however, the application writes back to the original user interface, using the same interaction model as the hypertext viewer.

We might want to go one step further in the elimination of duplication. The duplication of program functionality was discussed in section 2. Since the viewing application needs to perform a wide variety of tasks itself, it may be possible to expose those functions as services to applications that are embedded.

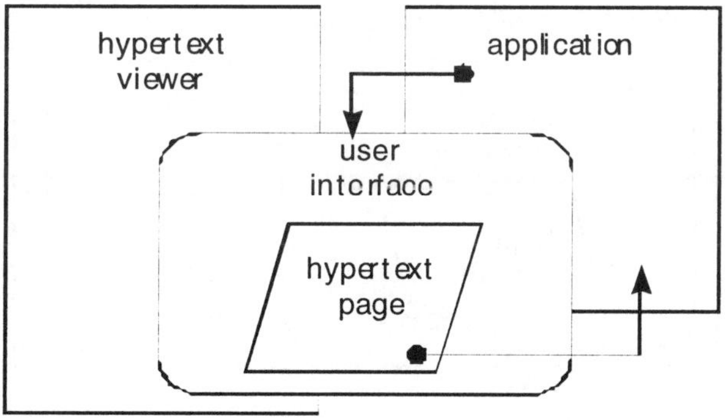

Figure 2. *A new model of embedded applications. There is no unnecessary duplication of display logic*

This model is distinct from the idea of a browser plug-in, which is a native program that provides services to the browser. It is also distinct from the ActiveX / OCX model used in some of the programs in this survey. ActiveX / OCX provides (normally interface) components that can be embedded as objects within a hypertext page. They provide their own direct display logic, acting essentially as viewers for the browser to display other content (which may be a user-interface to some internal function). The line between the behaviour of a browser component architecture and the model described in figure 3 is somewhat blurred.

It is not clear whether the model described in figure 3 is practical or desirable. It suffers from a number of disadvantages, including the security issues involved in letting downloaded code have access to browser services and the need for some kind of program interpretation to avoid having platform dependent content. In the light of the small number of applications that required the client to perform any substantial processing, the amount of extra program code needed to duplicate internal processing is probably small. This is not to say that assuming a small processing requirement will not set an artificial glass ceiling to the functionality of future distributed applications, however.

The model described in figure 2 can be implemented using current hypermedia standards and viewing technologies. The dynamic hypertext standard of the W3C provides for a consistent mechanism for the display of hypermedia generated on the fly. So far this capability has been mostly limited to small-scale programs written in scripting languages such as JavaScript. Such programs exist as a proof of concept, rather than to take advantage of the flattened interaction model that dynamic hypertext provides.

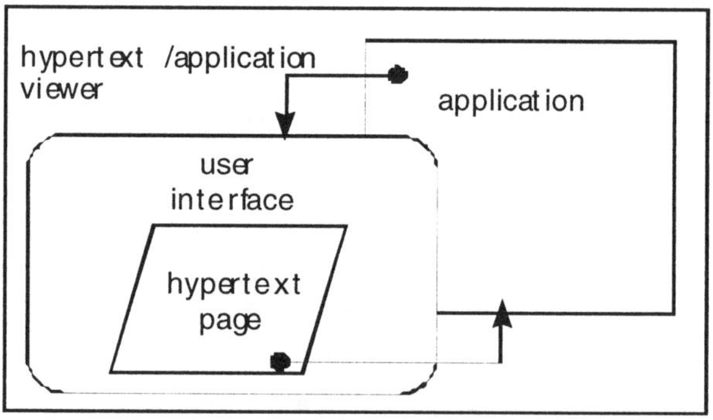

Figure 3. *An ideal model of embedded applications. The application is no longer conceptually independent of the normal viewing process, but acts as a service*

It is conceivable, however, that a next generation distributed application can be built using dynamic hypertext. The current implementation of this technology, however, makes writing such an application difficult. Current state of the art browsers require dynamic hypertext to be controlled in local scripting languages. To make content available from a remote database, for example, or to provide more powerful processing facilities, the scripting language must be used as an intermediary between the hypertext and the application written in a language such as Java.

So far no complete application products have been publicised which are produced this way. The advantages for such an implementation are clear, however. The user does not need to have any knowledge of the program which they are using, but can operate the entire program capabilities as a familiar hypertext dialogue.

5. Two Implementation Examples

To better investigate possible approaches to removing program duplication and user interface diversity, two implementation schemes were tested. The two schemes represent the logical continuation of the trend for separating applications and other hypermedia, and the trend to integrate them.

An application browser represents the trend for greater separation. The application browser provides a general framework in which to embed the program and display logic for a single application. It also provides certain core services, such as interface components and links to other applications.

At the opposite extreme, a JavaScript and dynamic HTML library was implemented. This DHTML bridge allows a Java application to provide functionality while delegating display responsibility to the browser. It seamlessly integrates user options to manipulate the program, and user options to request external services. By embedding the application within a hypertext environment, the system leverages existing techniques that the user has developed for manipulating hypermedia, such as backtracking (undoing) and system historics (see [ROS 96] for these and other mechanisms).

Both of these implementations are designed to investigate the limitations of a particular approach. Neither is commercially viable at this stage, but similar products following each methodology could conceivably be developed for commercial application delivery.

5.1. *Application Browser*

The application browser in figure 4 consists of a set of services present in a wide range of desktop applications. The application is displayed in a frame containing a menu bar, a toolbar, and a status bar. Each of these bars is capable of accepting user interface components from the downloaded application.

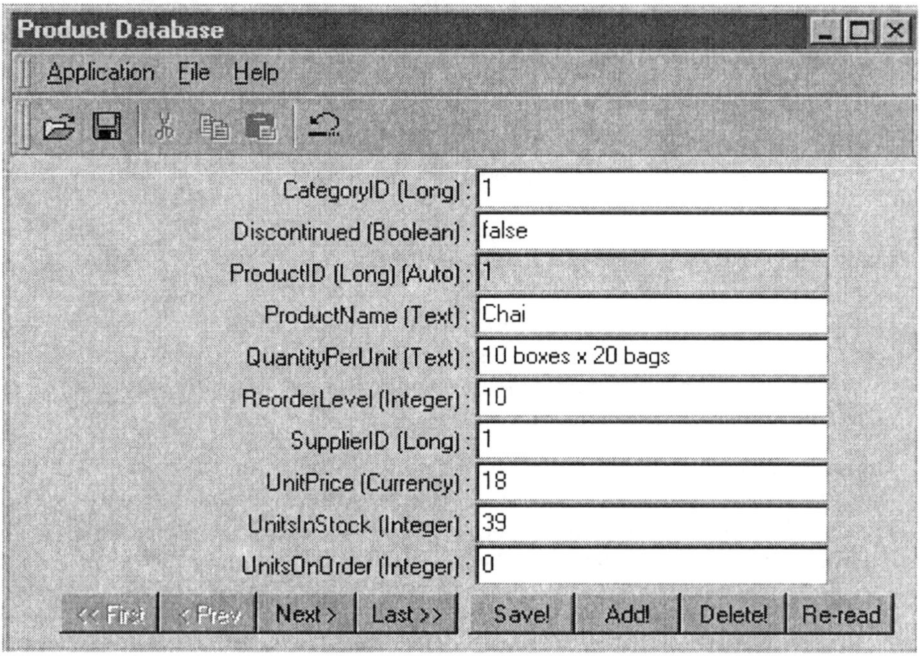

Figure 4. *The application browser viewing a simple database access application, implemented as an applet*

In addition to components added by the application, the browser supplies a number of common services to the user. These services include file manipulation, access to help, and facilities to browser between applications. The application has standard mechanisms for adding and removing components from the browser, but the application itself consists of a single user interface component which fills the remainder of the frame.

The application browser is implemented in Java, and takes a single applet as its component, in an identical manner to the AppletViewer browser. Unlike applet viewer it provides services to manipulate other elements of the user interface (such as menus, toolbars and keyboard shortcuts. The application can also request user permission to download and execute other applications, thus forming a hypermedia graph of application components.

The primary advantages for this implementation are consistency of platform, and the constraints imposed on the user interfaces of applications running in the browser. Unfortunately the browser looses much of the power of being embedded into a hypermedia system, despite its application loading facility.

While flattening the user dialogue somewhat, this approach does not address many of the failings of the current state of the art. It does not address the need to redesign user interfaces for each component, or to re-implement basic display logic between applications.

5.2. *DHTML Bridge*

The DHTML bridge pictured in figure 5 is made up of two sections. Firstly there is a generic DHTML page design that allows Java applets to be embedded invisibly without the need to provide a user interface. At the same time the application is protected so that changing the display does not unload the application. Secondly a set of JavaScript routines are provided that can pass events from the DHTML page (so far the only event passed is a hyperlink activation), and query the application for the DHTML to be displayed in return.

The DHTML bridge displays as conventional HTML to the user, and the user continues to conduct a hypertext dialogue with the browser. User interface components associated with applications, such as menus and toolbars need to be expressed as hyperlinks for display. The generation of hypertext representations of underlying systems is receiving increasing attention. Göschka and Falb's work [GÖS 99], for example, deals with the automatic construction of hypertext segments to represent structures in a relational database.

This system has the advantages of being accessible to users with special needs, of being able to offer web services beyond the application in the same way as services of the application, and having an entirely conventional interaction model, familiar to most computer users.

The DHTML bridge finds problems in applications which do extensive visualisation, since the underlying hypertext display logic may not be tuned to providing flexible graphical services. It also suffers from a long chain of cause and effect (HTML generates events in the JavaScript parsing engine which calls the Java virtual machine which returns to the JavaScript engine which changes the HTML, and so on). This chain degrades performance, and the current communication mechanisms on browsers are insufficient for real time applications.

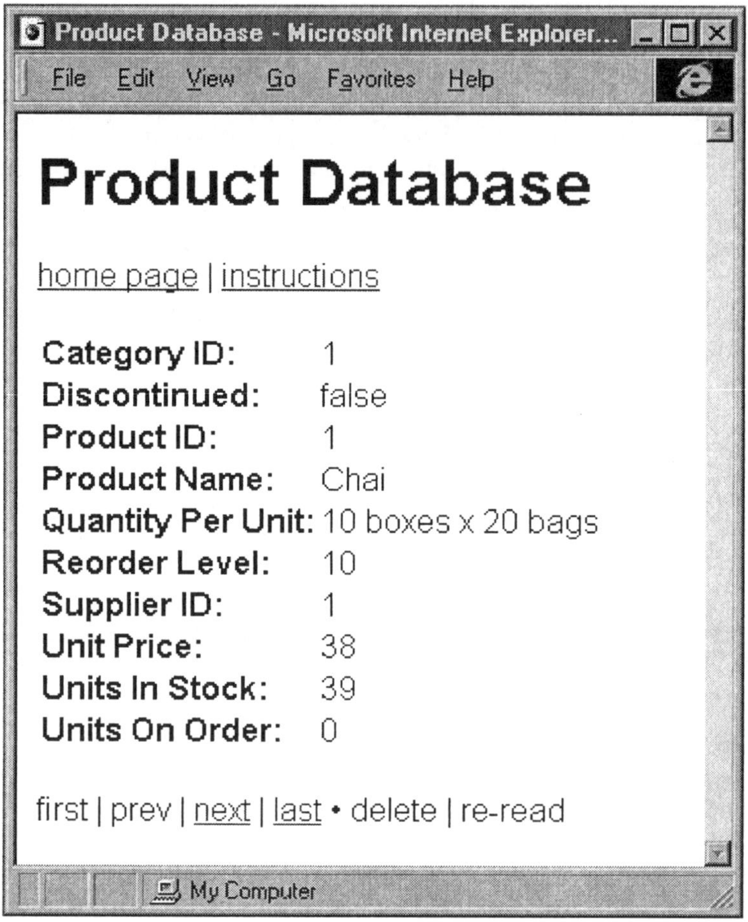

Figure 5. *The DHTML bridge displaying the results of an application accessing a database. The display is produced by generating HTML code on the fly*

6. Conclusions

It has been shown that there is a re-implementation bottleneck in the current state of the art for distributed applications. This bottleneck is manifest in the rewriting of display and communications services in different applications. The duplication of effort may have some consequences for the size and performance of the distributed application, but has more serious consequences for its accessibility, and integration with other hypermedia resources and services.

It is clear that a rethink will have to occur in the next few years. Either the distributed application will continue to separate from its hypertext context. Applications will be run through application browsers, which at the extreme are secure virtual machines for languages such as Java. Given the current trend this is perhaps most likely. Alternatively applications may be integrated into the hypertext viewers that spawn them, providing services that the client can download and apply as they choose, rather than applications which drive the user dialogue themselves.

The development of distributed applications over next year or so, I believe, will demonstrate the trend for the medium term. Six years ago the deployment of the hypertext browser marked the point of explosion for hypermedia information. Six years on and our current models for hypermedia applications are based on the browser model, where the application is a data type. Applications-as-data surely cannot realise the same level of usefulness as the applications-as-services model we are familiar with on our computer desktops.

The current state of the art already limits the power of applications that may be developed, and must at some stage be turned over if application distribution is to follow the explosion of information distribution.

7. Bibliography

[BAL 94] BALASUBRAMANIAN V., State of the Art Review in Hypermedia Issues, Online at http://www.isg.sfu.ca/~duchier/misc/hypertext_review/index.html, 1994.

[GÖS 99] GÖSCHKA K. M. & FALB J., « Dynamic Hyperlink Generation for Navigation in Relational Databases », *Hypertext '99: The 10th ACM Conference on Hypertext Forthcoming*, 1999.

[RAN 97] RANSOM S. *et al*., « Disorientation and Cognitive Overhead in Hypertext Systems », *International Journal on Artificial Intelligence Tools*, vol. 6, n°2, pp. 227-253, 1997.

[ROS 96] ROSENBERG J., « The Structure of Hypertext Activity », In *Hypertext '96: The 7th ACM Conference on Hypertext*, pp. 22-30, New York, Association for Computing Machinery, 1996.

[WAT 94] WATTERS C. R. & M. A. SHEPHERD, « Shifting The Information Paradigm from Data-centred to User-centred », *Information Processing and Management*, vol. 30, pp. 455-471, 1994.

CINQUIEME SESSION

Gestion de sites Web

Génération de feuilles de style pour site Web par un algorithme génétique interactif

Nicolas Monmarché* — Guillaume Nocent*
Mohamed Slimane* — Gilles Venturini*
Pascal Santini**

** Laboratoire d'Informatique, E3i, Université de Tours,*
64, Avenue Jean Portalis, 37200 Tours, France.
Email : {monmarche,slimane,venturini}@univ-tours.fr,
Tel : +33-(0)2-47-36-14-14, Fax : +33-(0)2-47-36-14-22

*** Alderan,*
221, avenue du Président Wilson,
93218, La Plaine Saint Denis Cédex, France
info@Alderan.fr
Tel : +33-(0)1-49-46-47-93, Fax : +33-(0)1-49-46-47-99

RÉSUMÉ. *Nous présentons dans cet article une nouvelle méthode interactive pour générer automatiquement des feuilles de styles pour un site Web afin de satisfaire les préférences artistiques ou esthétiques de l'utilisateur. Cette méthode utilise un algorithme génétique pour générer des feuilles des style et trouver dans un espace de recherche la ou les feuilles qui seront le plus satisfaisantes pour l'utilisateur. Cet algorithme génétique est interactif : il génère des feuilles de style, les affiche, et demande ensuite à l'utilisateur de sélectionner celles qui lui plaisent le plus. Ainsi, la recherche de la feuille optimale est guidée par les réponses apportées par l'utilisateur. Par ailleurs, cet algorithme utilise des opérateurs génétiques non classiques fondés sur la fréquence des gènes. Des résultats sont présentés sur un exemple.*

ABSTRACT. *We present in this paper a new interactive optimization method that generates automatically style sheets for web sites and which can take into account the user artistic or esthetic preferences. This method uses a genetic algorithm to generate style in a search space where one must find the style sheet that is the most convenient to the user. This genetic algorithm is interactive: it generates style sheets, it displays them, and then it asks the user to select the style sheets that look the best. In this way, the search for an optimal style sheet is guided by the answers provided by the user. Furthermore, this algorithm uses genes frequencies instead of standard genetic operators. Results are presented on an example.*

MOTS CLÉS : *HTML, Web, feuilles de style, interactivé, algorithmes génétiques.*

KEY WORDS : *HTML, Web, style sheets, user-interactionin, genetic algorithms.*

1. Introduction

On formule habituellement un problème d'optimisation ou d'apprentissage par la définition d'un espace de solutions et d'une fonction mathématique de qualité des solutions que l'on doit maximiser dans cet espace. Pourvu que l'on soit capable d'évaluer la qualité d'une solution "automatiquement " par cette fonction mathématique, il existe selon la nature du problème et des solutions recherchées un grand nombre de méthodes de résolution. Cependant, il existe des problèmes d'optimisation et d'apprentissage pour lesquels la qualité des solutions est impossible à formuler mathématiquement car trop dépendante d'aspects esthétiques ou artistiques que seuls l'utilisateur final peut juger et évaluer. Ainsi il y a des domaines pour lesquels soit il n'existe pas de langage mathématique simple pour représenter les préférences de l'utilisateur, soit l'utilisateur n'est pas complètement sur de ce qu'il veut et préférrerait que la machine lui propose interactivement des choix.

Le problème traité et résolu dans cet article est exactement de cette nature. Lorsque l'on cherche à définir une "belle" feuille de style pour des pages HTML et pour un site Web donné, il est impossible de quantifier mathématiquement ce qu'une "belle feuille" signifie. Cela dépend de l'utilisateur et de ses goûts esthétiques ou artistiques, du contenu du site cible, des possibilités actuelles du langage HTML et des machines. Or cet aspect esthétique est prépondérant dans un outil de communication comme le Web car il donne l'image que l'on veut de ce qui est présenté. La "forme" d'un site influence beaucoup la façon dont sera perçu le "fond" de ce site, comme dans toute forme de communication. Or actuellement, les outils commerciaux d'édition de pages HTML (FrontPage, Netscape Composer, VisualPage) obligent l'utilisateur à spécifier par lui-même un grand nombre d'éléments qui auront cependant une importance fondamentale dans le "look" du site final.

Pour améliorer les outils de conception de pages HTML, nous présentons une nouvelle méthode beaucoup plus interactive, proposant elle-même des solutions auquelles l'utilisateur n'aurait pas pensé, et prenant simplement en compte ses goûts et volontés. Cette méthode est construite sur la base d'un algorithme génétique interactif (AGI). D'une manière générale, cet algorithme fonctionne de la façon suivante : un ensemble de feuilles de style est généré initialement et aléatoirement. Ces feuilles sont présentées graphiquement à l'utilisateur en les appliquant sur une page HTML cible. L'utilisateur choisit celles qui lui plaisent le plus. Les caractéristiques des pages sélectionnées sont prises en compte par l'algorithme pour la génération suivante de feuilles de style, qui sont à nouveau présentées à l'utilisateur, et ainsi de suite jusqu'à ce que la recombinaison des caractéristiques permettent de générer une feuille complètement satisfaisante pour l'utilisateur. La sélection interactive des feuilles fondée sur une visualisation graphique de celles-ci est le biais par lequel les préférences de l'utilisateur sont mises en lumière et définies simplement et de manière très intuitive même pour un non-informaticien. La recombinaison génétique est la méta-heuristique utilisée pour prendre effectivement en compte les choix de l'utilisateur dans la génération suivante, et proposer de nouvelles feuilles sans faire intervenir l'utilisateur autrement que dans la sélection interactive.

Le reste de cet article est organisé de la manière suivante : la section 2 décrit rapidement le principe des AGI et donnent les principales références dans ce domaine encore très peu exploré. La section 3 présente le codage du problème pour l'AGI : la représentation génétique des solutions, les opérateurs génétiques, la sélection des individus. La section 4 présente le logiciel résultant et des exemples de feuilles de style qu'il obtient. La section 5 conclut sur ce travail et les perspectives possible.

2. Aperçu des algorithmes génétiques interactifs

Les algorithmes génétiques (AG) [4] sont maintenant bien connus et nous n'en donnons ici qu'un bref aperçu [5]. Pour résoudre un problème, un AG considère qu'une solution est composée d'un ensemble de caractéristiques appelées gènes. Il utilise une population de solutions au problème. Initialement ces solutions sont générées aléatoirement. Ensuite, une fonction d'évaluation calcule la qualité des solutions. Les meilleures solutions sont conservées par le biais d'un opérateur de sélection, souvent probabiliste, afin d'engendrer la population suivante. Les solutions sélectionnées sont ainsi recombinées par un opérateur de croisement qui échange des gènes entre elles afin de générer de nouvelles solutions potentiellement meilleures. Un opérateur de mutation introduit du désordre en modifiant aléatoirement des gènes. Ces nouvelles solutions sont à nouveau évaluées et le même cycle peut recommencer.

Les deux opérations d'évaluation et de sélection des solutions permettent à l'AG de conserver les meilleures solutions. Cependant, on peut être confronté au même problème que celui mentionné dans l'introduction de cet article : prendre en compte les préférences de l'utilisateur. Or récemment, des auteurs ont montré comment un utilisateur pouvait sélectionner lui-même directement les solutions qui lui plaisent le plus sans passer par une fonction automatique parfois impossible à définir [2, 9, 1, 6, 7, 10, 3, 11]. Cet algorithme génétique interactif (AGI) permet ainsi des applications nouvelles comme la construction d'un portrait robot où seule la victime peut évaluer la ressemblance entre le portrait proposé et son agresseur, ou encore l'obtention de «belles» images de synthèse. Dans ces applications, l'utilisateur note selon ses critères les individus qui représentent des images et l'AGI fait évoluer les individus selon les préférences de l'utilisateur.

Les principales conditions d'applications des AGI se résument donc de la manière suivante : la fonction d'évaluation doit être difficile à définir automatiquement. C'est le cas des domaines où l'utilisateur est fortement impliqué et doit formuler des préférences. Ensuite, les individus doivent être faciles à évaluer par l'utilisateur, ce qui implique généralement une visualisation graphique.

Ces deux conditions sont réunies et sont particulièrement intéressantes dans notre problème de génération de feuilles de style. L'utilisateur doit être impliqué, et il est possible d'afficher graphiquement ces feuilles.

Gènes liés au document	Valeurs possible
Fond (image ou couleur)	64 textures .gif ou .jpeg et 128 couleurs
Couleur des liens	128 triplets RGB
Barre	25 fichiers .gif ou .jpeg + 1 val. prédéfinie
Puce	25 fichiers .gif ou .jpeg + 4 val. prédéfinie
Flèches de navigation ("Précédent", "Suivant", "Home")	25 triplets de fichiers .gif ou .jpeg

Figure 1. *Les 5 gènes liés à la page HTML dans son ensemble. Les valeurs possible sont données à titre indicatif car l'utilisateur peut en enlever ou en rajouter.*

3. Imagine : un algorithme génétique interactif pour la génération de pages Web

3.1. *Représentation génétique du problème*

Nous considérons dans cet article qu'un utilisateur veut créer des pages HTML correspondant partiellement ou entièrement à un site Web. Nous faisons l'hypothèse que le fond (contenu) des pages est déterminé mais que la forme (apparence) doit être générée interactivement avec l'utilisateur. Parmi tout ce qui intervient dans la manière de présenter un site Web, nous avons retenu les éléments suivants mentionnés sur les figures 1 et 2. Dans la figure 1 nous avons représenté les principaux éléments utilisés pour déterminer le style général des pages et plus particuliérement le fond, les liens, les puces, les barres et les flèches de navigation. Dans la figure 2 nous avons plutôt regrouper les éléments déterminant l'aspect des paragraphes et du texte. Ce sont ces 26 éléments qui vont former la représentation génétique.

Il est important de noter que pour les textures, les couleurs ainsi que toutes les images Gif ou Jpeg correspondant par exemple aux barres, puces, etc, l'utilisateur a la possibilité de rajouter ou d'enlever des valeurs possible. Ainsi, notre outil gère une véritable base de données que l'utilisateur peut modifier à sa guise avant l'éxécution. De nouveaux éléments peuvent être ajoutés, et particulièrement ceux que l'utilisateur juge comme pertinent par rapport à son site.

Une fois définis les l (= 26 dans la version actuelle) éléments retenus et qui seront optimisés par l'AGI, on peut définir l'espace de recherche simplement comme un espace discret de l dimensions où chaque dimension correspond à un gène i ayant une valeur parmi k_i valeurs possible. Les figures 1 et 2 récapitulent tous les gènes considérés et les valeurs qu'ils peuvent prendre.

3.2. *Un AG non classique utilisant la fréquence des gènes*

Nous utilisons dans cet un article un AG non classique pour la raison suivante : lors de l'étape d'évaluation des individus par l'utilisateur, il va falloir afficher toute la population de feuilles de style. Or il est impossible d'afficher raisonnablement plus de

Gènes liés aux paragraphes	Valeurs
Titre (niveau 1, 2 et 3) : couleur police	128 triplets RGB
Titre (niveau 1, 2 et 3) : alignement	gauche, droit, centré, justifié
Titre (niveau 1, 2 et 3) : couleur fond	128 triplets RGB
Titre niveau 1 : police	35 polices
Titre niveau 1 : style	normal, italique, oblique
Titre niveau 1 : poids	lighter, normal, bold, bolder
Titre niveau 2 : police	35 polices
Titre niveau 2 : style	normal, italique, oblique
Titre niveau 2 : poids	lighter, normal, bold, bolder
Titre niveau 3 : police	35 polices
Titre niveau 3 : style	normal, italique, oblique
Titre niveau 3 : poids	lighter, normal, bold, bolder
Paragraphe : police	35 polices
Paragraphe : style	normal, italique, oblique
Paragraphe : poids	lighter, normal, bold, bolder
Paragraphe : couleur police	128 triplets RGB
Paragraphe : alignement	gauche, droit, centré, justifié
Texte d'introduction (style)	normal, italique, oblique
Texte d'introduction (poids)	lighter, normal, bold, bolder
Texte de commentaires (style)	normal, italique, oblique
Texte de commentaires (poids)	lighter, normal, bold, bolder

Figure 2. *Les 21 gènes liés au style des paragraphes.*

12 pages simultanément sans altérer la lisibilité des individus présentés, même sur un grand écran (21 pouces). Il serait possible d'afficher la population en plusieurs fois, mais cela est contraignant pour l'utilisateur et peu ergonomique pour notre outil. Il est donc impossible d'utiliser des populations de taille plus importante, de l'ordre de la centaine ou du millier d'individus comme le requièrent souvent les AG classiques.

Or des auteurs ont étendu récemment le modèle des AG classiques manipulant une population finie d'individus en montrant que l'on pouvait obtenir le même comportement ou même des performances meilleures mais en utilisant une population infinie représentée simplement par un vecteur de probabilités d'apparition des valeurs des gènes [8]. Pour illustrer brièvement ce principe, considérons un gène i ayant k_i valeurs possible et $V_i = (V_i(1),...,V_i(k_i))$ les proportions de chaque valeur dans la population courante. On peut remarquer que le croisement classique ne modifie pas ces proportions, puisqu'il ne fait qu'échanger des gènes en respectant leur position. Le croisement ne fait donc que générer des individus en respectant la proportion des gènes dans la population courante. On peut donc simplement le remplacer par un opérateur plus général qui, pour générer la valeur du gène i d'un individu, utilisera $(V_i(1),...,V_i(k_i))$ comme des probabilités de génération pour chacune des valeurs du gène considéré. De la même manière, on peut montrer que la mutation n'est en fait, pour un gène donné en position i, qu'une perturbation de ces probabilités.

1. L'utilisateur met éventuellement à jour la base de données,

2. Initialiser uniformément les l vecteurs $V_1,...,V_l$:

$$\forall i \in [1,l], \forall j \in [1,k_i], V_i(j) = \frac{1}{k_i}$$

3. Générer aléatoirement des individus selon les $V_1,...,V_l$. Initialement on génère 12 individus, mais dès qu'une sélection a eu lieu (à partir de la deuxième génération), on ne remplace que les individus qui n'ont pas été choisis par l'utilisateur,

4. Afficher les 12 individus. Les individus "parents" éventuellement sélectionnés à la génération précédente sont affichés au même emplacement, et sont "marqués" comme étant déjà sélectionnés,

5. L'utilisateur sélectionne les individus qui lui plaisent le plus, ou dé-sélectionne ceux qu'il ne veut plus voir. Il peut aussi ajuster les paramètres p_{mut} et t de manière intuitive,

6. Si au moins un individu a été sélectionné Alors

— Calculer les proportions $(V_1',...,V_l')$ des valeurs des gènes dans les individus sélectionnés,

— Mettre à jour $(V_1,...,V_l)$:

$$\forall i \in [1,l], \forall j \in [1,k_i], V_i(j) \leftarrow (1-\alpha_{k_i})V_i(j) + \alpha_{k_i} V_i'(j)$$

7. Effectuer la mutation de $(V_1,...,V_l)$:

$$\forall i \in [1,l], \forall j \in [1,k_i], V_i(j) \leftarrow (1-p_{mut})V_i(j) + p_{mut}\frac{1}{k_i}$$

8. Aller en 3 ou Stop.

Figure 3. *Algorithme principal pour la génération des feuilles de style (voir les explications complémentaires dans le texte).*

3.3. *Principes de l'AGI*

L'AG utilisé est donc représenté sur la figure 3. Il manipule explicitement un ensemble de vecteurs de probabilités noté $(V_1,...,V_l)$ de dimensions respectives $(k_1,...,k_l)$ où $V_i = (V_i(1),...,V_i(k_i)$. La valeur $V_i(j), i \in [1,l], j \in [1,k_i]$ représente ainsi la probabilité de générer la valeur j pour le gène i.

Initialement (voir point 2, figure 3), et en l'absence d'aucune information, on initialise les $V_i(j)$ à $\frac{1}{k_i}$. Cela correspond à une distribution uniforme où les valeurs d'un gène sont toutes équiprobables, ce qui est bien la méthode avec laquelle on initialise les individus dans un AG classique.

Ensuite (voir point 3, figure 3), on génère 12 individus, qui sont affichés afin de permettre à l'utilisateur de sélectionner les feuilles de style qui lui paraissent les meilleures. Ce dernier peut alors sélectionner/désélectionner les individus, en ayant en plus la possibilité d'effectuer des zoom sur certains d'entre eux.

Notons $I_1,...,I_m$ les individus sélectionnés par l'utilisateur. Ces individus contiennent donc a priori des caractérisques plus intéressantes que les autres, et vont être utilisés pour mettre à jour les vecteurs $(V_1,...,V_l)$. Pour cela, considérons les vecteurs $(V_1',...,V_l')$ calculés comme les proportions des valeurs dans les individus sélectionnés $I_1,...,I_m$. L'opération vectorielle suivante va simplement rapprocher $(V_1,...,V_l)$ de $(V_1',...,V_l')$:

$$\forall i \in [1,l], V_i \leftarrow (1-\alpha_{k_i})V_i + \alpha_{k_i}V_i'$$

où les α_{k_i} sont des scalaires compris entre 0 et 1 et dont le calcul est détaillé plus loin. Cette équation peut s'écrire également de la manière scalaire suivante :

$$\forall i \in [1,l], \forall j \in [1,k_i], V_i(j) \leftarrow (1-\alpha_{k_i})V_i(j) + \alpha_{k_i}V_i'(j)$$

Ensuite, la mutation effectue l'opération scalaire suivante, qui a pour effet de rapprocher les V_i de l'uniformité :

$$\forall i \in [1,l], \forall j \in [1,k_i], V_i(j) \leftarrow (1-p_{mut})V_i(j) + p_{mut}\frac{1}{k_i}$$

Il faut noter que si l'utilisateur ne sélectionne aucun individu, cela signifie qu'il n'est pas satisfait de la génération actuelle, et en conséquence on n'effectue que l'opération de mutation. L'algorithme peut donc "sortir" de la zone de l'espace de recherche dans laquelle il s'était engagé.

Une fois les nouvelles valeurs des V_i calculées, l'algorithme peut à nouveau générer des individus. Il faut noter que notre AGI conserve les individus éventuellement sélectionnés à la génération précédente en les affichant qui plus est à la même place que précédemment. Cela est motivé par le fait qu'il ne faut pas perdre a priori un individu jugé comme bon par l'utilisateur, sinon celui-ci aurait l'impression que ses choix ne sont pas pris en compte, et aussi par le fait qu'il ne faut pas surprendre l'utilisateur en changeant la position sur l'écran des individus qui lui plaisent. Notre AGI ne fait donc que remplacer les individus non sélectionnés par l'utilisateur.

Un nouveau cycle de sélection peut alors commencer, et ainsi de suite jusqu'à ce que l'utilisateur soit satisfait des solutions proposées.

On peut noter que l'utilisateur peut très bien changer d'avis en cours de route et peut guider à tout moment l'algorithme vers une nouvelle zone de l'espace de recherche. Ce point est très important en ce qui concerne l'utilisateur, dont les idées peuvent se modifier en fonction des choix proposés par l'algorithme.

Les valeurs α_{k_i} sont calculées de la manière suivante :

$$\alpha_{k_i} = 1 - e^{\frac{1}{t}ln(\frac{\epsilon}{1-\frac{1}{k_i}})}$$

Une explication mathématique complète de cette formule dépasse le cadre de cet article et fera l'objet d'un article spécialement centré sur les AG, mais nous en donnons néanmoins ici une explication intuitive : on considère qu'une caractéristique j pour un gène i est sélectionnée à chaque génération. Si l'on veut prendre en compte efficacement les choix de l'utilisateur, et donc que $V_i(j)$ converge de $\frac{1}{k_i}$ (uniformité) à une probabilité $1 - \epsilon$ (proche de 1) en un nombre de générations t, alors on peut démontrer qu'il faut fixer α_{k_i} comme dans la formule précédente. Il faut noter que dans la section suivante, l'utilisateur va pouvoir ajuster t de manière très intuitive de façon à obtenir une convergence, et donc une prise en compte de ses choix, rapide ou non. On a fixé dans la suite $\epsilon = 1 - 0.5^{\frac{1}{t}}$, ce qui assure que la feuille de style correspondant aux caractéristiques sélectionnées par l'utilisateur sera générée avec une probabilité de 0.5 au bout de t générations.

3.4. *Adaptation dynamique des paramètres*

Une de nos principales considérations est de proposer un outil très ergonomique et totalement intuitif pour l'utilisateur. Pour le réglage des paramètres comme le taux de mutation p_{mut} et le temps de mise à jour des vecteurs t, il est impossible de définir comme tels ces paramètres dans l'application, car hormis les spécialistes en AG, peu d'utilisateurs comprendrait facilement le rôle de ces paramètres. Par contre, il est aisé de comprendre ce que "plus ou moins" de diversité dans les individus signifie, ou encore "prise en compte plus ou moins rapide" des voeux de l'utilisateur. L'utilisateur a donc accès à ces deux paramètres et peut les ajuster simplement à l'aide d'une rêglette.

4. Résultats

Les résultats présentés portent sur une page artificielle contenant l'ensemble des gènes considérés dans cet article (barre, puces, titres, etc). Cette page initiale est représentée sur la figure 4 en haut. On peut constater que beaucoup d'éléments restent à déterminer pour finaliser cette page.

Au début de l'algorithme, nous avons sélectionné dans la base de données toutes les valeurs possible mentionnées dans les figures 1 et 2. Ensuite, l'algorithme propose une génération initiale et les étapes de sélection/génération peuvent se succéder. La figure 5 donne un exemple d'affichage de l'écran principal d'Imagine. On note tout d'abord les 12 individus représentés par des imagettes qui sont obtenues en appliquant chaque feuille de style sur la page initiale fournie par l'utilisateur. Celui-ci peut "zoomer" par double clic sur un individu qui s'affiche alors en pleine page. Sur la droite, on a en haut le réglage des paramètres qui s'effectue donc avec deux règlettes. En bas à droite un écran affiche dynamiquement sur un texte prédéterminé le style de la page située sous le curseur de la souris. Ainsi, lorsque l'utilisateur déplace la souris, cet écran permet de donner une idée plus précise de l'individu. L'utilisateur peut donc soit éliminer/garder un individu sur la base des imagettes, de la prévisualisation dynamique à droite de l'écran, ou alors par zoom sur les individus.

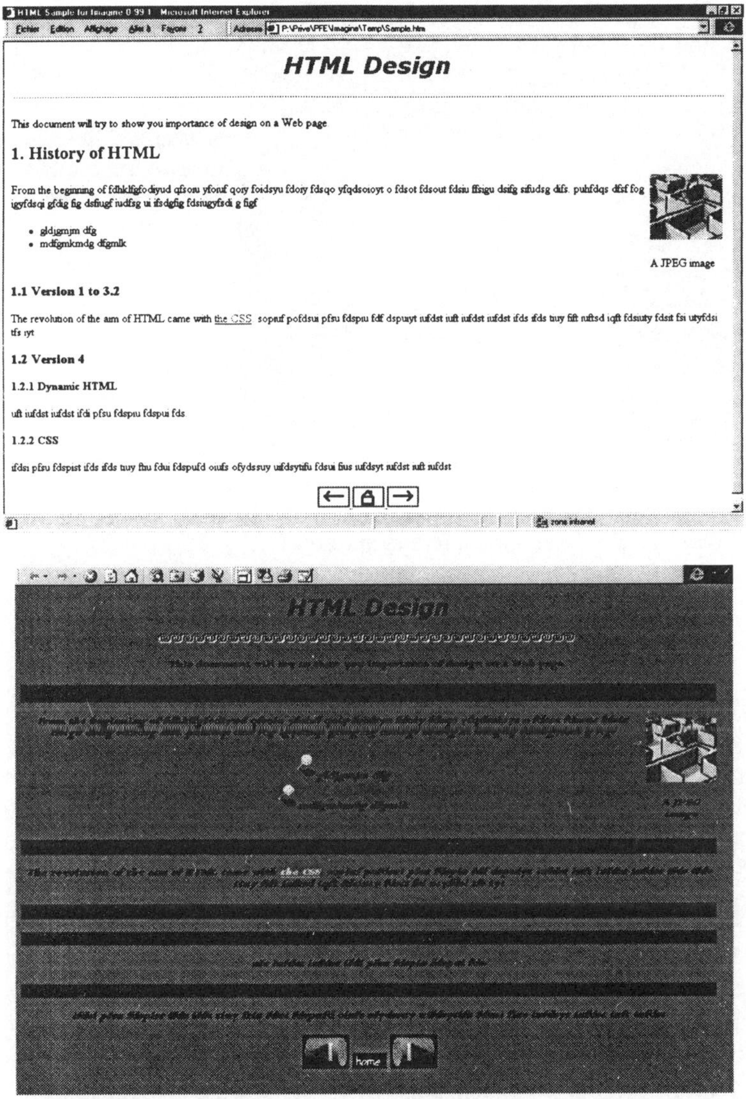

Figure 4. *En haut est représentée la page initiale qui va être traitée par l'algorithme. En bas, nous donnons un exemple de résultat final.*

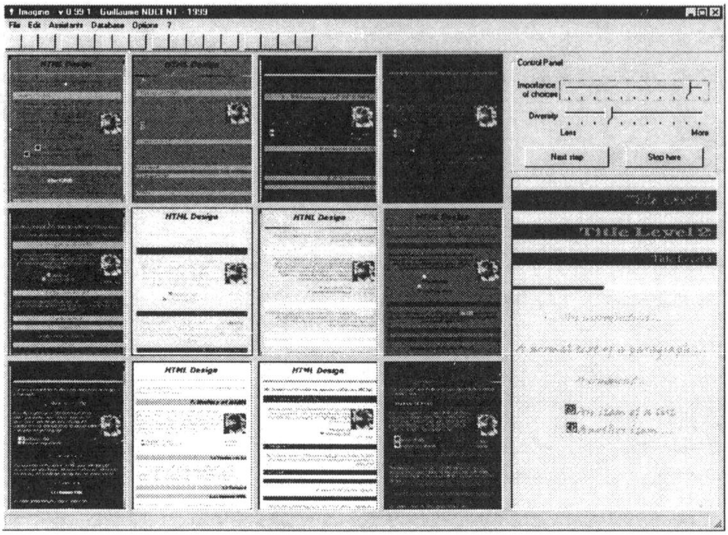

Figure 5. *Une vue de l'écran principal d'Imagine.*

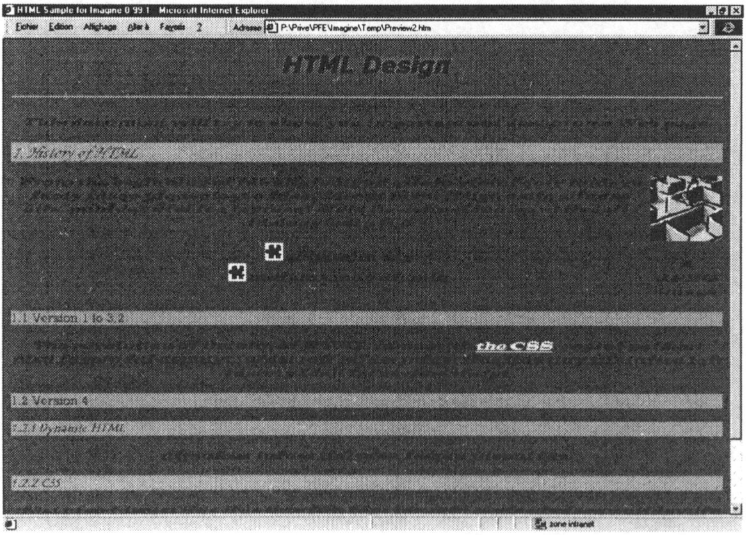

Figure 6. *Un autre exemple de page finale obtenue.*

Nous avons obtenu de nombreux types de pages, avec des styles très différents. Nous avons représenté l'une d'entre elles sur la figure 4 en bas et sur la figure 6. L'ensemble des possibilité d'Imagine sont très vastes. Si l'on considère l'ensemble des gènes et de leurs valeurs, on peut obtenir la taille totale de l'espace de recherche en multipliant entre eux les nombres de valeurs k_i pour chaque gène i. On obtient donc un espace de recherche de 10^{28} feuilles de style possible. Cet ensemble peut être réduit ou aggrandit par l'utilisateur au travers de la base de données.

Il faut noter que la sélection des individus est effectivement très intuitive, puisque l'utilisateur ne fait que choisir les individus qui lui plaisent. Il a la possibilité de sauvegarder une feuille de style à tout moment, et particulièrement lorsqu'il a trouvé une feuille qui lui plaît.

5. Conclusion

Nous avons présenté dans cet article une nouvelle méthode permettant de générer interactivement des feuilles de style pour les pages HTML d'un site Web. L'originalité de cette méthode vient du fait qu'elle permet de prendre en compte simplement les préférences de l'utilisateur et d'exploiter efficacement les réponses qu'il fournit afin de générer de nouvelles feuilles potentiellement meilleures. Egalement, nous avons introduit l'utilisation d'un algorithme génétique interactif fondé sur la fréquence des gènes, ce qui n'existait pas auparavant.

Nous pouvons donner les différentes extensions qui sont actuellement à l'étude. Nous cherchons tout d'abord à effectuer une sorte de filtrage automatique des mauvais individus dont on pourrait détecter facilement l'incohérence, comme par exemple le fait que des couleurs s'excluent mutuellement, sans les présenter à l'utilisateur. Pour cela, nous pensons représenter sous une forme matricielle les différentes possibilités de "mariage" des couleurs et aussi d'autres éléments, et d'éliminer les individus ne respectant pas ces contraintes.

Un autre point important est la réalisation effective de pages réellement présentées sur le Web. Nous préparons une première application de notre outil sur la présentation de nos activités de recherches, et une deuxième application pour une association d'handicapés qui souhaite être représentée sur le Web.

Références

[1] Caldwell C. and Johnston V.S. (1991), Tracking a criminal suspect through "face-space" with a genetic algorithm, Proceedings of the Fourth International Conference on Genetic Algorithms, 1991, R.K. Belew and L.B. Booker (Eds), Morgan Kaufmann, pp 416-421.

[2] Dawkins R. (1986), The Blind Watchmaker, Longman, Harlow, 1986.

[3] Graf J. and Banzhaf W. (1996), Interactive evolution in the framework of simula-

ted natural evolution, Evolution Artificielle 95, E. Lutton, E. Ronald, M. Schoenauer and D. Snyers (Eds), Lecture Notes in Computer Science 1063, Springer Verlag, pp 259-272.

[4] Holland J.H. (1975). *Adaptation in natural and artificial systems.* Ann Arbor: University of Michigan Press.

[5] Michalewicz Z. (1996). *Genetic Algorithms + Data Structures = evolution programs.* 3rd rev. and ext. edition. Springer Verlag, 1996.

[6] Sims K. (1991), Interactive evolution of dynamical systems, Proceedings of the first European Conference on Artificial Life 1991, F.J. Varela and P. Bourgine (Eds), MIT press/Bradford Books, pp 171-178.

[7] Smith J.R. (1991), Designing biomorphs with an interactive genetic algorithm, Proceedings of the Fourth International Conference on Genetic Algorithms, 1991, R.K. Belew and L.B. Booker (Eds), Morgan Kaufmann,, pp 535-538.

[8] Syswerda G. (1993), Simulated crossover in genetic algorithms, Proceedings of the second workshop on Foundations of Genetic Algorithms, L.D. Whitley (Ed.), Morgan Kaufmann, pp 239-255.

[9] Todd S.P. and Latham W. (1991), Mutator, a Subjective Human Interface for Evolution of Computer Sculptures, IBM United Kingdom Scientific Center Report, 1991.

[10] Venturini G. and Montalibet D. (1995), Analyse exploratoire d'une base de données utilisant un algorithme génétique interactif et la programmation génétique, Journées de la Société Francophone de Classification (SFC), Namur, Belgique.

[11] Venturini G., Slimane M., Morin F. and Asselin de Beauville J.-P. (1997), On Using Interactive Genetic Algorithms for Knowledge Discovery in Databases, Proceedings of the seventh International Conference on Genetic Algorithms, 1997, T. Baeck (Ed.), Morgan Kaufmann, pp 696-703.

HyWebMap : Système de gestion et de navigation hypertextuel

Nasreddine Bouhaï — Imad Saleh

Université de Paris VIII, Département Hypermédia
{nasser;saleh}@labart.univ-paris8.fr

RÉSUMÉ. Le système HyWebMap consiste à créer à partir d'un document électronique ou d'un site Web un ou plusieurs réseaux hypertextuels, chacun étant organisé suivant un contexte sémantique défini par l'auteur ou par l'utilisateur selon son centre d'intérêt. Ainsi, il permet la navigation sur ces réseaux et leur administration. HyWebMap génère automatiquement un réseau hypertextuel en analysant le document, sa structure, ses liens et ses ancres. Le document peut être écrit en langage HTML ou en traitement de textes. Il propose trois types de navigation : la première par structure fondée sur la structure logique "sous-jacente" des documents. La deuxième par une cartographie globale de documents fondée sur le repérage de liens explicites. La troisième basée sur un sous-réseau individuel extrait du réseau global par l'utilisateur sur des critères répondant à son centre d'intérêt.

MOTS-CLÉS : hypertexte automatique, agent Web, structure de document, cartographie, navigation, gestion du réseau, surface, java.

1. Introduction

Dans un contexte WEB les nœuds d'un hypermédia sont des documents codés avec le langage de balisage HTML. HTML est un DTD SGML dans lequel ont été identifiés les différents éléments structurels utilisés pour baliser le contenu des pages et exploitables par les outils de navigation Internet. Ces outils permettent d'une part de restituer les pages (mise en forme du contenu), et d'autre part de mettre en œuvre les mécanismes de navigation (activation des liens) [POU 97].

Un lien est défini par deux ancres : *son ancre source* et *son ancre cible.* La codification d'un lien (son point d'ancrage) s'effectue au niveau de l'ancre source, en introduisant dans le contenu de la page HTML source du lien, une balise <A> caractérisée par l'attribut HREF selon la syntaxe suivante :

Exemple 1 :
<A HREF = Identificateur système de l'ancre cible> identificateur de l'ancre cible </A>

L'identification système de l'ancre cible correspond à l'URL (Uniform Ressource Locator) de la page cible, suivi éventuellement du caractère "#" et d'une séquence de caractères correspondant à un identificateur local à cette page, utilisé pour repérer une partie du contenu (appelée aussi *région*).

L'identificateur utilisateur de l'ancre est généralement une chaîne de caractères à laquelle est associée une mise en forme particulière (exemple : souligné). Ceci permet au lecteur d'identifier la présence d'un lien activable pour l'atteindre, et ainsi de visualiser le contenu de l'ancre source.

Exemple 2 :
Document source :
<A HREF="http://www.labart.univ-paris8.fr/conf99/presentation.htm#resume">
présentation de la conference </A>
Document cible (URL = http://www.labart.univ-paris8.fr/conf99/presentation.htm)
<A NAME = resume> Appel aux communications</A>

Le choix de cet identificateur est critique car c'est lui qui permettra au lecteur de juger de l'intérêt ou non d'activer le lien.

2. Les difficultés du conception des documents hypermédia

La difficulté de la construction d'un site Web n'est pas liée à la rédaction des pages proprement dite, puisque de nombreux outils (système d'édition HTML, convertisseur, etc.) peuvent être utilisés, mais les problèmes apparaissent à plusieurs niveaux :

– *la qualité de l'hypermédia à produire :* celle-ci peut être évaluée selon différents critères tels que la lisibilité, la pertinence, la cohérence, la fiabilité, etc. de l'hypermédia à produire en fonction du public visé. Pour cela, il faut avoir des outils permettant à la fois de tester ces critères, et ainsi permettre la correction de manière interactive du document hypermédia ;

– *le volume de documents à produire :* s'il est relativement important, ou si le fond documentaire est réparti sur plusieurs sites (contexte multi-rédacteurs). Pour cela, il faut avoir des outils permettant de faciliter la construction d'un site d'une manière globale, notamment pour coder les liens hypertextes. Cette tâche consiste à identifier qui est lié avec quoi (documents, région) et comment naviguer dans le site de manière simple (mécanisme de navigation) ;

– *la gestion de documents :* la volumétrie du fond documentaire et sa répartition sur plusieurs sites rend la gestion de documents très complexe surtout pour effectuer les opérations de mise à jour, de création, de suppression, etc. des documents, des liens, des ancres et des régions sans mettre en cause la cohérence et la fiabilité du site, puisque ces opérations se font actuellement de façon manuelle. L'utilisateur repère la partie à mettre à jour manuellement, puis il effectue son opération en contrôlant les conséquences sur les autres documents ou sur le même document. Cette tâche est assez lourde en temps et charge de travail. Pour cela, il faut avoir des outils qui rendent cette tâche complètement dynamique et transparente pour l'utilisateur ;

– *la gestion de navigation :* le mode de navigation dans un site Web consiste à se déplacer d'une page à une autre en suivant les liens prédéfinis dans les pages. L'utilisateur est contraint de visiter plusieurs pages avant d'arriver à la page qu'il désire. La lecture d'un hypertexte comparée à la lecture linéaire apporte un certain nombre de difficultés supplémentaires, telle que la myopie[1], la digression[2] et la désorientation[3] [PAS 95], il nous faut donc mettre en place un système multi-fenêtrage pour visualiser sur le même écran une cartographie générée à partir des liens et des ancres et simultanément le contenu d'URL. Cette cartographie peut afficher la totalité du site avec ces liens externes en indiquant les caractéristiques de chaque page.

Malgré sa simplicité, le langage HTML ne permet pas la séparation entre les contenus et les liens qui représentent le réseau hypertextuel incorporé dans les contenus de documents. Or la séparation est un point essentiel dans la modélisation d'un document hypertextuel minimal[4] [HAL 94, BAL *et al* 96, 97], afin de naviguer efficacement dans les documents et gérer le réseau hypertextuel.

Dans cet article, nous présentons HyWebMap [Figure 1 en fin d'article] qui permet de résoudre les points évoqués plus haut. Ce système est développé au laboratoire Paragraphe, avec le langage Java. Le système est composé de deux sous-systèmes :

– système auteur : destiné aux auteurs qui ont le droit d'effectuer des opérations complexes sur les nœuds et les liens (la création, la modification, la suppression) et de définir des parcours individuels sur les documents etc. ;

– système utilisateur : destiné aux utilisateurs (lecteurs) qui ont seulement le droit de naviguer dans les documents par ses structures ou par une cartographie basée sur les liens explicites. Aussi, ils ont le droit générer leurs propres sous-réseaux du réseau global sans mettre en cause la version originelle des documents.

1. La myopie se traduit généralement par la difficulté pour les utilisateurs à appréhender toute l'information contenue dans un hypertexte et à organiser des parcours de navigation corrects.

2. Les utilisateurs peuvent prendre plaisir à naviguer dans un hypertexte, ils ne vont pas toujours là où ils avaient l'intention d'aller au départ.

3. Risque qu'éprouve tout utilisateur d'un système offrant un nombre important de possibilités dont il est difficile d'estimer les limites.

4. Système Dexter propose un modèle de trois couches : 1) La couche d'exécution gère la présentation d'un réseau hypertexte et concerne les aspects interface et navigation. 2) La couche de stockage modélise le réseau hypertexte et fournit les fonctionnalités nécessaires à sa gestion. 3) La couche du contenu informatif représente et gère le contenu des nœuds hypertextes.

Les utilisateurs peuvent concevoir différentes vues sur le même réseau en sélectionnant les nœuds.

3. Agent Web

Dans le cadre de notre système, nous avons dû concevoir et développer un outil (dit agent) capable à partir d'une page HTML ou d'une URL quelconque choisie par un utilisateur, de faire l'analyse de cette page, d'en répertorier ses principales caractéristiques, de sauvegarder ces informations dans une base de données, de corriger les liens entre les pages de même URL ou entre une page et d'URL et de se projeter vers les liens référencés par cette page et ainsi de suite pour toutes les nouvelles pages rencontrées. Ainsi, il peut rapatrier les pages d'une liste de sites donnée, avec une profondeur d'exploration paramétrable, et dans le respect de la déontologie définie dans ce secteur.

L'agent prend en compte les URL de forme absolue (adresse complète), il analyse l'ensemble des pages HTML et sauvegarde les liens relatifs et même, les liens internes permettant d'accéder à un paragraphe ultérieur sur une même page HTML.

4. Hypertexte automatique

Le but de l'hypertextualisation automatique est d'extraire, à partir de documents, les composantes élémentaires des réseaux hypertextes [PAP 95]. Les nœuds contenant l'information et les liens assurant la cohérence structurelle entre les nœuds forment à l'issue de l'hypertextualisation automatique un réseau minimal. Par réseau minimal, on entend réseau dans lequel la navigation s'appuie momentanément mais essentiellement sur la structure logique et les liens explicites du document hypertextualisé. La navigation dans ce réseau peut bien sûr être enrichie ultérieurement, par la pose automatique de liens sémantiques [RHI et LEL 97].

4.1. *Technique de l'hypertextualisation*

La mise en œuvre fonctionnelle de l'hypertextualisation automatique est représentée par la figure 2. Cette description fonctionnelle qui repose sur la norme HTML, met en évidence l'adaptabilité de la solution d'hypertextualisation dans un processus industriel de production de documents.

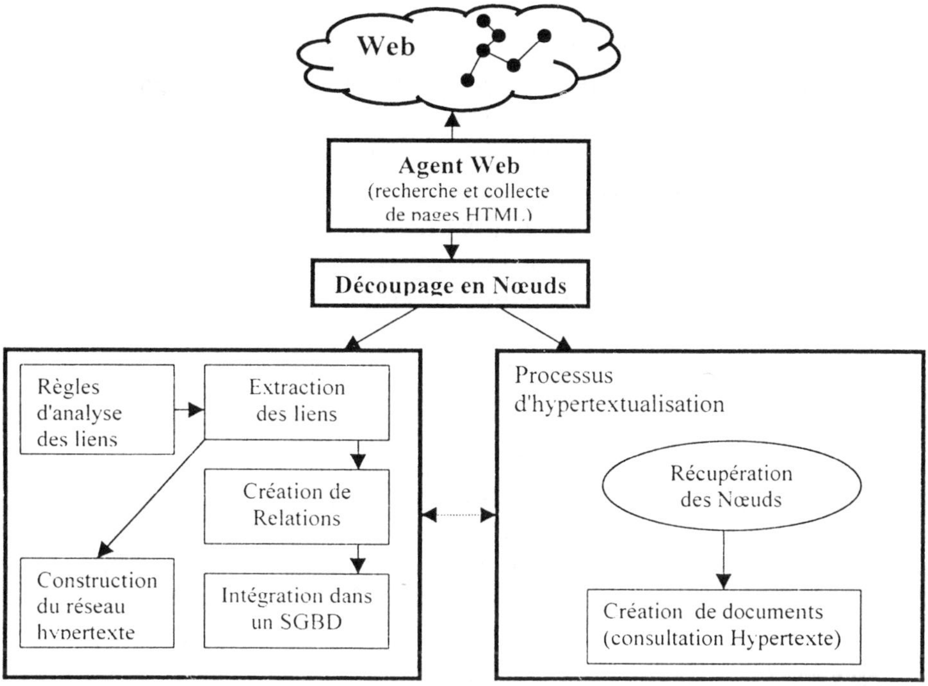

Figure 2. Technique de l'hypertextualisation

4.2. *Repérage des nœuds*

Le système peut repérer deux types de nœuds :

– les *nœuds édités* : sont des unités élémentaires associées à des fragments d'informations d'un ou de plusieurs types de documents (texte, graphique, image, son, etc.). Une page Web contient une séquence de fragments de type MIME (Multipurpose Internet Mail Extension) que peut être une séquence de texte, de son, de vidéo. Le système considère chaque fragment comme un nœud édité ;

– les *nœuds calculés* s'appuient sur la structure logique de documents. Ils permettent d'une part, aux utilisateurs de naviguer dans la structure logique de documents, et, d'autre part, de vérifier la cohésion de la structure de documents.

4.3. *Repérage des liens*

Une fois les nœuds repérés, il s'agit de localiser les liens explicites et structurels existants. Ces liens explicites sont les références intégrées dans le document par l'auteur, afin d'orienter les lecteurs vers une partie du document en cours de consultation, ou vers un autre document susceptible de leur fournir de plus amples informations sur un point particulier. L'auteur d'un hypertexte pourrait créer les liens explicites de type "réfère à" qui sont les références croisées (exemple : aller à, voir, etc.) et de type "dépend de" qui sont les liens hiérarchiques visant à marquer l'emboîtement des nœuds qui marque la dépendance des nœuds par rapport aux nœuds de niveaux supérieur (exemple : chapitre, paragraphe, sous-paragraphe, etc.).

La génération automatique des liens hypertextuels nécessite de pouvoir identifier sans ambiguïté les ancres du lien puis implanter le lien en respectant la syntaxe reconnue par le logiciel cible (comme le navigateur). Une ancre peut correspondre à un document dans sa totalité ou seulement à une région de ce document.

4.4. *Typologies des nœuds et des liens*

4.4.1. *Types de nœuds*

Nœud racine : c'est un nœud principal (c'est-à-dire une sorte de page d'accueil) qui peut être défini par l'auteur pour entrer dans le document hypertexte ou bien par le système qui détermine ce type de nœud automatiquement par son poids calculé, par ses liens références et ses liens dépendants.
Le poids d'un nœud est proportionnel au nombre de ses liens logiques et ses liens explicites dans son contenu et inversement proportionnel par rapport au nombre de liens dans tout l'hypertexte.
Nœud parent : c'est un nœud inférieur au nœud racine, il est lié avec un ou plusieurs nœuds racine, a un ou plusieurs fils.
Nœud fils : C'est un nœud du niveau inférieur au nœud parent, il peut être lié avec un ou plusieurs nœuds parent (autrement dit, un fils peut avoir un ou plusieurs pères).
Nœud orphelin : c'est un nœud qui n'est lié avec à aucun autre nœud.
Nœud externe : c'est un nœud qui n'appartient pas au site d'origine mais on peut y accéder par un lien référence.

Cette typologie des nœuds permet d'identifier la structure de documents et d'interpréter le sens sémantique entre les nœuds. La fourniture de nœuds est destinée à répondre aux questions suivantes :

Où suis-je ? Quels sont les types de nœuds suivants ? Pourquoi existe-t-il un lien entre deux types de nœuds ?

4.4.2. *Types de liens explicites*

Lien ancêtre : son point de départ un nœud racine et son point d'arrivée un nœud parent.

Lien parent : son point de départ un nœud parent et son point d'arrivée un nœud fils.
Lien fils : est un lien d'arrivée du lien parent mais il n'a aucun lien vers d'autres nœuds.
Lien référence : est un lien libre entre des nœuds (représente le lien "aller à").
Lien interne : lien interne intégré dans la même page, c'est-à-dire (région).
Lien externe : c'est un lien entre un nœud d'un site avec un nœud d'un autre site. Ce type de liens permet de lier un site à un autre.
Lien interne rompu : c'est un lien qui n'existe plus dans le même site (c'est-à-dire un lien orphelin). C'est un point départ mais ce n'est pas un point d'arrivée.
Lien externe rompu : c'est un lien qui n'existe plus entre un nœud du site avec un nœud d'un site externe.

Cette typologie des liens explicites aide l'utilisateur à balayer et interpréter ce qui serait une liste de destinations longues et dénuées de sens. La fourniture de liens sources est destinée pour répondre à la question :

Quoi d'autre pourrais-je avoir obtenu ici ?

Particulièrement dans le cas de l'interprétation de pages (nœuds) obtenues comme résultat d'une recherche, l'accès de lien entrant peut fournir un accès utile à l'information.

4.4.3. *Les liens logiques*

Les liens logiques visent à marquer l'emboîtement des nœuds mis en évidence par l'usage de la numérotation qui marque explicitement la dépendance d'un nœud (ou d'une entité documentaire) par rapport aux nœuds de niveau supérieur. On peut constater que la structure physique d'un document est une caractéristique importante par rapport à l'hypertextualisation automatique. Les attributs typographiques et de mise en page, par lesquels cette structure exprime la volonté de l'auteur d'assister le lecteur dans la compréhension du document et de lui faciliter le repérage des zones d'informations pertinentes.

Le système HyWepMap détecte les liens logiques grâce aux balises : <TITLE> ...</TITLE> et <Hx> ...</Hx> du langage HTML. Il construit un nœud qui contient les titres de tous les nœuds et leurs liens logiques (c'est-à-dire, titre du nœud, paragraphe, sous-paragraphe, etc.) constituant le réseau hypertexte. A partir de ce nœud (comme une table des matières), il est possible d'accéder directement au contenu des nœuds en sélectionnant simplement le titre vers lequel on souhaite se rendre.

Grâce aux typologies des nœuds et des liens, le système peut détecter les anomalies au niveau de la cohésion, de la structure logique de documents et informe éventuellement l'auteur sur l'état des liens dans son document. Par exemple, si le système rencontre un lien rompu, il envoie un message à l'auteur pour l'informer de l'anomalie du lien.

5. Gestion des relations

Après une analyse complète du site par l'agent Web, le site sera décrit sous forme de tables et de relations entre des ensembles de nœuds, de liens, de régions, de boutons et de propriétés. Nous utilisons la représentation relationnelle pour décrire les contenus de documents.

Les relations Lien (L), Nœud (N) Région (R), Bouton (B) et Profil (Nombre-Caractères, Nombre d'image-Gif, Nombre-Script, Nombre de liens, Nombre de liens-externe, etc.) représentent respectivement les liens, les nœuds, les régions, les boutons et les caractéristiques de documents [AFR 90]. La relation prédéfinie liaison (Document-A, Document-B, Lien-L) contient tous les nœuds (ou boutons) A qui sont reliés par un lien L à un nœud ou une région B. La relation Propriété décrit les propriétés informationnelles concernant d'un nœud : Titre, Taille, Mots-clés, etc. L'analyse d'un site peut nous renvoyer vers d'autres, qui eux-mêmes peuvent nous renvoyer vers d'autres sites etc. L'agent Web limite l'analyse du site jusqu'à un degré deux [ANA 98] :

– le degré zéro limite l'analyse au site d'origine ;

– le degré premier limite l'analyse au site d'origine et aux sites référencés dans le site origine ;

– le degré deux limite l'analyse site origine aux sites référencés dans le site origine, ainsi que les sites références dans le degré premier.

La relation prédéfinie métaSite (SiteDépart, L, SiteD'arrivée) contient tous les sites de départs SiteDépart qui sont reliés par un lien L à un site d'arrivée SiteD'arrivée.

Grâce à cette représentation, nous proposons :

– une vision administratrice du méta-réseau hypertexte qui permet de vérifier la cohérence de chacun des nœuds par rapport à l'ensemble du méta-réseau ;

– un réseau virtuelle en temps réel du site, basée sur l'analyse de structure logique et des liens hypertextuels. La navigation ne s'effectue plus sur un texte ou une image donnée, mais en surface grâce à la carte générée par le système.

L'actualisation du site au niveau de nœuds ou de liens (modification, création, suppression) est réalisée à partir de ces relations, le système prend en charge tous les aspects concernant la cohérence du site.

Pour aider l'auteur à réorganiser son site, le système possède plusieurs outils qui permettent une correction interactive [figure 3 en fin d'article] :

– *Supprimer un nœud* : il permet à l'auteur de supprimer un nœud de son site. Il contrôle d'abord le type du nœud à supprimer et tous les liens partants et arrivants à ce nœud et ensuite il effectue l'opération de supprimer et réorganise par la suite le site ;

– *modifier un nœud* : il permet de faire de modifier un nœud ;

– *créer un nœud* : il permet d'ajouter un nœud dans le site ;

– *créer un lien* : il permet d'ajouter un lien à un nœud ;

– *supprimer un lien* ; il permet de supprimer des liens entre nœuds.

– etc.

6. La surface

Plusieurs outils proposent des mécanismes de navigation à partir d'une cartographie du site basée sur les liens explicites [KAH 95 et 97, LIN 97, Web Analyze, Dynamic Diagrams etc.]. Or ces outils ne permettent pas aux utilisateurs d'extraire un sous-réseau à partir de réseau global par rapport à son centre d'intérêt. En revanche le système HyWebMap fournit un outil dit "Surface" qui permet aux utilisateurs d'extraire un ou plusieurs sous-réseaux du réseau sans mettre en cause les documents.

La "Surface" est une interface qui fournit une vue partielle de l'organisation du document. Le rôle principal de la surface est la gestion de sous-réseaux extraits du réseau global qui représente les connections libres de nœuds au moyen de liens.

A travers la "Surface", l'utilisateur peut manipuler le réseau hypertextuel d'un document et peut obtenir un affichage perceptible de l'organisation du réseau de différentes manières.

Gestion de surface

Après la génération du réseau hypertextuel global, l'utilisateur clique sur les nœuds qu'il désire en indiquant leurs types et en respectant leurs contraintes (nœud racine, nœud parent, nœud fils ou nœud externe). HyWebMap se charge d'établir des liens entres ces nœuds, et enfin l'utilisateur donne un nom à son réseau. Le sous-réseau sera décrit sous la forme des tables précédentes [paragraphe 5] qui ensuite seront stockées dans une base de données en local.

Lorsque l'utilisateur désire naviguer dans son réseau, il sélectionne à partir de "Surface" sur le nom du son réseau, et ensuite le réseau sera généré automatiquement.

Exemple 3 :
Supposons que deux utilisateurs consultent le même document, et tous les deux n'ont pas les mêmes besoins sur ce document, alors chacun peut créer son propre réseau par rapport à ces besoins grâce à l'interface surface.

7. Conclusion

Les technologies d'hypertexte permettent d'augmenter les bases de données textuelles en insérant de nouveaux liens ou nœuds de différents types et des parcours possibles. Mais cette manière de concevoir de tels systèmes est contrariée par le constat qu'elle ne fait qu'accroître les problèmes liés à la navigation et au contrôle, entre autres. Pour résoudre ces problèmes, nous proposons HyWebMap qui est un système d'aide à la création, à la gestion, et à la navigation d'un réseau hypertextuel. Il permet :

– aux auteurs, d'organiser au mieux leurs modèles hypertextuels en leur proposant des modules de gestion et de mise à jour de manière interactive ;

– aux utilisateurs, des modules de navigations cartographiques basées à la fois sur les structures et sur les liens définis par l'auteur dans les documents, ou bien sur un sous-réseau individuel extrait du réseau global.

8. Bibliographie

[AFR 90] AFRATI F. et KOUTRAS C. D. "A hypertext model supporting query mechanisms", ECHT 90, Versailles 1990.

[ANA 98] ANAS M., "Dynamicité et gestion virtuelle des liens hypertextuels sur le Web" DEA, Département Hypermédia, Univesrité Paris VIII, 1998.

[BAL 96] BALPE J.P., LELU A., PAPY F., SALEH I., "Techniques avancées pour l'hypertexte", Paris, Editions Hermès, 1996.

[BAL 97] BALPE J.P., Hypertexte et hypermédia. Vol. 1, N°.1 Editions Hermès 1997.

[Dynamic Diagrams] http://www.DynamicDiagrams.com

[HAL 94] HALASZ F. G., SCHWARTZ M., "The Dexter hypertext reference model", *In Communications of the ACM,* Vol. 37, no. 2, pp. 30-39, 1994.

[KAH 95] KAHN P., "3Global an Local Hypermédia Design in the Encyclopedia Africana" *Hypermedia Design. Fraïsse, Garzotto, Isakowitz, Nanard and Nanard,* Editions Springer. London, 1995.

[KAH 97] KAHN P., "Real space and cyberspace: a comparison of museum maps and electronic publication maps", *IN ICHIM,* Paris, 1997.

[LIN 97] LIN, X., "Map Displays for Information Retrieval" *In Journal of the American Society for Information Science (JASIS).* 48(1): 40-54, 1997.

[PAP 95] PAPY F., "Hypertextualisation automatique de document technique", *thèse de l'université de Paris VIII,* 1995.

[PAS 95] PASQUIER J., MONNARD J., "Livres électroniques : de l'utopie à la réalisation", Presse universitaire Romande 1995.

[POU 97] CATHERINE COMPAROT-POUSSIER et al. "Générer un serveur Web via la réécriture", *Conférence H2 PTM 97,* Editions Hermès Septembre 1997, pp. 165-180.

[RHI 97] RHISSASSI H. et LELU A., "Vers un environnement complet d'indexation automatique", *Conférence H2 PTM 97, Editions Hermès Septembre 1997, pp. 225-236.*

[WebAnalyse] http://www.chez.com/bsuzanne/webanalyse.

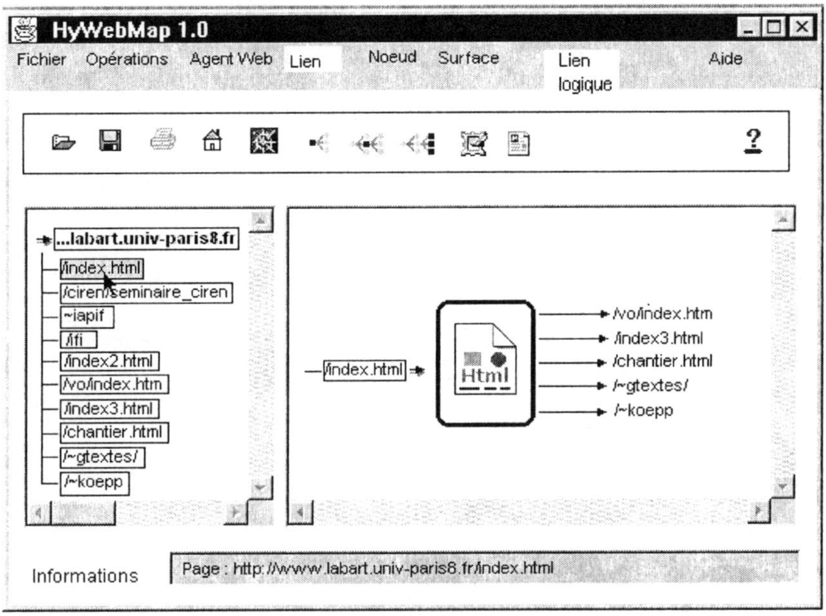

Figure 1. *Ecran d'utilisation*

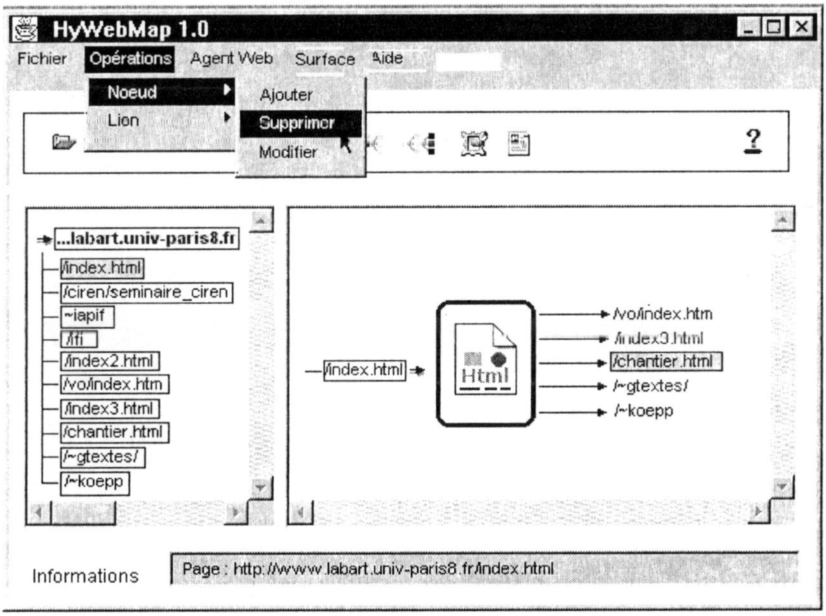

Figure 3. *Ecran d'administration*

Structuring and Presenting WWW Documents in a VR Metaphor

Augusto Celentano

Dipartimento di Informatica, Università Ca' Foscari
Via Torino 155, 30172 Mestre (VE)
auce@unive.it

ABSTRACT. *This paper discusses Virtual Reality as a metaphor for accessing information in structured Web sites. A model for information classification is presented, and an architecture for generating VR interfaces according to a Web site structure is illustrated. Assuming that XML is a viable choice for describing Web documents semantics, some comments stemming from a prototype implementation are discussed.*

KEY WORDS: *Human-computer interface, information visualisation, visual metaphor, virtual reality, semistructured information, XML.*

1. Introduction

Virtual Reality (VR) can be used as a metaphor for representing data structures and interacting with them. As such, it can address two goals:

– to model structural relationships between the items of a collection that build up an information structure, through a virtual world in which objects represent in a symbolic way the data structure;

– to model the contents of an organised set of information through a virtual world in which objects represent data items located in an environment recalling their meaning and purpose.

In the first case the attention focus is on three-dimensional representation of data structures. 3D representation allows more data to be pictured in a constrained space, and makes data inter-relationships more easily perceivable. In this context Virtual Reality is merely a technical solution, appealing since VRML standard and widely available browsers made 3D visualisation feasible on medium-class computers. *Information Visualizer* [ROB 93] and *Virtual Data Visualizer* [TEY 97] are the most known experiences, yet based on visually rich 3D rendering supported by specialised graphic environments. In both systems the user can explore a three-dimensional representation of a data structure (hierarchy tree, data space, time wall, etc.) and interact with it by causing coherent modifications to be performed on "real" data items.

The second case focuses on the meaning of the represented data in a specific application context, rather than on showing structural relationships among data items "at a glance". This is done through a virtual world in which some objects, situated in an environment recalling the application context, represent the information. An example of such a system is the *Virgilio* system [COS 98, VIR 97], in which semantic relationships between data stored in a database are visualised as a virtual world picturing a query result.

This paper focuses on this second application, by analyzing a data classification model and an architecture that can support Virtual Reality metaphors. Differently from the *Virgilio* system, the paper addresses the exploration of Web sites, and in particular the exploration of structured or semi-structured Web sites, a context which is deeply investigated in search of more efficient ways to extract information [ATZ 97]. We aim at defining a model for mapping structured Web documents belonging to structured Web sites to textual as well as to metaphoric VR descriptions (as long as a VR metaphor is meaningful in common sense terms). A system based on such a model would be able to present the user both visualisation styles, and also to allow the Web designer to select customised world scenes for specific documents, in the framework of a consistent context.

The paper is organised as follows. Section 2 introduces two levels of user- world interaction. In Section 3 a model for mapping WWW information on a virtual world is presented, using a scenario drawn from a University Department Web. A system architecture for executing such a mapping is presented in Section 4. Section 5 discusses some hints on the underlying technology, which is based on XML to describe semantic properties and XSL to drive the translation into VRML. Section 6 presents the conclusion.

The case study used is drawn from the Web site of the Department of Computer Science of Università Ca' Foscari in Venice, Italy. The site is undergoing a deep restructuring process, and the example discussed here was designed on a version no longer available on-line. The discussion however is largely independent from the actual site content.

2. User interaction in a virtual world

A distinction between active and inactive world is necessary in order to define user interaction. An *inactive world* can only be explored: the user is not allowed to modify it, either in its *composition* (the objects contained) and in its *arrangement* (the object relationships). The user can only move in the world acting upon objects in limited ways related to visualisation and exploration; *e.g.*, by opening a door the user can move across rooms, by opening a drawer can disclose its contents, and so on. Inactive worlds are characterised by maintaining the same contents and structure during user exploration. The world needs not to be completely static, but modifications are not due to direct user manipulation. An example of such a world is a conventional non-interactive Web site: further access to the same site can however show updated information. An important feature of inactive worlds is that user actions may often be only initiated by the user (*e.g.*, by a mouse click on a drawer handle), and completed in a standard way by the system (*e.g.*, by animating the drawer opening).

An *active world* can be modified by the user by changing the world content and appearance, *i.e.*, by changing object properties or relationships. The management of an active world is more complex, since user actions must be tracked along their full execution. The change of an object property could require the modification and re-processing of other parts of a scene even if they have not been directly accessed by the user, in order to guarantee the consistency of the whole world. As an example, a hierarchical data structure represented in a "Russian dolls" style by using recursive containers could require the computation of a new scene if a data property is changed that is related to its visual appearance: *e.g.*, a change in the size of a contained object requires the change of the size of its container [VIA 97].

Also inactive worlds can require the computation of a fully new scene if the underlying information changes. However, modifications can be planned and executed when required by the system and not by the user. Information delivery methods like the push technology can soften the border between the two worlds. In this paper we address only inactive worlds, and assume also that the world is static.

3. Modelling information contents

The scenario for modelling information contents with virtual worlds is provided by a project sponsored by the Italian Ministry of University (MURST), called *InterData* [INT 97], aiming at developing methodologies and technologies for data and process management in Internet and Intranet networks. A central focus of the *InterData* project is the extraction of information from the Web, and presentation to the user in a structured, semantically oriented way. Such a goal can be achieved only if the information can be classified and recognised. Therefore, the scenarios addressed by the project are structured or semi-structured Web sites, *i.e.*, sites where documents are homogeneous, based on iterated templates, and contain information that can be classified according to predefined categories. Querying a Web site (rather than navigating it) is therefore feasible, and intermixing querying (extracting information) and browsing (accessing it in a user comfortable way) is becoming a more and more used way of accessing Web documents.

3.1. *A sample scenario*

The scenario used to discuss the requirements of a VR metaphor for accessing Web information is a Web site of a University Department. We chose it because it is simple and familiar enough to be immediately understood, yet can be highly structured with several indexes and lists of nested information. The site collects and organises information about teachers, courses, research areas and projects, dissertations, post-doctoral activity, and so on. We do not consider textual information like generic notices or regulations (*e.g.*, course introduction and programme, department statute) that cannot be represented efficiently in a VR fashion. However, even such text documents could be efficiently indexed by meaningful objects in a virtual world: for example, a board with sticky notes that reveal the content in a conventional text window when clicked. We assume that information instances comply with a template as long as the information structure is concerned, but do not require any specific reference model to be obeyed.

Our working example describes a part of such a Web site that contains the document types herein described.

– A home document contains an index to different sections: teachers, administrative staff, courses, services, and so on. We focus only on teachers and courses.

– Each section has a local home document acting as an introduction to the section itself. We consider two second level home pages: one for teachers, and the other for courses. These are starting points for reaching in a more or less straight way the indexes (lists) for teachers and courses respectively.

– Every teacher has a personal home document that collects or points to information that we assume is coherent with a standard, even if not formalised, schema:

- general information: office location, telephone, fax, email, etc.
- research activity: selected areas of interest, projects, papers, etc.
- teaching activity: courses, seminars, lab practice, educational material, etc.
- other information...

– In a similar way, every course has a home page from which the reader can access the course name and code, teacher name, time schedule, program, textbooks, lecture notes, links to relevant Web sites, etc.

A certain degree of overlap between the two environments is unavoidable, and can be solved by mutual references rather than information replication. The problem, however, is not related to the interface design.

3.2. *Information classification*

Inspired by the models defined in hypertext information systems [GAR 93; ISA 95] we classify the information a user can access in four types:

– *access points*, *i.e.*, links that point to the available information in a specific context by presenting it as a menu, a table or a map;

– *indexes*, *i.e.*, links that list the instances of iterated information elements: each instance is a *selector*;

– *entities*, that collect and enclose the items bearing the real information. Entities are therefore structured in components, units, etc.;

– *items*, that are the elementary chunks of information.

A *main entry point* is defined, often presenting the reader the primary document structure, organised in a hierarchical way, on which the referential links defining the hypertext navigation paradigm are anchored. The main difference between access points and indexes is that the former introduce heterogeneous information elements (*e.g.*, the different information related to a course), while the latter allows the reader to access homogeneous information elements (*e.g.*, the list of the course names). Access points and indexes can be nested.

The visualisation of the different kinds of information with VR metaphors can be organised along a similar classification, leading to a model of VR interfaces that borrows an office terminology.

– Access points are represented by *tools*, which are active objects that allow a user to access the underlying information by selecting them. Examples of access points are doors, drawers, bookshelves, but also office tools may act as metaphoric gates to data. In our example, a door is the entrance to a teacher studio, where information about the teacher is visualised; a bookshelf is the access point to the list of publications, while a personal computer is a visual cue for reading about the research projects, and a microphone an access point for a list of lectures.

– Indexes are represented by *catalogues*, which are objects containing other homogeneous objects (the *selectors*), or a list in text form. Examples of catalogues are files, telephone directories, books or book pages, open drawers revealing a set of folders, a board with a set of lines, etc. Information instances are accessed by selecting an object or a text line. It is important to note that the same object could be used as an entry point and as a catalogue: for example, a drawer could be an entry point when closed, that opens when clicked becoming a catalogue showing a set of folders each listing an information instance.

– Entities are represented by *environments*, which are self-contained areas of a virtual world, *e.g.*, a room, a desk, a bulletin board, that the user can explore looking for information that can be directly visible, or hidden behind access points.

– Items are represented by *displays*, which are objects bearing visible data, *e.g.* images or text. For example, in a teacher office a slate on the desk can display the teacher name, the telephone and fax number can be written on a visit card sticked on the telephone, and a blackboard can show the weekly schedule for the lectures.

Virtual Reality is a metaphor for organising the information and navigating through it, therefore most of information that is textual in nature will be represented as conventional text documents accessed through access points and catalogues. In fact, it is not convenient to draw a (long) text as a texture on a 3D object, both for efficiency and readability reasons. A world where text information is read as true text is by no way "unreal".

We notice a difference with a text-based hypertext representation of information. The scene accessed by the main entry point, and in general a scene showing an entity with its components, must show a meaningful part of world, *i.e.*, it must contain those visual elements that make the scene familiar in the cultural context of the reader, and allow him/her to understand and accept the metaphor used even if they are redundant or purely cosmetic. As an example, a home page for a teacher could be simply a menu of topics, with stylistic elements used for making it pleasant, not for augmenting its understanding. A virtual world representation could be a room, in which only a part of the furniture is used to access information, the other part (*e.g.*, chairs, windows, frames, lamps, etc.) being present only to make the idea of being in an office room acceptable.

Figures 1 and 2 show a home page and the corresponding 3D scene. The numbers identify related elements: we note that some information that in the text page is an index (5, 7), in the 3D scene is represented by access points to indexes that are rendered as separate scenes. We shall come back to this point in Section 4.1.

3.3. *Information access in a virtual world*

If we do not consider access through search robots, Web documents are accessed by exploring the site from an entry point through indexes, access points and entities, until the entity that contains the desired information is reached. In the same way, exploring a virtual world means walking through a number of scenes each one standing for a level of detail in the organisation and structure of the information stored in the site. The possibility of moving in a wide space could, in principle, allow the whole world to be built and traversed as only one environment (*i.e.*, as a single 3D file).

Figure 1. *A teacher home page*

Figure 2. *A virtual world for a teacher home page*

Two reasons make this choice, if not totally infeasible, surely inappropriate: the scene complexity would become unmanageable, and we assume that VR is a way to access information alternative to traditional page-based navigation. Therefore it must co-exist with, and be generated according to, the existing Web structure.

World generation issues will be discussed in the next section. In both paradigms, information is accessed by traversing a number of pages or scenes via structural links that define the primary site structure and its semantic organisation. Referential links are often built to refer whole documents rather than specific target points, and used a generalised citation scheme. We can assume they are not different from the access points defined above, at least from the user navigation point of view. Anchoring a link end to a specific document point means, in a virtual world, entering a new scene at a specific viewpoint. How this can be done in detail depends from the VR technology used, but such an effect can be achieved at some extent with features implemented in existing VRML browsers.

4. Building virtual worlds for exploring WWW sites

This section introduces an architecture for designing VR worlds that represent a metaphor for accessing information in a Web site. The Web site is assumed to be structured to some extent, *i.e.*, designed according to a more or less detailed schema, and the virtual world reflects in its organisation the site structure.

An important, while expected, issue comes clearly from the discussion about information classification made in previous section: even if the virtual world metaphor is full of visual cues that help a reader to find and understand information, the only kinds of information that are accessed at last are text and images. Therefore, as in a text-based Web site, the goal of a user is to "read" something, and the purpose of the virtual world is to provide a context for text and images. Text and images can also be place out of the represented world: they can be linked through indexes or access points, or located in the scene as graphic objects, according to their size, detail, and level in the information hierarchy. To avoid confusion in the following discussion, we shall use the name "WWW document" to denote a generic document presented in a text-based browser, and the name "VR scene" to denote its metaphoric representation in virtual reality.

The text or graphic documents accessed as the result of the site browsing do not influence in a substantial way the scene overall appearance, since it is mainly a context for understanding the document meaning and purpose. Some scene components describe elements appearing in the represented WWW document, other components are part of the context and give the metaphor the right sense of realism. A VR scene is therefore mainly a *template* in which information coming from the WWW document is rendered through graphic objects with suitable shapes and locations. Different elements (indexes, access points, entities and items) cause different ways of putting the meaningful information inside the scene.

4.1. *Managing semantic and structural properties*

Figure 3 depicts a reference architecture for generating VR scenes from WWW documents. A *World maker* builds a virtual scene rendering a set of documents according to a *Web site schema*, that describes the information organisation, based on a *World template* that describes the metaphor used, using a *World object library*, that contains the VR objects used to visualise the information or the access points to it. The Web site schema is linked to the World template, since the semantics associated to WWW documents need to be clearly identified in the VR scene. The library containing VR objects is linked to the document instances, since the selection of specific objects and the definition of their visual properties depend on the specific document contents. At the core of this architecture is the semantic definition of the WWW documents contents in a way that allows the World maker to generate meaningful scenes. A couple of examples could explain the kind of problems that must be faced.

The teachers' list serves two purposes: it is an information related to the Department as a whole (the Faculty), and also an index to access teachers personal information. If we assume that the latter interpretation is more important, the visualisation should exploit the list as an *index*, rather than as a whole information. This role can be rendered in two ways: as a board on which the teacher names are written, each one being a link to the teacher's room; or as a corridor on which several doors open, each one identified by a plate with the teacher name, and leading to a room. While a traditional WWW document performs both the functions of showing the whole information and allowing a reader to access it, the metaphor based on the corridor does not allow a visitor to read all the names in a view, even if the metaphor is realistic.

As a second example, the entity corresponding to a teacher whose home page displays some general data can be represented by a room in which some objects bear an information item. But a text-based WWW document can display in the same page links (i.e., access points) and data: for example, a long page could open with a menu pointing to sections of the page marked by tags. The corresponding VR scene will contain mostly access points to other scenes or documents. The translation of such a home page into a VR scene requires the interpretation of the page semantic structure, that can be rendered in one or more scenes according to the kind of represented data.

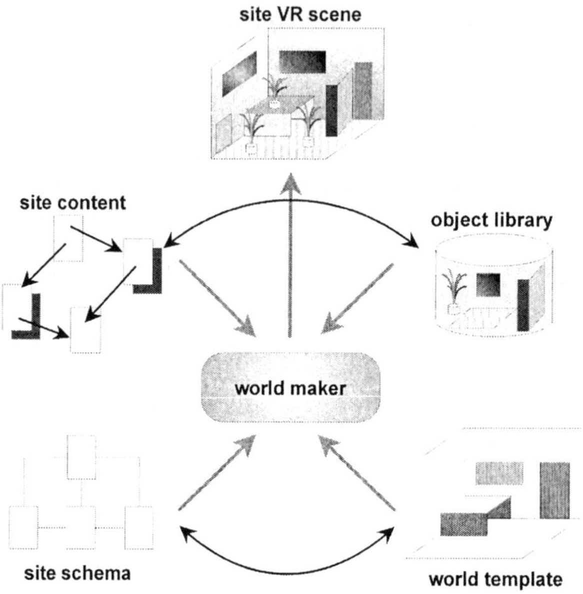

Figure 3. *The VR generation architecture*

4.2. *Navigation*

Navigation among documents in a text-based environment offers several ways to traverse a document set: besides the classical hierarchical and referential links, a "previous document" and "next document" are often available as a means to explore sequentially the instances of some information class. In our example, we could assume *next course* and *previous course* links to be useful to browse the course programmes looking for some interesting topic.

In a virtual world the "hyper" part of a navigation can sometimes be perceived as a violation of the laws of a three-dimensional world. If we consider a referential link as a *jump* elsewhere, we can accept any kind of movement. But if we traverse a link by traversing a door, an inconsistency in the world topology would be noticed, even if we are aware that a completely new scene has been entered.

As an example, moving from teacher to teacher trough "next" and "previous" doors is not realistic, buildings do not allow that! But still worse is a situation in which the "next" is context dependent, or in which multiple indexes exist on the same set. We discuss three cases that reveal different navigation metaphor.

– A first kind of navigation is related to indexes: we associate it to the idea of a *map*, *i.e.*, a virtual environment that collects the set of information in which the user navigates.

– A second kind of navigation is through hypertext links, that we could further divide into structural links and hierarchical links: we associate a link to the idea of a *gate*, *i.e.*, an access point to an information item or a door to another virtual scene.

– A third kind of navigation is associated to the idea of a *context*, and is used to traverse homogeneous information in a linked chain, which is not driven by the information meaning but only by easiness of interaction. This navigation is better supported by visual elements outside the scene, like a navigation bar consistently used in all scenes.

It is easy to note that the difference between the first and the second case is weak, and may depend on the level of detail at which the link is situated.

5. An XML-based prototype

The architecture described in previous section can be implemented in several ways, the focus being the existence of a structural description of the Web site and a semantic identification of the information contained in the relevant documents. A thorough presentation of these issues is far beyond the size of this paper, therefore only a few comments will be given here, that are referred to a prototype implementation [CUL 99].

As a preliminary remark, we could accept the idea that, in the wide landscape of proposals concerning Web design, XML [XML 98] is emerging as the new standard not only for achieving high document retrieval performance, but also (and mainly) as a means for good information structuring. We developed our prototype around XML, assuming that it is the source language used for describing the documents to be rendered both with text and VR interfaces. We also assume that VRML is the target language in which virtual worlds are generated: its popularity and the availability on medium-class computers makes it the only viable choice for such an interface. The main issues of concern are thus: (1) the way in which a document structure is interpreted to extract semantic information useful to identify a virtual world metaphor, (2) the way in which the document contents are translated into VR scene components, and (3) the management of the translation process.

5.1. *Structure interpretation*

The design of a VR metaphor that is consistent, general and suitable for non trivial documents can hardly be done *ex-post* unless the site is really designed according to a schema. The situation is therefore different from systems based on wrappers to extract information, that can limit the detail of the resulting schema to the identification of document types and do not consider the internal structure of the documents. The design of documents using XML could also avoid, at some extent, the need for a formal schema definition since from the associated Document Type Definition the structure of the documents comes naturally, and from the consistent use of tags for denoting the links among the documents overall structure of the site can be identified.

The same paradigm can be used for describing the structure of the corresponding virtual world. A *World Type Definition* (WTD) is a DTD in which tags describe world concepts and their logical (as well as physical to some extent) nesting. Figure 4 shows a (maybe naïve) sample from the definition of a room containing furniture and other objects.

A WTD defines only partially the constraints on the world it describes. For example, the container-contained structure of objects is defined, but nothing is said about their layout. We could have *coherent* worlds (corresponding to well-formed documents in XML) that are not *plausible*, *i.e.*, they do not obey physics rules about gravity or mechanics: *e.g.*, objects float rather than lay on solid surfaces.

```
<!ELEMENT environment ((room | aisle), display*)>
<!ELEMENT aisle (door+)>
<!ELEMENT room (tools*)>
<!ATTLIST room
        prototype CDATA #REQUIRED>
<!ELEMENT tool>
<!ATTLIST tool
        prototype CDATA #REQUIRED
        link (environment | text | other_not_VR)>
<!ELEMENT door
<!ATTLIST door
        prototype CDATA #REQUIRED
        name CDATA #REQUIRED
        link (environment | text | other_not_VR)>
<!ELEMENT display>
<!ATTLIST display
        prototype CDATA #REQUIRED
        info CDATA #IMPLIED " " >
```

Figure 4. *A World Type Definition sample*

```
<xsl:template match="teacher">
   <wrl:office_room>
   <xsl:process-children/>
   </wrl:office_room>
</xsl:template>
```

Figure 5. *Mapping document tags to world objects*

The additional constraints are defined in a relational database (a MS-Access database in the prototype) which acts as a *metaphor repository*. Constraints are expressed as attributes like size, position, etc. The same document may be interpreted according to different metaphors, thus mapped to different plausible worlds. Since the virtual world needs not to be built as a whole, it needs not to be defined by an unique schema. What we called a *World template* in figure 3 is a *collection* of templates, one for each scene, *i.e.*, one for each type of document to be represented, and each one defined by a WTD.

5.2. *Document translation*

DTDs and WTDs are put into correspondence by mapping DTD tags to WTD tags. As far as document translation is concerned, a simple but weak solution is to use XSL as a syntax driven translator to VRML, accessing externally defined prototypes for the scene objects. The idea is not new, but it is easy to implement, it works, and allows the rapid development of prototypes, like the one that produced figure 2. It is a weak solution because maintenance and configuration cannot be achieved at full extent.

In the prototype we took this approach a little further. An extension of XSL, named XSL+, generates a high level description of the scene. The '+' refers to an additional tag, the *wrl* tag, which maps DTD tags to WTD elements (figure 5). Each world element, *i.e.*, each name appearing in a *wrl* tag is described in the World object library (figure 3) by a VRML PROTO definition. Different definitions can be associated to the same element, *i.e.*, to the same object, and selected by attributes. The World object library (another MS-Access database) is able to provide different *styles* for the same object according to the user selection.

5.3. *Management of the translation process*

A translator expands the *wrl* tags into XSL code, and the XSL processor assembles the complete 3D scene. While proceeding through two separate steps, this choice is quite natural due to the complexity of a complete XSL+ parser. As far as the management of the translation process is concerned, we had two choices: run time interpretation, or off-line translation. The knowledge of the dynamics of the Web site rather than cost estimates should, in principle, drive this choice. While highly dynamic sites need high refresh rate in the information delivery that only run-time interpretation can achieve, most of sites collect information that can be updated overnight without loss of consistency. In this way the computation load is not replicated at each access, but only at each information change, even if it is needed for the whole site (or the portion that is delivered with a VR interface). Wide availability of truly XML enabled browsers could change the value of this choice, but for a prototype this is the only viable solution.

XML is therefore viewed mostly as a definition language, translated to HTML and VRML, that are the only languages to be directly delivered. Among the advantages of this solution, besides the use of delivery languages more stable, available and efficient than XML, is the reduced network load due to the lesser length of HTML with respect to XML, and of a VRML scene with respect to a generic template taking care of all possible instantiations. On the VRML side, however, it is possible to devise more efficient solutions for transmitting small prototypes, with locally executed applets for generating the whole scene.

6. Conclusion

In this paper we have presented a framework for translating collections of documents in structured Web sites into metaphoric VR representation highlighting the relationships among documents and the understanding of the data meaning, and introduced a prototype based on XML as a definition language both for the original document and the VR metaphor. A fundamental requirement of this approach is the availability of a schema for the Web site. This issue is strongly debated in the Web design community, and the idea of associating some degree of semantic description to data is well accepted, mainly as a means for achieving better performance of search robots. The increasing interest for XML goes towards this direction, and allows designers to exploit better ways to put information into Web documents.

Acknowledgements

This work is partly supported by Italian Ministry of University (MURST) in the frame of the project *InterData*. The prototype has been developed by Adolfo Culatti and Andrea Longo as part of their Degree dissertation. Agostino Cortesi has allowed us to use his Web pages for the experiments.

7. Bibliography

[ATZ 97] P. ATZENI, G. MECCA, P. MERIALDO, "To Weave the Web", in *Internat. Conf. on Very Large Databases (VLDB '97)*, Athens, Greece, Aug. 26-29, 1997.

[COS 98] M. F. COSTABILE, D. MALERBA, M. HEMMJE, A. PARADISO, "Building Metaphors for Supporting User Interaction with Multimedia Databases", *Proceedings of 4th IFIP 2.6 Working Conference on Visual DataBase Systems – VDB 4*, L'Aquila, Italy May 27-29 1998.

[CUL 99] A. Culatti, A. Longo, "La realtà virtuale come metafora per la rappresentazione di siti WWW", Degree dissertation, Università Ca' Foscari, Venezia, 1999.

[GAR 93] F. GARZOTTO, P. PAOLINI, D. SCHWABE, "HDM – A Model-Based Approach to Hypertext Application Design", *ACM TOIS* , vol. 11, n° 1, pp. 1-26, 1993.

[INT 97] InterData, methodologies and technologies for data and process management in Internet and Intranet neworks, http://www.dia.uniroma3.it/interdata/ (home page in Italian, reports in English and Italian), 1997.

[ISA 95] T. ISAKOWITZ, E. A. STOHR, P. BALASUBRAMANIAN, "RMM: A Methodology for Structured Hypermedia Design", *Comm. of the ACM*, vol. 38, n°8, pp. 34-44, 1995.

[ROB 93] G. G. ROBERTSON, S. K. CARD, J. D. MACKINLAY, "Information Visualization using 3D Interactive Animation", *Comm. of the ACM*, vol. 36, n° 4, pp. 57-71, 1993.

[TEY 97] R. VAN TEYLINGEN, W. RIBARSKY, C. VAN DER MAST, "Virtual Data Visualizer", *IEEE Trans. on Visualization and Computer Graphics*, vol. 3, n°1, pp. 65-73, 1997.

[VIA 97] N. VIARO, "Rappresentazione e manipolazione di strutture informative attraverso un'interfaccia VRML", Degree dissertation, Università Ca' Foscari, Venezia, 1997.

[VIR 97] http://www-cui.darmstadt.gmd.de/hemmje/Activities/Virgilio/vmdescr.html.

[XML 98] Extensible Markup Language (XML) 1.0, W3C Reccomendation 10-Feb 1998, http:www.w3.org/TR/1998/REC-xml-19980210

Une formalisation des sites Web sous forme de grammaire

Jean-Marc Farinone[*] — David Drecq[**] — Benoît Suzanne[*] — Anne Savoy[*] — Jean-Marie Abisror[*]

[*] *Laboratoire CEDRIC-CNAM*
292, rue Saint Martin 75141 Paris Cedex
{farinone@cnam.fr}
[**] *5, avenue de Verdun 60500 Chantilly*
david.drecq@sncf.fr

RESUME. *Beaucoup d'études sur le WorldWide Web ont été faites concernant l'ergonomie des sites Web, mais on trouve moins de travaux sur la conception, l'architecture et la formalisation de tels sites. Nous proposons, dans cet article, de définir un site Web à l'aide de grammaire de manière similaire à la définition de grammaire dans les langages de programmation. Ce formalisme permet de définir la notion de page scénario qui décrit l'utilisation d'un site par un internaute. De plus, sous certaines hypothèses de l'architecture du site, cette technique permet de connaître le contexte de l'utilisateur lorsqu'il lit une page. Des programmes Java ont été développés et donnent la grammaire d'un site suivant notre formalisme.*

ABSTRACT. *In this paper we describe web sites by a formal grammar. This yields to define a scenario page which gives how an user has used a web site. Under some hypothesis on the architecture of the site, we can know the context of a page read by an user. Java programs has been developed which give the grammar of a site.*

MOTS-CLES : *HTML, Web, grammaire hors-contexte et contextuelle, formalisation d'hypertextes, Java.*

KEY WORDS: *HTML, World-Wide Web, context-free and context-sensitive grammar, hypertext formalisation, Java language.*

1. Introduction

Le développement du World Wide Web a popularisé les systèmes utilisant les notions de données reliées par des liens : les hypertextes ou, lorsque ces données utilisent des objets multimédias (images, musiques, vidéos, etc.), les hypermédias. C'est T.H Nelson [NEL 67] qui proposa les termes d'hypertexte et d'hypermédia lors du développement du projet Xanadu bien que les précurseurs de ce domaine sont Vannevar Bush [BUS 45] qui présenta les concepts et Douglas Engelbart qui implémenta une première réalisation NLS (on Line System). Depuis, beaucoup de systèmes hypertextuels et hypermédia ont été proposés comme par exemple le système HyperCard d'Apple [APPL 87] développé par Bill Atkinson, l'answerBook de Sun Microsystems [SUN 90], et le domaine est en complet essor autant concernant l'étude de ses notions fondamentales que des outils de réalisation de contrôle et d'optimisation [NAN 89].

Le système hypertexte étudié dans cet article est le World Wide Web. Beaucoup d'études ont été menées concernant la conception des sites Web d'un point de vue ergonomique [NEA 97], [JEA 96]. Il existe moins de travaux sur une étude formelle des hypertextes. Citons néanmoins les travaux conduisant à décrire un site Web en utilisant le formalisme des méthodes d'analyse informatique entité-relation [CHE 76], des modèles utilisant les réseaux de Petri [STO 89] implémenté par le modèle Treillis, ainsi que des descriptions en termes de grammaires de documents utilisant XML [LIE 98].

Dans cet article, nous proposons une formalisation des sites Web en termes de grammaire. Le but de cette description mathématique est de pouvoir décrire les sites Web qui possèdent une bonne structure « grammaticale » de sorte à pouvoir les traiter facilement. La démarche est comparable à la description de « bon » langage de programmation conduisant à définir les langages LR(k) [AHO 86]. Cela conduit, entre autres, à définir une page dite « page scénario » de l'utilisation du site par un internaute. Un outil WebAnalyse a été développé suivant ces spécifications : étant donné la page initiale d'un site Web, cet outil indique la grammaire de ce site.

Dans la section suivante, nous indiquons les définitions, les notations et la manipulation de notre modèle. Dans la section trois, nous présentons les premiers résultats dus à ce formalisme. Nous nous intéressons ensuite dans la section quatre au problème amené par les frames (cadres) dans les pages HTML. On utilise alors pour ce traitement une grammaire contextuelle. Dans la section cinq, nous indiquons un programme Java, accessible par le Web, qui décrit les sites Web suivant notre formalisme. Nous concluons enfin cet article par les travaux futurs à apporter à notre modèle.

2. Formalisation à l'aide de grammaire

Un site Web est, entre autres, un ensemble de pages HTML. Une page HTML comporte des éléments statiques comme les textes, les images, etc. et des éléments dynamiques comme des liens (sur les textes, les images, etc.) apportant la dynamicité au site. Les liens peuvent pointer sur des pages HTML statiques et déjà écrites ou sur des scripts CGI qui construisent à la volée une page HTML. Les liens sont associés à une forme visible (texte ou image). On note alors avec des lettres minuscules les données visibles et, si cette donnée est associée à un lien, on la fait suivre d'une lettre majuscule qui est le lien. Ainsi une page HTML P est de la forme :

$$P = a_0 b_1 V_1 a_1 \ldots b_n V_n a_n$$

où les lettres b préfixant les liens V sont la partie visible du lien (ce qui apparaît souligné dans la plupart des browsers), les lettres a sont le texte ou/et les images non sensibles entre deux liens. On note parfois $P = a_0 [b_i V_i a_i]^*$. Par exemple la page :

Figure 1. *est constituée de :*

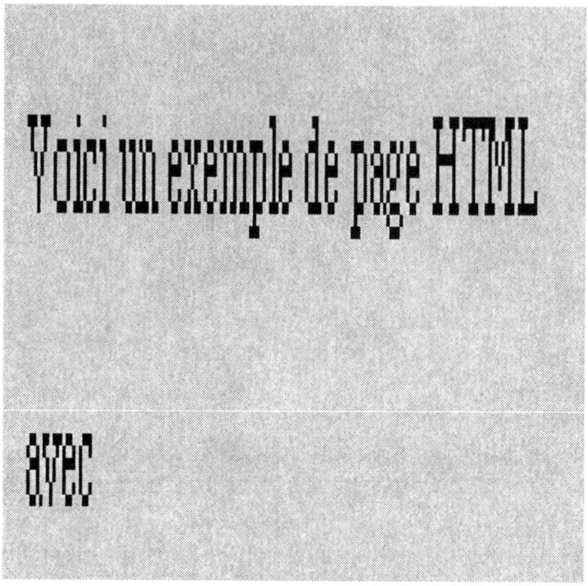
Voici un exemple de page HTML
avec

$= a_0$

un lien

$= b_1$

une image non cliquable :
ainsi qu'

$= a_1$

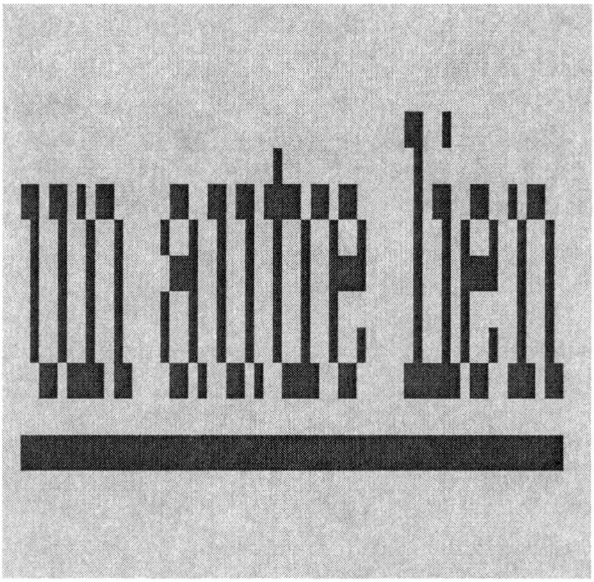

= b_2

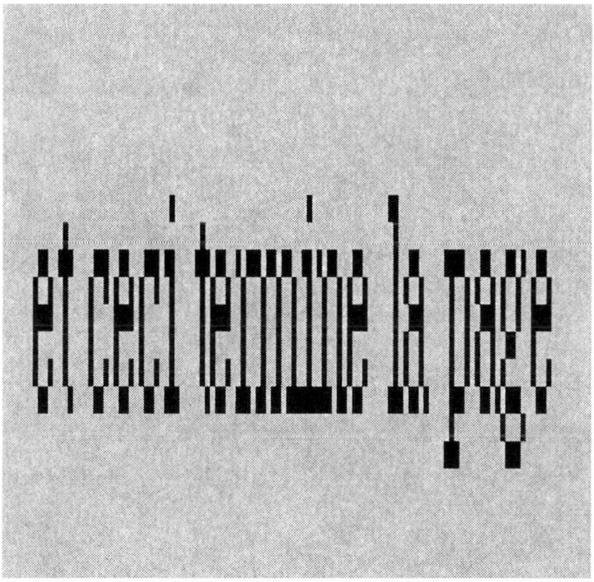

= a_2

Lorsqu'un utilisateur visualise cette page Web, il « voit » $a_0b_1a_1...b_na_n$. On appelle une telle page une page visualisée. Formellement si Π est l'ensemble des pages HTML et Πv l'ensemble des pages visualisées, visualiser une page revient à faire la projection `Pvis` :

Pvis : $\Pi \to \Pi v$

$P = a_0b_1V_1a_1...b_nV_na_n \to a_0b_1a_1...b_na_n$

qui efface les lettres majuscules.

L'ensemble des pages d'un site est fini et on peut donc numéroter ces pages. On note la kème page $P^k = a_0{}^kb_1{}^kV_1{}^ka_1{}^k...b_n{}^kV_n{}^ka_n{}^k$. Ainsi $V_i{}^l$ représente ième lien de la page P^l.

À tout lien est alors associé une règle :

$V_i{}^l \to P^k$

indiquant que cliquer sur le ième lien de la page P^l amène à visualiser la page P^k.

2.1. *Définition*

Formellement un site Web est un 4 uplet (Π, V, R, I) où :

Π est l'ensemble fini de ses pages HTML.

V est l'ensemble fini des liens (où un lien est l'adresse (URL) d'une page).

R est un sous-ensemble fini de V x Π qui à un lien associe sa page.

I est la page initiale du site.

2.2. *Dérivation dans une grammaire*

Lorsque l'utilisateur a vu la première page

$P^0 = a_0{}^0b_1{}^0V_1{}^0a_1{}^0... b_n{}^0V_n{}^0a_n{}^0$,

puis, clique sur le lien $V_1{}^0$, en utilisant la règle

$V_1{}^0 \to P^k = a_0{}^kb_1{}^kV_1{}^ka_1{}^k... b_n{}^kV_n{}^ka_n{}^k$,

on obtient avec le formalisme de substitution de $V_1{}^0$ par le membre droit de la règle la « pseudo page » :

$a_0{}^0b_1{}^0\ a_0{}^kb_1{}^kV_1{}^ka_1{}^k... b_n{}^kV_n{}^ka_n{}^k\ a_1{}^0... b_n{}^0V_n{}^0a_n{}^0$

Une telle page, obtenue par une suite de dérivations, est appelée une page scénario. La véritable page Web que l'utilisateur a sous les yeux, dite page courante est :

$a_0{}^kb_1{}^ka_1{}^k... b_n{}^ka_n{}^k$

obtenue formellement en ne gardant que les lettres minuscules :

– de l'exposant k qui apparaît une seule fois de manière consécutive,

– commençant à l'indice 0 et finissant au premier indice n.

Comme l'utilisateur ne peut cliquer que sur un lien de la page courante, la prochaine page est obtenue à partir d'un lien d'exposant k et les diverses pages accédées sont « emboîtées » dans ce formalisme.

3. Premiers résultats

Le mécanisme de substitution des liens permet de connaître l'historique de l'utilisation du site Web (scénario d'utilisation). Par exemple parti de la page $P^0 = a_0{}^0 b_1{}^0 V_1{}^0 a_1{}^0 \ldots b_n{}^0 V_n{}^0 a_n{}^0$, ayant utilisé le premier lien

$V_1{}^0 \to P^k$,

puis utilisant le lien

$V_1{}^k \to P^1 = a_0{}^1 b_1{}^1 V_1{}^1 a_1{}^1 \ldots b_n{}^1 V_n{}^1 a_n{}^1$,

on obtient la page scénario :

$a_0{}^0 b_1{}^0 \; a_0{}^k b_1{}^k \; a_0{}^1 b_1{}^1 V_1{}^1 a_1{}^1 \ldots b_n{}^1 V_n{}^1 a_n{}^1 \; a_1{}^k \ldots b_n{}^k V_n{}^k a_n{}^k$ $a_1{}^0 \ldots b_n{}^0 V_n{}^0 a_n{}^0$.

3.1. *Résultat 1 : contexte d'utilisation lors de la visualisation d'une page*

Cette page scénario décrit l'ensemble des éléments (données et liens) auxquels l'utilisateur du site a accédé. De plus si cet utilisateur a lu systématiquement de haut en bas les diverses pages, après les deux liens il ne peut pas ne pas avoir lu :

$a_0{}^0 b_1{}^0 a_0{}^k b_1{}^k a_0{}^1 b_1{}^1$

à savoir, le préfixe de la page scénario obtenue.

Ainsi, connaissant la grammaire du site, on peut déterminer le contexte de connaissance lors de l'arrivée sur une page du site. Par exemple si le site est constitué de pages consécutives c'est-à-dire :

$\Pi = \{P^k,\ k=1,\ n\},\ P^0 = I,$

$P^k = a_0{}^k b_1{}^k V_1{}^k a_1{}^k$ et $\forall\, k = 0, n-1 \; V_1{}^k \to P^{k+1}$,

lorsque l'utilisateur du site lit la page Pj, il a déjà lu :

$a_0{}^0 b_1{}^0 a_0{}^1 b_1{}^1 \ldots a_0{}^{j-1} b_1{}^{j-1}$

De même si toute dérivation de I à P^k passe par la page P^j (respectivement le lien $V_i{}^j$), l'utilisateur a lu $a_0{}^j b_1{}^j$ (resp. $a_0{}^j b_1{}^j a_1{}^j b_2{}^j \ldots a_{i-1}{}^j b_i{}^j$) lorsqu'il accède à la page P^k.

On note $V_s{}^t \ {-}^{n}{\to} P^l$ si on peut accéder à la page P^l à partir du lien $V_s{}^t$ après n dérivations (n clics) et $V_s{}^t \ {-}^{*}{\to}\ P^l$ lorsqu'on peut atteindre la page P^l à partir de ce même lien après une succession quelconque de dérivations.

Formellement on note :

$\#_V(P^k)$, le nombre d'occurrences d'éléments de V dans la page P^k, Pk la projection qui ne garde que les lettres d'indice k

3.2. *Résultat 2 : boucle dans le site Web*

L'utilisateur peut revenir à la page P^k déjà consultée :

E n, m @ N, $I \ {-}^{n}{\to}\ P^k \ {-}^{m}{\to}\ P^k$

3.3. *Résultat 3 : principe ergonomique de pages HTML*

Les pages du site ne contiennent pas trop de liens (principe ergonomique) c'est-à-dire il ne peut pas avoir plus de N liens dans toute page du site.

$\forall P^k \in P, \#_V(P^k) < N$

3.4. *Résultat 4 : inaccessibilité d'une page dans un site*

Une page P^k est inaccessible dans le site :

$\forall P^k \in P, \forall n$ @ N, $I \ {-}^{n}{\to}\ P^i$ avec $P^i \quad P^k$.

3.5. *Résultat 5 : page déjà consultées obtenues à partir de la page scénario*

Les pages déjà consultées sont Pr (Ps) où r est un symbole qui apparaît comme un des exposants de la page Ps.

3.6. *Résultat 6 : ordre de consultation des pages obtenue à partir de la page scénario*

L'ordre de consultation des pages est l'ordre des exposants des lettres d'indice 0 de la page scénario jusqu'à trouver un exposant déjà lu.

3.7. *Conclusion*

La page scénario obtenue à partir de la grammaire du site et de l'utilisation de celui-ci par un internaute contient une sémantique très forte permettant de déduire plusieurs résultats contextuels à la page accédée.

4. Notions avancées : les frames

On rencontre désormais souvent sur le Web des pages contenant des frames (*i.e.* des cadres) comme :

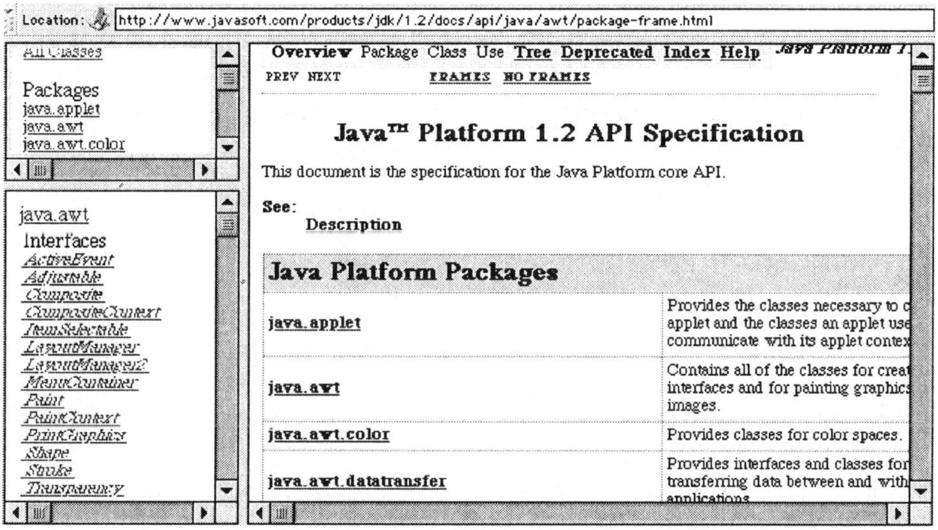

Figure 2. *Le code HTML d'une telle page est :*

```
<HTML>
<HEAD> <TITLE> Java Platform 1.2 API Specification</TITLE></HEAD>
<FRAMESET cols = "20 %, 80 %">
<FRAMESET rows = "30 %, 70 %">
<FRAME src = "overview-frame.html" name = "packageListFrame">
<FRAME src = "allclasses-frame.html" name = "packageFrame">
</FRAMESET>
<FRAME src = "overview-summary.html" name = "classFrame">
</FRAMESET>
</HTML>
```

Tableau 1.

Une telle page P', utilisant par exemple trois frames est notée :

$P' = [P^{k1}]_{nom1}\ [P^{k2}]_{nom2}\ [P^{k3}]_{nom3}$

Lorsqu'on clique sur le lien V_i^{k1} de P^{k1} et que cela fait apparaître une autre page P^{k4} à la place de P^{k3} on utilise la règle de grammaire :

$\mathbf{V_i^{k1}\ []_{nom3} \rightarrow [P^{k4}]_{nom3}}$ **(1)**

(REMARQUE – La syntaxe HTML pour un tel lien V_i^{k1} est :

<A HREF = "URLdeP^{k4}" TARGET = "nom3">V_i^{k1}</A>)

Pour définir une telle page et les relations des liens entre ces parties HTML, on utilise donc une règle de grammaire contextuelle **(1)**.

Le mécanisme de substitution s'écrit alors (sans écrire le nom de frames pour simplifier les notations) :

partant de la page

$P' = [P^{k1}][P^{k2}][P^{k3}] = [a_0^{k1}b_1^{k1}V_1^{k1}a_1^{k1}..b_i^{k1}V_i^{k1}a_i^{k1}..b_n^{k1}V_n^{k1}a_n^{k1}][P^{k2}][P^{k3}]$

on obtient, après application de la règle de grammaire (1) :

$[a_0^{k1}b_1^{k1}V_1^{k1}a_1^{k1}...b_i^{k1}[P^{k1}][P^{k2}][P^{k4}]a_i^{k1}...b_n^{k1}V_n^{k1}a_n^{k1}][P^{k2}][P^{k3}]$

La consécution $b_i^{k1}[P^{k1}][P^{k2}][P^{k4}]a_i^{k1}$ indique bien que le lien V_i^{k1} a amené à visualiser la page $[P^{k1}][P^{k2}][P^{k4}]$. La notation fait toujours apparaître des pages emboîtées et c'est bien la suite de pages la plus interne (au sens du parenthésage [ ]) qui est la page visible par l'utilisateur.

Une autre dérivation de la forme v_j^{k1} $[\,]_{nom3}$ -> $[p^{k5}]_{nom3}$ donnera la page scénario :

$[a_0^{k1}b_1^{k1}v_1^{k1}a_1^{k1}\ldots b_i^{k1}[a_0^{k1}b_1^{k1}v_1^{k1}a_1^{k1}\ldots b_j^{k1}[p^{k1}]$

$[p^{k2}][p^{k5}]a_j^{k1}\ldots b_n^{k1}v_n^{k1}a_n^{k1}][p^{k2}][p^{k4}]a_i^{k1}\ldots b_n^{k1}v_n^{k1}a_n^{k1}][p^{k2}][p^{k3}]$

Si la cible nom3 n'est pas présente à l'écran (dans une frame ou dans une autre page du navigateur), lors du clic sur le lien v_i^{k1} une autre page du navigateur est ouverte contenant la page p^{k4}. On note cette dérivation :

v_i^{k1} -> $\{p^{k4}\}_{nom3}$ (2)

Lors d'un clic sur le lien v_i^{k1} de la page

$p^{k1} = a_0^{k1}b_1^{k1}v_1^{k1}a_1^{k1}\ldots b_i^{k1}v_i^{k1}a_i^{k1}\ldots b_n^{k1}v_n^{k1}a_n^{k1}$,

on obtient alors $\{p^{k4}\}_{nom3}$ $\{p^{k1}\}$.

Les accolades indiquant alors la présence de deux fenêtres navigateurs à l'écran. De nouveau le lien v_j^{k1} $[\,]_{nom3}$ -> $[p^{k4}]_{nom3}$ produit, lorsqu'il est activé, la page scénario :

$\{p^{k4}\}_{nom3}\{a_0^{k1}b_1^{k1}v_1^{k1}a_1^{k1}\ldots b_j^{k1}\{p^{k4}\}_{nom3}$

$\{p^{k1}\}a_j^{k1}\ldots b_n^{k1}v_n^{k1}a_n^{k1}\}$

Les pages les plus internes (au sens du parenthésage { }) sont les pages visibles.

5. WebAnalyse : un outil de description de sites Web sous forme de grammaire

Un programme Java [DRE 98] accessible à :

http://www.chez.com/bsuzanne/webanalyse/

donnant la grammaire d'un site a été développé. Ce programme Java est une applet qui interroge un site Web et donne la grammaire de ce site. Un tel site est proposé en test lorsqu'on est connecté sur cette URL. Il suffit de taper sur la touche entrée pour avoir la grammaire du site proposé. Par exemple en partant de la page P1 d'URL :

http://www.chez.com/bsuzanne/webanalyse/test/index.html, ce programme renvoie à :

P1 = a0 b1V1 a1 b2V2 a2 b3V3 a3 b4V4 a4 b5V5 a5 b6V6 a6 b7V7 a7 b8V8 a8 b9V9 a9 b10V10 a10 b11V11 a11 b12V12 a12
V1 -> P2
V2 -> P3
V3 -> P1
V4 -> P4
V5 -> P5
V6 -> P6
V7 -> P7
V8 -> P8
V9 -> P9
V10 -> P10
V11 -> /index.html
V12 -> http://www.mygale.org/
P2 : http://www.chez.com/bsuzanne/webanalyse/test/Rep1/Fichier1.html
P2 = a0 b1V1 a1 b2V2 a2 b3V3 a3
V1 -> P3
V2 -> ../../../rep2/fichier2.html
V3 -> P1
P3 : http://www.chez.com/bsuzanne/webanalyse/test/rep2/fichier2.html
P3 = a0
etc.

Tableau 2.

Comme les liens à partir d'une page initiale peuvent être très nombreux (entre autres, sortir du site) une borne en nombre de pages trouvées est fixée.

D'après les restrictions de sécurité de l'exécution des applets Java dans les navigateurs industriels comme Netscape ou Internet Explorer, l'applet ne peut pas se connecter (et donc analyser) un site autre que celui d'où elle provient. De ce fait, une application Java a été développée prenant pour argument l'URL de la page initiale du site à analyser.

6. Conclusions

Dans cet article, nous avons présenté une nouvelle manière de décrire les sites Web. Par une approche sous forme de grammaire hors contexte lorsque les frames ne sont pas utilisées, on isole dans les pages Web, les données statiques et les liens. Le mécanisme de substitution par dérivation dans les grammaires donne alors le scénario d'utilisation du site par un internaute. Ce formalisme permet de décrire certains principes ergonomiques, l'inaccessibilité de certaines pages, etc. et le contexte de connaissances de l'utilisateur lorsqu'il arrive sur une page du site.

De plus un logiciel WebAnalyse [DRE 98] de la forme des outils WebToc [HEF 97] ou CZWeb [FIS 97] a été développé. Il donne, connaissant l'URL de la page définie comme page initiale, la grammaire du site à partir de cette page.

7. Bibliographie

[AHO 86] A.V. AHO, R. SETHI, J.D. ULLMAN, *Compilateurs : principes, techniques et outils*, Edition Addison Wesley, Paris, 1989.

[BAL 96] J.P. BALPE, A. LELU, F. PAPY, I. SALEH, *Techniques avancées pour l'hypertexte*, Editions Hermès, 1996.

[BUS 45] V. BUSH, « As We May Think », *Atlantic Monthly*, vol. 176, pp. 101-108, juillet 1945.

[CHE 76] P.P.S. CHEN, « The Entity-Relationship Model-Towards a Unified View of Data ». *ACM TODS*, vol. 1 (1), pp. 9-36, 1976.

[DRE 98] D. DRECQ, B. SUZANNE, J.M. FARINONE, Projet : moteur d'analyse de site Web, http://www.chez.com/bsuzanne/webanalyse/, 1998.

[FIS 97] B. FISHER, M. AGELIDIS, J. DILL, P. TAN, G. COLLAUD, C. JONES, CZWeb: Fish-Eye Views for Visualizing the World-Wide Web, http://www.cs.sfu.ca/research/groups/GMRL/projects/czweb.html, 1997.

[HEF 97] J. HEFLIN, A. KOMLODI, N. PASRICHA, T.-T. TAN, WebTOC: Evaluation of a Hierarchical Browsing Interface for the World Wide Web, http://www.otal.umd.edu/SHORE/bs11/index.html, 1997.

[JEA 96] S. JEAN, L'Hypermédia principes et applications, http://bigiup.univ-lemans.fr/~dea16/expose/IHM/hypertex.html, 1996

[LIE 98] O. LIECHTI, M.J. SIFER, T. ICHIKAWA, « Structured Graph Format: XML Metadata for Describing Web Site Structure », *7th International World-Wide Web Conference*, Brisbane, Australia, http://mamba.cis.fu-berlin.de:8080/www7/1850/com1850.htm, April 14-18 1998

[NAN 89] J. NANARD, M. NANARD, « MacWeb, un outil pour élaborer des documents »,.éd. Bigre, Rennes, pp. 18-29, mai 1989.

[NEA 97] W. NEALE, C. MCCOMBE, Designing Usable & Visually Appealing Web Sites. http://www.acm.org/sigchi/chi97/proceedings/tutorial/wn.htm, 1997.

[NEL 67] T.H. NELSON, « Getting it out of our System », *Information retrieval: a critical review*, Thompson Books, Washington D.C., pp. 191-210, 1967.

[STO 89] P.D. STOOTS, R. FUTURA, « Petri-Net Based Hypertext: Document Structure with Browsing Semantics », *ACM Trans. on Inf. Syst.*, vol. 7 (1), pp. 3-29, janvier 1989.

[SUN 90] SunMicrosystems, Inc., AnswerBook en ligne, http://docs.sun.com:80/ab2/, 1990.

VARIA

Le catalogage Hypermédia des produits du bâtiment : le projet Hypercat

Gilles Halin — Jean Claude Bignon — Pascal Humbert
Walaiporn Nakapan

CRAI - UMR 694 MAP CNRS
Ecole d'architecture de Nancy
2, rue Bastien Lepage
54000 NANCY

RESUME. *Le Projet HYPERCAT a pour objectif de proposer aux architectes, et autres acteurs du bâtiment, plusieurs formes d'accès (de type Hypermédia) à une base d'informations sur les produits du bâtiment. Cette base se présente sous la forme d'un catalogue électronique, et peut être diffusée soit sur CD-ROM, soit sur Internet. Dans le cadre de ce projet a été réalisée une première application, DOMITEC, proposant une présentation multimédia, à partir d'un CD-ROM, d'une société et de ses produits, par la composition de fonctions de parcours génériques. La deuxième composante du projet HYPERCAT est la base DOCMAT qui propose plusieurs modes de recherche de produits ou de fournisseurs de produits à partir d'un thesaurus sur les métiers, les matériaux, les fonctions constructives, les formes et les types de produits du bâtiment accessibles par Internet. Enfin, une nouvelle base BATIMAGE (le BATIment en iMAGE) a été réalisée, elle contient des images, extraites des sites d'architectes et des fournisseurs de produits du bâtiment, indexées par les mots contenus dans leur légende ou dans un texte proche.*

1. Introduction

La documentation technique sur les produits du bâtiment est une des composantes d'un système complexe d'échanges d'informations où l'activité de conception, et plus largement l'activité de construction dans le BTP, participent.

La gestion et la manipulation de ce type de documentation nécessitent l'utilisation d'un outil permettant la consultation, la visualisation, l'exploration, la recherche et l'exportation d'informations multimédias. Les technologies hypermédias sont adaptées à ce type de manipulation d'informations, si elles reposent sur une organisation cohérente de l'information.

Le projet HYPERCAT, en réponse à cette situation, propose une représentation de la documentation technique sous la forme d'une structuration hypermédia permettant la définition et la modélisation à la fois des données manipulées, mais aussi des différentes formes de parcours et modes d'accès proposés [HAL 97]. Cette structuration a été le support de la réalisation de plusieurs applications :

– DOMITEC propose une présentation multimédia à partir d'un CD-ROM, d'une société et de ses produits, par la composition de fonctions de parcours génériques ;

– la base DOCMAT, accessible par Internet, offre plusieurs modes de recherche de produits ou de fournisseurs, de produits à partir d'un thesaurus sur les métiers, les matériaux, les fonctions constructives, les formes et les types de produits du bâtiment ;

– une nouvelle base BATIMAGE (le BATIment en iMAGE), qui, à partir d'images extraites des sites d'architectes et des fournisseurs de produits du bâtiment, propose une navigation par l'image au travers d'une recherche interactive et progressive, comme nouvelle mode de recherche à DOCMAT.

2. Hypermédiatisation de la documentation technique

Les avantages et les inconvénients liés à l'utilisation d'un hypermédia pour représenter et parcourir un ensemble d'informations ont été identifiés et exposés dans de nombreux ouvrages et articles [BAL 96]. La documentation technique ou le catalogage de produits sont des domaines où les apports de l'hypermédia sont multiples. Les services que nous avons identifiés comme fondamentaux, et que l'hypermédia peut apporter à la documentation technique sont : la présentation interactive et intuitive d'un ensemble cohérent d'informations multimédias, l'accès facile et rapide à l'information pertinente, l'intégration et l'échange de l'information sélectionnée avec d'autres outils utilisés dans un processus de conception (modeleur, réalisation du descriptif-quantitatif, etc.).

Face à cette situation, il nous faut organiser l'information d'une manière cohérente tout en proposant des moyens d'accès, de manipulation et d'échanges adéquats. Une structuration hypermédia peut répondre à cet objectif, si elle propose une représentation des parcours et des accès reposant sur une organisation forte des données.

3. Structuration hypermedia : modes de navigation

Le rôle de l'image dans un système hypermédia est essentiel, il domine dans la majorité des applications celui joué par le texte. En effet, l'image est productrice d'idées, et possède une lecture quasi-instantanée. Dans une documentation sur les produits du bâtiment, où, en règle générale, chaque gamme, chaque produit, chaque exemple de réalisation est illustré par une image, les utilisations de l'image comme support à la recherche d'informations sont variées.

Feuilletage ou recherche illustrée de produit

L'image peut être un support au feuilletage où l'utilisateur recherche des exemples d'utilisation de produits afin de trouver le ou les produits susceptibles de répondre à son besoin.

Navigation par l'image, la recherche interactive et progressive

La recherche interactive et progressive d'images est celle qui utilise au mieux l'interactivité de l'image [HAL 90]. La technique du « Relevance feedback » permet au système de comprendre plus précisément le besoin de l'utilisateur. Le principe est le suivant : un ensemble d'images est proposé à l'utilisateur, soit aléatoirement, soit en fonction des thèmes couverts par la base d'images, l'utilisateur choisit ou rejette des images. Il peut également ne donner aucun avis sur une image, puis le système analyse ces choix et reformule une requête afin de sélectionner de nouvelles images qu'il propose de nouveau à l'utilisateur, etc.

Recherche par éclatement

Ce type de recherche consiste à proposer à l'utilisateur une illustration en trois dimensions d'un produit ou d'un assemblage de produits. Une fonction *éclatement* est alors disponible, elle permet la visualisation par une vue en éclatement des différents composants du produit ou de l'assemblage. Chaque composant est alors une zone active qui peut être utilisée soit pour visualiser les informations disponibles sur le produit représenté par le composant, soit pour être à son tour éclatée si le composant possède lui aussi des composants.

Recherche par parcours spatiaux

La recherche spatiale s'effectue à partir d'un déplacement dans une scène 2D, ou 3D. Ce mode d'accès permet de proposer à l'utilisateur des parcours à l'intérieur ou à l'extérieur d'un bâtiment présentant des utilisations d'un ou plusieurs produits. Une zone de la scène peut alors être associée à la visualisation des informations d'un produit particulier, ou la présentation d'une nouvelle scène représentant un autre espace à parcourir.

Recherche multicritères

La recherche multicritères est une fonction qui permet la sélection d'une entité parmi un ensemble d'entités par la construction d'une requête. Cette fonction a été mise en œuvre sur l'entité produit. Pour réaliser cette fonction, il faut définir un ensemble de critères ayant chacun un ensemble de valeurs, puis indexer chacun des produits sur les différentes valeurs des critères qu'il illustre.

La recherche consiste alors à formuler une requête, c'est-à-dire choisir des valeurs de critères, puis choisir un produit dans l'ensemble des produits sélectionnés par la requête. Cette formulation trouve tout son intérêt lorsque le domaine est couvert par un thesaurus. L'utilisateur peut alors plus aisément exprimer son besoin au travers le choix de termes utilisés par le système

4. Applications

Parmi ces modes d'accès quelques-uns ont été réalisés dans des applications, d'autres sont encore à l'étude.

DOMITEC : présentation multimédia d'un fournisseur de produits

DOMITEC est un logiciel paramétrable de présentation multimédia d'un fournisseur de produits [BIG 95]. Il propose un ensemble de fonctions de parcours, de type hypermédia, d'une base de documents décrivant à la fois la société et ses produits. Sa diffusion est de type CD-ROM. La paramétrisation du logiciel se situe dans le choix des fonctions et de leur aspect graphique, mais aussi dans la définition et l'organisation des données.

Les modes d'accès réalisé dans ce logiciel sont : la recherche multicritères, la recherche illustrée de produits, et les parcours hypertextes. D'autres fonctions ont été réalisées, notamment la fonction panier (sélection de produits), ou encore la fonction image/carte (image/map) pour la visualisation des adresses.

DOCMAT : Recherche de produits multi-fournisseurs

Ce logiciel met l'accent sur la recherche multicritères de produits du bâtiment. Son objectif est de permettre à un utilisateur, *via* Internet, de trouver le ou les fournisseurs de produits qui auront la solution technique correspondant à son besoin. Ce système utilise un thesaurus structuré en sous-domaines, énumérant et classifiant des fonctions constructives, des familles de produits, des métiers, des matériaux, des formes, et des thèmes architecturaux.

L'utilisateur peut rechercher soit une société par son nom, soit des produits en sélectionnant des critères dans les sous-domaines proposés. Le résultat est une liste de sociétés associées aux produits qu'elles proposent en réponse au besoin de l'utilisateur. L'utilisateur peut alors visualiser la fiche descriptive de la société, puis se rendre sur son site pour obtenir plus d'informations.

Les fonctionnalités de DOCMAT vont être bientôt complétées par de nouveaux modes d'accès comme : la navigation par l'image, la recherche par navigation spatiale, et la recherche par éclatement. Cette application sera bientôt disponible sur le site du CRIT[1] (Centre de Ressource et d'Informations Techniques).

BATIMAGE : Le BATiment en IMAge.

La base BATIMAGE contient des images extraites des sites Internet d'architectes et des fournisseurs de produits du bâtiment, indexées par les mots contenus dans leur légende ou dans un texte proche. Ces images sont utilisées pour proposer une navigation par l'image, au travers d'une recherche interactive et progressive, comme nouveau mode de recherche de produits. Ce mode de recherche sera bientôt intégré à la base DOCMAT.

5. Conclusion

Le projet HYPERCAT propose une structuration hypermédia de la documentation technique sur les produits du bâtiment, qui complète et enrichit les méthodes de catalogage classiques utilisant exclusivement des outils de type SGBD.

Les outils hypermédias permettent d'apporter des réponses plus satisfaisantes pour la définition et la modélisation de nouveaux modes d'accès à l'information technique. Les modes d'accès que nous avons mis en œuvre dans nos récents travaux ont montré la pertinence d'une telle structuration de l'information.

Cette approche permet la modélisation, l'échange et l'intégration de l'information technique dans le processus de conception architecturale, problématique qui est au cœur des besoins actuels des acteurs du bâtiment face au développement constant des technologies de l'information.

6. Bibliographie

[BAL 96] BALBE J.P., LELU A., PAPY F., SALEH I., *Techniques avancées pour l'hypertexte*, Editions Hermès, Paris, 1996.

[HAL 97] HALIN G., BIGNON J.C., HUMBERT P., « Modélisation Hypermédia de Catalogue : Application au catalogage des produits du bâtiment », *4e Conférence Hypertextes et Hypermédias : réalisations, outils et méthodes*, Paris VIII, 25-26 septembre 1997.

[HAL 90] HALIN G., CREHANGE M., KEREKES P., « Machine Learning and Vectorial matching for an Image Retrieval Model », *SIGIR'90, 13th International Conference on Research and Development in Information Retrieval*, Bruxelles, 1990.

[BIG 95] BIGNON J.C., HALIN G., « Construction d'Hypermédias 'ouverts'. Application à la documentation technique des produits du bâtiment », *Hypertextes et Hypermédias, réalisations, outils, et méthodes*, Editions Hermès, Paris, pp. 251-261, 1995.

1. http://www.crit.archi.fr

IciWeb : système d'intégration et de croisement d'information sur le Web

Emmanuel Nauer

UMR LORIA 7503 - Bâtiment LORIA -
Campus scientifique - BP 239
F-54506 Vandoeuvre-lès-Nancy Cedex

Emmanuel.Nauer@loria.fr

RESUME. *Le croisement d'information est une nécessité pour la recherche d'information et pour la veille. En effet, pour répondre à une question bien précise ou pour analyser un domaine d'activité, il faut bien souvent consulter différentes sources d'information. Celles-ci proposent des éléments de différentes natures : bases de données de références bibliographiques, thesaurus, classification, rapport d'analyses bibliométriques, etc. Chacune des sources (locale ou distante) contient donc une parcelle de l'information. Relier (i.e. croiser) ces parcelles d'information entre elles permet de résoudre le problème.*

Nous proposons ici un système permettant de réaliser ce type d'opération. L'interface web de ce système permet à l'utilisateur de manipuler et de croiser différents types d'information grâce à une représentation unifiée de l'information. L'intégration de données est une contrainte préalable à la mise en place d'un tel système.

MOTS-CLES. *Intégration de sources multiples, SRI, croisement d'information, navigation hypertextuelle, conception d'applications sur le web, génération automatique de liens hypertextes, hypertexte réparti.*

1. Intégration des données

Nous intégrons tout d'abord des données locales (pour notre application : plus de 25 000 références bibliographiques issues de 9 bases de données différentes). Cette étape permet d'établir les équivalences conceptuelles qui serviront tout au long de l'application. En effet, la représentation d'un même concept dans ces différentes sources est soumise à de nombreuses variations. Pour ce qui concerne les noms d'auteurs, il s'agit principalement de variations morphologiques (par exemple,

"THEORELL-T", "Theorell-T.", "Theorell,-Tores" représentent un seul et même auteur). En ce qui concerne les descripteurs d'indexation, les variations sont bien plus importantes [NAU99a]. On peut noter des variations morphologiques (singulier/pluriel, minuscules/majuscules, abréviation, etc.), des variations syntaxiques (par exemple : *work-load* et *workload)*, ou des choix de vocabulaire différents (par exemple, *Antidepressive Agents* et *Antidepressants* représentent tous deux le concept d'*antidépresseurs*).

Pour pallier ces hétérogénéités, nous avons construit un lexique contenant les équivalences terminologiques des concepts manipulés (cf. [NAU99b] pour la méthodologie).

2. Croisement d'information

Dans le but d'extraire une information plus élaborée, nous voulons croiser des informations de natures différentes (concept simple, classes représentant des thèmes, thésaurus, etc.). Pour rendre ces croisements possibles, il est nécessaire d'utiliser un formalisme commun pour représenter les informations (plus ou moins complexes) de l'application. Nous avons opté pour les expressions booléennes, qui conviennent parfaitement à notre application. L'idée générale est donc d'établir une équivalence (sémantique et syntaxique) entre les accès initiaux aux données et le modèle de représentation de l'information dans notre système : la correspondance terminologique des concepts est assurée ici par les lexiques initialement créés ; la requête booléenne sémantiquement équivalente à l'information initiale est calculée (en fonction de la nature de l'information intiale).

Concrètement, l'interface opérationnelle du système est composée de deux fenêtres :

– une fenêtre d'accès à l'information, dans laquelle l'utilisateur manipulera les informations de base ;

– une fenêtre de session, dans laquelle l'utilisateur pourra transférer les informations de base qui l'intéressent. Le transfert de données vers la session permettra de passer de l'information de base à son équivalence sémantique et syntaxique. Les informations présentes dans cette fenêtre pourront alors être combinées.

3. Illustration d'une session d'investigation avec IciWeb

Une investigation documentaire avec notre système se décompose typiquement en plusieurs phases. L'utilisateur accède aux différentes entrées possibles que le système lui propose (index, associations de concepts, clusters, accès hiérarchique aux concepts). L'intégration des différentes sources dans un unique système d'investigation fait que l'utilisateur accède de la même manière aux informations locales (1) ou distantes (2), via cette fenêtre.

IciWeb, (1 et 2) fenêtres d'accès aux informations de base, (3) fenêtre de session

La fenêtre d'entrée du système (1) est découpée en 2 parties :
– a partie du haut permet de sélectionner les différentes sources d'informations : à gauche on y trouve un certain nombre d'accès aux références bibliographiques ; à droite, les accès hiérarchiques locaux (pays et UMLS) et l'accès distant (MeSH) ;
–la partie du bas, dans laquelle on accède aux informations de bases.
La fenêtre de session (3) permet de mémoriser l'ensemble des étapes par lesquelles est passé l'utilisateur, d'introduire de nouvelles étapes, de croiser les étapes entre-elles, d'accéder à une analyse bibliométrique d'une étape ou encore d'accéder au web.

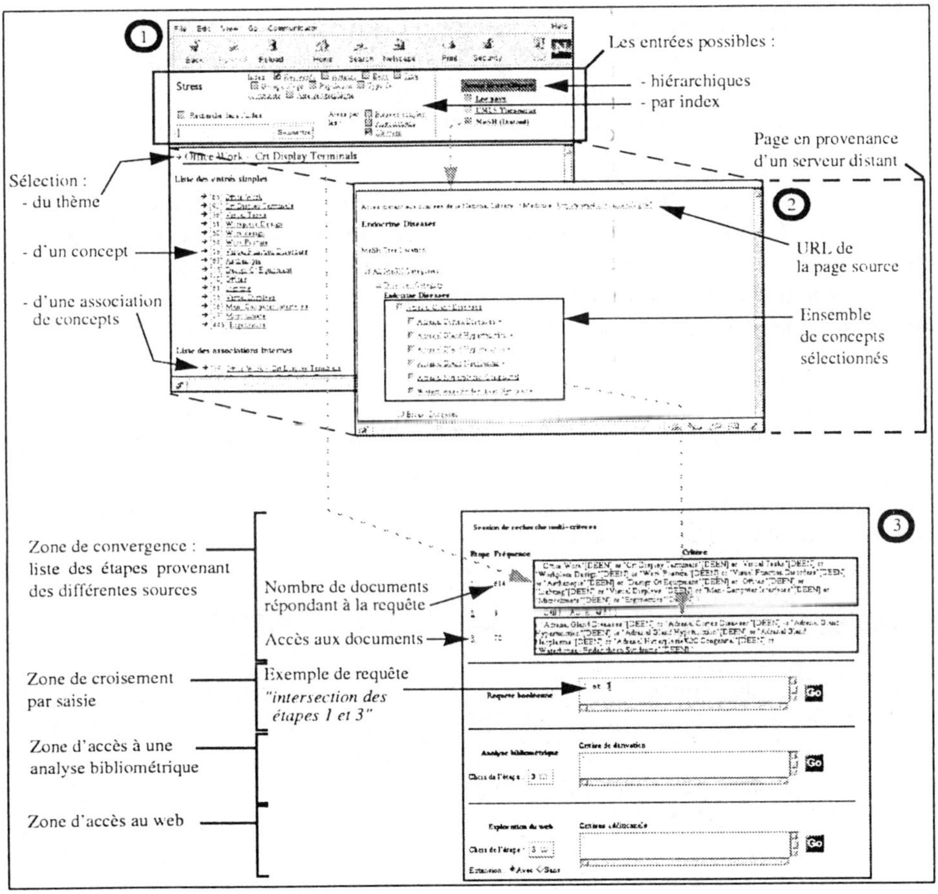

L'ensemble des accès permet à l'utilisateur d'appréhender le corpus de façon exploratoire par navigation hypertextuelle. En effet, il n'a nul besoin de maîtriser le vocabulaire, ni le contenu du corpus. Lorsqu'il obtient une expression satisfaisante de son besoin (partiel ou non), il clique sur une des → pour faire passer les éléments sélectionnés dans la session. Supposons qu'il s'intéresse au stress dans le cadre du *"travail au bureau"*, la sélection de ce thème entraînera la projection d'une requête composée d'une disjonction de l'ensemble des termes composant le thème (étape 1).

Le type d'accès est similaire pour accéder aux données distantes. La seule différence (qui est liée à nos choix de conception) réside dans le mode de sélection. Celui-ci permet de sélectionner individuellement chaque terme. L'expression booléenne résultant d'une sélection multiple est aussi une disjonction de l'ensemble des termes sélectionnés (étape 3).

La combinaison des étapes donne une nouvelle requête qui constitue une nouvelle étape. L'utilisateur peut ici combiner les étapes existantes par des opérateurs booléens ou saisir directement une requête. Le langage de requête est très simple à utiliser (et similaire à celui employé couramment dans les logiciels documentaires).

Pour chacune des étapes, l'utilisateur est informé du nombre de documents pertinents, présents dans le corpus initial, et peut donc orienter ses investigations. Par exemple, si un ensemble de concepts issus d'une branche de hiérarchie apporte beaucoup de documents en réponse, il pourra spécialiser son besoin en sélectionnant une sous-branche de ce concept.

Enfin, l'utilisateur peut exploiter les nouvelles informations qu'il a obtenues par ce système de croisement d'informations. Pour illustration, nous avons mis en place la possibilité de déclencher une analyse bibliométrique locale sur les références bibliographiques résultant d'une étape, ou encore la possibilité d'interroger le web, grace à une formulation automatique de requête (avec extension des concepts par l'ensemble de leurs dénominations).

4. Intégration de données distantes, voire de serveur distant

Pour utiliser des données distantes comme si elles étaient de simples ressources locales, nous passons pas un module d'accès (sur le serveur local). Ce module récupère tout d'abord le document distant. Les liens hypertextuels contenus dans ce document sont alors traités selon le degré de contrôle que l'on veut exercer sur les données distantes. En effet, la plupart des URLs seront simplement corrigés pour assurer les cohérences de liens entre les serveurs local et distant ; quant aux liens indésirables, ils pourront être éliminés. Enfin, il est nécessaire d'identifier les éléments essentiels pour l'application visée (ici, les concepts de la terminologie), afin d'ajouter des passerelles sur ces éléments, vers notre fenêtre de session.

Les deux grands avantages de ce type d'approche sont :

– la facilité d'extension du système : en effet, rajouter de nouvelles données ou de nouveaux types d'information à exploiter dans l'analyse ne nécessite que peu d'efforts. Il suffit simplement de rajouter une couche d'accès aux données initiales, ainsi qu'une fonction de projection qui assurera le passage vers la session, incluant la transformation des éléments à projeter vers leur représentation booléenne dans la session ;

– l'intégration sans miroir de données distantes : cette idée est très intéressante car on dispose ainsi de données mises à jour et gérées par le site distant. Ceci est essentiel pour l'intégration de banques de données volumineuses (impossibles à télédécharger en totalité), enrichies de jour en jour d'informations complémentaires.

5. Conclusion

L'intégration des données est un point essentiel en recherche d'information ou en veille. Aujourd'hui, il devient primordial d'intégrer les informations disponibles sur le web dans le processus global de traitement. Nos travaux montrent comment il est possible de réaliser ces opérations à moindre coût. L'approche que nous proposons utilise les expressions booléennes pour représenter de manière homogène les différents accès à l'information. Des informations de diverses natures (locales ou distantes) peuvent ainsi être utilisées et croisées par simple adaptation à notre modèle d'expressions booléennes. Pour l'application que nous visions, ce type d'approche a permis de mettre en place très rapidement un outil d'analyse bibliométrique, rendant possibles les croisements multi-champs et multi-sources : intersection de thèmes, croisement thème/équipe de recherche, etc. Il est alors tout à fait envisageable d'utiliser les nouvelles informations, obtenues par croisement, comme information de base de notre application.

6. Bibliographie

[NAU 99a] Emmanuel NAUER, « Les problèmes de variations terminologiques dans l'indexation de références bibliographiques ». In *Journées Internationales de Linguistique Appliquée (JILA'99)*. LILLA - Université de Nice, juin 1999.

[NAU 99b] Emmanuel NAUER, « De l'importance de la normalisation en bibliométrie », *7e colloque sur les systèmes d'information élaborée*, septembre 1999, Ile Rousse, France.

2001 : des interfaces pour le continent humain

Patrick Curran

Laboratoire Ergolab
département Hypermédias de Paris 8
2, rue de la liberté, St Denis
curran@hymedia.univ-paris8.fr

RESUME. *Notre projet de Continuum Culturel est avant tout la mise en relation des informations dispersées sur Terre et la mise en présence des individus qui en sont porteurs avec ceux qui sont demandeurs. Nous défendons l'idée qu'une double mesure est à envisager d'ensemble : l'hypermédiatisation d'Internet au sein d'une cyberarchitecture virtuelle et la multiplication des Centres de ressources (matériels et nomades) réhabilitant l'immédiateté des relations. L'innovation, s'appuyant massivement sur une logistique existante, concerne surtout le traitement, la structuration, la mise en forme et les interfaces multidimensionnelles qui collectent l'information ou y donnent accès.*

MOTS-CLÉS : *hypermédias, cyberarchitecture, multimodal, multidimensionnel, interfaces 3D, ergonomie, autostéréorelief, métasémiotique, transculturel, ethnomédiologie.*

Continuum (trans)culturel

Au lendemain de 1968, un nouvel adjectif apparaît dans le Robert: *« interdisciplinaire »*, qui vient s'adjoindre à *« pluridisciplinaire »* : le processus qui réunit plusieurs disciplines à la fois s'étend à leurs espaces intersticiels. Peu de temps après émerge, avec une valeur ajoutée, ***transdisciplinaire*** . de cette « traversée » nait une féconde transversalité. Le ***continuum (trans)culturel*** a cette vocation en ayant recours à une cyberarchitecture qui transgresse la fatalité de Babel en une possible synergie. Ted Nelson a procédé de la sorte : inventeur du néologisme « hypertexte », il s'est employé au long cours à forger les moyens matériels et logiciels de « Xanadu ».

1. Le multimodal ouvre sur le multidimensionnel

Il y a trente ans l'alphabétisation audiovisuelle apparaissait simple dans son principe : à partir d'un constat pédagogique, graduant (du plus concret vers le plus abstrait) notre appartenance au monde des « auditifs » ou des « visuels », A. De La Garanderie proposait une méthode pour diagnostiquer et développer une « mixité audiovisuelle », clé des apprentissages performants et de la réussite sociale [GAR 82].

Aujourd'hui bien que toutes les conséquences pratiques [DUB 90] de cette théorie ne soient pas épuisées, sa formulation est dépassée : les neurosciences et la psychologie ont notamment mis en avant la composante « kinesthésique », validation et renforcement de tous les apprentissages. Il est significatif qu'un colloque international des années 1990, organisé à Montpellier, « Les interfaces des Mondes Réels et virtuels » soit sous-titré « l'Informatique et les cinq sens ». A côté des simulateurs de vol, prototypes de cette efficience spatiale, l'ergonomie cherchait en parallèle de nouvelles stratégies cognitives, inscrites dans la durée. Ainsi plus largement multimodale, l'hypermédiatisation *(« hyper ayant ici le sens mathématique d'hyperespace: à n dimensions »* [LAU 92]) a élargi son développement en mode systémique [DER 79]. Il s'agit à la fois, topologiquement, d'un recours à la troisième dimension, renouvelant l'architecture des données, l'interactivité [BAL 97] et les interfaces, mais aussi d'une pris en compte psychopédagogique de l'« intelligence multiple » et de son ethno-modulation.

2. Babel appelle Xanadu

Si le mythe fondateur des différences linguistiques coïncide avec Babel, cette tour s'efforçant d'atteindre le ciel et y épuisant ses constructeurs, Xanadu aborde le processus inverse et l'aptitude « potentielle » de l'espèce humaine à réagir unitairement dans des circonstances extrêmes. Loin des généralités neuro-connectiques d'un P. Levy [LEV 93], l'activation de ce potentiel se réalise face à une épreuve qui révèle tout à coup la possibilité pour tout un chacun de prendre place dans un dispositif de défense – ou alternativement de création [QUE 93] – aussi diversifié que sophistiqué. On est plus proche des *Fourmis* de Werber que du film « Mars Attaque » mais il y a, dans cette « traduction simultanée », centrale aux deux fictions, un principe de réversibilité : l'espoir et la persévérance pour établir ici le contact avec les fourmis doit inclure le moyen de rompre celui *(positivement positif)* établi là-bas avec les martiens.

L'Encyclopedia Universalis propose 76 liens directs avec Babel ; 3 seulement concernent Xanadu ! Nous avons là tout le poids de la chronologie : si Milton, parlant du «du paradis perdu», n'évite pas Babel, il n'a par contre pas encore pu imaginer pour le «paradis retrouvé », l'émergence de « Xanadu ». Lorsque la psychologie traite de l' «angoisse», elle évoque le « puits de Babel », comme le ferait le manichéisme, qui inspire des figures inversées ou réversibles. *La Bibliothèque de Babel* [BOR 56] aborde l'en-soi de l'érudition qui se retrouve avec d'autres séductions dans *Au nom de la rose* [ECO 85] (...)

3. De 1999 à 2001 : vers une esthétique de l'apparition

Certains de nos contemporains (notamment Paul Virilio) [VIR 94] ont assimilé l'accentuation technologique du virtuel à une *« esthétique de la disparition »*. Par l'entremise du ***Continuum culturel***, nous avons choisi d'établir le contact entre les quatre horizons du Monde. Aussi nous semble-t-il justifié de parler, ici, *a contrario*, ***d'une esthétique de l'apparition*** **:** les exemples se multiplient de diasporas dont le remembrement virtuel (via Internet) ne recouvre plus l'ancienne géographie. Ainsi, au seuil du 3ème millénaire, émergent, y compris à travers l'alternative des « bâtisseurs d'imaginaire » [PREV 93] les ressources d'un Continent humain : sans soucis d'« universaux », nous en commençons l'inventaire. Les réalités culturelles, cognitives et relationnelles de l'Homme ne peuvent, selon nous, être autrement appréhendées qu'à partir d'un premier pas vers ***l'« intelligence multiple »*** [GARD 85]. Ensuite cette distinction interculturelle des modes de rapports au monde s'enrichit d'une approche transethnique, instrumentée par ***l'ethnomédiologie.***

Notre projet de *Continuum Culturel* est avant tout *la mise en relation* des informations dispersées sur Terre et *la mise en présence* des individus qui en sont porteurs avec ceux qui sont demandeurs. Nous défendons l'idée qu'une double mesure est à envisager d'ensemble : l'hypermédiatisation d'Internet et la multiplication des Centres de ressources réhabilitant l'immédiateté des relations. L'innovation, s'appuyant sur une logistique existante, concerne surtout le traitement, la structuration, la mise en forme et les interfaces multidimensionnelles qui collectent l'information ou y donnent accès.

4. Topologie et fractalité

Si, en amont, la modélisation s'opère sur des progiciels comme « CAD » et « 3D Studio Max », leur transposition et leur conversion sur Internet est à base de Dhtml, Vrml2, Java. A l'aide d'une interface de navigation en Java 3D, le dispositif repose sur l'interaction fonctionnelle de trois grandes strates :

– Le soubassement métasémiotique: invisiblement structuré selon la carte de la culture de E.T. Hall [HAL 79], il intègre les 100 domaines représentatifs auxquels seront raccordées les thèmes et les données en provenance de l'agora vers l'octodôme. L'indexation principale, avec ses terminologies voisines, sera redistribuée selon cette cartographie : celle-ci, selon son importance quantitative et qualitative sera transposée au niveau supérieur de l'Agora. En nous appuyant, le moment venu, sur le format MPEG7, nous réaliserons une indexation ***métasémiotique*** [CUR 98] des données audio-scripto-visuelles de manière à pouvoir les réunir avec une extrême précision : quantitative, qualitative, spatiale et temporelle.

– L'Agora connectique et schématique : ce niveau permet de passer de la carte à l'interprétation de ses « topics », à ce territoire intermédiaire et grapho-langagier, ***schématique*** [CAR 93] où l'interacteur opère son repérage et ses choix, celui où il participe à une expérience stimulante, comme dans un jeu [BER 75]. Invité, dans une moderne variante de l'énigme du Sphinx à interroger le rapport de l'homme et de son écosystème, il peut, membre à part entière du « cinquième élément », choisir son point d'entrée sur l'un des quatre horizons, ancrés dans le Nord magnétique et la course du soleil. C'est à l'issue d'une phase d'échanges de points de vues que l'interacteur découvre progressivement les avantages de ces approches, lesquelles seront alors, s'il le souhaite, documentées de façon plus structurée, puis instrumentées, pour qu'il y progresse.

– L'Ergodôme : l'érection d'une pyramide octogonale sur 7(+1) strates a pour but de distinguer verticalement les formes que revêt *l'intelligence multiple.* Ensuite, l'édifice s'invagine d'autant de niveaux pour mettre en présence, réaliser horizontalement une partie du potentiel ainsi identifié. L'inscription terminale de cette « somme » est envisagée sur le dôme qui coiffe cette cyberarchitecture : la collecte les informations en provenance de l'agora, structurée et scénarisée, permettra leur redistribution ultérieure, y compris en mode spectaculaire.

Ce choix pour une pyramide octogonale, redescendant d'autant de niveaux qu'elle s'est élevée, rendant co-accessible horizontalement les domaines qu'elle distinguait verticalement, est singulière par son principe torique, mais on y retrouve des éléments de parenté avec les énigmes posées et diversement résolues dans les labyrinthes [ATT 96] et les mandalas [TRU 76], aux quatre coins du Monde. Cette démarche vers la complexité vise à déjouer l'emprisonnement de l'homme dans ses propres constructions [DAN 92].

5. Des Palais de Mémoire au Continuum culturel

Rappelons que *« les palais de mémoire »* instrumentaient la rhétorique depuis l'antiquité et que les *Dataland* du Pr Negroponte réinvestirent dans cette voie, engendrant par retombée technologique le « bureau » des premiers Macintosh et les souris (...) Les ***Métaphores Rooms*** (MIT) ont réinvesti, dix ans plus tard dans cette voie, en réalisant qualitativement le « tout numérique », tandis que la moderne pragmatique va au fond du raisonnement coopératif : ce « process intelligent » qui dynamise les relations homme-machine [CAE 93].

L'impulsion initiale, aujourd'hui comme hier est venue des mathématiciens et des architectes. Rudolf Arnheim, dans sa conclusion de *Dynamique de la forme architecturale*, en 1977, précise « *Quand l'esprit humain organise un corps de pensée, il le fait presque immanquablement en termes d'imagerie spatiale. Le plan d'un bâtiment est l'organisation spatiale des pensées relatives à ses fonctions. A l'inverse, toute organisation de pensée prend la forme d'une structure architecturale* ».

Dans les années 70, des mathématiciens dans la mouvance de Lacan, ont inventorié les *« Topologies des formations de l'inconscient »* : le processus reposait sur une réduction de figures tridimensionnelles en deux dimensions. Trente ans après, nous engageons le processus dans le sens inverse : le seuil et le passage opèrent à partir de la troisième dimension, en direction de la quatrième [PES 93]. La formule d'hier était *« plus on s'en approche et plus on s'en éloigne »*... Nous n'avons aujourd'hui rien à opposer à ce constat lucide, qui préexiste au Continuum culturel. Tout au plus pouvons-nous y introduire, aussi souvent que nécessaire, le changement de point de vue qui privilégie l'ellipse [SERR 91] par rapport au cercle, si souvent constitué d'anneaux truqués. Telle est, selon nous, la place des « rationalités locales » dans une ethnomédiologie en quête d'interfaces reflétant et servant ces réalités.

6. Une réalisation générique: « *Les Enfants du Monde* »

En collaboration avec des praticiens de divers médias, des enseignants-chercheurs, doctorants, étudiants de trois Universités (Paris 8, Paris 7, Valenciennes) et un multipartenariat extérieur (Immonopolis, Espace ICS, studio Sinuance, etc.), nous passons progressivement « à l'acte » d'un dispositif complet, abordant les contenus et les contenants, l'espace servant et l'espace servi, considérés comme un tout. Cette démarche nous a conduit tout naturellement à choisir le projet du sculpteur Rachid Khimoune, ***« Les Enfants du Monde »***, labellisé par la Mission 2000. Fédérico Mayor, directeur général de l'Unesco dit à ce propos : « *la démarche qui accompagne votre démarche artistique me paraît particulièrement intéressante dans la mesure où elle cherche à représenter l'enfant de la rue au travers des marques livrées par les chaussées et les trottoirs des plus grandes villes du monde entier et où elle ouvre aussi la voie au dialogue multiculturel tout en défendant les droits de l'enfant: thème qui s'inscrit dans le droit fil des préoccupations de l'organisation* » .

C'est l'ensemble de cette œuvre que nous accueillerons sur un site de type « continuum » avec le parrainage de l'Unesco, suivrons durant deux années dans ses aller-retour avec les cinq continents et pérenniserons sur un CD Rom . L'échange culturel qui est à la source de l'œuvre de Rachid Khimoune est équitable: pour les éléments d'une statue empruntés à la culture d'une cité, un double de cette statue lui aura été symétriquement offert et ces aller-retour constituent autant de médiations culturelles associant les arts et les technologies à ceux qui en sont porteurs, au seuil du troisième millénaire.

*... **Jusqu'au bout du Monde:*** cette démarche a vocation de se prolonger: chaque mission sera l'occasion d'un lien d'échange et de partage d'informations, à partir d'un site Internet existant ou créé localement pour cette occasion. Les 21 cités contactées initialement ne constituent qu'un commencement et de tels échanges se poursuivront. L'avancement en sera mesurable sur une mini-Agora réelle préfigurée sur le parvis de l'atelier de Rachid Khimoune : tel un damier évolutif, chaque nouvelle dalle indiquera l'entrée en réseau d'une nouvelle cité.

En liaison avec les deux dispositions précédentes, le projet d'un centre de ressources mobile – au sein duquel le dispositif octopolaire serait intégré – est de nouveau à l'étude. Nous avons déjà pu apprécier les possibilités ***des dômes gonflables*** de l'architecte Hans Walter Müller [MÜL 75] : aux transparences aménagées sur l'environnement, propices à l'art d'y vivre, ils sont aussi démontables et modulaires, aisément transportables par route, chemin de fer, air et mer.

7. Emergence et prospective du dispositif

La troisième dimension sans accessoire, en toute liberté corporelle, tel est l'apport du « pionnier décisif » Pierre Allio, avec une technologie qui a dépassé aujourd'hui le stade du prototype : ***l'alioscopie*** [ALL 93]. La création ***d'Ergolab*** à Paris 8 et du groupe Parenthèses est finalisée sur le bouleversement des pratiques hypermédiatiques qui en résulte : en effet la gestion tridimensionnelle entraîne la nécessaire reconfiguration des interfaces et l'option pour des capteurs respectant la liberté de geste retrouvée. Un environnement péritélévisuel immersif ou quasi familier, comme y incite ***« la virtualité incarnée »,*** voici de quoi changer notre rapport aux médias, l'appareillage se faisant discret ou prenant au contraire valeur lui-même d'architecture. En intégrant les reportages sur les cinq continents réalisés pour « Les enfants du Monde », une environnement octopolaire 3D fait l'objet d'une étude : ce dispositif se veut compatible, afin de pouvoir s'y manifester, avec celui des Planétarium (Villette), Eurodisney, Le Futuroscope, puis transposé aux dômes Panrama et Imax.

w-xyz.com : pour ouvrir définitivement au Monde une dimension qui aura mis plus d'un siècle à lui être restituée d'une manière satisfaisante, la médiation tridimensionnelle sera documentée horizontalement et verticalement sur Internet, et proposée, pour des raisons d'accessibilité économique, sur 3 modes optionnels :

anaglyphes couleurs, lunettes opto-électroniques et **autostéréorelief alioscopique,** sachant que cette dernière technologie, dès son industrialisation, offrira le meilleur rapport qualité-prix.

Le 1er janvier 2001, premier jour du 3ème millénaire, une équipe disséminée sur les cinq continents réalisera une connexion symbolique et durable, susceptible de répondre à quelques une des attentes de type Xanadu, et de participer à leur développement...

Bibliographie

[ALL 93] P. ALLIO, Alioscopie, colloque EURODISPLAY 93, Strasbourg, 1993.

[BAL 97] J.-P. BALPE, « Hypertextes et Interactivité », *Hypertextes et Hypermédias*, Hermès, 1997.

[ATT 96] J. ATTALI, « Chemins de sagesse », *Traité du Labyrinthe*, Fayard, 1996.

[BER 75] E. BERNE, *Des jeux et des hommes*, Stock, 1975.

[BOR 56] J. L. BORGES « La Bibliothèque de Babel et autres nouvelles », *Fictions*, Gallimard, 1956.

[CAE 93] J. CAELEN et N. OZKAN, « Vers un Modèle de Dialogue adaptatif », *Actes d'EC2*, 1993.

[CAR 93] M. CARTIER, « La Schématique », Université du Québec, Montréal, 1993.

[CUR 97] P. CURRAN, « Continuum Culturel », in *Hypermédias et Education* , MASI et INRP, 1997.

[CUR 98] P. CURRAN, « (Dé)babeliser l'Hypermonde ? », séminaire du groupe Paragraphes, 1998.

[DAN 92] J.P. LE DANTEC, *Dédale le Héros*, Situations d'Architecture, Paris, 1992.

[DER 79] J. DE ROSNNAY, *Macroscope (le)*, Points n°80, Seuil, 1979.

[DUB 90] D. DUBOIS, *Labyrinthe de l'intelligence (Le)*, Interéditions, 1990.

[ECO 85] U. ECO, *Nom de la Rose (Le)*, Grasset, 1985.

[GAR 82] A. DE LA GARANDERIE, *Pédagogie des moyens d'apprendre*, Centurion, 1982.

[GAR 85] H. GARDNER, *Les Intelligences Multiples*, 1985.

[HAM 90] C. HAMPDEN-TURNER, *Atlas de notre cerveau*, E.O, Paris, 1990.

[LAU 92] R. LAUFER et D. SCAVETTA, *Texte, Hypertexte et Hypermédia*, 1992.

[LEV 93] P. LEVY, *Arbres de Connaissance (Les)*, Editions de La Découverte, 1993.

[MÜL 75] H.W. MÜLLER, « Pourquoi les gonflables », Revue d'Architecture, 1975.

[PES 93] M. PESCHANSKI, *Cerveau en quatre dimensions*, Hachette, 1993.

[PRE 93] C. et C. PREVOST, *Bâtisseurs de l'Imaginaire (les)*, Éditions A.R.I.E., 1993.

[QUE 93] Ph. QUEAU,*Virtuel, vertus et vertiges*, INA, 1993.

[SCI 70] *Topologie des formations de l'Inconscient*, Scilicet, Ecole freudienne de Paris, Seuil 1970.

[SER 91] M. SERRES,*Tiers Instruit (le)*, Bourin, 1991.

[TRU 76] Ch. TRUNGPA, *Mandala, Un chaos ordonné*, 1976>1986, Trad. Seuil, 1994.

[VIR 94] P. VIRILIO, *Inertie Polaire (l')*, Bourgeois, 1994.

Index des auteurs

CET OUVRAGE A ÉTÉ COMPOSÉ PAR
HERMÈS SCIENCE PUBLICATIONS
REPRODUIT ET ACHEVÉ D'IMPRIMER
PAR L'IMPRIMERIE FLOCH À MAYENNE
EN SEPTEMBRE 1999.

DÉPÔT LÉGAL : SEPTEMBRE 1999.
N° D'IMPRIMEUR : 46919.

Imprimé en France